Dein ist allein
die Ehre

KONRAD KLEK

Dein ist allein
die Ehre

Johann Sebastian Bachs
geistliche Kantaten erklärt

Band 1
Choralkantaten

EVANGELISCHE VERLAGSANSTALT
Leipzig

KONRAD KLEK,
Dr. theol., Jahrgang 1960, studierte Evangelische Theologie und
Kirchenmusik und ist Professor für Kirchenmusik am Fach-
bereich Theologie sowie Universitätsmusikdirektor in Erlangen.
Neben Noteneditionen hat er zahlreiche Publikationen zu
Kirchenmusik und Hymnologie in Geschichte und Gegenwart
vorgelegt, darunter Werkbesprechungen zu Bachs Messen und
Passionen im Bach-Handbuch des Laaber-Verlags.

Bibliographische Information der Deutschen Nationalbibliothek
Die Deutsche Nationalbibliothek verzeichnet diese Publikation in der
Deutschen Nationalbibliographie; detaillierte bibliographische Daten
sind im Internet über http://dnb.dnb.de abrufbar.

© 2015 by Evangelische Verlagsanstalt GmbH · Leipzig
Printed in Germany · H 7839

Das Buch wurde auf alterungsbeständigem Papier gedruckt.

Gesamtgestaltung: Ulrike Vetter, Leipzig
Druck und Binden: BELTZ Bad Langensalza GmbH

ISBN 978-3-374-04038-4
www.eva-leipzig.de

Inhalt

Einführung

Kantaten
Die im Zyklus 1724/25 komponierten Kantaten

Zum Choralkantatenjahrgang später hinzugefügte Kantaten

Nicht dem Choralkantatenjahrgang zugeordnete Kantaten

Einführung

Johann Sebastian Bachs Choralkantatenzyklus 1724/25

Mit dem ersten Sonntag nach Trinitatis am 30. Mai 1723 hatte Bach seinen Dienst als Thomaskantor in Leipzig angetreten. Nun lieferte er Sonntag für Sonntag und an den diversen zusätzlichen Feiertagen eine Kantate als »Music«. Da beide Leipziger Hauptkirchen zu bedienen waren, gab es eine ausgeklügelte Regelung: Diese Musik zum Evangelium (über das auch gepredigt wurde) wechselte im vormittäglichen Hauptgottesdienst von Sonntag zu Sonntag zwischen Nikolaikirche und Thomaskirche, bei den Hochfesten hatte die Nikolaikirche als Sitz des Superintendenten Vorrang, sodass beim Christfest am 25.12. in St. Nikolai die Kantate erklang, am 26.12. in St. Thomas und am 27.12. wieder in St. Nikolai. Zum Ausgleich wurde an allen Festtagen (auch Neujahr, Epiphanias, Marienfeste etc.) die Kantate nachmittags im Vespergottesdienst der anderen Kirche nochmals geboten. (In diesem Gottesdienst gab es kein Abendmahl, gepredigt wurde zur Epistellesung.) Nur am dritten Feiertag, den es auch an Ostern und Pfingsten gab, erfolgte nachmittags keine Aufführung mehr.

In seinem ersten Leipziger Amtsjahr bemühte sich Bach, neben ambitionierten Neukompositionen möglichst viele seiner bereits vorliegenden Kantaten einzubringen, neben in Weimar seit 1714 in vierwöchigem Turnus komponierten Werken (z. T. in Erweiterungen) auch Sätze aus Köthener Kantaten, die der

Umtextierung bedurften, da sie zur Fürstenhuldigung oder zum Neujahr–Staatsakt konzipiert worden waren. Entsprechend vielfältig ist das Spektrum der bis Trinitatis 1724 in Leipzig aufgeführten Kantaten. Wen Bach bei den Neukompositionen, Erweiterungen und Parodierungen als Partner für die Verfertigung der Kantatentexte hatte, ist ungeklärt. Die von Bach zum Druck gebrachten Texthefte mit jeweils fünf bis sieben Kantatenlibretti enthalten keine Autorenangaben. Die Librettisten lassen sich nur über anderweitige, namentlich gekennzeichnete Publikationen derselben Texte verifizieren, wie das etwa bei den Weimarer Libretti der Fall ist (S. Franck).

Mit Beginn seines zweiten Amtsjahres am 1. Trinitatissonntag 1724 startete Bach ein ambitioniertes Projekt, das in dieser Dimension einzigartig bleiben sollte. Jetzt entstand Sonntag für Sonntag eine neue Kantate nach bestimmtem Muster. Man spricht vom Choralkantatenjahrgang, da die Grundlage für das Libretto ein »Choral« bildet – heute spricht man vom Kirchenlied. Die Rahmenstrophen des Liedes werden mit Text und Melodie stets beibehalten, wobei Bach den Eingangssatz als groß angelegte Choralbearbeitung gestaltet und ans Ende in der Regel einen schlichten vierstimmigen Choralsatz stellt. Bei den Binnensätzen, die der modernen Kantatenform gemäß als Rezitative und Arien gestaltet sind, liegen meistens Lied-Umdichtungen vor, die sprachlich und inhaltlich Akzente setzen, weitere biblische Verweise integrieren und speziell Motive aus dem Evangelium des Tages aufgreifen. Dabei können einzelne Liedverse oder sprachliche Wendungen zitierend integriert werden. Ein spezielles, zeitweise bei Rezitativen praktiziertes Verfahren ist das der Tropierung, wo zu den originalen Liedstrophen zeilen- oder blockweise Ergänzungen des Librettisten hinzu treten. Hier ist Bach musikalisch gefordert, die Liedmelodie mit einzuflechten, während sonst bei Rezitativen und Arien kein Melodiebezug erforderlich ist. Gelegentlich kann eine Binnenstrophe auch unkommentiert als

»Choral« stehenbleiben, dann ist eine Choralbearbeitung mit »Cantus firmus« fällig.

Ohne enge Zusammenarbeit zwischen Librettist und Komponist ist ein solches Projekt nicht denkbar. Viele Entscheidungen bei der Textgrundlage haben direkte musikalische Folgen, sofern sie die Liedmelodie ins Spiel bringen. Bereits die Liedwahl für die jeweilige Kantate wird in Absprache erfolgt sein, da die »Choräle« ja wesentlich durch ihre Melodie geprägt sind. Besondere Herausforderung war für Bach, im stets ambitioniert ausgearbeiteten Eingangssatz die moderne Form des Konzertsatzes mit der an einen »Cantus firmus« gebundenen Choralbearbeitung zu verknüpfen. Dass Bach auch inhaltliche Interessen an bestimmten Liedern eingebracht hat, ist wahrscheinlich.

Versucht man, bei der Liedauswahl hymnologische Tendenzen zu eruieren, lässt sich klar benennen: Martin Luther als Liedautor hat absoluten Vorrang. Acht der zunächst 40 Kantaten, also ein Fünftel, haben Lutherlieder zur Grundlage. Schon an Position 2 und 3 finden sich Lutherlieder – zum Evangelium des ersten Sonntags gab es einfach keines, sodass in beiden Kirchen programmatisch Luther am Anfang steht. Auch die festlich herausgehobene Zeit, Advent und Christfest, steht im Zeichen Luthers (1. Advent, Christfest I und II). Hier ist zudem von Bedeutung, dass alle drei Lieder Übertragungen älterer Vorlagen sind und so die ökumenische Dimension der gemeinsamen kirchlichen Singtradition verkörpern. Zum Ende des Zyklus gibt es an Mariae Reinigung und Sexagesimae nochmals eine Luther-Konzentration, die Passionsaufführung am Karfreitag 1725 endet mit Luthers *Christe, du Lamm Gottes* und an Ostern erklingt noch (zum Abendmahl) eine frühere Liedtextvertonung von Luthers *Christ lag in Todesbanden*.

Diesseits von Luther gibt es keine Schwerpunkte. Die anderen Liederdichter sind überwiegend nur einmal vertreten. Nur der Dichterfürst Johann Rist ist mit zwei Liedern dabei (1./14. Sonntag nach Trinitatis) und eher zufällig Bartholomäus Ringwaldt (10./ 11. Sonntag nach Trinitatis), da *Nimm von uns Herr* damals fälschlich als Ringwaldt-Lied galt. Anders als in der Literatur oft zu lesen spiegelt die Liedauswahl nicht den Kanon der altreformatorischen Lieder, wie er sich vom Babstschen Gesangbuch 1545 her ausgeprägt hatte. Das Spektrum reicht bis zu »Neuen Liedern«, sogar mit pietistischem Hintergrund (22./23. Sonntag nach Trinitatis, Epiphanias). Interessant ist zudem um Neujahr die Konzentration von Dreiertakt-Melodien, wie sie der lutherischen Orthodoxie verdächtig waren. So ist auch melodisch das ganze Spektrum präsent von altem Hymnus (*Nun komm der Heiden Heiland*) über phrygische Luthermelodie (*Aus tiefer Not*) bis zu modern gefälliger Durmelodie (*Ich freue mich in dir*) und eben Dreiertakt (*Liebster Immanuel*). Das Choralkantatenprojekt widmet sich dem Kirchenlied also geradezu enzyklopädisch: Luther – auf der Basis seiner vorreformatorischen Grundlagen und die vielfältigen Folgen bis zur Gegenwart. Während das ab 1725 in Leipzig maßgebliche, neue *Dreßdnische Gesangbuch* mit 102 Paul Gerhardt-Liedern einen klaren neuen Schwerpunkt setzt, ist von solcher Gewichtung bei diesem Zyklus nichts zu erkennen.

Vermutlich bildete das 200-Jahr-Jubiläum des evangelischen Gesangbuchs im Jahr 1724 den für die Öffentlichkeit plausiblen Kontext für dieses Projekt, das ästhetisch eigentlich gegen den Zeittrend stand, der bei Kantaten auf die aus der Oper stammenden modernen Sprach- und Musikformen setzte (Rezitativ/ Arie). Mit den ersten Gesangbüchern des Jahres 1524, in denen über 20 Lutherlieder dominierten, war die Flut der protestantischen Lieddichtung in Gang gekommen. Reformationsjubiläen (z. B. 1717) hatten in Sachsen besondere identitätsstiftende Relevanz, da die Herrscherfamilie um der polnischen Königskrone willen 1697 zum Katholizismus konvertiert war. Zum Jubiläum 200 Jahre Einführung der Reformation in Leipzig 1739 sollte Bach dann *Clavierübung III*. Theil vorlegen, höchst komplexe Choralbearbeitungen für Orgel, in der Liedauswahl an Luthers Kate-chismus orientiert.

Auffallend ist, dass bei vielen Liedern des Choralkantaten-zyklus die zeitgenössischen Gesangbücher eine Verwendung am hier bestimmten Sonntag nicht vorsehen in ihren Liedregistern. Von 40 Liedern ist bei 17, also fast der Hälfte, »eigenwillige Zu-ordnung« zu konstatieren. Die Liedauswahl setzt also inhaltlich eigene Akzente.

Die Unvollständigkeit des »Jahrgangs« hat viele Bachforscher beschäftigt. Statt nach einem vollen Jahr, also mit dem Trinitatis-sonntag, endet mit Mariae Verkündigung am 25. März Bachs regelmäßige Choralkantatenproduktion. Fünf Tage später am Kar-freitag bringt er noch eine Variante der Johannes-Passion zur Aufführung, die mit choralbezogenen Rahmenchören deutlich den Bezug zum Zyklus herstellt. An Ostern erklingt noch die frühe Mühlhäuser Vertonung von Luthers großem Ostergesang, aber nicht mehr als »Hauptmusic«. Die Kantaten ab jetzt haben wieder zeittypische Libretti unterschiedlicher Herkunft als Textgrund-lage.

Da spätere Choralkantaten oft reine Liedtextvertonungen sind, wurde vermutet, Bach sei der auf die Umdichtungen spezia-lisierte Librettist abhanden gekommen. So wurde in den Leipzi-ger Sterberegistern geforscht und mit Andreas Stübel, ehemaliger Thomasschul-Konrektor, ein »passender« Sterbefall ausfindig gemacht (H. J. Schulze). Dieser Theologe starb am 31. Januar 1725 nach nur wenigen Tagen Krankheit. Er könnte demnach die Libretti für die noch folgenden fünf Kantaten vor seiner Erkran-kung vorgelegt haben, zumal sie in dieser Größenordnung als Textbuch vorab gedruckt wurden. Da er dann nicht mehr zur Verfügung stand, musste Bach für die Kantaten ab Ostern sich anders orientieren. Gegen diese Hypothese spricht entschieden, dass Stübel bereits 1697 seines Amtes enthoben worden war wegen abseitiger Ansichten über das Weltende, die er auch in späteren Jahren weiter äußerte. Zeitereignisse deutete er apokalyptisch, identifizierte etwa den in Sachsen einbrechenden Schwedenkönig als »König vom Aufgang der Sonne« (Offenbarung 16,12). Eine untadelige Reputation erwarb er sich vielmehr durch altphilologische Editionen, Schulbücher und Lexika. Die theologische Qualität, die untadelige Orthodoxie und auch der seelsorgerliche Predigtcharakter der Choralkantatenlibretti stehen dem deutlich entgegen.

Dass dieser Zyklus gezielt auf 40 Kantaten angelegt worden sein könnte und gar keinen Torso darstellt, ist bisher nicht erwogen worden, lässt sich aber durchaus plausibel machen. Die letzte neue Choralkantate erklang am 25. März 1725, vier Tage zuvor beging Bach seinen 40. Geburtstag. So könnte dies ein dezidiertes »Projekt 40« zur Vollendung des 40. Lebensjahres sein! Da für Bach biblische Bilder und Symbole essentiell waren, wird ihm die biblische Bedeutung der 40 unmittelbar vor Augen gestanden haben: 40 Jahre Israel in der Wüste, 40 Tage Versuchung Jesu durch den Teufel, daher 40 Tage Fastenzeit vor Ostern, in Leipzig als Bußzeit profiliert durch das Schweigen der Kantatenmusik. Die bis zu dieser Bußzeit reichenden 40 Choralkantaten wären demgemäß als Bußakt zu deuten, mit welchem Bach zu seinem 40. Geburtstag als Sünder vor Gott tritt und um Gnade bittet, der er im Glauben durchaus gewiss sein kann. Der persönliche Ansatz von Bachs Kantatenschaffen erhellt ja bereits daraus, dass er den Zyklus nicht wie sonst bei Barockkomponisten üblich, mit dem Kirchenjahr am 1. Advent beginnt, sondern mit seinem eigenen Leipziger »Jahrgang«–Beginn am ersten Trinitatissonntag.

Die inhaltlichen Akzentsetzungen des Zyklus korrelieren mit der Bußakt–Hypothese. Die Kantatentexte artikulieren in vielen Varianten die Anfechtung der Gläubigen durch ihre eigene Schuld wie durch die Gottwidrigkeit der Welt, um in gut lutherischer Stoßrichtung unablässig und überdeutlich den *Trost* im *Trostwort*

Jesu als »sola gratia« (»allein aus Gnaden«) zuzusprechen und *Geduld* als dem entsprechende christliche Tugend anzumahnen. Viele der Kantaten repräsentieren lutherische Bußpraxis in Sündenerkenntnis, Schuldbekenntnis, Verkündigung des Heils allein in Christus, Bitte um Gnade. Das zeigen exemplarisch die vier ersten Kantaten, bei denen Bach im Eingangssatz den Cantus firmus vom Sopran über Alt und Tenor in den Bass wandern lässt und sie so musikalisch markiert als Eröffnungsportal zum Zyklus.

Kantate 1 (BWV 20) – schonungslose Gerichtspredigt, Entlarvung des Menschen als Sünder.

Kantate 2 (BWV 2) – Bitte der Gemeinde um Erbarmen Gottes in der Anfechtung durch falsche Lehre, Mahnung zur Geduld *in Kreuz und Not*.

Kantate 3 (BWV 7) – Taufe als Thema des Johannisfests mit der Pointe: *Menschen, glaubt doch dieser Gnade, dass ihr nicht in Sünden sterbt*.

Kantate 4 (BWV 135) – Lied zum ersten Bußpsalm mit der Pointe *Tröste mir, Jesu, mein Gemüte* respektive *mein Jesus tröstet mich* (erste Kantate mit liturgisch »eigenwilliger Zuordnung«).

In der zweiten Hälfte der Trinitatiszeit häuft sich die ungewöhnliche Liedauswahl gerade mit weiteren Bußliedern (13./ 14./ 17. Sonntag nach Trinitatis), aber auch mit Liedern, die dezidiert den (einzigen) Trost im Glauben bekräftigen helfen: *Ach lieben Christen, seid getrost* (BWV 114, 17. Sonntag nach Trinitatis) schon in der Kopfzeile; *mein treuer Heiland tröstet mich* (BWV 5, 19. Sonntag nach Trinitatis, Satz 4); *Gott ist mein Freund* (BWV 135, 23. Sonntag nach Trinitatis, Satz 2) usw.

In Bachs musikalischer Umsetzung wird Heilswidriges stets mit drastischen musikalischen Mitteln gebrandmarkt (Harmonik, böse Sprünge in der Stimmführung), umso deutlicher aber auch der Trost musikalisch bereits erfahrbar, der in den Worten ja erst erbeten wird. Bachs Musik praktiziert darin Luthers »fröhliche

Buße«, erschließt unter den Bedingungen des gottwidrigen Lebens »Gnaden=Gegenwart«, wie Bach es in einer Randglosse zu seiner Calov-Bibel benannt hat.

Für ein »Projekt 40« signifikant wäre auch, dass die zweite Kantate BWV 2 (das erste Lutherlied und die erste Kantate in der Thomaskirche) mit dem großen Kyrie-artigen Eingangssatz im Stile antico (typisch für Bußgesänge) genau 400 Takte hat. Dem korrespondiert mit 240 = 6x40 Takten am Zyklusende die Estomihi-Kantate BWV 127 (Sonntag vor der Passionszeit). Deren Eingangssatz spielt als originär Bachsche Formidee *Christe, du Lamm Gottes, ... erbarm dich unser* ein. Am Karfreitag wird dann die Passionsaufführung mit dem expliziten *... erbarm dich unser* enden. Zudem ist die Estomihi-Kantate mit dieser Bitte um Erbarmen die letzte vor Bachs Vollendung seines 40. Lebensjahres. Den Gegenpol der klangprächtigsten Kantate mit ausladender Trompetteria stellt die Neujahrskantate BWV 41 mit 560 = 14x40 Takten. Anlass des Lobpreises ist hier, *dass wir haben erlebet/ die neu fröhliche Zeit, die voller Gnaden schwebet / und ewger Seligkeit.* Das »neue Jahr« ist also als Gnadenzeit qualifiziert. Die Kantate am Tag zuvor endete mit *Frisch auf! Itzt ist es Singens Zeit, das Jesulein wendt alles Leid.* Man kann dies als spezielle Begründung für dieses Kantaten-Jahr zu Kirchenliedern lesen. Die *Singenszeit* des Gnadenjahres wird realisiert in 40 Liedkantaten, welche den christlichen Glauben in der Polarität des »simul justus et peccator« (Luther: zugleich gerecht wie Sünder) profilieren.

Wie alle barocke Predigt und Erbauungsliteratur letztlich der »Ars moriendi« dient, der Bereitung zu einem »seligen Sterben«, so kulminiert auch dieser Kantatenzyklus dahingehend. Namentlich im Umfeld des 2. Februar mit dem »Nunc dimittis« des greisen Simeon (und Luthers Lied dazu) als Zentraltext ist das getroste Sterben im Glauben fokussiert. Ungewöhnlich ist die Wahl des Sterbelieds *Herr Jesu Christ, wahr Mensch und Gott* für Estomihi, und Bach zaubert da bei der Arie *Die Seele ruht in Jesu Händen ...*

ich bin zum Sterben unerschrocken eine wahrhaft »zum Sterben schöne« Musik, welche die Hingabe des eigenen Lebens leicht macht. Bemerkenswert ist auch die (einzige) Paul Gerhardt-Liedkantate am Sonntag vor dem 2. Februar. Gegenüber sonst sechs oder sieben Sätzen hat sie neun und weist mit 620 die höchste Gesamttaktzahl auf. Schritt für Schritt erschließt sie, wie man zur Hingabe des Lebens kommen kann, und endet mit der vom Librettisten eingetragenen, expliziten Sterbebitte *Amen: Vater, nimm mich an.* Weitere *Amen*-Pointen zeigen die letzten Kantaten (siehe die Einzelbesprechung) bis zum finalen *Amen* der Passion am Karfreitag, ein deutliches »Finis« zum Choralkantatenprojekt. Biblische Referenz dazu ist das letzte Wort der Heiligen Schrift, Offenbarung 22,20: »Amen, ja, komm, Herr Jesu!«

Einen weiteren Erklärungsmodus für die Einheit dieses Zyklus bieten Zahlenproportionen, welche bei Bachs Instrumentalzyklen ebenfalls eine große Rolle spielen. Auf der evidenten Ebene der Taktzahlen ergibt sich: Die 25 Kantaten bis zum Ende des Kirchenjahres kommen auf 154(11x14)x61 Takte, die 15 Kantaten im neuen Kirchenjahr auf 104(8x13)x61 Takte. Damit zeigt sich die Zahl 61 als essentieller Teiler. Zur Deutung drängt sich Jesaja 61 auf. Der Prophet spricht hier zu Beginn von seiner Sendung »den Elenden zu predigen / die zubrochen Hertzen zu verbinden / zu predigen den Gefangenen eine erledigung / den Gebundenen eine öffenung. Zu predigen ein gnedigs Jar des HERRN / vnd einen tag der rache vnsers Gottes / Zu trösten alle Trawrigen« (Luther 1545). Dieses alttestamentliche Trostwort hat höchste christologische Relevanz durch die Zitation in Lukas 4,18f., wo es Jesus auf sich selbst bezieht: »Heute ist dieses Wort der Schrift erfüllt vor euren Ohren« (V. 21). Das »gnädige Jahr des Herrn« wäre damit zentrale Metapher für diesen »Jahrgang« als Werkkomplex, in welchem Vergewisserung der Gnade in Christus geschieht und »Erfüllung vor euren Ohren« als musikalisches Ereignis sich erschließt. Ordnet man die Teiler der Takt-Gesamtsumme um,

ergibt sich 366(6x61)x43, ersteres Zahl der Tage eines »Schalt-
jahres« (z. B. 1724), durch seinen Tagesüberschuss allgemein
symbolfähig für das »Gnadenjahr«. Und 43 wäre da als Zahlenäquivalent von GNADEN in Anspruch zu nehmen.

Die Werküberlieferung und Bachs spätere Ergänzungen
zum Choralkantatenzyklus

Die Choralkantaten sind als »Jahrgang« überliefert in einem
Konvolut der Aufführungsstimmen, das bei der Erbteilung 1750
an Bachs Witwe Anna Magdalene ging, die es alsbald an die
Thomasschule weitergab als Kompensation für städtische Unter-
stützungsleistungen. Für Leipzig bedeuteten diese Stimmen über
alle kommenden Zeiten einen Fokus der Bach-Erinnerung. Sie
ermöglichten frühe Wiederaufführungen in der Vakanz nach
dem Tod des Bach-Nachfolgers Harrer bereits 1755, waren im
19. Jahrhundert für die ersten Bach-Handschriftenforscher gleichsam ein Mekka – Franz Hauser z.B. erstellte daraus Partituren,
die er seinem Freund Felix Mendelssohn Bartholdy weitergab –,
sie bildeten eine solide Basis für die erste Bach-Gesamtausgabe
ab 1850 und überstanden schließlich unversehrt alle äußeren
Widrigkeiten im 20. Jahrhundert.

Die Kompositionspartituren zu diesem »Jahrgang« erbte Bachs
Sohn Friedemann, der als Kantor an der Marktkirche in Halle
solche Musik gebrauchen konnte. Bekanntlich musste er später
seine »Bachiana« zu Geld machen, so dass die Partituren in verschiedene Hände wanderten und sehr unterschiedliche Wege ein-
schlugen. Erstaunlich viele sind erhalten geblieben und heute

weltweit verstreut, vieles in öffentlichen Bibliotheken, einiges aber auch in Privatbesitz.

Das Leipziger Stimmenkonvolut enthält außer den 40 Werken des Zyklus von 1724/25 zehn weitere Kantaten. Neu komponiert als Choralkantaten wurden zunächst relativ zeitnah die beiden mit Trompeten bestückten Lobpreis-Musiken BWV 137 und BWV 129, letztere zu Trinitatis eine Schlussmarkierung des Zyklus als »Jahrgang« im Wortsinn. Beide sind als reine Liedtextvertonungen konzipiert. Erst ab 1731 entstanden weitere Ergänzungen zu Sonntagen im Kirchenjahr, die bisher nicht bedient waren, BWV 112 und BWV 177 als Liedtextkantaten, BWV 140 und BWV 9 mit Textergänzungen, bzw. -umdichtungen eines wieder nicht bekannten Librettisten. Wahrscheinlich im Zuge dieses »Lückenfüllens« hat Bach auch Kantaten hier eingeordnet, die in anderen Zusammenhängen komponiert wurden und teilweise keine Choralkantaten im eigentlichen Sinn sind: die gleich Ostern 1725 als Abendmahlsmusik aufgeführte Lutherliedkantate BWV 4 aus früheren Zeiten, die Pfingstmontagkantate von 1725 mit einer Liedbearbeitung nur im Eingangssatz und die Dialogkantate BWV 58 von 1727, die mit einem Choral jeweils in den Rahmensätzen arbeitet. Die Himmelfahrtskantate von 1725 hat auch eine Choralbearbeitung im Eingangssatz, ist aber nur über die Partitur auf anderem Wege überliefert. Die letzte Ergänzung stellt die zum 30. Januar 1735 komponierte Kantate BWV 14 dar, so dass gut 10 Jahre Kompositionsgeschichte in diesem Kantatenkonvolut versammelt sind. Ein vollständiger »Jahrgang« ist es nicht geworden. Leerstellen bleiben einige Sonntage in der Osterzeit und die jeweils dreifachen Oster- und Pfingstfesttage, wozu jeweils nur eine Choralkantate vorliegt.

Auf der Taktzahlenebene ist zu konstatieren, dass diese ergänzten Kantaten ohne die nicht neu komponierte Osterkantate BWV 4 und ohne die unechten Choralkantaten zu Himmelfahrt und Pfingsten 1725 auf 70x61 Takte kommen, also wieder auf das »Gnadenjahr« bezogen sind. Insgesamt sind es dann 328x61 = 8x41x61 Takte. Mit 41, Äquivalent von JSBACH, kommt so seine persönliche »Gnadenzahl« ins Spiel, die als Umkehrung der BACH-14 die »Umkehr« des Sünders zum Gerechtfertigten markiert.

Bachs *Ein feste Burg*-Kantate BWV 80 zu »dem Lutherlied«, schon früh im 19. Jahrhundert im Zuge der nationalen Luther-begeisterung gedruckt und verbreitet, scheint überlieferungsmäßig dagegen nicht mit den Choralkantaten in Verbindung gestanden zu haben. Hier hat W. Friedemann Bach mit Bearbeitungen früh für ein Weiterleben gesorgt. Er hatte aber offenbar die Stimmen als Grundlage und nicht die Partitur, weshalb er die Musik nicht mit den Choralkantaten geerbt haben kann.

Dank des Internetportals www.bach-digital.de kann heute alle Welt sich ein Bild machen von den jeweils verfügbaren Quellen. Unter der Signatur D-LEb Thomana sind sämtliche Leipziger Aufführungsstimmen einzusehen, von den Partituren die in deutschen öffentlichen Bibliotheken aufbewahrten. Unter editorischen Gesichtspunkten haben die Stimmen einen Mehr-wert, da sie in einem letzten Arbeitsgang von Bach selber auf-führungspraktisch bezeichnet wurden. Zudem ginge manche Stimmenzuweisung aus der Partitur gar nicht hervor, etwa das Mitspielen des Cantus firmus im Eingangssatz durch ein Blas-instrument. Für den Werkcharakter ist allerdings die Partitur maßgeblich, speziell für das Erfassen der damit verbundenen Zahlenwerte. Z. B. notierte Bach die Choralsätze stets auf fünf Systemen, den Continuo separat, auch wenn er mit dem Vokal-bass identisch ist. Cantus firmus-Instrumente im Eingangssatz wurden dagegen nicht separat notiert und sind so auch nicht Bestandteil des Werks. Manchmal ist Bachs Orthographie der Worte (im Werktitel wie bei der Textunterlegung) erhellend, was in den modernen »Urtext«-Ausgaben nicht kenntlich wird (z. B. »Xst« statt Christ, »Hertz«, »Gedult«). Und die Schlusssignatur

»SDG«, »Fine SDG« oder »Fine SDGl« in ihrer jeweiligen Ein-
zeichnung zu betrachten, erschließt Wesentliches von Bachs
innerer Haltung beim Komponieren.

Bachs Lebensmotto in separat überlieferten Liedtextkantaten

Neben *Ein feste Burg ist unser Gott* sind vier weitere Choralkantaten unabhängig vom Leipziger Stimmenkonvolut überliefert,
deren liturgische Zuordnung nicht benannt ist. Sie alle zeigen in
besonders kunstvoller Ausarbeitung und sorgfältiger Partiturnotation (sofern erhalten) das Profil eines »Vorzeige-Stücks«.
Alle sind Liedtextkantaten ohne Umdichtungen. Zweimal wird
die beträchtliche Zahl von neun Sätzen (zu neun Strophen) erreicht. Inhaltliche Gemeinsamkeit ist, dass es dezidierte Motto-
Lieder sind. *Gebt unserm Gott die Ehre/ Was Gott tut, das ist wohlgetan* wiederholt sich sogar wörtlich als Refrain. *Nun danket alle
Gott* ist eine »Soli Deo Gloria«-Entfaltung und *In allen meinen
Taten* unterstreicht in Variationen die Glaubenshaltung: Ich will
mein Leben in allem Gott überlassen. Inhaltlich nahe steht dem
die Kantate *Was willst du dich betrüben* BWV 107 aus dem Zyklus
1724/25, dort die einzige reine Liedtextvertonung. Offensichtlich nimmt Bach bestimmte »Choräle« in allen ihren Liedstrophen als Leitfaden für das Leben im Glauben. Mit der wörtlichen Vertonung dieser Motto-Lieder präsentiert er in künstlerischer Ausarbeitung sein Lebensmotto. Dabei spielt das »Soli
Deo Gloria« eine zentrale Rolle (vgl. die Einzelbesprechung der
genannten Kantaten). So bedeutet die Schlusssignatur bei jeder
Kantate tatsächlich viel und ist nicht bloß eine im Barock übliche

Floskel. Gerade auch im schonungslosen Reflektieren der eigenen Schuld, im musikalisch drastischen Zeichnen des Getrenntseins von Gott gibt der Mensch Bach als Sünder Gott die Ehre, um dann den Zuspruch der *Zeit voller Gnaden* (BWV 41,1) mit strahlendem Trompetenglanz laut werden zu lassen und geradezu lärmend vollmundig auszurufen: *Dein ist allein die Ehre, dein ist allein der Ruhm!* (BWV 41,3)

Hinweise zu Methode und Darstellung der Kantatenauslegung

Bachs Kantaten sind schon mehrfach in Gesamtdarstellungen gewürdigt worden. Zu den Standardwerken von Alfred Dürr (dtv/Bärenreiter), Konrad Küster (im Bärenreiter Bach-Handbuch) und Hans-Joachim Schulze (Evang. Verlagsanstalt) kommen die Booklet-Texte in den verfügbaren Gesamteinspielungen, das Bach-Handbuch im Laaber Verlag, die Werkeinführungen zur Basler Gesamtaufführung (Schwabe Verlag) und vor allem das große Projekt Martin Petzoldts, »Bach-Kommentar« als ausführliche »theologisch-musikwissenschaftliche Kommentierung« (Bärenreiter).

Gegenüber den eher musikologisch orientierten Erläuterungen soll hier entschieden mit M. Petzoldt und im Anschluss an die Anliegen der Arbeitsgemeinschaft für theologische Bachforschung (gegründet 1976) die theologische Akzentuierung bei Bachs Vertonungen erhoben werden. Dazu ist die Präsenz der Kantatentexte wichtig. Bei den Erläuterungen sind Sentenzen oder Worte daraus jeweils in Kursivschrift kenntlich. Sachgemäße Verstehenszugänge sind zu erschließen mit der Intention, Musik wie Text zu profilieren. Die ursprüngliche Funktion der gedruckten Kantatenlibretti als Erbauungsliteratur zum inneren Nacherleben des Gehörten kann so durchaus erneuert werden, zumal heute durch die uneingeschränkte Verfügbarkeit der Musik via CD-Einspielung jenes Nacherleben in ein stetes Miterleben verwandelt werden kann. Die Libretti des Choralkantatenzyklus sind ein geistlicher Sprachschatz von höchster Qualität, starker Bildhaftigkeit, biblischer Tiefenschärfe wie Vieldimensionalität. Zudem ist ihr Sprachgestus predigthaft im seelsorgerlich positiven Sinne, dass hier Gnade zugesprochen wird in immer wieder neuen Variationen, oft in gut fasslichen, griffigen Formulierungen, die man sich merken kann. Manches kann in Verbindung mit Bachs Musik zum »Ohrwurm« werden, der durchs Leben – und Sterben – trägt. (Ein allgemeiner Lesehinweis: *vor* meint das, was heute *für* sagt und umgekehrt.)

Gegenüber M. Petzoldts ungemein detailreicher Kommentierung ist hier der Versuch unternommen, jeweils Wesentliches auf den Punkt zu bringen. Die von Petzoldt vorgelegten Materialien werden dankbar »ausgeschlachtet«, vor allem die Bibelstellenverweise zu jeder Verszeile, die theologiegeschichtlichen Hintergrundinformationen und die hymnologischen Angaben zur liturgischen Einordnung der Lieder. Die Erläuterungen zur Musik vermeiden hier namentlich bei den zumeist sehr plastischen Rezitativen ein zu detailgenaues Beschreiben der Verläufe und vom Text motivierten Figuren, wozu Notenbeispiele unerlässlich wären. Wichtig sind grundsätzliche hermeneutische Entscheidungen Bachs, die sich bei jedem Satz an Besetzung, Tonart, Taktart, Diktion der Instrumental- und Vokalstimmen erheben lassen. Der Blick richtet sich dann auf spezifische Akzentuierungen im Satzverlauf, auf die Pointen, die Bach setzt.

In diesen Erläuterungen wird deutlich, dass die Spezifika von Bachs damaligem Instrumentarium und Vokalstimmenbesetzung (nur Männer/Knaben) wesentlich sind für die Erfassung des

Sinngehalts. So sind die Ausführungen hier nur mit klanglichen Realisationen kompatibel, die mit »historischen Instrumenten« und kleiner Vokalstimmenbesetzung arbeiten. Neben den jüngeren Gesamteinspielungen von Koopman, Gardiner und Suzuki und der Teileinspielung von S. Kuijken behält auch die frühere Edition mit Harnoncourt und Leonhardt ihre Bedeutung, da nur hier Knabenstimmen zu vernehmen sind. Der Begriff »Chor« und die verbreitete Satzbezeichnung »(Eingangs-)Chor« wird hier vermieden, da dies heute das mehr oder weniger krasse Gegenüber von Chor und Vokalsolisten einträgt, was bei Bach als Grundstruktur so nicht gegeben ist. Die Eingangssätze der Kantaten zeichnen sich nicht durch großen Chorklang aus, sondern dadurch, dass alle (im Titel jeweils aufgezählten) Ensemblemitglieder miteinander »konzertieren«. Die jeweilige Besetzung ist im Kantatentext bei den einzelnen Sätzen knapp angegeben. Von der Mitwirkung des Continuobass ist stets auszugehen, ebenso die Beteiligung aller am Schlusschoral, »Streicher« meint Violine I,II und Viola. Die fettgedruckten Satzbezeichnungen sind die originalen, allerdings ins Deutsche transformiert (»Arie« statt »Aria«). Ebenso sind die italienischen Bezeichnungen der Instrumente übersetzt.

Anders als in allen bisher vorliegenden Werkbesprechungen ist die Dimension der Zahlensymbolik hier nicht ausgeblendet. Im Zuge des Studiums der Werke haben sich so viele einschlägige Phänomene aufgedrängt, dass schließlich jede Kantate komplett durchgezählt wurde. Nur besonders signifikante Ergebnisse fließen hier ein. Die obigen Ausführungen zur Gesamtdisposition des Zyklus mit 61-Gnadenjahrsymbolik sind exemplarisch für die Relevanz dieser Dimension in Bachs eigentümlich vollkommener Musik. In der Darstellung signalisieren Großbuchstaben jeweils die Übertragung des Worts in Zahlensummen nach dem lateinischen Zahlenalphabet A=1, B=2 etc. (I/J und U/V sind identisch, sodass gilt Z=24). Ausgehend vom Phänomen, dass BACH=14 und JSBACH=41 ergibt, sind Zahleninversionen theologisch höchst relevant als Umkehrung vom Verderben zum Heil. Mehrfachdeutungen einer Zahl, z. B. 13 als Symbol für Tod (Überschreitung der Zeit) wie für den Messias (12 Stämme Israels bzw. Jünger Jesu plus der dazu Kommende) sind üblich in der Tradition. Hier ist der Bezug zur Thematik des jeweiligen Satzes entscheidend. Als vielfach präsente Schlüsselzahl hat sich 153 ergeben, die Zahl der (nur) mit Jesu worthafter Präsenz gefangenen Fische in Johannes 21,11. Der mit den Tonstufen 1–5–3 (oder in anderer Reihenfolge) dem entsprechende Dreiklang ist ebenfalls Sinnträger und korreliert zudem mit der allgemeinen Dreier-Symbolik zu Gottes Trinität (bildlich dargestellt als Dreieck).

Wie bei K. Küster und im Bach-Handbuch des Laaber-Verlags folgt die Kantatenbeschreibung der Reihenfolge ihrer Entstehung. Unter dem hier vorrangigen inhaltlichen Aspekt ergibt sich so ein Gesamtbild von der theologischen Profilierung dieses »Jahrgangs«. Zudem stehen so zum ersten Mal die Kantatentexte in der Reihenfolge, in welcher sie den Leipziger Gottesdienstbesuchern zu Ohren und vor Augen kamen, um ihr Herz zum Glauben zu bewegen.

Bei den Libretti sind die original übernommenen Liedstrophen fett gedruckt. Liedzitate in den Arien und Rezitativen sind fett markiert, sobald es eine Zwei-Wort-Konstellation ist, wozu auch identische Reimworte am Zeilenende zählen. Eingehendere hymnologische Ausführungen zum Lied und seinem Autor, sowie Erörterungen über die Unterschiede zwischen Liedvorlage und Libretto mussten aus Platzgründen unterbleiben. Dazu sei auf M. Petzoldts »Bach-Kommentar« verwiesen, wo auch die Liedtexte jeweils mit abgedruckt sind. Wenn das Lied im heutigen Evangelischen Gesangbuch (EG) zu finden ist, wird die Nummer genannt. Die Bibelstelle des jeweiligen Sonntagsevangeliums (»Evangelium«) als Bezugspunkt von Kantate wie Predigt findet im Zuge der Ausführungen Erwähnung. Manchmal ist die Abständigkeit zwischen damaliger Deutung und heutigen Zugängen enorm, manchmal aber mag es namentlich der sonntäglichen Erbauung durchaus dienlich sein, das Bibelwort zur Musik der Kantate mit aufzuschlagen. Nicht zuletzt verbindet sich mit diesen Kantatenerläuterungen die Hoffnung, dass Predigerinnen und Prediger hier Anregung finden für die Auslegung der Evangelientexte, für die Kultivierung des in den Choralkantaten präsentierten Liedgutes und für Predigten zu diesen Bachkantaten bei einer Aufführung – wie zu Bachs Leipziger Zeiten – im Gottesdienst.

Die theologische Deutung musikalischer Phänomene, erst recht als »Zahlensymbolik«, ist in den Fachwissenschaften sehr umstritten. Diesbezüglich sind diese Erläuterungen »mutig« oder bisweilen sogar »kühn«. Aus sprachlichen Gründen ist auf vorsichtigere Formulierungen mit Vorbehalt verzichtet worden. Die Leserinnen und Leser mögen die Plausibilität der Deutungen jeweils selbst prüfen.

Vielen Menschen hätte ich zu danken, die mich auf dem lebensgeschichtlich nun schon längeren Weg einer solchen Bach-Deutung bestärkt haben, nicht zuletzt Vokalsolisten und Instrumentalisten aus der Alte-Musik-Szene mit ihrem Vermögen, Bachs Musik in ihrer spezifischen Eigenart zum Sprechen zu bringen. Namentlich gewürdigt sei vom Anfang dieses Weges Wolfgang Kelber (München), dessen Einstudierung des Eingangschors *O Mensch bewein dein Sünde groß* im Bachjahr 1985 dem Studenten als Chorsänger zur Urerfahrung wurde – und der nun mit (partiellem) Gegenlesen der Texte wieder beteiligt war. Einen indirekten, aber nicht unwesentlichen Anteil am Entstehen dieser Erläuterungen haben die aufmerksamen, vorwiegend »reifen Semester« meiner Kantaten-Vorlesung über mehrere Semester. Ihre Hörer-Treue ist des ausdrücklichen Dankes wert.

Erlangen, im Herbst 2014　　　　　　　　　　*Konrad Klek*

Glossar

Abruptio	Musikalisch-rhetorische Figur: kurzes Abreißen mit anschließender Pause
Abgesang	siehe Barform
Accompagnato	Bezeichnung für Rezitative, die neben dem Continuo mit weiteren Instrumenten begleitet werden, zumeist mit Streichern, gelegentlich auch mit Bläsern.
Akrostichon	Dichterisches Gestaltungsmittel, beliebt in höfischer Dichtung: Die Anfangsbuchstaben der Strophen sind die Initialen des Widmungsträgers. Bei Gedichten zu Sterbefällen soll so der Name des Verstorbenen ins »Buch des Lebens« eingeschrieben werden (vgl. EG 523). Auch Anfangsworte können einen Sinnzusammenhang über das ganze Lied bilden (vgl. EG 361).
Alla breve	Taktbezeichnung, in der Barockmusik als Modifikation des 4/4–Taktes derart, dass die Taktdrei keinen Zwischenakzent erhält zugunsten einer stärkeren Takteins. Wörtlich ausgeschrieben verweist es auf das »tempus imperfectum« der älteren Musik (Stile antico) mit zwei (in der Regel langsamen) Grundschlägen pro Takt.
Anapäst	In der Poetik der Versfuß zweimal unbetont, einmal betont; in der Musik rhythmisches Grundmuster zweimal kurz/einmal lang (z.B. zwei Achtel, ein Viertel).
Battaglia	Musikalisches Schlachtengemälde, im Barock beliebt als Gestaltungstyp auch in anderen Zusammenhängen: Violinen spielen gestoßene 16tel in Tonrepetitionen, fanfarenartigen Dreiklängen oder mit abspringende Wechselnoten.

Barform	Bezeichnung für die häufigste Strophenform bei Liedern: zwei oder mehr Anfangszeilen (»Stollen«) werden melodisch wiederholt, dann folgt der »Abgesang«. »Reprisenbar« ist die Sonderform, dass die letzten Zeilen des Abgesangs wieder mit den Anfangszeilen identisch sind (siehe BWV 92, 111).
Bicinium	»Zwiegesang«, im 16. Jahrhundert beliebt als elementare Gattung von Vokalmusik mit nur zwei Stimmen (ohne Begleitung). Der Begriff wird auch übertragen auf spätere, mit Continuo begleitete Zwiegesänge.
Cantus firmus	Fachbegriff für die Melodie eines Liedes, die in mehrstimmigen vokalen wie instrumentalen Liedvertonungen hervorgehoben wird durch unverzierte, längere Notenwerte, daher »fester Gesang«.
Colla parte	Die Instrumente verdoppeln die Vokalstimmen, haben keine eigenen Partien.
Continuo	Eigentlich: »Basso continuo«, fortlaufender Bass, Kennzeichen aller Barockmusik als Fundament, das auch die Harmonik bestimmt. In der Partitur als unterstes System notiert, kann die klangliche Realisierung variieren. Bachs Stimmenmaterial enthält in der Regel drei Continuo–Stimmen, eine davon mit Akkordbezifferung (»Generalbass«) und einen Ton nach unten transponiert für die Orgel, die einen Ton höher gestimmt war. Bisweilen gibt es auch bezifferte untransponierte Stimmen für Cembalo oder Laute. Die anderen Stimmen waren für Violoncello und Violone (eine Oktave tiefer, vgl. Kontrabass). Ob in der Regel zusätzlich ein Fagott mitspielte, ist unklar.
Da capo–Arie	Standardform der Arie im Barock mit der Abfolge A–Teil, B–Teil (meist in der Paralleltonart, also Moll statt Dur und umgekehrt), Wiederholung des A–Teils »von vorne«. Ein verkürztes Da capo bringt nur das Instrumentalvorspiel als Wiederholung.
Duett	Arie mit zwei Sängern. Bei Bach lautet die Bezeichnung »Aria Duetto«. Bisweilen steht nur »Aria«.
Exclamatio	»Ausruf«: Musikalisch–rhetorische Figur der Emphase als Sprung nach oben mit über die Quinte hinausgehendem Intervall, vorwiegend kleine Sexte, auch kleine Septime.

Inklusion	Poetisches wie musikalisches Gestaltungsmittel: Anfang und Ende sind gezielt gleich geformt.
Libretto	Die Textgrundlage einer mehrsätzigen Vertonung mit unterschiedlichen Satzformen, zunächst bei Opern, dann auch bei Oratorien und Kantaten. Der Textautor (Librettist) kann vorliegende Dichtungen (Liedstrophen) oder – im geistlichen Bereich – Bibelworte integrieren, wechselt ansonsten zwischen der freieren Form des Rezitativs und der konzentrierten Form der Arie, beides in Reimform.
Magnificat	Begriff für den viel vertonten Lobgesang der Maria Lukas 1,46–55 nach dessen lateinischem Anfangswort. Liturgisch ist dieser Gesang Bestandteil jedes Vespergottesdienstes (in Leipzig der sonntägliche Nachmittagsgottesdienst).
Motette	Gattung der Vokalmusik. Bei Liedvertonungen wird jede Liedzeile den variierenden Worten (und Melodietönen) gemäß separat vertont.
Nunc dimittis	Begriff für den Lobgesang des greisen Simeon Lukas 2,29-32 nach dessen lateinischem Beginn, Vorbild für Sterbelieder, Bestandteil des täglichen klösterlichen Nachtgebets.
Ostinato	Musikalisches Gestaltungsmittel: eine bestimmte melodische und/oder rhythmische Figur wird »beharrlich« wiederholt. Bei Bach ein häufiges Gestaltungsprinzip im Continuo.
Parodie	Wiederverwertung einer Musik in anderem Zusammenhang durch Umtextierung, ggf. auch weitergehende Umgestaltung, eine im Barock sehr verbreitete Praxis.
Per omnes versus	Vertonung eines Liedes »durch alle Verse«. Alle Strophen werden vertont, die musikalischen Mittel variieren, aber die Melodie ist als Cantus firmus in der Regel stets präsent; eine Grundform der Kantate, ehe sich ab ca. 1715 die moderne Kantatenform mit Arien und Rezitativen durchsetzte. Bachs frühe Kantate BWV 4 Christ lag in Todesbanden repräsentiert diesen Typus.
Reprise	Wörtliche Wiederaufnahme der Musik vom Anfang.
Ritornell	Das instrumentale Vorspiel einer Arie oder eines Eingangschores, im weiteren Satzverlauf als Zwischenspiel oder Nachspiel erneut eingespielt in modifizierter oder identischer Form.

Siciliano	Barocker Satztyp im 6/8– oder 12/8–Takt mit spezifischer Rhythmik (punktiertes Achtel in 3/8–Gruppe), konnotiert als Hirtenmusik mit der Implikation »Idylle«, aber auch Liebeserlebnis (vgl. BWV 68,1).
Stile antico	Begriff zur Abgrenzung der Barockmusik des Generalbasszeitalters (nach 1600) von der älteren Stilistik der polyphonen Vokalmusik, die stärker horizontal orientiert ist. Bei Neukompositionen als Stilkopie identifizierbar an großen Notenwerten (Halbe als Grundschlag). Zum einschlägigen »Sound« des »Erhabenen«, Altertümlichen tragen oft colla parte spielende Posaunen mit Zink (Sopran) bei.
Stollen	siehe Barform
Tripla	In der Renaissance–Musik die Taktform mit drei Ganzen, spezifischer Ausdruck göttlicher Vollkommenheit und Trinität (Drei–Einigkeit), allgemein auch »tempus perfectum« (vollkommenes Zeitmaß) genannt.
Tropierung	Erweiterung übernommener Texte durch Kommentare, Ergänzungen, zu neuen Gesängen, in der Liturgie oft praktiziert beim stets gleichen »Kyrie eleison«; dann auch allgemeiner Begriff für Zitation mit Kommentierung in künstlerischem Gestalten.
Unio mystica	Vorstellung von der Vereinigung von Gott (Jesus) und Mensch in der Bibel entlehnten Bildwelten (Hochzeit, Einwohnung im Herzen), in der Mystik Leitbild alles religiösen Strebens.
Unisono	Unterschiedliche Stimmen singen oder spielen »im Einklang«, also dieselben Töne oder in Oktavparallelen.
Vox Christi	»Stimme Christi«. Im gesungenen Vortrag der biblischen Lesungen wurden die Jesusworte stets hervorgehoben durch tiefere Stimmlage, bei den Passionslektionen mit mehreren Sängern durch den Bassisten. Auch bei Bach sind Jesus-Worte stets dem Bass zugeweisen.

Die im Zyklus 1724/25 komponierten Kantaten

BWV 20

O Ewigkeit, du Donnerwort

1. Sonntag nach Trinitatis, 11. Juni 1724, Nikolaikirche
Liedautor: Johann Rist 1642

ERSTER TEIL

1. *Oboe I–III, Streicher, Zugtrompete mit Sopran*
O Ewigkeit, du Donnerwort,
O Schwert, das durch die Seele bohrt,
O Anfang sonder Ende!
O Ewigkeit, Zeit ohne Zeit,
Ich weiß vor großer Traurigkeit
Nicht, wo ich mich hinwende.
Mein ganz erschrocken Herz erbebt,
Dass mir die Zung am Gaumen klebt.

2. Rezitativ Tenor
Kein Unglück ist in aller Welt zu finden,
Das ewig dauernd sei:
Es muss doch endlich mit der Zeit
einmal verschwinden.
Ach! aber ach! die Pein der **Ewigkeit**
hat nur kein Ziel;
Sie treibet fort und fort ihr Marterspiel,
Ja, wie selbst Jesus **spricht,**
Aus ihr ist kein Erlösung nicht.

3. Arie Tenor *Streicher*
Ewigkeit, du machst mir bange,
Ewig, ewig ist zu lange!
Ach, **hier gilt fürwahr kein Scherz.**
Flammen, die auf ewig brennen,
Ist kein Feuer gleich zu nennen;
Es erschrickt und bebt mein Herz,
Wenn ich diese Pein bedenke
Und den Sinn zur Höllen lenke.

4. Rezitativ Bass
Gesetzt, es dau'rte der Verdammten Qual
So viele Jahr, als an der Zahl
Auf Erden Gras,
am Himmel Sterne wären;
Gesetzt, es sei die Pein
so weit hinausgestellt,
Als Menschen in der Welt
Von Anbeginn gewesen,
So wäre doch zuletzt
Derselben Ziel und Maß gesetzt:
Sie müßte doch einmal aufhören.
Nun aber, wenn du die Gefahr,
Verdammter! tausend Millionen Jahr
Mit allen Teufeln ausgestanden,
So ist doch nie
der Schluss vorhanden;
Die Zeit, so niemand zählen kann,
Fängt jeden Augenblick
Zu deiner Seelen ewgem Ungelück
Sich stets von neuem an.

5. **Arie** Bass *Oboe I–III*
Gott ist gerecht in seinen Werken:
    Auf kurze Sünden dieser Welt
    Hat er **so lange Pein bestellt;**
    Ach wollte doch
    die Welt dies merken!
    Kurz ist die Zeit,
    der Tod geschwind,
    Bedenke dies,
    o Menschenkind!

6. **Arie** Alt *Streicher*
O Mensch, errette deine Seele,
Entfliehe Satans Sklaverei
Und mache dich von Sünden frei,
Damit in jener Schwefelhöhle
Der Tod, so die Verdammten plagt,
Nicht deine Seele ewig nagt.
O Mensch, errette deine Seele!

7. **Choral**
Solang ein Gott im Himmel lebt
Und über alle Wolken schwebt,
Wird solche Marter währen:
Es wird sie plagen Kält und Hitz,
Angst, Hunger, Schrecken,
Feu'r und Blitz
Und sie doch nicht verzehren.
Denn wird sich enden diese Pein,
Wenn Gott nicht mehr
wird ewig sein.

ZWEITER TEIL

8. **Arie** Bass *Trompete,*
Oboe I–III mit Streichern
Wacht auf, wacht auf, verlorne Schafe,
Ermuntert euch vom Sündenschlafe
Und bessert euer Leben bald!
Wacht auf, eh die Posaune schallt,
Die euch mit Schrecken aus der Gruft
Zum Richter aller Welt
vor das Gerichte ruft!

9. **Rezitativ** Alt
Verlass, o Mensch,
die Wollust dieser Welt,
Pracht, Hoffart, Reichtum,
Ehr und Geld;
Bedenke doch
In dieser Zeit annoch,
Da dir der Baum des Lebens grünet,
Was dir zu deinem Frieden dienet!
Vielleicht ist dies **der letzte Tag,**
Kein Mensch **weiß,**
wenn er **sterben mag.**
Wie leicht, wie bald
Ist mancher tot und kalt!
Man kann noch diese Nacht
Den Sarg vor deine Türe bringen.
Drum sei vor allen Dingen
Auf deiner Seelen Heil bedacht!

10. **Arie** Duett Alt/Tenor *Continuo*
O Menschenkind,
Hör auf geschwind,
Die Sünd und Welt zu lieben,
Dass nicht die Pein,
Wo Heulen und Zähnklappen sein,
Dich ewig mag betrüben!
Ach spiegle dich am reichen Mann,
Der in der Qual
Auch nicht einmal
Ein Tröpflein Wasser haben kann!

11. **Choral**
O Ewigkeit, du Donnerwort,
O Schwert, das durch die Seele bohrt,
O Anfang sonder Ende!
O Ewigkeit, Zeit ohne Zeit,
Ich weiß vor großer Traurigkeit
Nicht, wo ich mich hinwende.
Nimm du mich, wenn es dir gefällt,
Herr Jesu, in dein Freudenzelt!

Ein Überaschungseffekt war das sicherlich, wie im Morgengottesdienst der Leipziger Nikolaikirche an jenem Juni-Sonntag »die
Music« einsetzte. Zu Beginn der Kantate war eine Ouverture zu
vernehmen, die Eröffnungsmusik für herrschaftliche Anlässe. Es
war aber kein Christusfest zu feiern, auch kein 1. Advent (wozu
im Vorjahr die Ouverture von BWV 61 erklang), sondern ge-
wöhnlicher erster Sonntag nach Trinitatis. Mit der Ouverture
signalisierte Bach zunächst formell: Heute beginnt mein neues
Leipziger Kantatenjahr. Inhaltlich aber erschloss sich im Verlauf
des Satzes ein tiefer Sinn der Ouverturenform. Der typische scharf
punktierte Rhythmus der langsamen Rahmenteile, welcher sonst
die Ehrfurcht gegenüber der Majestät des Herrschers zur Geltung
bringt, markiert hier das Erschrecken vor der für alle Menschen
bedrohlichen Ewigkeit Gottes. Anders als bei einer erhebenden
Festouverture wird hier Furcht hervorgerufen. Und die übliche
Fuge im schnellen Mittelteil gerät zum Symbol für das Davon-
fliehenwollen angesichts der ewigen Pein. Der nicht eindeutig
auflösbare, verminderte Septakkord am Fugenende zeigt die Orien-
tierungslosigkeit des Sünders. *Mein ganz erschrocken Herz erbebt*
bringt diese Musik zum Ausdruck. Als Ouverture verwehrt sie
den üblichen Huldigungsjubel, zeigt vielmehr die Kehrseite aller
menschlichen Begegnung mit absoluter Macht auf.

An diesem Sonntag ist bitterer Ernst angesagt mit dem Gleichnis vom unüberwindbaren Graben zwischen dem in der Hölle
schmorenden Reichen und dem in Abrahams Schoß ruhenden
armen Lazarus als Evangelium (Lukas 16,19-31). »Ernstliche Betrachtung der unendlichen Ewigkeit« hat J. Rist, norddeutscher
Jahrgangsgenosse von Paul Gerhardt, sein mit 16 Strophen publi-
ziertes Lied überschrieben. In einer meist 12-strophigen Fassung
wird es in Gesangbüchern häufig diesem Sonntag zugewiesen.
Schonungslos reflektiert es die Unabänderlichkeit der ewigen
Verdammnis mit der Intention, die Menschen beizeiten zur Umkehr zu bewegen. Der Kantatentext bringt die Strophen 1, 8 und

12 wörtlich, folgt ansonsten ziemlich exakt den einzelnen Strophen, übernimmt zahlreiche Formulierungen daraus und spinnt sie verschärfend weiter. Jeder Liedstrophe entspricht ein Kantatensatz, nur die »Wenn/ Nun aber«-Argumentation von Strophe 4 und 5 ist zusammengezogen in ein Rezitativ. Von demnach elf Kantatensätzen erklangen die sieben stärker reflektierenden vor der Predigt, die vier appellativ gehaltenen danach. Es wird im ganzen Jahrgang die einzige zweiteilige Choralkantate bleiben.

Bachs Vertonung verstärkt die »ernstliche Betrachtung« mit kühnen musikalischen Mitteln, in der erschütternden Wirkung auf die Hörer vergleichbar den drastischen bildlichen Darstellungen des Jüngsten Gerichts etwa auf Altarrückseiten. Beim ersten Rezitativ lässt Bach den Tenoristen auf einschlägige Worte »passus duriusculi« (besonders harte Sprünge) singen und harmonisiert grausam in willkürlichen Abfolgen von verminderten Akkorden. Am Ende steht der Mollakkord über dem tiefsten Ton C. In der folgenden Arie endet der Tenor mit Abstieg zum tiefen c auf die Worte *und den Sinn* zur Höllen lenke. Diese totentanzähnliche c-Moll-Arie im Menuett-Dreiertakt agiert mit dem Gegenüber von *Ewigkeit*-Liegetönen und Achtelbewegung in Seufzerfiguren als Ausdruck der Bangigkeit. Die ersten zwei Verszeilen münden in eine Generalpause als »Abruptio«. Die Musik weiß nicht weiter. Ein *Ach*-Seufzer des Sängers bringt sie wieder zum Laufen. Das vom Librettisten eingebrachte Bild der (höllischen) *Flammen*, fester Topos von Gerichtsdarstellungen, gibt Bach Anlass, den Tenor mit Koloraturen Flammen züngeln zu lassen.

Das folgende, dem Bass zugewiesene Rezitativ verschärft den »Ernst« durch die beklemmende Anrede des Hörers (du) als *Verdammter*. Zu harten Sprüngen und bösen Harmonien kommt hier ein verschärftes Sprechtempo, das ihn gleichsam in die Zange nimmt. Der Librettist hat ein Gedicht mit 144 Silben geformt, biblische Kennzahl für die Dimension der Ewigkeit, was Bach eins zu eins in Töne setzt.

Positiv überrascht demgegenüber die Arie: reines B-Dur mit Dreiklangmotivik vom Basso Continuo aus, mit schönen Viertonschleifern und fast lustigem Anschleifen der Spitzentöne von unten in den Oboen, die hier als Dreier-Ensemble alleine agieren, nachdem in der ersten Arie die Streicher dran waren. Solche Harmonie im Wortsinn benennt der Bass mit *Gott ist gerecht in seinen Werken* (Zitat von Baruch 2,9b). Während Rist im Lied geseufzt hatte *Ach Gott! wie bist du so gerecht, wie strafest du den bösen Knecht im heißen Pfuhl der Schmerzen!*, hat der Librettist eine Sentenz isoliert, die Bach dazu bringt, Luthers befreiende Erkenntnis über die Gerechtigkeit Gottes als Heilswille in authentische Dur-Musik zu übertragen. 14-mal erklingt *gerecht* als »frohe Botschaft« im A-Teil. Die potentielle Kehrseite ist nur im Arien- Mittelteil Thema, wo Bach einzelne Passagen plastisch umsetzt (z. B. der *Tod geschwind* kurz abgerissen) und am Ende die mahnende Anrede *o Menschenkind* als adagio-Kadenz hervorhebt.

Für die ohne Scharnier-Rezitativ direkt folgende Arie im selben Textschema wählt Bach eine spezielle Form. Die Streicher spielen einen auftaktigen ¾-Tanz mit penetranten Punktierungen, welche den Dreierpuls in Hemiolen fesseln. Der Alt singt mit der oberen Violinstimme den ganzen Arientext einmal durch und wiederholt dann nur die Mahnung *errette deine Seele* dreimal. Die Streicher spielen noch 23 Takte ohne Text weiter. Die Phrasenbildung mit 9 und 14 Takten ist ungewöhnlich, die Singstimme endet in Takt 41. Bach trägt so seinen eigenen Namen ein. Er selbst, BACH = 14, will seine Seele *erretten*, Umkehrung 41 = JSBACH. Dem entspricht der betonte Ton B auf (o) *Mensch* als Bachs Initialbuchstabe. Mit der Tonart d-Moll und dem gefangenen Dreier symbolisiert diese Musik das irdische Gefangensein unter dem satanischen Joch der Sünde, worin Bach sich mit allen Menschen gemein weiß.

Der erste Kantatenteil endet mit dem schlichten Choralsatz im F-Dur des Liedes. Bach verzichtet auf textbezogene »Madrigalismen« fast ganz, nur im Abgesang spiegelt sich in einem chromatischen Abwärtsgang des Basses die *Pein* der Ewigkeit Gottes.

Eine Ouverture anderer Art eröffnet den zweiten Kantatenteil. Die Trompete bläst mit punktiertem Fanfarenmotiv einen Weckruf, Oboen und Streicher akklamieren mit vereinten Kräften. Mächtig lässt der Bassist im aufsteigend gebrochenen Dreiklang den *Wacht auf*-Ruf erschallen. Bachs C-Trompete als Repräsentant der Gerichtsposaune hat im Klang, namentlich in der unteren »Prinzipallage«, eine bedrohliche Herbheit, und die virtuosen triolischen Wechselnoten in der Höhe klingen auf einer Naturtrompete eher heulend wie eine Sirene. So erlebt sich der Hörer förmlich mit dem Gericht Gottes konfrontiert. Hintersinnig könnte Bach hier auch das Aufwachen der Gottesdienstbesucher vom Predigtschlaf markiert haben. Ein *Sündenschlaf* ist dies insofern, als man in der Predigt den Zuspruch des Evangeliums als Vergebung verpasst.

Das Alt-Rezitativ verschärft die Warnung, es könnte mit der Umkehr zu spät sein, mit dem drastischen Bild vom Sarg, der im Todesfall schnell ins eigene Haus kommt. Rists Lied korrigierend kommt mit dem grünenden *Baum des Lebens* und der *Frieden*-Metapher aber auch die positive Gegenperspektive zum Zuge, was Bach mit Durklängen erfahrbar macht. Die Aufzählung der abzuschüttelnden Laster unterstreicht er allerdings geradezu karikierend mit überspreizten Figuren im Continuo, die an die Ouverturen-Punktierung erinnern.

Die finale Ermahnung *o Menschenkind* ... ist dann als Alt-/Tenorduett nur mit Continuobegleitung gestaltet. So sind die Hörer mit den mahnenden Worten direkt konfrontiert. Dass sie aus dem Munde zweier Sprecher kommen, die sich gleichsam überbieten, steigert die Eindringlichkeit. Dazu tragen auch plastische Tonfiguren für *Heulen, Zähnklappen, Tröpflein, Wasser* etc. bei, welche die typischen Gerichtsvorstellungen hervorrufen. Im Continuo hört man fast durchgehend die mit *hör auf geschwind* textierte Tonfigur. Der explizite Bezug auf das Evangelium *Ach spiegle dich am reichen Mann* motiviert Bach, eine präzise kreuzweise Spiegelfigur zwischen Alt und Tenor einzuflechten.

Die Schlussstrophe des Liedes, im Tonsatz identisch mit dem Schlusschoral des ersten Kantatenteils, ist inhaltlich von der Eingangsstrophe nur im Abgesang unterschieden. Die mit Achteldurchgängen liebliche Schlusszeile erscheint nun als Symbol des *Freudenzelts*, der Heilsperspektive für jeden bußfertigen Beter.

Ach Gott, vom Himmel sieh darein

2. Sonntag nach Trinitatis, 18. Juni 1724, Thomaskirche
Liedautor: Martin Luther 1524

1. *Oboe I/II mit Alt, Zink/ Posaune I–III*
und Streicher mit Vokalstimmen
Ach Gott, vom Himmel sieh darein
Und lass dichs doch erbarmen!
Wie wenig sind der Heilgen dein,
Verlassen sind wir Armen;
Dein Wort man nicht lässt haben wahr,
Der Glaub ist auch verloschen gar
Bei allen Menschenkindern.

2. **Rezitativ** Tenor
Sie lehren eitel falsche List,
Was wider Gott und seine Wahrheit ist;
Und was der eigen Witz erdenket,
– O Jammer! der die Kirche
schmerzlich kränket –
Das muss anstatt der Bibel stehn.
Der eine **wählet dies, der andre das,**
Die törichte Vernunft ist ihr Kompass;
Sie gleichen denen Totengräbern
Die, ob sie zwar von außen schön,
Nur Stank und Moder in sich fassen
Und lauter Unflat sehen lassen.

3. **Arie** Alt *Violine solo*
Tilg, o Gott, die Lehren,
So dein Wort verkehren!
    Wehre doch der Ketzerei
    Und allen Rottengeistern;
    Denn sie sprechen ohne Scheu:
    Trotz dem, der **uns** will **meistern**!

4. Rezitativ Bass *Streicher*
Die Armen sind verstört,
Ihr seufzend Ach,
ihr ängstlich Klagen
Bei soviel Kreuz und Not,
Wodurch die Feinde
fromme Seelen plagen,
Dringt in das Gnadenohr
des Allerhöchsten ein.
Darum spricht Gott:
Ich muss ihr Helfer sein!
Ich hab ihr Flehn erhört,
Der Hilfe Morgenrot,
Der reinen Wahrheit
heller Sonnenschein
Soll sie mit neuer Kraft,
Die Trost und Leben schafft,
Erquicken und erfreun.
Ich will mich ihrer Not erbarmen,
Mein heilsam Wort soll sein
die Kraft der Armen.

5. Arie Tenor *Oboe I/II mit Streichern*
Durchs Feuer wird das Silber rein,
Durchs Kreuz das Wort
bewährt erfunden.
    Drum soll ein Christ zu allen Stunden
    Im Kreuz und Not geduldig sein.

6. Choral
Das wollst du, Gott, bewahren rein
Für diesem arg'n Geschlechte;
Und lass uns dir befohlen sein,
Dass sich's in uns nicht flechte.
Der gottlos Hauf sich umher findt,
Wo solche lose Leute sind
In deinem Volk erhaben.

Luthers Lied zu Psalm 12 (EG 273), das in den Anfängen der Reformation eine große Stoßkraft und Breitenwirkung in den Auseinandersetzungen mit den Altgläubigen hatte, wurde in Gesangbüchern der Barockzeit auch dem 2. Sonntag nach Trinitatis zugewiesen. Als Hilferuf ob der verbreiteten Ungläubigkeit passt es zum Sonntagsevangelium Lukas 14,16–24, wo die unfassliche Ablehnung der Einladung zum großen Abendmahl erzählt wird. Bach und sein Librettist wollten wohl möglichst bald ein Lied Martin Luthers einspielen, um »ad fontes« zu gehen, zum Ursprung evangelischen Kirchengesangs. In der Thomaskirche stellte dieses Lutherlied nun die erste Choralkantate.

In stilistischem Kontrast zur modernen Kantate am Sonntag zuvor verkörpert der Eingangssatz prototypisch den Klang des Alten. Eine große Motette nach alter Väter Sitte ist zu vernehmen. Die Melodie in der phrygischen Kirchentonart liegt nicht im Sopran, sondern in der Mittelstimme des Altes, von beiden Oboen demonstrativ verstärkt. Den Gesamtsound prägen die neben den Streichern in allen Stimmen mitlaufenden Posaunen, Kennzeichen des Kirchenstils vergangener Zeiten. Jeder der sechs Liedstrophen entspricht ein Kantatensatz. Auf den Eingangschor mit Luthers Text und Melodie folgen je zwei umgedichtete Rezitative und Arien. Am Ende steht wie stets die unveränderte Schlussstrophe im vierstimmigen Choralsatz.

Der Eingangssatz umfasst alleine 167, also ein Drittel der insgesamt 400 Takte, und erhält auch durch die kunstvolle Ausarbeitung im strengen Fugato aller Liedzeilen ein besonderes Gewicht. Es ist einer der grandiosen Sätze Bachs im »Alla breve« des »stile antico«, vornehmlich zum Topos Buße auch im Orgelwerk zu finden, etwa bei den »Kyrie«-Sätzen in Clavierübung III (1739). Auch hier lässt Bach ein großes »Kyrie« anstimmen. Demgemäß profiliert er mit chromatischen Zwischennoten das Wort *erbarmen*. Ein stilistisch modernes Element ist der bewegtere Basso continuo, der im Namenssinn als »fortlaufender Bass« agiert. Zunächst überwiegend als Gegenstimme zu den Melodiezeilen geführt, hebt sich das Oktaven-Unisono mit dem Vokalbass bei *erbarmen* deutlich ab, eine weitere Akzentuierung des Kyrie-Topos. Ab der fünften Liedzeile wird der Continuo mit einer Art Trotzrhythmus prägnanter und zieht den Vokalbass in seinen Sog. Bei *der Glaub ist auch verloschen gar* setzen nicht nur die Singstimmen mehrfach abrupt aus, auch die Bassinstrumente pausieren einen Takt lang, nachdem 459 Töne gespielt sind, also 3x153 (9x17), Symbolzahl für den Christusglauben nach Johannes 21,11. Die Gesamtsumme der Continuo- wie der Vokalsatztöne ist jeweils ein Vielfaches von 17, insgesamt sind es 1734 = $6x17^2$ Töne. Darin nimmt dieser Kyrie-Ruf in potenzierter Weise die heilvolle Präsenz Christi, die Wirksamkeit seines Erbarmens in Anspruch.

Das erste Rezitativ beginnt mit einem wörtlichen Liedzitat. Der Tenor singt das im Adagio auf die Melodietöne, der Continuo-Bass folgt ebenso wörtlich in Engführung. Am Zeilenende spielt er nicht die kleine Sekund der Melodie, sondern den rezitativ-typischen Quintfall von es nach As und führt so zum Stichwort *falsche List* in entlegene Tonart. Der Librettist hat die verbreitete Gottfeindlichkeit in barocker Manier dramatisiert. Das von Luther nur angetippte Drohwort Jesu gegen die Pharisäer Matthäus 23,27 ist explizit ausgeführt und mit Grab-Metaphorik lässt er die Hörer erschaudern. Bach setzt zu den drastischen Worten stets »harte« Sänger-Tonsprünge (z. B. Tritonus zu *Unflat*).

Die erste Arie ist dem Alt zugewiesen, bei Bach signifikant die Stimme des Glaubens, der mit dem Beistand des Heiligen Geistes rechnen kann, hier in der mitwirkenden Solovioline symbolisiert. Der durch Gottlosigkeit und Rationalismus angefochtene Glaube bittet hier: *Tilg, o Gott, die Lehren, so dein Wort verkehren.* Der Continuo wiederholt unablässig den Sprechrhythmus dieser An-rufung mit Tönen des B-Dur-Dreiklangs wie bei *Gott ist gerecht* (BWV 20,5). Der Dreiklang steht für die Reinheit des göttlichen Wortes, die triolische Bewegung im Violinpart für das Überwinden der dualistischen irdischen Wirklichkeit in der Kraft des Geistes. Das Ende der Violin-Zwischenspiele bildet stets eine große auf- und absteigende Bewegung analog der trinitarischen Dreiecks-form, zweimal mit dem tiefsten Ton g der Geige endend: Gottes Macht reicht bis in die höllische Tiefe der *Rottengeister*. Deren Ver-such, die Oberhand zu behalten, wird von Bach geradezu kari-kiert, indem er ihrem *Trotz dem, der uns will meistern* die Lied-melodie als Rettungsanker zuweist.

Das zweite Satzpaar Rezitativ/Arie bestreitet der Bass, der hier das Erschallen von Gottes Stimme repräsentiert. Als Gottesrede nämlich bezeugen Psalm 12,6 wie Luthers Strophe 4 die Zusage der rettenden Wende. Mit der Formulierung *Ich muss ihr Helfer sein* greift die Kantate die Bedeutung des Namens »Jesus« (»Gott hilft«) im Hebräischen auf. Mit Einsatz der Gottesrede geht das Rezitativ in ein gleichmäßig schreitendes »arioso« über. Als »accompagnato« mit weit ausgreifender Streicherbegleitung hebt sich dies klanglich ab vom nur deklamierten Jammern im ersten Rezitativ. Im Streicherklang erlebt man, wie das *Gnadenohr des Allerhöchsten* präsent ist, auch wenn nochmals drastisch von der Verstörung der Armen die Rede ist. Bei den vom Librettisten eingebrachten positiven Signalworten *Morgenrot* und *Sonnenschein* lassen die Streicher förmlich die Sonne aufgehen. Die letzten zwei Zeilen schlagen mit dem Reimpaar *erbarmen/ Armen* den Bogen zum Beginn der Kantate. Gottes Zusage ist die Erhörung jenes Kyrie-Rufes.

Die große Da-capo-Arie thematisiert dann wie Luthers Liedstrophe die Bewährung des Glaubens an Gottes Wort im irdischen Leben gerade *durchs Kreuz,* in Leid- und Anfechtungserfahrungen. Das den Christen abverlangte *geduldig sein* betont Bach mit einer »adagio«-Kadenz am Ende des Mittelteils, *Kreuz und Not* werden in zahlreichen Sprüngen und Seufzerfiguren plastisch, die Stimmführung von Streichern und Continuo hat in ihrer Gegenläufigkeit vielfach Kreuzstruktur. Der Gestus der Arie ist aber nicht klagend, sondern vergewissernd. Die beträchtliche Länge korrespondiert der lebenslang, *alle Stunden* geforderten Geduld. 720 Töne im Continuo entsprechen 720 Minuten im 12-Stunden-Kreislauf einer Uhr.

Der Schlusschoral in der Ausgangstonart d phrygisch schließt auch im Kirchenstilsound mit Posaunen an den Eingangssatz an. Das *arge,* irdische Geschlecht brandmarkt Bach nochmals harmonisch. So bleibt der Bußcharakter der Kantate vorherrschend. Ihre 400 Takte spiegeln die 40 Jahre Wüstenwanderung des Volkes Israel als Zeit der Bewährung. Und wahrscheinlich wusste Bach von Anfang an, dass er diesen neuen Kantatenzyklus mit 40 Werken bestücken würde.

Christ unser Herr zum Jordan kam

Johannisfest, 24. Juni 1724, Nikolaikirche/ Thomaskirche
Liedautor: Martin Luther 1541

1. *Oboe d'amore I/II,*
konzertierende Violine I/II, Streicher
Christ unser Herr zum Jordan kam
Nach seines Vaters Willen,
Von Sankt Johanns die Taufe nahm,
Sein Werk und Amt zu erfüllen;
Da wollt er stiften uns ein Bad,
Zu waschen uns von Sünden,
Ersäufen auch den bittern Tod
Durch sein selbst Blut und Wunden;
Es galt ein neues Leben.

2. **Arie** Bass *Continuo*
Merkt und hört, ihr Menschenkinder,
Was Gott selbst die Taufe heißt.
　　Es muss zwar hier Wasser sein,
　　Doch **schlecht Wasser** nicht allein.
　　Gottes Wort und Gottes Geist
　　Tauft und reiniget die Sünder.

3. **Rezitativ** Tenor
Dies hat Gott klar
Mit Worten und mit Bildern dargetan,
Am Jordan ließ der Vater offenbar
Die Stimme bei der Taufe Christi hören;
Er sprach: Dies ist mein lieber Sohn,
An diesem hab ich Wohlgefallen,
Er ist vom hohen Himmelsthron
Der Welt zugut
In niedriger Gestalt gekommen
Und hat das Fleisch und Blut
Der Menschenkinder angenommen;
Den nehmet nun als euren Heiland an
Und höret seine teuren Lehren!

4. **Arie** Tenor *konzertierende Violine I/II*
Des Vaters Stimme ließ sich hören,
Der Sohn, der uns mit Blut erkauft,
Ward als ein wahrer Mensch getauft.
Der Geist erschien im Bild der Tauben,
Damit wir ohne Zweifel glauben,
Es habe die Dreifaltigkeit
Uns selbst die Taufe zubereit'.

5. Rezitativ Bass *Streicher*

Als Jesus dort nach seinen Leiden
Und nach dem Auferstehn
Aus dieser Welt zum Vater wollte gehn,
Sprach er zu seinen Jüngern:
Geht hin in alle Welt und lehret alle Heiden,
Wer glaubet und getaufet wird auf Erden,
Der soll gerecht und selig werden.

6. Arie Alt *Oboe d'amore I/II mit Violine I, Streicher*

Menschen, glaubt doch dieser Gnade,
Dass ihr nicht in Sünden sterbt,
Noch im Höllenpfuhl verderbt!
Menschenwerk und -heiligkeit
Gilt vor Gott zu keiner Zeit.
Sünden sind uns angeboren,
Wir sind von Natur verloren;
Glaub und Taufe macht sie rein,
Dass sie nicht verdammlich sein.

7. Choral
Das Aug allein das Wasser sieht,
Wie Menschen Wasser gießen,
Der Glaub allein
die Kraft versteht
Des Blutes Jesu Christi,
Und ist für ihm ein rote Flut
Von Christi Blut gefärbet,
Die allen Schaden heilet gut
Von Adam her geerbet,
Auch von uns selbst begangen.

Auf den Samstag vor dem dritten Trinitatissonntag fiel 1724 der Johannistag, ein Festtag mit doppelter Kantatenaufführung – morgens Nikolaikirche, nachmittags Thomaskirche. Erneut nutzten Bach und sein Librettist die Chance, ein Lutherlied zu verwenden, nämlich das Katechismuslied zum allgemeinen Tagesthema Taufe (EG 202). Wieder wurde es eins zu eins von sieben Strophen in sieben Kantatensätze übertragen. In den umgedichteten Zwischensätzen ist Luthers Tauflehre in engem Anschluss an dessen Wortwahl teils prägnant komprimiert, teils stärker entfaltet.
Beim Eingangssatz wählt Bach trotz der altertümlichen dorischen Melodie einen völlig anderen Weg als am Sonntag zuvor.

Modernste, ambitionierte Konzertmusik erklingt, ein Violin-konzert, das auch ohne die Vokalstimmen aufführbar wäre. Der Solopart mit artikulatorisch genau bezeichneter Sechzehntel-Bewegung schält sich aus den Tutti-Passagen organisch heraus, manchmal nur von den Oboen d'amore mit signifikanten Figu-ren begleitet, manchmal zusätzlich mit einer Wasserwogen imi-tierenden Bewegung in den Streichern, dann auch im Continuo grundiert von der mit Punktierungen profilierten Motivik der Eingangstakte. Dieser Ouverturen-Topos lässt an die Eingangs-musik knapp zwei Wochen zuvor in der Nikolaikirche erinnern (BWV 20) und macht die Einsetzung der Taufe als herrschaftli-chen Akt erlebbar. Die Virtuosität des Violin-»Concertino« sym-bolisiert spirituelles Vermögen, geistliche Vitalität Kraft der Taufe: *es galt ein neues Leben*. Bei den jeweils separat eingefügten Lied-zeilen liegt die Melodie jetzt in der Mittelstimme des Tenors wie im Tenorlied der Renaissance, Symbol auch für das Mittler-handeln Christi. Als »cantus firmus« setzt sie gut hörbar jeweils alleine ein, die Begleitstimmen sind unterschiedlich gesetzt, orien-tiert an den jeweiligen Worten oder imitatorisch die Melodie nachzeichnend. Das Zielwort *Leben* ist besonders entfaltet. Tief-sinnig sind zum Leben nötige Atempausen auskomponiert.

Die umgedichteten Sätze beginnen mit einer Arie. Durch Begleitung der Bassstimme nur mit Continuo betont Bach die Appellstruktur. Wie ein Prediger tritt der Sänger auf. Seinen vielen Wortwiederholungen kann man sich nicht entziehen. Die Con-tinuo-Diktion imitiert bekräftigend die Deklamation des Appells *Merkt und hört, ihr Menschenkinder*. Abwärts fließende Tonketten simulieren das Ausschütten einer Hand Wasser in ein (Tauf-)Be-cken. Die Bassinstrumente stehen so für das *schlecht* (schlichte) *Wasser* bei jeder Taufe, der Sänger repräsentiert die für Luther entscheidende Dimension von *Gottes Wort und Gottes Geist*, welche nur die Reinigung der Menschen von ihrer Sünde gewährt. Die von Bach notierten Töne ergeben die Zahl 1435 = 35x41, der

Sünder BACH (14) reklamiert so kraft seiner Taufe die Reinigung von Sünden (41). In Jesaja 35 ist – mit einigen Wasser-Bildern – das endzeitliche Heil für die »Erlöseten des Herrn« verheißen. Das fünftönige Taufwassermotiv im Continuo erklingt 141 Mal, eine Inversionszahl, die in Luthers Sinn das simul iustus (41) et peccator (14) (zugleich gerecht und Sünder) des Getauften JS-BACH (41) verkörpert.

Das Tenor-Rezitativ akzentuiert mit den Spitzentönen a´´ die aller Welt vernehmbare Klarheit der Offenbarung Gottes durch sein Wort, hebt die zitierte Gottesrede aber nicht eigens musikalisch hervor. Die Stimme Gottes bei Jesu Taufe (Matthäus 3,17 »Dies ist mein lieber Sohn ...«) erweitert der Librettist mit Passagen aus dem Glaubensbekenntnis (»descendit de coelis ... et incarnatus est«), welche Christus als den *Heiland* profilieren. Die 128 = 2^7 Töne dieses Rezitativs korrespondieren mit den 128 Takten des Eingangssatzes. Die Siebener-Potenz entspricht herkömmlicher Geist-Symbolik (7).

In der Mitte der Kantate steht eine besonders kunstvoll gestaltete Arie. Die zwei konzertierenden Violinen, die im Eingangssatz unisono agierten, spielen jetzt mit dem Continuo ein ausgewogenes Trio in der triolischen Faktur des 9/8-Taktes, während der Tenor überwiegend in »binärer« Achtel-Deklamation singt. Mit exponiertem Quartintervall e´´– a´´ erschallt heroldhaft *Des Vaters Stimme ließ sich hören*. Mit mächtiger Stimme wird die Taufe Jesu vor aller Ohren als vollmächtiges Handeln Gottes offenbar, was auch die den gesamten Tonraum umgreifenden Melismen auf *getauft* unterstreichen. *Dies hat Gott klar mit Worten und mit Bildern dargetan,* hieß es im Rezitativ. Die Musik zeigt klarste Deklamation und präzise Sinnbildlichkeit. Die triolische Bewegung der Instrumente, mit der Artikulation zwei plus eins spezifiziert, illustriert als Flügelschlagen die im Text genannte Taube, vertrautes Symbol für den Gottesgeist als dritter Person der Trinität. Diese Arie (mit 147 = 3×7^2 9/8-Takten und 2000

Instrumentaltönen) ist in musikalischer Gestalt ein genau ausgearbeitetes Gemälde der in der Taufe des irdischen Jesus (Zweierzahl, binäre Gliederung der Vokalstimme) wirksamen göttlichen Trinität (Dreier- und Siebener-Symbolik). Gegen die Da-capo-Arienform wiederholt der Sänger am Ende nochmals die Intention solch deutlicher Lehre: *damit wir ohne Zweifel glauben.* Er singt dazu 112 Töne, Äquivalent von CHRISTUS wie SYMBOLUM. Letzteres ist in Bachs h-Moll-Messe der Titel für das Glaubensbekenntnis, das als solches ja Taufbekenntnis ist.

Beim Zitat von Christi Taufbefehl (Markus 16,15f.) im folgenden Rezitativ fügt Bach dem Bass als Stimme Christi den »Heiligenschein« der Streicherbegleitung hinzu (wie später in der Matthäus-Passion). So wird Christi Wort an die Gemeinde stärker gewichtet als Gottes Stimme bei der Taufe Jesu (Satz 3). In der anschließenden Arie fällt der Alt ohne instrumentale Einleitung sogleich ein mit der Pointe: *Menschen, glaubt doch dieser Gnade, dass ihr nicht in Sünden sterbt.* Die (als hohe Männerstimme vorgestellte) Altstimme ist Symbol des Glaubens. Hier repräsentiert sie speziell die Korrelation von Glaube und Taufe zur Überwindung der Sünde: »Wer da gläubet und getauft wird, der wird selig werden« (Mk 16,16). Der in Luthers sechster Strophe thematisierte Fluch der Erbsünde hat den Librettisten nicht interessiert. Er akzentuiert die frohe Botschaft, *dass sie nicht verdammlich sein* und Bach lässt sehr vergewissernd davon spielen und singen. Alle Beteiligten haben in ihren Partien Inversionszahlen als Symbol der Umkehrung der Schuld zum Heil: 232 Töne im Alt, 747 Töne in den Instrumenten, insgesamt 979, wobei 97 die Zahlensumme aus GLAUBE und TAUFE ist.

Der abschließende Choralsatz zeigt auffallend viele Achteldurchgänge in den Stimmen. Dieses Fluidum entspricht der *Wasser/Flut*- Metaphorik. Die Gesamtzahl der Töne ergibt die Symbolzahl 448 = 4x112 (SYMBOLUM/ CHRISTUS).

Ach Herr, mich armen Sünder

3. Sonntag nach Trinitatis, 25. Juni 1724, Thomaskirche
Liedautor: Cyriakus Schneegaß 1597 zu Psalm 6

1. *Oboe I/II, Streicher, Posaune mit Bass*
Ach Herr, mich armen Sünder
Straf nicht in deinem Zorn,
Dein' ernsten Grimm doch linder,
Sonst ist's mit mir verlorn.
Ach Herr, wollst mir vergeben
Mein Sünd und gnädig sein,
Dass ich mag ewig leben,
Entfliehn der Höllenpein.

2. **Rezitativ** Tenor
Ach heile mich, du Arzt der Seelen,
Ich bin sehr **krank und schwach;**
Man möchte die Gebeine zählen,
So jämmerlich hat mich
mein **Ungemach,**
Mein Kreuz und Leiden zugericht;
Das Angesicht ist ganz
von Tränen aufgeschwollen,
Die, schnellen Fluten gleich,
von Wangen abwärts rollen.
Der Seele ist von Schrecken
angst und bange;
Ach, du Herr, wie so lang**e**?

3. **Arie** Tenor *Oboe I/II*
Tröste mir, Jesu, mein Gemüte,
Sonst versink ich in den Tod,
Hilf mir, hilf mir durch **deine Güte**
Aus der großen Seelennot!
Denn **im Tod ist alles stille,**
Da gedenkt man deiner nicht.
Liebster Jesu, ist's dein Wille,
So erfreu mein Angesicht!

4. **Rezitativ** Alt
Ich bin von Seufzen müde,
Mein Geist hat **weder Kraft**
noch Macht,
Weil ich **die ganze Nacht**
Oft ohne Seelenruh und Friede
In großem Schweiß
und Tränen **liege.**
Ich gräme mich fast tot
und bin **vor Trauern alt,**
Denn meine **Angst**
ist mannigfalt.

5. Arie Bass Streicher
Weicht, all ihr Übeltäter,
Mein Jesus tröstet mich!
   Er lässt nach Tränen und nach Weinen
   Die Freudensonne wieder scheinen;
   Das Trübsalswetter ändert sich,
   Die **Feinde müssen** plötzlich **fallen**
   Und ihre Pfeile rückwärts prallen.

6. Choral
Ehr sei ins Himmels Throne
Mit hohem Ruhm und Preis
Dem Vater und dem Sohne
Und auch zu gleicher Weis
Dem Heilgen Geist mit Ehren
In alle Ewigkeit,
Der woll uns all'n bescheren
Die ewge Seligkeit.

Nur einen halben Tag nach der Aufführung der Johanniskantate im Vespergottesdienst erklang am Sonntagmorgen in der Thomaskirche die nächste neue Kantate. Vorlage ist ein Lied zum 6. Psalm, dem ersten der sieben Bußpsalmen. Im Sonntagsevangelium Lukas 15,1–10 werden die beiden Gleichnisse vom verlorenen Schaf und verlorenen Groschen mit der Sentenz resümiert: »Also ... wird Freude sein vor den Engeln Gottes über einen Sünder, der Buße tut.« Daran knüpft dieses Bußlied an, das sonst anderen Sonntagen zugeordnet war. In sächsischer Überlieferung galt fälschlich der Thomaskantor Johann Hermann Schein (1586–1630) als Autor, so dass das Lied auch für Leipziger Lokaltradition stand. Als Melodie dient die damals viel für Lieder ernsten Charakters benutzte Weise, die heute Dank der Matthäus-Passion Bachs speziell mit *O Haupt voll Blut und Wunden* in Verbindung gebracht wird.

    Der Lieddichter hatte den kurzen Psalm in fünf Strophen gefasst, die sechste ist eine Gloria-Patri-Strophe in Analogie zum Psalmgebetabschluss mit *Ehr sei dem Vater*. Der Librettist übertrug die Strophen wieder eins zu eins in Kantatensätze und verstärkte weiter die affektiv bereits ziemlich aufgeladene Sprachwelt von Psalm wie Lied.

Der Eingangssatz zeigt wieder eine neue Konzeption. Diesmal hört man von Anfang an die Liedmelodie und zwar in doppelter Weise: von den Streichern unisono als »cantus firmus«, von den Oboen als Bicinium mit den Anfangstönen in Achtelbewegung. Dieser Melodie-Kopf durchzieht als Hauptmotiv den gesamten Satz, ist fast in jedem Takt präsent. Auch die Streicher übernehmen es in vielen Sequenzierungen alternativ zu den Oboen. Durch ihr Unisonospiel wirkt das besonders eindringlich. Die Imitation der Vokalstimmen übernimmt es ebenso, der »cantus firmus« erscheint im Bass, unterstützt vom Continuo, der sonst nichts anderes spielt, zusätzlich hervorgehoben durch mitspielende Posaune wie bei einem Pedal-Cantus firmus der Orgel. Zeile für Zeile wird der Choral vorgestellt, bei den Zwischenspielen zitieren die Streicher die jeweilige Melodiezeile vorab, bisweilen in anderen Tonlagen. Für große Einheitlichkeit sorgt die gleichbleibende Achtelbewegung *Ach, Herr, mich armen Sünder*. Zwei Liedzeilen fallen aus dem Schmema: A*ch, Herr, wollt mir vergeben* mit Vorimitation dieser Melodiezeile, ehe der Bass-Cantus firmus einsetzt (der sonst immer das erste Wort hat) und *dass ich mag ewig leben* mit sinnreich ganztaktig gedehnten Melodietönen im Bass, während sonst Halbe und Viertel im Dreiertakt wechseln und die betonten Silben so zusätzlich beschweren. Inhaltlich ergibt das drei Akzente: Mit dem durchgängigen Hauptmotiv ist der ganze Satz Bußakt eines Sünders; die Bitte um Vergebung ist dabei das Entscheidende und den für rechte Buße gewissen Zielhorizont markiert das ewige Leben. Dass der Cantus firmus besonders markant im Bass liegt, folgt einerseits Bachs Konzeption, bei den Eingangssätzen der ersten vier Choralkantaten die Melodie vom Sopran abwärts durch alle Stimmen zu führen. Symbolisch kann man aber auch die demütig am Boden liegende, um die Zuwendung Gottes flehende Gemeinde der Sünder darin sehen.

Das erste Rezitativ bringt in einer extremen Tenorpartie mit sehr signifikanten Figuren (z.B. *schnelle Fluten*) die Ausrufung der psychischen Leiden des Beters, was der Librettist mit dem Bild von strömenden *Tränen* angereichert hat. Die als Ringform gesetzten *Ach*-Rufe am Beginn und Ende hat Bach jeweils als exponierten Ausruf mit Tritonus-Intervall gesetzt. Die 13 Rezitativtakte verweisen auch auf Psalm 13, der die *wie lange?*-Klage schlechthin verkörpert.

Die Tenor-Arie im menuettartigen Dreiertakt scheint diese Klagesphäre zu negieren in schönstem C-Dur, mit Terz- und Sextparallen in den Oboen und ungehemmtem Fluss. Der Anfangsvers zitiert kühn das Weihnachtslied *In dulci jubilo*. Die Präsenz des *Liebsten Jesus* darf eben alle Tage in Anspruch genommen werden. So lässt die wunderschöne Musik der Arie den *Trost* bereits als Realität erfahren, um welchen die gesungenen Worte erst bitten. Und sie lässt spüren, was Luther meint, wenn er von der Buße als einer »fröhlichen«, weil heilsgewissen Buße spricht. Der Sänger belegt am Ende die Sechzehntel in den Oboen eindeutig mit Sinn, wenn er Koloraturen zu *erfreu* singt. In ihrem dissonanzarmen Dreier-Takt ist diese Arie das Gegenbild zum reibungsgeladenen Eingangschor. Beklemmende Momente gibt es aber auch hier, etwa in den krass abfallenden Sprüngen des Tenors zu *sonst versink ich in den Tod* oder in den zwei Generalpausen zur Todes*stille*.

Das zweite Rezitativ/Arie-Satzpaar weist ähnliche Gegensätzlichkeit auf. Im Rezitativ klagt der Alt als Stimme des angefochtenen Glaubens mit den Worten von Lied und Psalm sehr expressiv, durch »adagio«-Angabe profiliert: *Ich bin von Seufzen müde*. Am Ende ist die Rede von *mannigfaltiger Angst*, Gegenbegriff zum heilsgewissen Glauben, für Christen weiter bedrohliche Realität. Wieder wischt die folgende Arie das einfach beiseite, diesmal im furiosen Kampfgestus der Battaglia-artig agierenden ersten Violinen. Die Vokalpartie übernimmt der Bassist in heldischem Habitus. Das Stichwort *Übeltäter* bringt die in den Psalmen zentrale Feindthematik ein. Sie können dem Gläubigen aber nichts anhaben, denn – wie in der ersten Arie erbeten – *mein Jesus tröstet mich*. Bach wechselt bei diesen Worten von a-Moll nach C-Dur und lässt den Bass-Polterer plötzlich lyrisch singen. Bei der *Freudensonne* geht es eine Dur-Stufe höher nach G-Dur. Das letzte *mein Jesus tröstet mich* zitiert feierlich vergewissernd die Liedmelodie (zweite Zeile), obgleich der Text kein Liedzitat ist.

Beim mit Achteldurchgängen wieder ziemlich bewegten Schlusschoral hat Bachs Posaunist nun mit dem Cornetto (Zink) die im Sopran liegende Melodie hervorgehoben. Dieser »cantus firmus« bedeutete Bach offensichtlich viel.

BWV 10

Meine Seel erhebt den Herren

Mariae Heimsuchung, 2. Juli 1724, Nikolaikirche/ Thomaskirche
Textvorlage: Lobgesang der Maria Lukas 1, 46-55

1. *Trompete mit Sopran/Alt,*
Oboe I/II mit Violine I/II, Streicher
Meine Seel erhebt den Herren,
Und mein Geist freuet sich Gottes,
meines Heilandes;
Denn er hat seine
elende Magd angesehen.
Siehe, von nun an werden
mich selig preisen
alle Kindeskind.

2. Arie Sopran *Oboe I/II unisono, Streicher*
Herr, der du stark und mächtig bist,
Gott, **dessen Name heilig ist**,
Wie wunderbar sind deine Werke!
  Du siehest mich Elenden an,
  Du hast an mir so viel getan,
  Dass ich nicht alles zähl und merke.

3. **Rezitativ** Tenor
Des Höchsten Güt und Treu
Wird alle Morgen neu
Und währet immer für und für
Bei denen, die allhier
Auf seine Hilfe schaun
Und ihm in wahrer Furcht vertraun.
Hingegen **übt** er auch **Gewalt**
Mit seinem Arm
An denen, welche weder kalt
Noch warm
Im Glauben und im Lieben sein;
Die nacket, bloß und blind,
Die voller Stolz und Hoffart sind,
Will seine Hand wie Spreu zerstreun.

4. **Arie** Bass *Continuo*
Gewaltige stößt Gott **vom Stuhl**
Hinunter in den Schwefelpfuhl;
Die Niedern pflegt Gott zu erhöhen,
Dass sie wie Stern am Himmel stehen.
Die Reichen lässt Gott **bloß und leer**,
Die Hungrigen füllt er mit Gaben,
Dass sie auf seinem Gnadenmeer
Stets Reichtum und die Fülle haben.

5. Duett und Choral Alt/Tenor
Trompete (Oboe I/II)
**Er denket der Barmherzigkeit
Und hilft seinem Diener Israel auf.**

6. Rezitativ Tenor *Streicher*
Was Gott den Vätern alter Zeiten
Geredet und verheißen hat,
Erfüllt er auch im Werk und in der Tat.
Was Gott dem Abraham,
Als er zu ihm in seine Hütten kam,
Versprochen und geschworen,
Ist, da die Zeit erfüllet war, geschehen.
Sein Same musste sich so sehr
Wie Sand am Meer
Und Stern am Firmament ausbreiten,
Der Heiland ward geboren,
Das ewge Wort ließ sich im Fleische sehen,
Das menschliche Geschlecht
von Tod und allem Bösen
Und von des Satans Sklaverei
Aus lauter Liebe zu erlösen;
Drum bleibt's darbei,
Dass Gottes Wort voll Gnad und Wahrheit sei.

7. Choral
**Lob und Preis sei Gott
dem Vater und dem Sohn
Und dem Heiligen Geiste,
Wie es war im Anfang,
itzt und immerdar
Und von Ewigkeit zu Ewigkeit.
Amen.**

Der vierte Trinitatissonntag fiel 1724 auf das Fest Mariae Heim-suchung am 2. Juli. Dies hatte liturgisch Vorrang und verlangte Kantatenaufführungen in beiden Hauptkirchen. Evangelium ist die Erzählung vom Treffen der beiden Schwangeren Maria und Elisabeth (Lukas 1,39–56) mit dem Zentraltext des »Magnificat«. Dies war in Leipzig Bestandteil jedes sonntäglichen Nachmittags-gottesdienstes, gesungen im biblischen Luthertext auf den 9. Psalm-ton (»tonus peregrinus«) in einer Harmonisierung aus dem Can-tional des Thomaskantors Schein (1627). Die Bindung dieses

Psalmtons als »eigene Melodie« an das Magnificat war im Luthertum verbreitet und machte es so zum »Choral«, obwohl es kein Lied in Strophenform ist. An Festtagen sollte das Magnificat lateinisch als Figuralmusik erklingen. So hatte Bach im Vorjahr zum 2. Juli das groß besetzte Magnificat Es-Dur komponiert (BWV 243a).

Für die deutsche Magnificat-Kantate jetzt sah der Librettist sieben Sätze zu zwölf Bibelversen vor. Für den Kopfsatz sind zwei Verse im biblischen Wortlaut reserviert, als »Schlusschoral« fungiert das (liturgische) Gloria Patri. Bibelzitat bleibt zudem der Vers *Er denket der Barmherzigkeit*, Inbegriff von Gottes Treue zu seinen Verheißungen. Ansonsten erweiterte der Librettist für zwei Rezitative und Arien die Vorlage mit zahlreichen weiteren Bibelwortbezügen vom 1. Buch Mose über Psalmen, Johannesevangelium bis zur Offenbarung und errichtete so ein Panorama gesamtbiblischer Theologie. Das Resumée im letzten Rezitativ lautet dem entsprechend: *Drum bleibt's darbei, dass Gottes Wort voll Gnad und Wahrheit sei* (vgl. Johannes 1,14).

Die gregorianische Melodie bedingt die Tonart g-Moll im Eingangssatz und verwehrt so den Einsatz von Festtrompeten wie beim Magnificat. Kompensation in Sachen Festlichkeit leistet wie am Johannisfest die gesteigerte Virtuosität. Der Orchestersatz mit Oboen und Streichern zeigt eigentlich 4/4-Takt-Diktion, Bach gibt aber Alla breve an und schreibt Vivace vor. Als Antreiber fungieren die Continuo-Bässe mit einer durchgängigen Anapäst-Figur (zwei Sechzehntel/ ein Achtel). Albert Schweitzer hat dies als »Freudenmotiv« bei Bach ausgemacht. Signifikant ist die mehrfache Aufwärtsbewegung bis zum Ambitus von zwei Oktaven, *erhebt den Herrn* akzentuierend. Am Ende des Vorspiels haben die beiden Oberstimmen, mit Legatobogen hervorgehoben, die Töne (E)S-D-G für »Soli Deo Gloria«. Die Vokalstimmen fügen sich in den Orchestersatz ein, singen auf die Anapäst-Figur *erhebt, freuet sich* in der zweiten Vershälfte. Oft führt Freudenüberschuss zu

Sechzehntel-Ketten. Die gregorianische Melodie liegt gut hörbar im Sopran (verstärkt von einer Zug-Trompete), aber nicht als gleichförmiger Cantus firmus, sondern deklamatorisch rhythmisiert. Beim zweiten Bibelvers legt Bach die Melodie eine Quinte tiefer in den Alt und versetzt die Musik nach c-Moll. So kommt die Niedrigkeit der *elenden Magd* zur Geltung. Die Rückkehr zur Ausgangstonart leistet ein Orchesternachspiel, in das die Vokalstimmen nun ohne Melodiebindung eingefügt werden. In prägnanter Diktion unterstreichen sie einzelne Worte des letzten Halbverses: *alle, alle* auf Achtelrepetitionen, *selig* auf einen fünftönigen Abwärtsschleifer, *preisen* auf virtuose Sechzehntel-Ketten aufwärts. *Omnes generationes* aus dem Magnificat scheint durch. Mit exakt 5000 Tönen rekurriert Bach hier auf die biblische Zahl für Massen-Events (in Wundererzählungen).

Zur Huldigung von Gottes *Namen* führt die folgende Arie den virtuosen Duktus weiter und steigert ihn noch. Jetzt hat auch die Violinoberstimme durchgehend Sechzehntel-Passagen des Preisens. Mit einem Aufschwung über zwei Oktaven setzt sie alleine ein. Als Machtsymbol genügte bereits eine Oktave. Bei den weiter heftig rackernden Bassinstrumenten ist der Anapäst jetzt überboten durch aufsteigende Sechzehntel-Ketten. Die Singstimme setzt ein mit dreimaliger *Herr*-Anrufung (vgl. Eingangschor der Johannes-Passion) im B-Dur-Dreiklang. Erstmalig im Kantatenjahrgang ist eine Arie dem Sopran anvertraut, bei Bach eine Knabenstimme, deren Zartheit dem oft wiederholten *der du stark und mächtig bist* kontrastiert. Die Erklärung dafür bietet Psalm 8, der mit dem Lobpreis des Namens Gottes beginnt und fortfährt (V.3): »Aus dem Munde der jungen Kinder und Säuglinge hast du eine Macht zugerichtet.« Der von irdischer Potenz qualitativ unterschiedenen Macht Gottes entspricht der Lobpreis gerade aus dem Mund von Kindern. Als Machtsymbol hat Bach anstelle einer Trompetenpartie nachträglich den beiden Oboen eine unisono geführte Stimme mit martellato zu spielenden

Achteln eingetragen, vermeidet aber ihr Zusammentreffen mit der Sopranstimme. Der Mittelteil der Arie greift wieder den Topos der *Elenden* auf, mit verminderten Septakkorden sinnfällig umgesetzt. Auch dies unterstreicht: Pendant zum großen Gott sind nicht die Mächtigen der Welt, sondern die Schwachen, die wie Maria einfach glauben. Die vielen Sechzehntel-Noten werden jetzt zum Zeichen des *Vielen, Unzählbaren,* das Gott am Menschen tut. Wenn man Bach auf die Schliche kommen will und trotzdem zählt, ergeben sich in der Partiturnotation 5146 = 62 x 83 Töne, Referenz einerseits zur vollmundigen Heilsverheißung in Jesaja 62, andererseits zum hier konkret eingelösten Heilswort Jesaja 7,14: »Siehe, eine Jungfrau ist schwanger und wird einen Sohn gebären, den wird sie nennen IMMANUEL«, denn 83, ebenso Taktzahl des Eingangssatzes, ist Äquivalent dieses *heiligen Namens.*

Nach Satz 1 und 2 bilden auch Satz 3 und 4 inhaltlich wie musikalisch einen Zusammenhang. Thema ist Gottes machtvolles Handeln gegen Gottlose, Hoffärtige und Mächtige. Das Tenor-Rezitativ ist wieder sehr plastisch gestaltet. Das Schlussbild *wie Spreu zerstreun* motiviert Bach zu einer virtuosen Triolenkette, der Handbewegung bei schnellem Ausstreuen analog. Die Bass-Arie wird ebenfalls nur vom Continuo begleitet, der wieder fortwährend in Sechzehnteln agiert, jetzt aber in ruppiger Battaglia-Diktion. Grob, fast zu plump für Bachs Stil ist dies Sinnbild für das Wesen alles Gottwidrigen. Im Vokalpart sind wieder einzelne Worte profiliert: das Hinunterstürzen wie das Erhöhen durch drastische Ab- und Aufwärtsbewegung, *bloß und leer* mit Pausen zwischen den Silben, *Hungrigen* mit chromatischer Abwärtsführung, aber auch das schöne Bild vom *Gnadenmeer* mit einer Schaukelbewegung wie die eines Schiffs auf ruhigem Wasser.

Der folgende Satz ist bekannt, weil Bach ihn 25 Jahre später als Orgeltranskription in die »Schübler-Choräle« übernahm. Analog zum originalen Bibelwort in den Vokalstimmen erscheint die gregorianische Melodie unverändert als »Cantus firmus«, mit Trompete oder beiden Oboen zu spielen (wie beim entsprechenden Satz des Magnificat), während Alt- und Tenor mit eigener Motivik im langsam wogenden 6/8-Takt singen, meistens in wohlklingenden Terz- und Sextparallelen. Dies erinnert an das Alt-/Tenor-Duett *Et misericordia* im Magnificat. Gottes *Barmherzigkeit* ist also konnotiert. Dass die Vokalstimmen 253 = 11x23 Töne singen und die Arie zuvor auf insgesamt 1035 = 45x23 Töne kommt, sind Verweise auf Psalm 23, wo es am Ende heißt: »Gutes und *Barmherzigkeit* werden mir folgen mein Leben lang.«

Das umfängliche zweite Rezitativ präsentiert biblische Theologie von Gottes verlässlichem *Gedenken*, also die Erfüllung der Verheißungen im Heilsgeschehen durch den *Heiland*. Maria als Sängerin des Liedes und die Szenerie des Besuchs bei Elisabeth sind nicht im Blick. Den zweiten Rezitativteil mit Explikation der Erfüllung hebt Bach signifikant ab durch Streicherbegleitung, ein Klangteppich mit reinen Akkorden in ruhiger Wiegenbewegung über zwölf Takte. Die Hörer baden so im *Gnadenmeer* und vernehmen dabei die Weihnachtsbotschaft: *Der Heiland ward geboren ...*

Der abschließende trinitarische Lobpreis als Choralsatz mit dem Psalmton im Sopran ist von schlichter Größe. Luthers eigentümliche Formulierung *und von Ewigkeit zu Ewigkeit* ist mit sukzessiven Einsätzen von Bass über Tenor zu Alt musikalisch umgesetzt. Bass- wie Continuostimme erreichen bei diesem »Gloria Patri« mit 59 Tönen das Zahlenäquivalent von GLORIA. Die ganze Kantate umfasst 377 Takte, 13 x 29 (SDG).

Wer nur den lieben Gott lässt walten

5. Sonntag nach Trinitatis, 9. Juli 1724, Thomaskirche
Liedautor: Georg Neumark 1657 zu Jesus Sirach 11,11–24

1. *Oboe I/II, Streicher*
Wer nur den lieben Gott lässt walten
Und hoffet auf ihn allezeit,
Den wird er wunderlich erhalten
In allem Kreuz und Traurigkeit.
Wer Gott, dem Allerhöchsten, traut,
Der hat auf keinen Sand gebaut.

2. **Rezitativ** Bass
Was helfen uns die schweren Sorgen?
Sie drücken nur das Herz
Mit Zentnerpein, mit tausend
Angst und Schmerz.
Was hilft uns unser Weh und Ach?
Es bringt nur bittres Ungemach.
Was hilft es, dass wir alle Morgen
mit Seufzen von dem Schlaf aufstehn
Und mit beträntem Angesicht
des Nachts zu Bette gehn?
Wir machen unser Kreuz und Leid
Durch bange Traurigkeit nur größer.
Drum tut ein Christ viel besser,
Er trägt sein Kreuz
mit christlicher Gelassenheit.

3. **Arie** Tenor *Streicher*
Man halte nur ein wenig stille,
Wenn sich die Kreuzesstunde naht,
Denn **unsres Gottes Gnadenwille**
Verlässt uns nie mit Rat und Tat.
Gott, der die Auserwählten kennt,
Gott, der sich uns ein Vater nennt,
Wird endlich allen Kummer wenden
Und seinen Kindern Hilfe senden.

4. **Duett** (und Choral) Sopran/Alt *Streicher*
Er kennt die rechten Freudenstunden,
Er weiß wohl, wenn es nützlich sei;
Wenn er uns nur hat treu erfunden
Und merket keine Heuchelei,
So kömmt Gott, eh wir uns versehn,
Und lässet uns viel Guts geschehn.

5. Rezitativ Tenor

Denk nicht in deiner Drangsalhitze,
Wenn Blitz und Donner kracht
Und dir ein schwüles Wetter bange macht,
Dass du von Gott verlassen seist.
Gott bleibt auch in der größten Not,
Ja gar bis in den Tod
Mit seiner Gnade bei den Seinen.
Du darfst nicht meinen,
Dass dieser Gott im Schoße sitze,
Der täglich wie der reiche Mann,
In Lust und Freuden leben kann.
Der sich mit stetem Glücke speist,
Bei lauter guten Tagen,
Muss oft zuletzt,
Nachdem er sich an eitler Lust ergötzt,
»Der Tod in Töpfen« sagen.
Die Folgezeit verändert viel!
Hat Petrus gleich die ganze Nacht
Mit leerer Arbeit zugebracht
Und nichts gefangen:
Auf Jesu Wort kann er noch einen Zug erlangen.
Drum traue nur in Armut, Kreuz und Pein
Auf deines Jesu Güte
Mit gläubigem Gemüte;
Nach Regen gibt er Sonnenschein
Und setzet jeglichem sein Ziel.

6. Arie Sopran *Oboe I*

Ich will auf den Herren schaun
Und stets meinem Gott vertraun.
Er ist der rechte Wundermann.
Der die **Reichen arm** und bloß
Und die **Armen reich** und **groß**
Nach seinem Willen machen **kann.**

7. Choral

Sing, bet und geh auf Gottes Wegen,
Verricht das Deine nur getreu
Und trau des Himmels reichem Segen,
So wird er bei dir werden neu;
Denn welcher seine Zuversicht
Auf Gott setzt, den verlässt er nicht.

Mit der sechsten Kantate starten Bach und sein Librettist ein neues Konzept der Choralübertragung, das wieder in fünf Kantaten erprobt wird. Während im Eingangssatz die Melodie jetzt stets im Sopran liegt, werden die Binnenstrophen stärker zum Experimentierfeld. Sie können in Text wie Melodie vers- und strophenweise zitiert und mit teilweise umfänglichen Erweiterungen kommentiert werden, das Verfahren der Tropierung, angewandt bereits im Mittelalter bei liturgischen Gesängen (z. B. Kyrie eleison). Zudem kann eine weitere Strophe unverändert (und unkommentiert) bleiben, was eine Arie als Cantus-firmus-Bearbeitung fordert. Es wird speziell Bachs Interesse gewesen sein, musikalisch mit der Liedsubstanz noch mehr zu arbeiten über die Rahmensätze hinaus.

Dem siebenstrophigen, damals wie heute beliebten Lied entsprechen wieder sieben Kantatensätze. Der Mittelsatz behält Strophe 4 wörtlich bei. Satz 2/3 und 5/6 sind analog geformt als Rezitativ-/Ariepaar. Das Rezitativ bringt jeweils Tropierungen, bei Satz 2 zu vier, bei Satz 4 zu allen sechs Liedzeilen.

Beim Choral im Mittelsatz lässt Bach wie bei Satz 5 der Vorgängerkantate die Liedmelodie instrumental ausführen, von allen Streichern im Unisono, während die Singstimmen, wie dort im Duett geführt, die Liedworte profilieren in freier, aber an die Melodie angelehnter Stimmführung. Mit dem auch im Continuo präsenten »Freudenmotiv« (ein Achtel, zwei Sechzehntel) dominiert die Metapher *Freudenstunden* den ganzen Satz, der gleichwohl in c-Moll steht. Die letzte Zeile *und lässet uns viel Guts geschehn* ist stärker gewichtet, indem sie schon zur Melodie der vorausgehenden Liedzeile in den Singstimmen artikuliert wird.

Bei den Rezitativen verbindet Bach die Liedzitate mit der Melodie in verzierter Fassung. So unterstreicht er einzelne Worte, z. B. *Weh* und *Ach* mit Seufzern. Der Walking bass dazu im Continuo und die Adagio-Spielanweisung grenzen ab von der rhythmisch freien, bisweilen dramatischen Rezitativgestaltung über einzelnen Harmonietönen. Der Wechsel von Lied und Kommentierung ist so gut nachvollziehbar. Im ersten Rezitativ bleibt die Melodie in der Tonart g-Moll, im zweiten aber reißt das Rezitativ sie mit in den Strudel der *Drangsale*. Von Zeile zu Zeile wandert sie aus es-Moll über weitere finstere b-Tonarten nach c-Moll. Bei *die Folgezeit verändert viel* ändert sich mit a-Moll die Klangsphäre.

Die Anspielung auf den (Dank Jesu Zuspruch) ergiebigen Fischzug des Petrus aus dem Evangelium Lukas 5,1–11 beschert dem Tenor den Spitzenton a´´ (auf *Zug* wie *Sonnenschein*) und eine strahlende D-Dur-Kadenz, ehe in die Tonart der Folgearie g-Moll eingelenkt wird. Dieses Rezitativ ist ein Bachsches Kabinettstück in der genialen Verschränkung von drastischer Rezitativgestaltung und Choraldiktion.

Auch in den Arien lässt Bach die Liedmelodie durchscheinen. Das Fünfton-Motiv zu Beginn der ersten bringt die Anfangstöne der Melodie in Dur. Die für eine Arie untypische Wiederholung der ersten vier Zeilen lehnt sich an die Liedform an, wo der »Stollen« wiederholt wird. Bei der zweiten Arie mündet die Sopranpartie in ein (wiederholtes) Zitat der beiden Melodie-Schlusszeilen zu *Er ist der rechte Wundermann* und *nach seinem Willen machen kann* (letzteres nicht aus dem Lied zitiert). Das Durchhören der Melodie im kunstreichen musikalischen Geschehen bedeutet mehr als einen Kunstgenuss. Es ist Symbol des Vertrauens, das sich auf die Durchsetzung des Willen Gottes (»cantus *firmus*«) verlassen kann.

Im Eingangssatz bietet Bach erstmalig in diesem Jahrgang den besonderen 12/8-Takt. Mit vier triadisch untergliederten Werten verknüpft er irdische (vier Himmelsrichtungen) und göttliche Dimension (Trinität). Die charakteristische Sechzehntel-Bewegung der Instrumente wird beim Vokaleinsatz mit *walten* unterlegt: Gottes vollkommenes, vitales Walten auf der Welt repräsentiert also diese 12/8-Takt-Musik. Wie »call and response« im Spiritual erscheint die virtuose Vorimitation der Choralzeilen durch je zwei Sänger, ehe alle vier Stimmen choralsatzartig die Bestätigung bringen. Beim Abgesang (Zeilen 5/6) sind als Steigerung alle Stimmen an der Vorimitation beteiligt: *Wer Gott dem Allerhöchsten traut*. Die Virtuosität greift allerdings auch beim Choral in den Unterstimmen alsbald wieder ein. Bach hat demnach nicht das Gegenüber von Solo und Tutti vor Augen, sondern die Komplementarität von göttlicher Virtuosität und darauf gegründetem Gottvertrauen – zu singen von denselben, solistisch agierenden Sängern.

G. Neumark hatte sich für sein in weisheitlichem Sprachduktus gehaltenes Lied auf allgemeine Sentenzen im (apokryphen) Buch Jesus Sirach bezogen. Librettist wie Komponist profilieren diese Liedpredigt aber christologisch. So tragen sie dem Evangelium als Jesusgeschichte Rechnung. Das Gottvertrauen derer *mit gläubigem Gemüte* gründet konkret in *Jesu Güte* (Satz 5). Bach wählt als Grundtonart der Kantate c-Moll, wo das tiefe C Christus als Eckpfeiler des Vertrauens symbolisiert (vgl. Psalm 118,22). Bei der *hat auf keinen Sand gebaut* (Satz 1) erscheint dieses C drei Mal pointiert im Continuo. Das zauberhafte 3/8-Takt-Menuett der ersten Arie in Es-Dur umfasst 112 Takte, Äquivalent für CHRISTUS. Der Sänger singt hier 224 = 2x112 Töne. Der Text dieser Arie setzt ein bei der *Kreuzesstunde* als Realität allen Lebens. Darin werden die Menschen christusförmig. Dieser Name ist Inbegriff der *Hilfe*, die Gott seinen Kindern sendet, was Bach den Tenor auf lange Melismen entfalten lässt. Zur menschlichen Erfahrung wird diese Hilfe allerdings nur im passiven Innehalten, was mit köstlichen *stille*-Pausen jeweils auf dem sechsten Achtel spürbar wird.

Die Choralbearbeitung des Mittelsatzes – Bach wird sie (wie den analogen Satz 5 der vorausgehenden Kantate) in die »Schübler-Choräle« aufnehmen – kommt auf 1180 Töne, erneut Reverenz an Psalm 118, womit im *Benedictus* der Messe (Ps 118, 26) wie im Evangelium zum 1. Advent der einziehende Messias begrüßt wird (Matthäus 21,9): »*So kömmt Gott, eh wir uns versehn und lässet uns viel Guts geschehn*« singt das Lied. Auch die letzte Arie meint mit dem rechten Wundermann konkret Christus. Die hier entfaltete arm/reich-Dialektik entnahm der Lieddichter der Sirach-Quelle, jetzt, eine Woche nach der Magnificat-Musik des 2. Juli liegen die Konnotationen näher.

Beim Schlusschoral rekurriert Bach offensichtlich auf Christi Leidenspsalm 22. Der Tenor singt im auffallend verzierten Abgesang 22 Töne, alle Chorstimmen kommen auf 220 Töne. Christi Durchleiden der Gottverlassenheit im Aufschrei am Kreuz (Psalm 22,2) ist Garant dafür, dass für jeden Christen, der *seine Zuversicht auf Gott* setzt, gilt: *den verlässt er nicht.*

(Hinweis: *»Der Tod in Töpfen«*, Satz 5, spielt an auf 2. Könige 4,40, wo die Prophetenjünger von Elisa zunächst ungenießbare Speise erhalten.)

Was willst du dich betrüben

7. Sonntag nach Trinitatis, 23 Juli 1724, Thomaskirche
Liedautor: Johann Heermann 1630

1. *Traversflöte I/II, Oboe d'amore I/II,
Streicher, Jagdhorn mit Sopran*
Was willst du dich betrüben,
O meine liebe Seel?
Ergib dich, den zu lieben,
Der heißt Immanuel!
Vertraue ihm allein,
Er wird gut alles machen
Und fördern deine Sachen.
Wie dir's wird selig sein!

2. Rezitativ Bass *Oboe d'amore I/II*
Denn Gott verlässet keinen,
Der sich auf ihn verlässt.
Er bleibt getreu den Seinen.
Die ihm vertrauen fest.
Lässt sich's an wunderlich,
So lass dir doch nicht grauen!
Mit Freuden wirst du schauen,
Wie Gott wird retten dich.

3. Arie Bass *Streicher*
Auf ihn magst du es wagen
Mit unerschrocknem Mut,
Du wirst mit ihm erjagen,
Was dir ist nütz und gut.
Was Gott beschlossen hat,
Das kann niemand hindern
Aus allen Menschenkindern;
Es geht nach seinem Rat.

4. Arie Tenor *Continuo*
Wenn auch gleich aus der Höllen
Der Satan wollte sich
Dir selbst entgegenstellen
Und toben wider dich.
So muss er doch mit Spott
Von seinen Ränken lassen,
Damit er dich will fassen;
Denn dein Werk fördert Gott.

5. Arie Sopran *Oboe d'amore I/II*

Er richt's zu seinen Ehren
Und deiner Seligkeit;
Solls sein, kein Mensch kann's wehren.
Und wär's ihm doch so leid.
Will's denn Gott haben nicht,
So kann's niemand forttreiben.
Es muss zurücke bleiben,
Was Gott will, das geschicht.

6. Arie Tenor *Traversflöte I/II*

Drum ich mich ihm ergebe,
Ihm sei es heimgestellt;
Nach nichts ich sonst mehr strebe
Denn nur was ihm gefällt.
Drauf wart ich und bin still,
Sein Will der ist der beste.
Das glaub ich steif und feste,
Gott mach es, wie er will!

7. Choral

Herr, gib, dass ich dein Ehre
Ja all mein Leben lang
Von Herzensgrund vermehre,
Dir sage Lob und Dank!
O Vater, Sohn und Geist,
Der du aus lauter Gnaden
Abwendest Not und Schaden,
Sei immerdar gepreist.

Über den 6. Trinitatissonntag hatte Bach ein Engagement an seiner vorigen Wirkungsstätte Köthen, daher gab es dazu keine neue Kantate. Am Folgesonntag präsentierte er als Besonderheit eine Kantate mit allen Liedstrophen im Original. Ungewöhnliche Textvarianten und die sonst nicht vorhandene Gloria-Schlussstrophe verweisen auf das in Köthen gebräuchliche Gesangbuch als Quelle. Vielleicht hatte Bach auf der Reise nach Köthen das Libretto zum Komponieren vergessen und er griff notgedrungen zum dortigen Gesangbuch. Vielleicht war es vorab seine Entscheidung, dieses ihm von Köthen her vertraute Lied im Original zu vertonen.

Wieder ist das unbedingte Vertrauen in Gottes Willen Thema, explizit gegründet auf den »Gott mit uns«, *Immanuel* (Strophe 1,

Zeile 4). Das Speisungswunder im Evangelium Markus 8,1–9 bietet dafür zumindest einen Referenzpunkt. Den sieben Broten und Körben (mit Speiseresten) in der Erzählung korrespondieren sieben Liedstrophen/Kantatensätze. Da die gleichförmige Strophenform dem Rezitativ fremd ist, gestaltet Bach nur Strophe 2 als Rezitativ, ansonsten folgen Arien aufeinander, die allerdings keine Cantus firmus-Bearbeitung enthalten.

Im Eingangssatz macht die Instrumentalmusik die persönliche Liebe zum *Immanuel* schmackhaft mit spezieller Bläserfärbung durch Traversflöten und Oboen d'amore. Der Ernst der kontrapunktisch komplexen h-Moll-Musik scheint das *Betrüben* der Menschen aufzugreifen. Die skalenweise aufsteigenden vier Viertel des Hauptthemas zitieren den Melodieanfang (heute verbunden mit *Von Gott will ich nicht lassen*), aber ohne die Auftakt-Quarte. Den Gegenpol der Hoffnung markieren die von der oberen Oktave absteigende Gegenstimme sowie aufwärts gerichtete gebrochene Dreiklänge später. Unisono-Achtelrepetitionen der Streicher lassen sich motivisch verbinden mit der Liedzeile *Vertraue ihm allein*. Das Lied selbst wird in nur kurzen Passagen eingefügt, zwei oder drei Liedzeilen zusammengefasst. Separat als Kernaussage steht *Vertraue ihm allein*, profiliert durch Verzicht auf jede Verzierung. Sonst zeigt die stets vorab einsetzende Melodie den Gestus der leicht verzierten (Solo-)Aria, Gattung für fromme, intime Herzensgesänge. Auffallend ist die mehrfache *Immanuel*-Skandierung in den Unterstimmen. So kommt diese Passage zu Liedzeile 3 und 4 auf 83 IMMANUEL-Töne.

Beim Rezitativ wiederholen die beiden Oboen Einwürfe mit vier Achteln. Vom Eingangssatz her kann man das mit *ver-trau-e ihm* unterlegt hören. Ab *vertrauen fest* weiten sich die bisherigen Tonrepetitionen zu Raum öffnenden, gebrochenen Dreiklängen. Der Bass füllt diesen mit Koloraturen auf die Zentralworte *Freuden* und *retten*, ein schönes Beispiel für Bachs plastische Rezitativgestaltung.

Die erste Arie verlangt höchste Virtuosität von den ersten Violinen und vom Bassisten. Im Text ist von *wagen* und *jagen* die Rede. Die Vivace-Anweisung verlangt tatsächlich *unerschrocknen Mut* von den Ausführenden. Das A-Dur-Thema mit Auftakt-Quarte steht der Melodie nahe. Beim zuerst einsetzenden Continuo ist Auftaktigkeit Grundprinzip, der »Beat« auf der Takteins fehlt. So komponiert Bach das »Prinzip Hoffnung«, Vertrauen nicht auf Vorfindliches, sondern auf von Gott Zukommendes.

Die Arie an Mittelposition 4 ist, obwohl nur mit Tenor und Continuo besetzt, der aufregendste Satz. Der Satan ist im Spiel als Widerpart des Gottvertrauens, musikalisch herrscht das Prinzip Gegenläufigkeit. Der jambische, also auftaktige Liedtext wird widersinnig volltaktig deklamiert. Das ebenfalls volltaktige Continuo-Motiv steht mit der Betonung des vierten Achtels dem Dreier-Takt entgegen. Die durchgängige Gegenbewegung von Tenor und Continuo ist sehr evident. Bei *denn dein Werk fördert Gott* wendet sich dies jedoch signifikant in gleichgerichtete Imitation. Das 13 Töne umfassende, vielfach wiederholte Hauptmotiv im Continuo und insgesamt $845 = 5 \times 13^2$ Töne rekurrieren hier wohl auf die alte Symbolik der 13 als Satans-Zahl.

Große Gelassenheit verkörpert demgegenüber Satz 5, ein 12/8-Takt mit *staccato*-Leichtigkeit im Continuo. Die Oboen spielen ihre Sechzehntel überwiegend in Terz- und Sextparallelen: Gott wird's *richten* und zwar *zu seinen Ehren und deiner Seligkeit*. Das Anfangsmotiv von Oboe wie Sopran ist eine verzierte Variante des Melodieanfangs. Der Sopran singt als erste Phrase 29 Töne, Äquivalent von SDG wie JSB, insgesamt $174 = 6 \times 29$ Töne. Die Komplementarität von *zu Gottes Ehre* und *zu meiner Seligkeit* sieht Bach offensichtlich in dieser Zahlenentsprechung verbürgt. In das Oboennachspiel hinein setzt er mit den Cantus firmus-Tönen die Schlusszeile als Pointe: was *Gott will, das geschicht* (geschieht). Die ersten drei Töne entsprechen transponiert der Tonfolge (E)S-D-G.

Noch mehr quasi himmlische Leichtigkeit zeigt die nächste Arie. Jetzt spielen die ätherischen Traversflöten im Unisono mit den durch Dämpfer klanglich entrückten ersten Violinen. Der nur nachklappende Continuo lässt im Pizzicato alle Erdenschwere hinter sich. Nichts Irdisches soll dem Gottvertrauen im Wege stehen. Die vergleichsweise stille Musik repräsentiert die Tugend des *wart ich und bin still* – auf das, was Gott schenken will.

Am Ende steht nicht der übliche Choralsatz, sondern ein idyllisches Orchester-Siciliano im 6/8-Takt, in das die Liedzeilen choralsatzmäßig eingebaut sind in derselben Aufteilung wie im Eingangssatz. Gottes gnädige Abwendung von *Not und Schaden* erschließt die Musik als Idylle. Die Instrumente spielen 938 = 7x134 Töne, Äquivalent von SOLI DEO GLORIA. Die Spitzentöne g-fis-h der Oberstimme im Vorspiel markieren wieder die S-D-G-Tonfolge. Die Anrufung der Trinität in der separierten Kern-Liedzeile umfasst 29 SDG-Töne, dazu kommen weitere 270 = 10x3^3 trinitarische Vokaltöne. So bis ins Detail präzise gestaltet löst Bach die Verpflichtung zum »Soli Deo Gloria« *all mein Leben lang* hier paradigmatisch ein.

BWV 178

Wo Gott der Herr nicht bei uns hält

8. Sonntag nach Trinitatis, 30. Juli 1724, Nikolaikirche
Liedautor: Justus Jonas 1524 zu Psalm 124

1. *Oboe I/II, Streicher, Horn mit Sopran*
Wo Gott der Herr nicht bei uns hält,
Wenn unsre Feinde toben,
Und er unser Sach nicht zufällt
Im Himmel hoch dort oben,
Wo er Israel Schutz nicht ist
Und selber bricht der Feinde List,
So ist's mit uns verloren.

2. Rezitativ Alt
Was Menschenkraft und -witz anfäht,
Soll uns billig nicht schrecken;
Denn Gott der Höchste steht uns bei
Und machet uns von ihren Stricken frei.
Er sitzet an der höchsten Stätt,
Er wird ihrn Rat aufdecken.
Die Gott im Glauben fest umfassen,
Will er niemals versäumen noch verlassen;
Er stürzet der Verkehrten Rat
Und hindert ihre böse Tat.
Wenn sie's aufs klügste greifen an,
Auf Schlangenlist und falsche Ränke sinnen,
Der Bosheit Endzweck zu gewinnen;
So geht doch Gott ein ander Bahn:
Er führt die Seinigen mit starker Hand,
Durchs Kreuzesmeer in das gelobte Land,
Da wird er alles Unglück wenden.
Es steht in seinen Händen.

3. Arie Bass *Violine I/II*
Gleichwie die wilden Meereswellen
Mit Ungestüm ein Schiff zerschellen,
So raset auch der Feinde Wut
Und raubt das beste Seelengut.
Sie wollen Satans Reich erweitern,
Und Christi Schifflein soll zerscheitern.

4. Choral Tenor *Oboe d'amore I/II*
Sie stellen uns wie Ketzern nach,
Nach unserm Blut sie trachten;
Noch rühmen sie sich Christen auch,
Die Gott allein groß achten.
Ach Gott, der teure Name dein
Muss ihrer Schalkheit Deckel sein,
Du wirst einmal aufwachen.

5. **Rezitativ** alle Vokalstimmen
Auf sperren sie den Rachen weit,
Bass Nach Löwenart mit brüllendem Getöne;
Sie fletschen ihre Mörderzähne
Und wollen uns verschlingen.
Tenor Jedoch,
Lob und Dank sei Gott allezeit;
Tenor Der Held aus Juda schützt uns noch,
Es wird ihn' nicht gelingen.
Alt Sie werden wie die Spreu vergehn,
Wenn seine Gläubigen wie grüne Bäume stehn.
Er wird ihrn Strick zerreißen gar
Und stürzen ihre falsche Lahr.
Bass Gott wird die törichten Propheten
Mit Feuer seines Zornes töten
Und ihre Ketzerei verstören.
Sie werden's Gott nicht wehren.

6. **Arie** Tenor *Streicher*
Schweig, schweig nur, taumelnde Vernunft!
Sprich nicht: Die Frommen sind verlorn,
Das Kreuz hat sie nur neu geborn.
Denn denen, die auf Jesum hoffen,
Steht stets die Tür der Gnaden offen;
Und wenn sie Kreuz und Trübsal drückt,
So werden sie mit Trost erquickt.

7. Choral
Die Feind sind all in deiner Hand,
Darzu all ihr Gedanken;
Ihr Anschläg sind dir, Herr, bekannt,
Hilf nur, dass wir nicht wanken.
Vernunft wider den Glauben ficht,
Aufs Künftge will sie trauen nicht,
Da du wirst selber trösten.

Den Himmel und auch die Erden
Hast du, Herr Gott, gegründet;
Dein Licht lass uns helle werden,
Das Herz uns werd entzündet
In rechter Lieb des Glaubens dein,
Bis an das End beständig sein.
Die Welt lass immer murren.

Diese Kantate folgt dem drei Wochen zuvor erstmals umgesetzten Konzept. In den Rezitativen sind Liedzeilen kommentiert, in der Mitte steht eine originale Liedstrophe, als Cantus firmus-Bearbeitung vertont. Da dem Schlusschoral zwei Strophen unterlegt sind, kommen von acht Liedstrophen in wieder sieben Kantatensätzen nicht weniger als sechs wörtlich vor. Das Lied von Luthers Wittenberger Mitstreiter J. Jonas setzt Psalm 124 um. Als einer der ersten reformatorischen Gesänge aus dem Lieder-

Geburtsjahr 1524 diente es damals als Schutz- und Trutzlied in den Auseinandersetzungen mit Altgläubigen wie Schwärmern. Jetzt wird es bezogen auf die im Evangelium Matthäus 7,13–21 thematisierte Bedrohung durch falsche Propheten.

Dem intimen, konzentrierten Charakter der vorausgehenden Kantate steht hier ein geradezu theatralischer, ausladend extrovertierter Gestus gegenüber. Im Eingangssatz geben die Kampfbilder (*Feinde, toben*) Anlass, mit den Instrumenten ein Schlachtengetümmel zu malen. Oboen und Streicher agieren zumeist konfrontativ mit Sechzehnteln gegen Punktierungen usw. Der erste Liedeinsatz hält choralartig in großen Notenwerten das Gottvertrauen dagegen, schon in der nächsten Zeile beteiligen sich die Unterstimmen aber mit *toben* am Kampfgeschehen. Auch im Folgenden sind die Unterstimmen nicht an der Melodie, sondern an den Instrumentalstimmen orientiert. Die gekürzten Noten plus Pause wirken dann wie das Skandieren bei einer Demonstration. Der Sopran, verstärkt von einem Horn, hält unerschütterlich den Cantus *firmus* dagegen.

Gewissheit im Medium des Cantus *firmus* erschließt auch das Rezitativ, wo der Alt als heldenmäßig hohe Stimme die Melodiezeilen in Halbenoten bringt. Unterlegt ist dies im Continuo mit *presto* zu spielenden Achteln, deren Motivik der Melodie entstammt und so den Schrecken verliert, wovon der Text spricht. Die Kommentierungen bekräftigen die Zuverlässigkeit von Gottes Hilfe für alle, *die Gott im Glauben fest umfassen.* So ist der Alt wieder als Stimme des Glaubens profiliert.

Bei der ersten Arie beschwört der umgedichtete Text im Bild von Meereswellen, die ein Schiff bedrohen, drastisch die Gefahr für *Christi Schifflein*, also für die Gemeinde und die Gläubigen (Raub ihres Seelenheils). Bach komponiert dazu ein eindrückliches Szenario bedrohtes Schiff auf hoher See, wo alles wankt und drunter und drüber geht. Der Bassist muss sich durch lange Koloraturen kämpfen, um den Kopf über Wasser zu halten. In

G-Dur lässt Bach die unisono spielenden Violinen bevorzugt vom Abgrund der tiefen G-Saite aus agieren.

Im Mittelsatz 4 symbolisiert der Choral den Rettungsanker, vorgetragen vom Tenor in hoher h-Moll-Lage. Die Instrumente, zwei Oboen und Continuo im Triosatz, verkörpern dagegen die Anfeindungen. Zum Bild des Nachstellens lässt Bach ein rüttelndes Grundmotiv geradezu penetrant durch die Stimmen wandern. In keinem Taktschlag bleibt man davon unbehelligt, der Sänger erscheint von Feinden umzingelt.

Ebenso penetrant wiederholt im nächsten Rezitativ der Continuo 52-mal (Äquivalent für SATAN) eine Sechzehntel-Figur im gebrochenen Dreiklang aufwärts, bisweilen über die Oktave hinaus gespreizt: *Aufsperren sie den Rachen weit*. Für das Gegenüber von Liedzeilen und Tropierung wählt Bach eine neue Variante. Das Lied erklingt affirmativ im vierstimmigen Choralgesang, die Zwischentexte, wo auch auf die *törichten Propheten* aus dem Evangelium verwiesen wird, sind verschiedenen Stimmlagen zugewiesen, jedoch nicht dem Sopran als Cantus firmus-Stimme. (Dies setzt solistische Vokalbesetzung voraus.)

Solchermaßen choralbestärkt kann nun mit einer grandiosen Tenor-Arie die Vernunft als moderner Feind des Glaubens in die Schranken verwiesen werden. Für die *taumelnde Vernunft* präsentiert Bach eine weitere musikalische Version des Schwankens. Die signifikante Achtel-Wechselnote im ersten Takt ist Grundelement der Gestaltung, die Taktakzente zwischen Streichern und Continuo sind stets verschoben und die Stimmführung lässt auch den Sänger in exponierter Lage taumeln. Harmonische Unklarheit in den e-Moll-Satz trägt ein mehrfach in den Part der Violine 1 eingeschleuster, abfallender Passus duriusculus ein. Der Text benennt dies als Symbol für *das Kreuz*, Kennzeichen der Christen. Ihr Taumeln ist aber nur scheinbar, denn das *Kreuz hat sie nur neu geborn*. Das schöne Bild von der offenen *Tür der Gnaden* bekräftigt Bach mit Kadenz und Zwischenspiel in C-Dur, und der

Zuspruch von *Trost* – bei diesem Wort darf der Sänger über einer Fermate frei kadenzieren – wird nicht mehr durch taumelnde Instrumente gestört. In der Liedstrophe war von Gottes *Trost* am Anfang die Rede, hier ist er als Pointe platziert. Bachs offensichtliche Lust, bei dieser Kantate in allen Sätzen die Kampfes- und Katastrophenbilder drastisch zu inszenieren, erhält in dieser Arie via Passus duriusculus christologische Tiefenschärfe. Musikalisch malt Bach vor Augen, dass zum Christenleben die Konfrontation mit Gottfeindlichem, die Furcht vor dem Untergang und das Taumeln dazu gehören. Qualifiziert als Kreuzeserfahrung, öffnet sich aber gerade darin die Gnadentür.

Mit den zwei Strophen des Schlusschorals erklingt das Lied insgesamt dreimal im Choralsatz. Über das Cantus firmus-Symbol hinaus erschließt so auch die Bergung in der Choralharmonie den Halt des Glaubens.

BWV 94

Was frag ich nach der Welt

9. Sonntag nach Trinitatis, 6. August 1724, Thomaskirche
Liedautor: Balthasar Kindermann 1664

1. *Traversflöte, Oboe I/II, Streicher*
Was frag ich nach der Welt
Und allen ihren Schätzen
Wenn ich mich nur an dir,
Mein Jesu, kann ergötzen!
Dich hab ich einzig mir
Zur Wollust fürgestellt,
Du, du bist meine Ruh:
Was frag ich nach der Welt!

2. **Arie** Bass *Continuo*
Die Welt ist wie ein Rauch und Schatten
Der bald verschwindet und vergeht,
Weil sie nur **kurze Zeit besteht.**
Wenn aber **alles fällt und bricht,**
Bleibt Jesus meine Zuversicht,
An dem sich meine Seele hält.
Darum: **was frag ich nach der Welt!**

3. **Rezitativ** Tenor *Oboe I/II*
Die Welt sucht Ehr und Ruhm
Bei hocherhabnen Leuten.
Ein Stolzer baut die prächtigsten Paläste,
Er sucht das höchste Ehrenamt,
Er kleidet sich aufs beste
In Purpur, Gold, in Silber, Seid und Samt.
Sein Name soll für allen
In jedem Teil der Welt erschallen.
Sein Hochmuts-Turm
Soll durch die Luft bis an die Wolken dringen,
Er trachtet nur nach hohen Dingen
Und denkt nicht einmal dran,
Wie bald doch diese gleiten.

Oft bläset eine schale Luft
Den stolzen Leib auf einmal in die Gruft,
Und da verschwindet alle Pracht,
Wormit der arme Erdenwurm
Hier in der Welt so großen Staat gemacht.
Ach! solcher eitler Tand
Wird weit von mir aus meiner Brust verbannt.
Dies aber, was mein Herz
Vor anderm rühmlich hält,
Was Christen wahren Ruhm
und rechte Ehre gibet,
Und was mein Geist,
Der sich der Eitelkeit entreißt,
Anstatt der Pracht
und Hoffart liebet,
Ist Jesus nur allein,
Und dieser solls auch ewig sein.
Gesetzt, dass mich die Welt
Darum vor töricht hält:
Was frag ich nach der Welt!

4. **Arie** Alt *Traversflöte*
Betörte Welt, betörte Welt!
Auch dein Reichtum, Gut und Geld
Ist Betrug und falscher Schein.
Du magst den eitlen Mammon zählen,
Ich will davor mir Jesum wählen;
Jesus, Jesus soll allein
Meiner Seelen Reichtum sein.
Betörte Welt, betörte Welt!

5. **Rezitativ** Bass
Die Welt bekümmert sich.
Was muss doch wohl der Kummer sein?
O Torheit! dieses macht ihr Pein:
Im Fall sie wird verachtet.
Welt, schäme dich!
Gott hat dich ja so sehr geliebet,
Dass er sein eingebornes Kind
Vor deine Sünd
Zur größten Schmach um dein Ehre gibet,
Und du willst nicht um Jesu willen leiden?
Die Traurigkeit der Welt ist niemals größer,
Als wenn man ihr mit List
Nach ihren Ehren trachtet.
Es ist ja besser,
Ich trage Christi Schmach,
Solang es ihm gefällt.
Es ist ja nur ein Leiden dieser Zeit,
Ich weiß gewiss, dass mich die Ewigkeit
Dafür mit Preis und Ehren krönet;
Ob mich die Welt
Verspottet und verhöhnet,
Ob sie mich gleich verächtlich hält,
Wenn mich mein Jesus ehrt:
Was frag ich nach der Welt!

6. Arie Tenor *Streicher*
Die Welt kann ihre Lust und Freud,
Das Blendwerk schnöder Eitelkeit,
Nicht hoch genug erhöhen.
Sie wühlt, nur gelben Kot zu finden,
Gleich einem Maulwurf in den Gründen
Und lässt dafür den Himmel stehen.

7. Arie Sopran *Oboe d'amore*
Es halt es mit der blinden Welt,
Wer nichts auf seine Seele hält,
Mir ekelt vor der Erden.
Ich will nur meinen Jesum lieben
Und mich in Buß und Glauben üben,
So kann ich reich und selig werden.

8. Choral
Was frag ich nach der Welt!
Im Hui muss sie verschwinden,
Ihr Ansehn kann durchaus
Den blassen Tod nicht binden.
Die Güter müssen fort,
Und alle Lust verfällt;
Bleibt Jesus nur bei mir:
Was frag ich nach der Welt!

Was frag ich nach der Welt!
Mein Jesus ist mein Leben,
Mein Schatz, mein Eigentum,
Dem ich mich ganz ergeben,
Mein ganzes Himmelreich,
Und was mir sonst gefällt.
Drum sag ich noch einmal:
Was frag ich nach der Welt!

Das Evangelium Lukas 16,1–9 vom Haushalter, der Schulden bewusst unrechtmäßig erlässt, bietet den Ansatzpunkt für dieses Lied, das kehrversartig *Was frag ich nach der Welt?* wiederholt. Die Liebe zu Jesus als wahrem (Seelen-)Reichtum wird der Weltverhaftung der Menschen entgegen gestellt. Von acht Strophen sind fünf wörtlich übernommen, zwei davon mit umfänglichen Tropierungen, zwei wieder als doppelter Schlusschoral. Die erste und letzte Strophe bringen das Motto doppelt als Rahmen. Da zur sechsten Strophe zwei Arien (Satz 6, 7) gebildet sind, ergeben sich acht Kantatensätze zu acht achtzeiligen Liedstrophen. Die Dur-Melodie mit der gefälligen Dreiklangstonfolge plus Sexte am Beginn (5-3-(2)1-5-5-6) birgt besonderen musikalischen Reiz.

Am Beginn der Kantate steht ein dezidiertes Flötenkonzert in D-Dur. Die ersten zwei Takte spielt der Traversflötist ganz allein, wie um die Aufmerksamkeit auf sich zu lenken. Es wird vermutet, dass der berühmte Flötist der Dresdener Hofkapelle nach Leipzig gekommen war und hier von Bach ein Podium in der Kirche erhielt. Die Dominanz der virtuos geführten Flöte ist konsequent durchgehalten. Um ihre spezifische klangliche Delikatesse nicht zu stören, spielen alle anderen Instrumente »light«, mit Pausen durchsetzt. Die vokalen Liedeinwürfe sind kurz gehalten, mit der Melodie im Sopran beginnend und in den Unterstimmen nur sparsam ausgesetzt. Die letzte Zeile mit dem Liedmotto ist hervorgehoben durch choralsatzmäßige Achtelharmonisierung. Hier pausiert der Flötist, nachdem er den Spitzenton g''' gesetzt hat. Versteht man den Flötenspieler als »Rattenfänger«, hat Bach seine virtuose Partie als Symbol für weltliche Verführungskunst eingesetzt.

Die erste Arie im parallelen h-Moll überrascht als Continuo-Arie damit, dass die Orgel nicht mitspielt. Die Harmonie fehlt also, treffendes Symbol für die Haltlosigkeit der Welt *wie ein Rauch und Schatten*. Die Flüchtigkeit alles Irdischen teilt sich in schnellen Sechzehntel-Bewegungen in Bassstimme wie Continuo mit. Inhaltlicher Gegenpol ist die dem Psalter entlehnte Wendung *Jesus meine Zuversicht* aus einem anderen Lied. Mit Haltenote über einen ganzen Takt *hält* sich der Sänger förmlich an *Jesus* fest. Dann kann er geradezu spöttisch mehrfach wiederholen *Was frag ich nach der Welt?*

Für die erste der tropierten Strophen wählt Bach eine neue komplexe Form. Das Rezitativ ist accompagnato mit Akkordtönen der beiden Oboen, die Liedzeilen haben jeweils ein Instrumentalvorspiel und sind als Arioso in doppelten und dreifachen 3/8-Takten separiert. Der Tenor singt die Melodie reich verziert im Duktus der Oboen. Als Wohlfühl-Idylle erscheint so das Sich-Halten *an Jesus nur allein*, während die verqueren Welt-Leitbilder in den rezitativischen Passagen sarkastisch angeprangert werden.

Der vierte Satz beschert dem Flötisten ein weiteres Solo, eine expressive Adagio-Partie als Gegenpol zur galanten Virtuosität des Eingangssatzes. Wieder muss die Orgel schweigen aus Rücksicht auf die zarte Flöte, aber auch als Symbol für den *falschen Schein* der weltlichen Güter, denen jegliche Stabilität fehlt. Eindeutig steht die Flöte hier mit ihrem betörenden Spiel für die Versuchungen der *betörten Welt*. Die 32tel-Figuren imitieren das Geräusch der klingenden Münzen des *Mammon*. Der Altist als Stimme des Glaubens hält mit seiner motivisch davon unabhängigen Partie mahnend dagegen und singt sein Credo schließlich ohne den Widerpart der Flöte: *Jesus soll allein meiner Seelen Reichtum sein.*

Die zweite Lied-Tropierung ist ein Bassrezitativ nur mit Continuo. Die Liedzeilen sind hier im Achtelpuls dem Rezitativ angenähert, allerdings adagio auszuführen. Im Continuo sind dazu chromatische Ab- und Aufgänge unterlegt, oft weit über die Quartspanne des Passus duriusculus hinaus, in harmonisch logischen Quart-Aufgängen aber da, wo das irdische Leid der Christen mit *Christi Schmach* identifiziert wird.

Die Polarität von Weltverhaftung und Jesusliebe wird besonders deutlich im Gegenüber der zwei Arien zur sechsten Liedstrophe. In einer schwungvollen, halbtaktig zu nehmenden 12/8-Takt-Gigue tanzen die Streicher in schönstem A-Dur in weltlicher *Lust und Freud*. Raffiniert textnah lässt Bach die Instrumente vorwiegend tief spielen: de facto ist ihr Tanz ums Geld ein *Wühlen* gleich einem *Maulwurf in den Gründen*. Der Tenor zeigt dagegen das sich *Erhöhenwollen* der Welt in einer anstrengenden Partie, angepeitscht vom Rhythmus der Streicher. Dieser karikierend extrovertierten Musik steht in der Folgearie eine konzentrierte Trioform im polaren fis-Moll gegenüber, jetzt im Tanzmodus der Bourrée. Mit Oboe d'amore, Reverenz an die Jesusliebe, und oft parallel geführter Sopranstimme (die mit Jesus im Glauben vereinten Seele) ist diese Trio-Arie zugleich Gegenpol zum *Betörte Welt*-Trio mit Traversflöte. Die Worte des Arien-Mitteils kann man als Credo des Librettisten lesen. Schlicht und prägnant hat er seine Lieblingstopoi in einen Zusammenhang gebracht: *Ich will nur meinen Jesum lieben/ und mich in Buß und Glauben üben, so kann ich reich und selig werden.* Im Lied hieß es lediglich: »Ich liebe meinen Gott«. Bach signiert dies persönlich, indem er die beiden ersten Zeilen davon mit jeweils 14 (BACH-) Tönen separiert und die Oboe das bestätigen lässt mit jeweils 13 Messias-Tönen.

Der doppelt vorgetragene Schlusschoral in relativ schlichtem Satz belässt der schönen Dur-Melodie ihren eigenen Reiz. Durch die Wiederholung prägt sich namentlich der prägnante Melodieanfang ein: *Was frag ich nach der Welt?*

Nimm von uns, Herr, du treuer Gott

10. Sonntag nach Trinitatis, 13. August 1724, Nikolaikirche
Liedautor: Martin Moller 1584

1. *Oboe I/II, Taille, Streicher,*
Traversflöte mit Sopran,
Zink/ Posaune I–III mit Vokalstimmen
Nimm von uns Herr, du treuer Gott,
Die schwere Straf und große Not,
Die wir mit Sünden ohne Zahl
Verdienet haben allzumal.
Behüt für Krieg und teurer Zeit,
Für Seuchen, Feur und großem Leid.

2. **Arie** Tenor *Traversflöte, Violine solo*
Handle nicht nach deinen Rechten
Mit uns bösen Sündenknechten,
Lass das Schwert der Feinde ruhn!
Höchster, höre unser Flehen,
Dass wir nicht durch sündlich Tun
Wie Jerusalem vergehen!

3. **Rezitativ** Sopran
Ach! Herr Gott, durch die Treue dein
Wird unser Land in Fried und Ruhe sein.
Wenn uns ein Unglückswetter droht,
So rufen wir,
Barmherziger Gott, zu dir
In solcher Not:
Mit Trost und Rettung uns erschein!
Du kannst dem feindlichen Zerstören
Durch deine Macht und Hilfe wehren.
Beweis an uns deine große Gnad
Und straf uns nicht auf frischer Tat,
Wenn unsre Füße wanken wollten
Und wir aus Schwachheit straucheln sollten.
Wohn uns mit deiner Güte bei
Und gib, dass wir
Nur nach dem Guten streben,
Damit allhier
Und auch in jenem Leben
Dein Zorn und Grimm fern von uns sei.

4. Arie Bass *Oboe I/II, Taille*

Warum willst du so zornig sein?
Es schlagen deines Eifers Flammen
Schon über unserm Haupt zusammen.
Ach, stelle doch die Strafen ein
Und trag aus väterlicher Huld
Mit unserm schwachen Fleisch Geduld!

5. Rezitativ Tenor

Die Sünd hat uns verderbet sehr.
So müssen auch die Frömmsten sagen
Und mit betränten Augen klagen:
Der Teufel plagt uns noch viel mehr.
Ja, dieser böse Geist,
Der schon von Anbeginn ein Mörder heißt,
Sucht uns um unser Heil zu bringen
Und als ein Löwe zu verschlingen.
Die Welt, auch unser Fleisch und Blut
Uns allezeit verführen tut.
Wir treffen hier auf dieser schmalen Bahn
Sehr viele Hindernis im Guten an.
Solch Elend kennst du, Herr, allein:
Hilf, Helfer, hilf uns Schwachen,
Du kannst uns stärker machen!
Ach, lass uns dir befohlen sein.

6. Arie Duett Sopran/Alt
Traversflöte, Oboe da caccia
Gedenk an Jesu bittern Tod!
Nimm, Vater, deines Sohnes Schmerzen
Und seiner Wunden Pein zu Herzen,
Die sind ja für die ganze Welt
Die Zahlung und das Lösegeld;
Erzeig auch mir zu aller Zeit,
Barmherzger Gott, Barmherzigkeit!
Ich seufze stets in meiner Not:
Gedenk an Jesu bittern Tod!

7. Choral
Leit uns mit deiner rechten Hand
Und segne unser Stadt und Land;
Gib uns allzeit dein heilges Wort,
Behüt für's Teufels List und Mord;
Verleih ein selges Stündelein,
Auf dass wir ewig bei dir sein.

Seit der Reformationszeit wird das Evangelium dieses Sonntags, Jesu Weinen über die zukünftige Zerstörung Jerusalems Lukas 19,41–48, verbunden mit der Ermahnung zur Buße an alle Christen, damit ihnen das Geschick des Volkes Israel erspart bleibt. Gegenüber vielen individuellen Bußliedern passt das hier gewählte gut als Wir-Lied der Volksklage mit Segensbitte für *Stadt und Land.* Zur Bachzeit wurde es fälschlich Bartholomäus Ringwaldt (1530–1599) zugeschrieben, von dem weitere Bußlieder verbreitet waren. Sieben Strophen – bei EG 146 fehlen Strophe 4 und 5 – sind in sieben Kantatensätze übertragen. In Satz 3 und 5 wird wieder die ganze Strophe tropiert, bei den Ariensätzen 4 und 6 sind einzelne Liedzeilen zitiert, nur die erste Arie ist vollständig umgedichtet.

Die Melodie, bekannt von Luthers Vaterunser-Lied (EG 344), steht polar zu der des vorausgehenden Sonntags. Der Einstieg ist ebenso auf der Quinte und am Dreiklang orientiert, dem D-Dur dort kontrastiert aber d-Moll hier. Mit 262 Takten ist der Eingangssatz einer der größten und kunstvollsten Bachs. Die Buß-thematik bedingt wie bei BWV 2 die Motetten-Form im Alla-breve, wo die Melodie Zeile für Zeile durch die Stimmen fugiert und mit dem (Sopran-)Cantus firmus in doppelten Notenwerten gekrönt wird. Für den alten Kirchenstil-Sound spielt wieder das Bläserquartett mit Zink und drei Posaunen die Vokalpartien mit. Hier ist dies aber eingebettet in einen großen Orchestersatz mit eigener, polar geprägter Motivik, von Streichern und dreifach besetztem Oboenchor wechselweise artikuliert, was der Musik starke Plastizität verleiht. Von der oberen Oktave ausgehende Liegetöne mit dissonanzreichen Überbindungen haben als Gegenüber ein vom repetierenden Grundton bis zur Quarte aufsteigendes Thema in prägnanten Vierteln. Das dritte Element sind kurzatmige Seufzer mit Schleifer von unten, die auf der Betonung oft eine scharfe Dissonanz markieren, den schuldbewussten Kotau der Sünder nachzeichnend. Die Verknüpfungen mit dem Vokalsatz sind variantenreich. Einmal singt der Bass das Repetitionsthema auf *die wir mit Sünden ohne Zahl.* Die Seufzer werden namentlich verbunden mit der Aufzählung der Plagen *Seuchen, Feur und großem Leid* in der letzten Zeile, wo sie auch im Continuo vorkommen. Schon Zeitgenossen Bachs waren von diesem Satz beeindruckt, zahlreiche frühe Abschriften haben sich erhalten. In dieser harmonisch äußert kühnen Musik kann man erleben, wie Bach Buße versteht: nicht rein ritueller Vollzug im alten

Kirchenstil, sondern aktuales, schmerzvolles sich zur Disposition-Stellen, jedoch im Rekurs auf die Erfahrung der Vorgänger im Glauben (stile antico).

Die erste Arie ist ein Triosatz, ursprünglich wie Satz 4 der Vorgängerkantate für Traversflöte, Sänger (hier Tenor) und leicht, nur pizzicato spielenden Continuo konzipiert. Den Instrumentalpart hat Bach dann für Solovioline ausschreiben lassen, vielleicht weil die Traversflöte in Satz 6 auch zum Zuge kommt und sonst in den Arien keine Streicher vertreten wären. Der Gestus des Satzes ist schwer zu deuten. Vielleicht imitiert das durchgehend in Sechzehnteln geführte Soloinstrument mit seinem taktweisen Kreisen das Kreisen des Sünders um sich selbst, der nur mühsam sein Flehen auf Gott auszurichten vermag. Die exponierte Sängerpartie setzt einzelne Worte in sinnenfällige Figuren um, etwa *höre* mit einer Exclamatio, *Flehen* mit Seufzern, den *bösen (Sündenknecht)* wie das *sündlich (Tun)* mit einem harten Hybris-Sprung nach oben, das erhoffte *ruhn* der (die Sünde strafenden) Feinde mit langem Liegeton, (Jerusalems) *vergehen* mit einem langen Abstieg über mehr als eine Oktave.

Im folgenden Secco-Rezitativ erklingen die Liedzitate im Dreier-Takt mit ostinatem, auftaktig punktiertem Continuo-Rhythmus, der als energisches, erhörungsgewisses Anklopfen bei Gott gedeutet werden kann. Die Melodie ist frei ausgeziert. Gottes *Treue* etwa (Zeile 1) wird zuerst mit Leitton und Oktave hervorgehoben, ehe der Melodieton Mollterz eintritt. Die a tempo-Vorschrift verwehrt einen choralmäßig langsameren Vortrag. Ungewöhnlich ist, dass der (Knaben-)Sopran ein solches Rezitativ singt. Gerade die Stimme eines Kindes soll das Herz Gottes erweichen. Mit 1180 Continuo-Tönen in den Sätzen 1–3 wird wohl wieder rekurriert auf Psalm 118, wo das Volk Gottes ermuntert wird, Gott in seiner Güte anzurufen (V. 2f.).

Mit dem Folgenden provoziert Bach eine Schockwirkung. Entgegen der soeben beschworenen Ferne von Gottes *Zorn und*

Grimm demonstriert das Oboenensemble dessen Präsenz mit einem furiosen Stimmengeflecht in a-Moll (halbtaktig, Vivace). Der Basseinsatz mit choralmäßigem Zitat der ersten Liedzeile bringt ein kurzes Andante-Innehalten, dann bricht wieder der Furor los, woran sich nun auch der Sänger beteiligt. Eine Adagio-Kadenz mit harmonisch offenem Halbschluss lässt die Frage unbeantwortet: *Warum willst du so zornig sein?* Die Fermate steht über der Pause, nicht auf dem letzten Ton, also über dem Fragezeichen. Zum »Dies irae«-Motiv der Flammen geht das Toben wieder los. Die zweite Texthälfte der Arie setzt Bach singulär um. Die Oboen spielen im dreistimmigen Satz in hoher Lage den ganzen Choral, während im Continuo das Flammenzüngeln weitergeht, modifiziert lediglich durch »andante«, und der Bass mehrfach die Bitte stammelt *Ach, stelle doch die Strafen ein* ... Über dem letzten Wort *Geduld* auf einem Liegeton bricht nochmals der Vivace-Furor der Oboen aus. Richtig »großes Theater« hat Bach da komponiert, in Drastik und Dramatik Gemälden vom Jüngsten Gericht nicht nachstehend. Als Heilszeichen malt er aber im Oboen-Choral einen Regenbogen, wie er (nach der Sintflut) den nicht mehr auflösbaren Bund Gottes mit den Menschen symbolisiert (1. Mose 9,12–17).

Jedes Bußgebet rekurriert auf diesen Regenbogen als Verheißung einer Zukunftsperspektive, und so singt der Tenor im Rezitativ auf die als Gemeindelied (fast) unverzierte Liedmelodie das Wir-Bekenntnis von Schuld und Verführbarkeit, begleitet wieder von einem ostinaten Continuo-Motiv, das auf die erste Melodiezeile Bezug nimmt. Der Choral liegt in der für diesen Sänger tiefen, aber der Gemeinde passablen Lage der Grundtonart d-Moll. Deutlich heben sich die freien Rezitativpartien davon ab, wo im letzten Einwurf *hilf, Helfer* als Exclamatio zu a´´ hervorsticht. 140 Töne des Sängers und 196 = 14x14 Continuo-Töne machen BACHs persönliche Identifikation mit diesem Bußgebet kenntlich.

Einen dritten hoch artifiziellen Satz präsentiert Bach im ebenfalls in d-Moll stehenden Sopran/Alt-Duett mit dem klanglich aparten Bläserpaar Traversflöte mit Oboe da caccia (vgl. die Arie *Zerfließe mein Herze* in der Johannespassion). Inhaltlich bildet dies den Fokus der Kantate mit dem Bezug auf *Jesu bittern Tod* am Kreuz, Rettungsanker *für die ganze* sündige *Welt*. Das Lied benannte konkret die »heilig *fünf* Wunden rot«. Der Librettist verzichtet auf die Zahl, aber Bach schreibt dazu ein komplexes Quintett als Siciliano im 12/8-Takt, also »heile Welt«-Musik, welche die Wirkmächtigkeit dieses *Lösegelds* als Realität in Anspruch nimmt. Das doppelt gesetzte Stichwort *Barmherzigkeit* (lat. *misericordia*) scheint dies zu evozieren – vgl. den 12/8-Takt beim *Magnificat* zu *Et misericordia* und den 6/8-Takt im analogen Satz BWV 10,5. Die Stimmführung ist aber oft chromatisch und expressiv flehend. Die zitierten Liedzeilen erscheinen als Cantus firmus in instrumentalen wie vokalen Partien, beim zweiten Einsatz jeweils intensivierend in Quintlage. Das anfängliche *Gedenk* ist lang gedehnt als Erinnerungsvorgang, wie überhaupt das Zitieren des Cantus firmus solches Erinnern symbolisiert (vgl. BWV 10,5). Die Wiederholung der Anfangsbitte *Gedenk an Jesu bittern Tod* im verkürzten Da capo unterstreicht dies zusätzlich. Zweimal tritt wieder signifikant auf Christi Kreuz bezogen der Passus duriusculus auf, nach unten geführt zu (*seiner Wunden*) *Pein* und zur Anrede *barmherzger Gott*.

Im Kirchenstil-Sound mit Posaunen erklingt der Schlusschoral auffallend asketisch schlicht gesetzt. Nur am Ende ist *ewig* durch Dehnung im Tenor hervorgehoben. So bleibt hier ein erhaben-ritueller Habitus im Note für Note-Absingen des Bußgebets mit der alten dorischen Melodie, die in dieser Tonlage des Wir-Gesangs der Gemeinde im Lauf der Kantate wie ein roter Faden immer wieder zur Geltung kam.

BWV 113

Herr Jesu Christ, du höchstes Gut

11. Sonntag nach Trinitatis, 20. August 1724, Thomaskirche
Liedautor: Bartholomäus Ringwaldt 1588

1. *Oboe d'amore I/II, Streicher*
Herr Jesu Christ, du höchstes Gut,
Du Brunnquell aller Gnaden,
Sieh doch, wie ich in meinem Mut
Mit Schmerzen bin beladen
Und in mir hab der Pfeile viel,
Die im Gewissen ohne Ziel
Mich armen Sünder drücken.

2. (Choral) Alt *Violinen*
Erbarm dich mein in solcher Last,
Nimm sie aus meinem Herzen,
Dieweil du sie gebüßet hast
Am Holz mit Todesschmerzen,
Auf dass ich nicht für großem Weh
In meinen Sünden untergeh,
Noch ewiglich verzage.

3. **Arie** Bass *Oboe d'amore*
Fürwahr, wenn mir das kömmet ein,
Dass ich nicht recht vor Gott gewandelt
Und täglich wider ihn misshandelt,
So quält mich Zittern, Furcht und Pein.
Ich weiß, dass mir das Herze bräche,
Wenn mir **dein Wort nicht** Trost verspräche.

4. Rezitativ Bass
Jedoch **dein heilsam Wort, das macht**
Mit seinem süßen Singen,
Dass meine Brust,
Der vormals lauter Angst bewusst,
Sich wieder kräftig kann erquicken.
Das jammervolle Herz
Empfindet nun nach tränenreichem Schmerz
Den hellen Schein von Jesu Gnadenblicken;
Sein Wort hat mir so vielen Trost gebracht,
Dass mir das Herze wieder lacht,
Als wenn's beginnt zu springen.
Wie wohl ist meiner Seelen!
Das zagende Gewissen
kann mich nicht länger quälen,
Dieweil Gott **alle Gnad verheißt,**
Hiernächst die Gläubigen und Frommen
Mit Himmelsmanna speist,
Wenn wir nur **mit zerknirschtem Geist**
Zu unserm **Jesu kommen.**

5. Arie Tenor *Traversflöte*
Jesus nimmt die Sünder an:
Süßes Wort voll Trost und Leben!
   Er schenkt die wahre Seelenruh
   Und rufet jedem tröstlich zu:
   Dein Sünd ist dir vergeben.

6. Rezitativ Tenor *Streicher*
Der Heiland nimmt die Sünder an:
Wie lieblich klingt das Wort
in meinen Ohren!
Er ruft: Kommt her zu mír,
Die ihr mühselig und beladen,
Kommt her zum Brunnquell aller Gnaden,
Ich hab euch mir zu Freunden auserkoren!
Auf dieses Wort will ich zu dir
Wie der bußfertge Zöllner treten
Und mit demütgem Geist
»Gott, sei mir gnädig!« beten.
Ach, tröste meinen blöden Mut
Und mache mich
durch dein vergossnes Blut
Von allen Sünden rein,
So werd ich auch **wie David und Manasse**,
Wenn ich dabei
Dich stets in Lieb und Treu
Mit meinem Glaubensarm umfasse,
Hinfort ein Kind des Himmels sein.

7. Arie Duett Sopran/Alt *Continuo*
Ach Herr, mein Gott,
vergib mir's doch,
Wormit ich deinen Zorn erreget,
Zerbrich das schwere Sündenjoch,
Das mir der Satan auferleget,
Dass sich mein Herz zufriedengebe
Und dir zum Preis und Ruhm hinfort
Nach deinem Wort
In kindlichem Gehorsam lebe.

8. Choral
Stärk mich mit
deinem Freudengeist,
Heil mich mit
deinen Wunden,
Wasch mich
mit deinem Todesschweiß
In meiner letzten Stunden;
Und nimm mich einst,
wenn dir's gefällt,
In wahrem Glauben
von der Welt
Zu deinen Auserwählten!

Das Evangelium mit dem Gleichnis vom Pharisäer und Zöllner (Lukas 18,9–14) legt wieder die Bußthematik nahe. Hier liegt ein echtes Ringwaldt-Bußlied vor, komplementär zu dem des vorigen Sonntags ein individuelles gegenüber der Wir-Klage dort. Nach dem Eingangssatz bleibt auch die zweite Liedstrophe unverändert. Diese war ein Standard-Bußtext als wörtliche Aufnahme des

»Miserere mei« (Psalm 51) der römischen Bußpsalmtradition. Sonst aber erlaubt sich der Librettist größere Freiheiten. Nach der tropierten vierten Strophe ist ein Arie/Rezitativ-Satzpaar eingefügt, wo unter dem Motto *Jesus nimmt die Sünder an* (vgl. das 1718 publizierte Lied EG 353) der Trost der Vergebung predigthaft eindringlich zugesprochen wird. Jesu Annahme des Sünders ermöglicht eben erst das heilsgewisse Bußgebet (Satz 7). Biblische Vorbilder sind der Zöllner aus dem Evangelium und David und Manasse im Alten Testament (vgl. 2. Chronik 33,12f.). Mehrere Passagen lassen sich auf das Bußgebet Manasses im babylonischen Exil beziehen, in den Apokryphen als »Gebet Manasses« überliefert.

Das individuelle Bußgebet vertont Bach im Eingangssatz authentisch in moderner Stilistik. Das Lied ist in einen Dreiertakt transformiert, wo die betonte Takteins jeweils einen dissonanten Akkord erhält als Ausdruck der (Gewissens-)*Schmerzen*. Die Melodie in h-Moll singt der Sopran nicht »objektiv« als Cantus firmus, sondern mit Schleifern im Stil der zeitgenössischen Sololied-Aria. Im Orchester verstärken die Oboen d'amore die schmerzvolle Eins-Akzentuierung. Hervor sticht die erste Violine, die unablässig in kreisender Sechzehntel-Bewegung agiert (vgl. die erste Arie der vorigen Kantate) und wie irrsinnig weiter spielt auch während der Liedeinwürfe, obwohl die anderen Instrumente schweigen. Dieser Part symbolisiert wohl die endlosen Gewissensplagen des Sünders.

Als »objektiven«, ritualisierten Bußakt präsentiert Bach demgegenüber die originale zweite Liedstrophe, mit unverziertem Cantus firmus dem Alt zugewiesen. (Bereits in der Mühlhäuser Buß-Kantate *Aus der Tiefen* BWV 131 hatte er diese Strophe so eingesetzt.) Sie steht in fis-Moll, der vom reinen C-Dur im Tritonus-Abstand am weitesten entfernten Tonart, in Bachs Orgelmusik typisch für Bußlieder (z. B. BWV 687, 721). Jetzt spielen wohl alle Violinen unisono – die Quellenlage ist hinsichtlich der

Besetzung nicht eindeutig – in großen Phrasen, deren Grundmotiv mit vier skalenmäßig absteigenden Achteln der Melodiezeile *auf dass ich nicht/ für großem Weh* entspricht. Die Ausweitung
dieses Abstiegs im Continuo spiegelt *in meinen Sünden untergeh.*
Jedoch sind Abstieg und Aufstieg stets komplementär gesetzt:
Buße tun heißt ja »Umkehren« zu Gott.

Bei der folgenden Arie scheinen 12/8-Takt-Wogen und terzen-
gesättigter A-Dur-Klang der Oboen d'amore nicht zum Text zu
passen, der die Nöte des Schuldbewusstseins artikuliert. Der Librettist wollte aber die dies überwindende Perspektive durch
Jesu *Wort* als *Trost* akzentuieren. So verströmt die Oboenmusik
von Anfang an den *Trost*, welchen der Text im Modus des *verspräche* in Aussicht stellt. In der zweiten Arienhälfte bekräftigen
die Oboen mit Einwürfen das wiederholte *ich weiß*, am Ende die
häufigen Repetitionen von *Trost*. Die Anfechtung des Sünders
hat Bach musikalisch aber nicht ausgeblendet, sondern integriert
mit einer chromatischen Trillerkette der ersten Oboe, die der
Bassist sinnenfällig beim Wort *Zittern* übernimmt.

Im folgenden Rezitativ mit Liedtropierung erklärt derselbe
Sänger, warum seine Arie eben so schön war: Jesu Wort ist *heil-
sames Wort*, das als *süßes Singen* laut wird. Die Melodie wird jetzt
Cantus firmus-mäßig ohne Verzierungen in der Unterquinte
e-Moll präsentiert, wieder gleichförmig vom Continuo unter-
malt, diesmal in einer durchgehenden Sechzehntel-Bewegung,
die in Terzen kreist. Das scheint motiviert vom Bild des lachen-
den und springenden Herzens im Lied. 73 Töne des Continuo-
Ritornells und insgesamt 438 = 6x73 Töne zeigen, dass für Bach
das getröstete HERTZ (zeitgenössische Schreibweise) hier das
Hauptwort ist. In den Rezitativpassagen bezeugt der Sänger das
Ende seiner Gewissensplagen, da er dem sogenannten Heilandsruf Jesu »Kommet her zu mir alle …« (Matthäus 11,28) folgt. Der
Name *Jesu* am Ende des Cantus firmus erhält eine emphatische
Auszierung.

Die Metapher *süßes Wort* lässt Bach eine D-Dur-Arie voll klanglicher Süßigkeit anschließen. Es spielt die verführerische Traversflöte allein, jetzt nicht mehr Symbol für die Reize der Welt (BWV 94), sondern für den wahren »Rattenfänger« Jesus, der die Sünder zu sich lockt zu ihrem Heil. Die anfängliche Zwölfton-Sequenz der Flöte mit Einstieg auf der süßen Terz übernimmt der Tenor mit dem Motto *Jesus nimmt die Sünder an*, die Flöte wiederholt sie als Bestätigung oder Kommentar an allen nur möglichen Stellen. Auf dieselben Töne singt der Sänger auch *Süßes Wort voll Trost und Leben,* sowie *Er schenkt die wahre Seelenruh.* Bach provoziert so beim Hörer einen Ohrwurm-Effekt. Das Motto soll ihm nicht mehr aus dem Sinn gehen. Der faktische Zuspruch der Vergebung *Dein Sünd ist dir vergeben!* (vgl. Matthäus 9,2) wird hervorgehoben mit Tönen der Melodie-Schlusszeile. Die im Vorspiel atemberaubend sich steigernde Virtuosität der Flöte kommt später nur in den Zwischenspielen und im Nachspiel zum Zug, um die Botschaft des Sängers nicht zu verdecken. Am Ende der Vokalpartie spielt die Flöte aber einmal ihre 32tel parallel zu *Trost und Leben* und der Sänger schließt ebenfalls virtuos mit Sechzehntel-Triolen auf *Leben.* Künstlerische Virtuosität wird so zum Symbol von heilvollem Leben.

Wieder folgt eine nachträgliche Bestätigung durch denselben Sänger. Das textreiche, gegenüber dem Lied mit Bibelstellen-Assoziationen stark angereicherte Rezitativ ist ein Accompagnato mit Streicherbegleitung, die hier den *Heiland* mit »Heiligenschein« schmückt (in 224 = 2x112 CHRISTUS-Tönen). Wenn der Sänger sich mit dem bußfertigen Zöllner identifiziert, gehen die Streicher in tief liegendes, akkordisches Repetieren über (wie beim Orgel-choral *Erbarm dich mein* BWV 721), Sinnbild für das Anklopfen des Sünders bei Gott (Matthäus 7,7). Die Heilsperspektive, so zum *Kind des Himmels* zu werden, reklamiert JSBACH mit 41 Continuo-Tönen auch für sich persönlich.

Die letzte Arie vollzieht dann exemplarisch das Gebet des Sünders um Vergebung. Als rein vokales Duett von Alt und Sopran ist es als personhaftes Zeugnis konzipiert ohne instrumentale »Süßigkeit«. Der Alt beginnt direkt ohne Continuo-Vorspann, in der Stimmführung an die Liedmelodie angelehnt, diese aber auszierend und frei weiter spinnend. So hat der Altsänger das rituelle Bußgebet im Cantus firmus von Satz 2 jetzt verinnerlicht, vollzieht in produktiver künstlerischer Umgestaltung einen persönlichen Glaubensakt. Die langen parallel geführten Sechzehntel-Ketten der Sänger erhalten ihren Sinn wieder von der zweiten Satzhälfte, wo sie zu *leben* gehören und schließlich auch in den Continuo wandern. Die Singstimmenführung der zweiten Hälfte hat ebenfalls Bezug zur Melodie und endet in schlichter Terzenharmonisierung der Schlusszeile *in kindlichem Gehorsam lebe.*

Der Schlusschoral mit der Bitte um ein seliges Sterben zeigt mit durchgehender Achtelbewegung in den Unterstimmen ein zukunftsoffenes, vitales Gewand.

Allein zu Dir, Herr Jesu Christ

13. Sonntag nach Trinitatis, 3. September 1724, Thomaskirche
Liedautor: Konrad Hubert vor 1540/ Strophe 4 Nürnberg um 1540

1. *Oboe I/II, Streicher*
Allein zu dir, Herr Jesu Christ,
Mein Hoffnung steht auf Erden;
Ich weiß, dass du mein Tröster bist,
Kein Trost mag mir sonst werden.
Von Anbeginn ist nichts erkorn,
Auf Erden war kein Mensch geborn,
Der mir aus Nöten helfen kann.
Ich ruf dich an,
Zu dem ich mein Vertrauen hab.

2. Rezitativ Bass
Mein Gott und Richter, willt du mich
aus dem Gesetze fragen,
So kann ich nicht,
Weil mein Gewissen widerspricht,
Auf tausend eines sagen.
An Seelenkräften arm
und an der Liebe bloß,
Und **meine Sünd** ist **schwer**
und übergroß;
Doch weil sie **mich von Herzen reuen,**
Wirst du, mein Gott und Hort,
Durch ein Vergebungswort
Mich wiederum erfreuen.

3. Arie Alt *Streicher*
Wie furchtsam wankten meine Schritte,
Doch Jesus hört auf meine Bitte
Und zeigt mich seinem Vater an.
  Mich drückten Sündenlasten nieder,
  Doch hilft mir Jesu Trostwort wieder,
  Dass er **für mich genung getan.**

4. Rezitativ Tenor
Mein Gott, verwirf mich nicht,
Wiewohl ich dein Gebot
noch täglich übertrete,
Von deinem Angesicht!
Das kleinste ist mir schon
zu halten viel zu schwer;
Doch, wenn ich um nichts mehr
Als Jesu Beistand bete,
So wird mich kein Gewissensstreit
Der Zuversicht berauben;
Gib mir nur aus **Barmherzigkeit**
Den wahren Christenglauben!
So stellt er sich mit guten Früchten ein
Und wird durch Liebe tätig sein.

5. **Duett** Tenor/Bass *Oboe I/II*
Gott, der du die Liebe heißt,
Ach, entzünde meinen Geist,
Lass zu dir vor allen Dingen
Meine Liebe kräftig dringen!
Gib, dass ich aus reinem Triebe
Als mich selbst den Nächsten liebe;
Stören Feinde meine Ruh,
Sende du mir Hülfe zu!

6. Choral
Ehr sei Gott in dem höchsten Thron,
Dem Vater aller Güte,
Und Jesu Christ, sein'm liebsten Sohn,
Der uns allzeit behüte,
Und Gott dem Heiligen Geiste,
Der uns sein Hülf allzeit leiste,
Damit wir ihm gefällig sein,
Hier in dieser Zeit
Und folgends in der Ewigkeit.

Vom 12. Trinitatissonntag 1724 liegt keine Kantate vor. Tags darauf, Montag 28.8., war in der Nikolaikirche Gottesdienst zur »Raths-Wahl« mit einer »schönen Music«, wie eine Zeitung meldete, die aber nicht zu identifizieren ist. Bachs erhaltene Ratswahlkantaten zeigen, dass da große musikalische Prachtentfaltung Platz hatte und so die Kräfte band. Der Gottesdienst zum Ratswechsel war aber eine »Kasualie« (mit eigens gedrucktem Textheft) und gehörte damit nicht zum »Jahrgang«. So ging es am 13. Trinitatissonntag in der Thomaskirche weiter, mit einer Kantate wieder zur Bußthematik. Das Evangelium Lukas 10,23–37 mit dem Doppelgebot der Liebe und dem Gleichnis vom barmherzigen Samariter würde heute den Akzent Nächstenliebe nahelegen. Die zeitgenössische Auslegung sah da aber den himmlischen Samariter Christus abgebildet und Gottes Barmherzigkeit als »Haupt-Trost« der Erzählung. So geht es wieder primär um die Wiederherstellung des durch die Sünde zerstörten Gottesverhältnisses. Das gewählte, nur vierstrophige Lied aus der Reformationszeit (EG 232) ist sonst nicht diesem Sonntag zugewiesen, obgleich es in Strophe 3 das Doppelgebot der Liebe aufgreift: *für allen Dingen lieben dich/ und meinen Nächsten gleich als mich.*

Signifikant ist wie zwei Sonntage zuvor die namentliche Anrufung Christi im Liedanfang, hier in der reformatorischen Zuspitzung »solus Christus«.

Die erste Strophe bezeugt die Glaubensgewissheit, von Christus wahren Trost zu erlangen. Trost meint biblisch die wirkliche
Rettung aus aller Not, nicht nur psychologische Entlastung im
heutigen Sinne. »Ich, ich bin euer Tröster« (Jesaja 51,12) wird
wie ein johanneisches »Ich bin«-Wort als Christus-Wort gelesen.
So artikuliert diese Liedstrophe den wahren Glauben, um welchen
die Vorgängerkantate am Ende (BWV 113,8) gebeten hatte. Wieder
schreibt Bach eine Dreiertakt-Musik. Die starke Eins-Betonung
bewirkt er diesmal nicht durch Dissonanzen, sondern durch
rhythmische Akzentuierung mit drei (oder fünf) zur Eins hin-
führenden Achteln. Im Orchestersatz wechseln die einzelnen
Elemente Sechzehntel-Ketten, repetierende Achtel, Dreiklangsbrechung in Achteln, Synkopierung, staccato-Viertel munter durch
alle Instrumente und erzeugen ein faszinierendes Pulsieren, das
raffinierten Schlagzeug-Arrangements heute gleichkommt. In
solch vielfältig vitalem Geschehen symbolisiert die Eins-Betonung
Stabilität, Gewissheit, Luthers »certitudo« im Glauben. Die Liedzeilen im Vokalsatz sind kurz gehalten, wieder ohne Vorimitation,
aber je nach Text unterschiedlich gestaltet. Das *Allein* des Anfangs
wird sinnenfällig durch alleinigen Einsatz der Melodie im Sopran,
die anderen Stimmen setzen nachimitierend jeweils auch allein
ein. Ähnlich geschieht es bei *von Anbeginn*. Bei *mein Hoffnung
steht auf Erden* markieren alle Stimmen gemeinsam die Takteins
mit den betonten Textsilben und unterstreichen so die Gewissheit der Hoffnung. *Ich ruf dich* an skandieren die Unterstimmen
in Achteln und bringen den Text dreimal. Dies entspricht dem
Buß-Topos des Anklopfens an Gottes Tür. Zeilen-Schlussworte
sind durch Melismen bisweilen entfaltet, etwa *Vertrauen* am
Ende. Harmonisch akzentuiert Bach durch Wendung vom
a-Moll-Kontext nach C-Dur *Herr Jesu Christ*, ebenso *Tröster bist*

und *ich ruf dich an* – die drei Gipfel der ersten Strophe. Mit 153 Takten greift Bach die finale Christus-Zahl des Johannes-Evangeliums auf (Joh 21,11): das Vertrauen in Christus wird wie beim Fischfang des Petrus nicht enttäuscht.

Für die Mittelsätze stehen nur zwei Liedstrophen zur Verfügung, die der Librettist jeweils in einem Rezitativ/Arie-Paar entfaltet und inhaltlich anreichert mit Bibelwort-Anklängen und Bezügen zur Bußpraxis. Zentrale Sentenzen übernimmt er aus dem Lied wörtlich oder grammatikalisch abgewandelt, was das bisherige Verfahren der Tropierung ersetzt.

Während im Evangelium der Schriftgelehrte sich Jesus gegenüber rechtfertigen will, spricht das Rezitativ mit einem Liedzitat die Selbsterkenntnis des Menschen als Sünder aus (resultierend aus der Konfrontation mit dem Gesetz), zudem artikuliert es die für gelingende Buße unerlässliche Reue des Herzens (contritio cordis). Bach brandmarkt die Sünde mit harmonischem Querstand, indem er innerhalb eines Taktes von g-Moll (*der Liebe bloß*) nach Fis-Dur (*übergroß*) wechselt. Was sich sprachlich reimt, passt musikalisch überhaupt nicht. Der H-Dur-Septakkord zu *reuen* bringt die Perspektive Richtung Ausgangstonart e-Moll zurück, welche mit *Vergebungswort* in die Dur-Parallele G-Dur wechselt. Jetzt stürzt sich der Bassist zu *erfreuen* in eine Kapriole, unterstützt von signifikantem Rhythmus im Continuo.

Die Arie reflektiert die Überwindung der Gewissensangst im Annehmen von Jesu *Trostwort*. Bach gestaltet das dramaturgisch falsch, indem er äußerst charakteristisch das (überwundene) *Wanken*, die Haltlosigkeit des Sünders darstellt. Die 1.Violine spielt mit Dämpfer, also vernebeltem Klang, eine Linie, die förmlich ein Taumeln nachzeichnet, die tiefen Streicher und Continuo haben durchgehend pizzicato und lassen so jedes feste Schreiten vermissen. Mit analoger Stimmführung (im Oboenpart) hatte Bach ein Jahr zuvor *Wie zittern und wanken der Sünder Gedanken* dargestellt (BWV 105,3). Der Alt-Sänger unterlegt die *Wanken-*

Figur mit den Worten *furchtsam, wanken, Schritte, Sünden(lasten)*. Motivische Gegenpole bilden das exponierte *Jesus* und aufsteigende Bewegungen zu den positiven präsentischen Aussagen. Besonders hervor tritt die zweimalige Aufwärtsbewegung zu *Jesu Trostwort*. Da schweigen die wankenden Violinen. Als Stimme des Glaubens bezeugt so der Alt die Annahme des *Trostwortes*, dass Jesus für uns als Mittler vor dem himmlischen Vater *genug getan* hat und unsere Vergebungsbitte vor Gott bringt (vgl. Jesu Reden in Johannes 14 und 16). Das fortwährende Pizzicato in der Streicherbegleitung kann auch gedeutet werden als unablässiges Anklopfen, das erhört wird: »Bittet, so wird euch gegeben, ... klopfet an, so wird euch aufgetan« (Matthäus 7,7). Die aufsteigend gebrochenen Akkorde im Continuo haben den Gestus des Öffnens.

Das zweite Rezitativ widmet sich Luthers Einsicht von der Buße als täglichem Prozess, da das Sündersein zu Lebzeiten nie definitiv überwunden werden kann. So bleibt auch die Anfechtung des *Gewissensstreits* Realität. Sie ist nur zu bewältigen im *wahren Christenglauben*, der sich stets auf *Christi Beistand* stützt. Dieser Glaube aber ist Geschenk von Gottes *Barmherzigkeit*. So besingt die folgende Arie als Duett zunächst in Terzen und Sexten (wie sie von den beiden Oboen vorgegeben werden) Gottes Liebe, aus der die Gegenliebe zu Gott und dann auch die Liebe zum Nächsten folgt. Rhythmisch kennzeichnet Bach dieses Nachfolgen im Continuo durch eine jetzt von der leeren (!) Takteins wegspringende Bewegung. So ist dieser 3/4-Takt präzises Gegenbild zum auftaktigen Dreiertakt des Eingangschores. Oboenpaar wie Sängerpaar stehen für die Liebe als Beziehungsgeschehen. Parallel volltaktige und versetzt rhythmisch nachklappende Stimmführung verkörpern das Gegenüber von vorgängiger Gottesliebe und nachgängiger Zuwendung zu den Nächsten. Der Sprachgestus bleibt der der Bitte an Gott, der einzig mögliche Modus für Sünder.

Der abschließende Choralsatz ist eine trinitarische Gloria-Strophe, von Bach in den Begleitstimmen reich ausgestaltet. Die charakteristischsten Figuren (zu *Güte, Ewigkeit*) und am meisten Töne singt der Tenor, insgesamt 116 = 4x29 (SDG). Verschiedene Ergänzungen im Stimmenmaterial zeigen, dass Bach diese Kantate bis in seine letzten Lebensjahre aufgeführt und dabei die Darbietung jeweils verfeinert hat.

BWV 78

Jesu, der du meine Seele

14. Sonntag nach Trinitatis, 10. September 1724, Nikolaikirche
Liedautor: Johann Rist 1641

1. *Traversflöte, Oboe I/II, Streicher*
Horn mit Sopran
Jesu, der du meine Seele
Hast durch deinen bittern Tod
Aus des Teufels finstern Höhle
Und der schweren Seelennot
Kräftiglich herausgerissen
Und mich solches lassen wissen
Durch dein angenehmes Wort,
Sei doch itzt, o Gott, mein Hort!

2. **Duett** Sopran/Alt *Continuo*
Wir eilen mit schwachen,
doch emsigen Schritten,
O Jesu, o Meister zu helfen, zu dir.
    Du suchest die Kranken
    und Irrenden treulich.
    Ach höre, wie wir
    Die Stimmen erheben,
    um Hülfe zu bitten!
    Es sei uns dein gnädiges
    Antlitz erfreulich!

3. Rezitativ Tenor
Ach! ich bin ein Kind der Sünden,
Ach! ich irre weit und breit.
Der Sünden Aussatz, so **an mir zu finden,**
Verlässt mich nicht in dieser Sterblichkeit.
Mein Wille trachtet nur nach Bösen.
Der Geist zwar spricht:
ach! wer wird mich erlösen?
Aber Fleisch und Blut zu zwingen
Und das Gute zu vollbringen,
Ist über alle meine Kraft.
Will ich den Schaden nicht verhehlen,
So kann ich nicht, wie oft ich fehle, zählen.
Drum nehm ich nun **der Sünden**
Schmerz und Pein
Und meiner Sorgen Bürde,
So mir sonst unerträglich würde,
Ich liefre sie dir, Jesu, seufzend ein.
Rechne nicht die Missetat,
Die dich, Herr, erzürnet hat!

101

4. Arie Tenor *Traversflöte*

Das Blut, so meine Schuld durchstreicht,
Macht mir das Herze wieder leicht
Und **spricht** mich frei.
Ruft mich der Höllen Heer zum Streite,
So stehet Jesus mir zur Seite,
Dass ich beherzt und sieghaft sei.

5. Rezitativ Bass *Streicher*

Die **Wunden, Nägel, Kron und Grab,**
Die Schläge, so man dort dem Heiland gab,
Sind ihm nunmehro Siegeszeichen
Und können mir verneute Kräfte reichen.
Wenn ein erschreckliches Gericht
Den Fluch vor die Verdammten spricht,
So kehrst du ihn in Segen.
Mich kann kein Schmerz
und keine Pein bewegen,
Weil sie mein Heiland kennt;
Und da dein Herz vor mich in Liebe brennt,
So lege ich hinwieder
Das meine vor dich nieder.
Dies mein Herz, mit Leid vermenget,
So dein teures Blut besprenget,
So am Kreuz vergossen ist,
Geb ich dir, Herr Jesu Christ.

6. Arie Bass *Oboe I, Streicher*

Nun du wirst **mein Gewissen stillen,**
So wider mich um Rache schreit,
Ja, **deine Treue wird's erfüllen,**
Weil mir dein Wort die Hoffnung beut.
Wenn Christen an dich glauben,
Wird sie kein Feind in Ewigkeit
Aus deinen Händen rauben.

7. Choral

Herr, ich glaube, hilf mir Schwachen,
Lass mich ja verzagen nicht;
Du, du kannst mich stärker machen,
Wenn mich Sünd und Tod anficht.
Deiner Güte will ich trauen,
Bis ich fröhlich werde schauen
Dich, Herr Jesu, nach dem Streit
In der süßen Ewigkeit.

Zum dritten Mal in Folge beginnt das gewählte Lied mit der Anrufung des Namens Jesu, hier in der kürzesten und prägnantesten Form. Wieder wendet sich der Mensch als Sünder an den Heiland. Das lange zwölfstrophige Lied Johann Rists (vgl. BWV 20) entfaltet den zentralen Glaubensartikel von der Rechtfertigung des Sünders. Der Librettist konzentriert dies in sieben Sätzen auf das Heilshandeln Jesu am Kreuz als Grund der Glaubensgewissheit. Den Anschluss ans Evangelium Lukas 17,11–19 mit der Heilung der zehn Aussätzigen gewährt die zeitgenössische Deutung der Lepra-Krankheit als *Sünden-Aussatz* (Satz 3).

Ebenso zum dritten Mal in Folge setzt Bach den Eingangssatz in den 3/4-Takt, jetzt wieder zur Betonung der Sündenlast (vgl. BWV 113). In einzigartiger Weise wird das Lied in die Form einer Chaconne integriert, Variationen über ein viertaktiges Bass-Motiv hier in der Gestalt eines absteigenden Passus duriusculus, was konkret Jesu *bittern* Tod am Kreuz abbildet (vgl. *Crucifixus* der h-Moll-Messe). Die instrumentalen Oberstimmen markieren mit Punktierung auf der Taktzwei deutlich den Sarabande-Rhythmus, was dem Dreier-Takt etwas Beklemmendes verleiht, Symbol für das Gefangensein des Menschen unter der Macht der Sünde (Römer 7). Mit großer Kunstfertigkeit lässt Bach den Passus duriusculus (auch in Umkehrung nach oben gerichtet) durch die Instrumental- und Vokalstimmen wandern, um Gegenmotive platzieren zu können, gleich bei der dritten Variation ein Unisono-Aufwärtsschreiten der Streicher in Achteln, das vom Continuo in der nächsten Variation überboten wird mit schneller Anapäst-Figuration. Bach verschränkt so musikalisch Beklemmendes mit Aufrichtendem, Erhebendem und beschreibt darin die Rettung des Menschen aus *schwerer Seelennot* und *finstrer Höhle*. Anders als bei beiden Vorgängerkantaten sind die Vokalstimmen mit umfänglichen Vorimitationen am musikalischen Geschehen beteiligt. Besonders die Textierung der Anapäst-Figur mit *herausgerissen* macht plastisch, dass bei aller chromatischen Schärfung der Sündenlast der Skopus auf deren Überwindung liegt. In 144 Takten erreicht der Satz die biblische Symbolzahl für die himmlischen Gerechten (Offenbarung 14). Die schwere kompositorische Arbeit, die Bach hier geleistet hat, teilt sich Musizierenden wie Hörern unmittelbar mit, Symbol für die »Sündenlast«, welche Jesus am Kreuz zu überwinden hatte.

Dem großen Ernst des g-Moll-Eingangssatzes kontrastiert extrem die fröhliche Leichtfüßigkeit des anschließenden Duetts in B-Dur (ein Bach-Hit als instrumentale Endlosschleife zu Konzertterminansagen in Bayern 4 Klassik!). Wie Kinder, die ein Geschenk erwarten, stürzen die Continuo-Spieler und die beiden Sänger in Sopran und Alt los. Für *emsige Schritte* sorgt Bach mit durchgehender Achtelbewegung, für *leichte* Schritte durch pizzicato und lediglich Viertel im 16-Fuß-Bassinstrument Violone. Im Mittelteil machen die Vokalstimmen über fortgesetztem Continuo-Geläufe den Vorgang der Anrufung Jesu in verschiedenen Schattierungen plastisch. Das korrespondiert dem Sonntagsevangelium, wo die Aussätzigen Jesus um Hilfe bitten. Deren Anrede *Meister* lautet hier präzise *Meister zu helfen* (ohne Komma!) in Referenz zum Namen *Jesu*, der nach Matthäus 1,21 »Retter/ Helfer von Sünden« bedeutet. – Wenn Bach über jedes Notenmanuskript das Kürzel »JJ« setzt, »Jesu juva« (»Jesu, hilf«), wendet er sich eben an diesen *Meister zu helfen* und versteht seine kompositorische Meisterschaft als diesem zu verdankendes Geschenk. – Während die Aussätzigen in Distanz verharren, stürzen hier die Sünder in froher Heilserwartung förmlich auf Jesus los. Die zehn Aussätzigen sind mit 1100 Continuo-Tönen überboten als Symbolzahl für die wahren Jünger Jesu (11, ohne Judas).

Dramaturgisch wieder konträr schließt sich im Rezitativ ein drastisches Schuldbekenntnis an. Es beginnt mit dem Zitat der ersten beiden Zeilen der Liedstrophe 3 und bezieht zwei weitere Strophen ein. Der wahre Jünger Jesu identifiziert sich stets als *Kind der Sünden*. Mit *wer wird mich erlösen?* lässt der Librettist den finalen Aufschrei von Römer 7 zitieren. Bach mutet dem Tenor geradezu bösartige Sprünge zu, reiht einen verminderten Septakkord an den anderen. Den abschließenden Buß-Seufzer (zitiert aus Liedstrophe 5) unterstreicht bebendes Bogenvibrato im Continuo als Zeichen der Reue des Herzens.

Die darin vollzogenen Übergabe der *Bürde*, also der Sündenlast, *macht mir das Herze wieder leicht*, weshalb die anschließende Arie im g-Moll des Eingangschors nun gegenpolig dazu Leichtig-

keit verströmt im 6/8-Takt, mit dem Klang der aparten Traversflöte und pizzicato im Continuo. Das Bild vom Durchstreichen
des Schuldscheins durch Jesu Blut ist häufig anzutreffen in der
Predigtliteratur der Zeit, ebenso Kampf- und Siegesmetaphorik
zur Überwindung der irdische Realität bleibenden Sündenmacht.
Sie ist namhaft gemacht als *der Höllen Heer*, dem im Wortsinn
beherzt zu widerstehen ist, denn im Bußakt hat sich das Herz
wieder mit Jesus verbündet.

Diese Identitätsverschmelzung des Gläubigen mit Jesus, in
der mittelalterlichen Mystik als Vorstellung stark kultiviert, vollzieht das folgende Rezitativ. Die Analogie von Jesu Kreuzespein
und des Menschen Schmerz ermöglicht die Subjektübertragung
in der Hingabe des eigenen Herzens, Reflex auf Jesu liebende
Hingabe am Kreuz. Bach markiert mit der Streicherbegleitung
wieder den »Heiligenschein« des im Leiden siegreichen Jesus
(vgl. die Jesus-Worte der Matthäus-Passion). Die Hingabeformel
des Glaubenden, zitiert aus der zehnten Liedstrophe, ist in ein
inniges As-Dur/f-Moll-Andante gesetzt, wo der Bassist die Liedmelodie aufgreift, aber in reicher Verzierung sich innerlich an-
verwandelt.

Nach diesem Blick ins Innerste der Glaubensbeziehung wid-
men sich die beiden letzten Kantatensätze nochmals der weiter
bestehenden Gefahr für diese Beziehung, konkret durch den
Feind im eigenen Gewissen und die Todesangst am Lebensende.
Das aus einer anderen Heilungsgeschichte stammende Bekenntnis *Herr ich glaube, hilf mir Schwachen* (Markus 9,24) zu Beginn
des Schlusschorals unterfüttert Bach mit der vorausgehenden Arie
dergestalt, dass er in einer Art Oboenkonzert mit bestätigenden
Streicher-Einwürfen (vgl. BWV 1060) das souveräne Agieren der
Christen gegenüber aller Form von Feindschaft vor Augen malt.
Wie auf öffentlichem Podium demonstriert der Oboist zusammen
mit dem Bassisten: »uns kann keiner mehr was anhaben.« Die
Arie steht in c-Moll, der Sänger markiert mit dem hohen C

immer wieder die Anrede an Christus, Schlusston im Continuo ist das tiefe Christus-C als »Eckstein«, Basis des Glaubens (vgl. Matthäus 21,42 mit Bezug auf Psalm 118).

Bach hat nicht nur den Eingangssatz, sondern die ganze Kantate als kompositorische Schwerstarbeit hinsichtlich der Zahlenproportionen bewerkstelligt. Dabei ist die Zahl 11 zentral: Satz 2 (207x11), 3 (21x11), 6 (170x11) und 7 (33x11) haben als Tonsumme jeweils einen Multiplikator von 11, die Summe der anderen Sätze (1: 3843, 4: 1222, 5: 435) ergibt 5500, also 500x11. So sind es insgesamt 11x931 (7^2x19) Töne. Die Zahl 11 steht in der Tradition für die Übertretung des Gesetzes (10), also für Sünde, *Missetat* (Satz 3). Hier geschieht eine spezifisch lutherische Deutungserweiterung: die Sünder sind die wahren Jünger darin, dass sie sich in ihrer Schuld an den *Meister zu helfen* wenden. Das ist die gewisse Heilsperspektive (7x7) für den Glaubenden und so auch für Bach persönlich: 19 ist die Summe seiner Namensbuchstaben, die Kantate hat insgesamt 493 Takte = 17 x 29 (JSB/SDG) – *Herr, ich,* Johann Sebastian Bach, *glaube, hilf mir Schwachen.*

Was Gott tut, das ist wohlgetan

15. Sonntag nach Trinitatis, 17. September 1724, Thomaskirche
Liedautor: Samuel Rodigast 1674/75

1. *Traversflöte, Oboe d'amore, Streicher*
Zink mit Sopran
Was Gott tut, das ist wohlgetan,
Es bleibt gerecht sein Wille;
Wie er fängt meine Sachen an,
Will ich ihm halten stille.
Er ist mein Gott,
Der in der Not
Mich wohl weiß zu erhalten;
Drum lass ich ihn nur walten.

2. Rezitativ Bass
Sein Wort der Wahrheit stehet fest
Und **wird mich nicht betrügen,**
Weil es die Gläubigen nicht fallen
noch verderben lässt.
Ja, weil es mich den Weg
zum Leben führet,
So fasst mein Herze sich
und lässet sich **begnügen**
An Gottes Vatertreu und **Huld**
Und hat **Geduld,**
Wenn mich ein Unfall rühret.
Gott kann mit seinen Allmachtshänden
Mein Unglück wenden.

3. **Arie** Tenor *Traversflöte*
Erschüttre dich nur nicht, verzagte Seele,
Wenn dir der Kreuzeskelch so bitter schmeckt!
Gott ist dein weiser **Arzt und Wundermann,**
So dir kein tödlich **Gift einschenken** kann,
Obgleich die Süßigkeit verborgen steckt.

4. **Rezitativ** Alt
Nun, der von Ewigkeit geschloss'ne Bund
Bleibt meines Glaubens Grund.
Er spricht mit Zuversicht
Im Tod und **Leben:**
Gott **ist mein Licht,**
Ihm will ich mich ergeben.
Und haben alle Tage
Gleich ihre eigne Plage,
Doch auf das überstandne Leid,
Wenn man genug geweinet,
Kommt endlich die Errettungszeit,
Da Gottes treuer Sinn erscheinet.

5. Duett Sopran/Alt *Traversflöte, Oboe d'amore*
Wenn des Kreuzes Bitterkeiten
Mit des Fleisches Schwachheit streiten,
Ist es dennoch **wohlgetan.**
Wer das Kreuz durch falschen **Wahn**
Sich vor unerträglich schätzet,
Wird auch künftig nicht ergötzet.

6. Choral
Was Gott tut, das ist wohlgetan,
Dabei will ich verbleiben.
Es mag mich auf die rauhe Bahn
Not, Tod und Elend treiben,
So wird Gott mich
Ganz väterlich
In seinen Armen halten;
Drum lass ich ihn nur walten.

Endlich eine im Ansatz positive Kantate nach der vielen Schuld-problematik der Vorgängersonntage, könnte man sagen. Das eher noch jüngere Lied (EG 372) mit seiner schönen Dur-Melodie scheint es Bach angetan zu haben. Er hatte es im Vorjahr in seine erste Leipziger Kantate (BWV 75) eingebracht als (doppelten) Schlusschoral, verpackt in ein sehr gefälliges Instrumental-Ritor-nell, zudem als Choral-Sinfonia zu Beginn des zweiten Kantaten-teils. Weitere Bearbeitungen sollten noch folgen (BWV 98 Ein-gangssatz; BWV 100 per omnes versus). Die Zuweisung zu diesem Sonntag mit den Bergpredigt-Passagen zur »Sorget nicht«-Thema-tik als Evangelium (Matthäus 6,24–34) war nicht vorgegeben, ist aber passend. Wer sich auf Gottes Fürsorge, sein »Wohltun« und seine »Gerechtigkeit« verlässt, braucht nicht mehr um sein Leben besorgt zu sein.

Bachs Eingangssatz ist sehr Dur-freundlich gehalten, ein mun-teres Concerto in G-Dur, im Duktus an die Brandenburgischen Konzerte erinnernd. Zunächst spielen nur die Streicher, die bei-den Violinstimmen oft in Terzen oder Sexten. Achtel-Zweier-bindungen, die man als Wonne-Seufzer empfinden kann, und der Freudenrhythmus (Achtel, zwei Sechzehntel) bestimmen die

Diktion im flotten Allabreve. Bei der Kadenz nach 16 Takten würde man den Einsatz der Vokalstimmen erwarten, nun hebt aber ein Concertino-Seitensatz an, der auf die aparte Bläserkonstellation Traversflöte und Oboe d'amore (mit Violine 1) hinhören lässt. Da hinein schleicht sich die Liedmelodie im Sopran in verdoppelten Notenwerten, erst zwei Takte später von den Unterstimmen flankiert. Im ganzen Satz bleibt das Konzertieren der Instrumente vorrangig und Bach nutzt wieder gezielt die Chance mit seinem herausragenden Traversflötisten. Analog zum Evangelium (Mt 6,26) könnte man formulieren: »Höret die Instrumente an, wie sie musizieren und Wohlklang verströmen ...« Wie oft bei Bach steht virtuoses Musizieren für das Wohltun Gottes. Das faszinierende musikalische Spiel verkörpert, was die Schlusszeile der Strophe ausspricht: *Drum lass ich ihn nur walten.* Die Gegenbewegung von im Oktavambitus aufsteigender Liedmelodie und in Achtelbewegung abwärts führendem Continuo erschließt ebenso Totalität wie das Ausreizen des ganzen Tonumfangs der Flöte bis g´´´: Gottes Walten durchdringt seine ganze Schöpfung. Die 116 Takte dieses Satzes verweisen wohl auf Psalm 116, der einige Grundmotive des Liedes enthält (Wendung des Unglücks, Wohltat Gottes, Kelch-Metapher) und die Ursprungssituation der Lieddichtung widerspiegelt: Es war ein Trostgedicht für einen schwer erkrankten Freund, der seine Krankheit überwinden konnte und dann die schöne Melodie dazu erfand.

Bei der Umdichtung der Mittelstrophen verzichtet der Librettist auf die eigentlich signifikante Wiederholung des Liedmottos am Strophenbeginn. So kann er stärker reflektierend und wieder eher problemorientiert ansetzen. Erneut bildet er zwei Paare Rezitativ/Arie. Einige prägnante Reime und Formulierungen der Liedstrophen behält er bei.

Das erste Rezitativ betont die Verlässlichkeit von Gottes *Wort der Wahrheit und Vatertreue* als Grund der Glaubensgewissheit, dass Gott das Geschick der Menschen wenden kann. Indem am

Rezitativende Singstimme und Continuo in motivisch korrespondierende Bewegung kommen, ändert sich tatsächlich etwas. Die folgende, groß angelegte Da-capo-Arie ist ein Bravourstück für den Traversflötisten im Trio mit Tenor und Continuo. Die auffallende Chromatik in Flöte und Tenor sowie die Wechselnotenbewegung der Flöten-32tel bilden die *verzagte*, wankende *Seele* ab. Aus der fünften Liedstrophe stammt die zentrale Kelchmetapher, präzisiert als *Kreuzeskelch* (vgl. Jesu Bitte im Garten Gethsemane: »so gehe dieser Kelch an mir vorüber« Matthäus 26,39). Dieser *schmeckt* vordergründig *bitter*, in Wahrheit erschließt er aber die *Süßigkeit* des Heils wie Arznei, die als bitteres Getränk zur Gesundung hilft. Dieses von den mittelalterlichen Mystikern her geläufige Sprachspiel *bitter-süß* ist in Text wie Musik subtil ausgelotet. Musikalisch *verbirgt* sich die *Süßigkeit* etwa in einer Aneinanderreihung von Septakkorden, deren Septimen-Dissonanz als Kern eine *süße* Dur-Terz enthält. Im reinen H-Dur-Schlussklang des Mittelteils mit tief liegender Terz des Tenors ereignet sich förmlich *Süßigkeit* als kurzer Moment-Einblick in das sonst Verborgene.

Nach Bass und Tenor kommt in aufsteigender Folge der Alt zu Wort. Er bezeugt als Stimme des Glaubens die Hoffnung in Gottes Heilshandeln und demzufolge die Ergebung in Gottes Willen. Der Librettist hat ein signifikantes Doppelwort für die Heilsperspektive gefunden – *Errettungs-Zeit* (statt *Zeit, da öffentlich erscheinet*), und Bach lässt wie im ersten Rezitativ die Musik am Ende wieder in Fluss kommen. In der Arie tritt dann die höchste Stimme des Soprans zum Alt hinzu. In einem doppelten Instrumental-/ Vokalduett gestaltet Bach wieder ein komplexes Quintett. Die Paare agieren intern wie im Gegenüber musikalisch eher konfliktträchtig (Fugato mit Dissonanzbildungen), Abbild des Widerstreits im Menschen durch des *Fleisches Schwachheit*. Dass es *dennoch wohlgetan* ist und letztlich dem *Ergötzen* dient, bringen paarweise Sext- und Terzketten zur Geltung, welchen im anderen Stimmenpaar aber stets Konträres gegenüber steht. So entspricht in beiden Moll-Arien (e-Moll, h-Moll) die Komplexität der Musik der in den Texten artikulierten Problematik, dass *Was Gott tut, das ist wohlgetan* nicht unmittelbar evident ist, sondern der »dialektischen« Erschließung bedarf.

Nach solchem Durchgang durch das Widerständige ist die Rückkehr zum G-Dur des Liedes mit dem Choralsatz zur letzten Strophe umso schlüssiger. In wunderbarer Ausgewogenheit verbindet er fließende Achtelbewegung (mit Tenor-Schlenker zu *wohlgetan*) und schreitende Viertel-Gewissheit. Alle Stimmen haben 7er-Zahlen als Tonsumme, Bass und Continuo 70, der Tenor 84, insgesamt sind es trinitarisch vollkommene 7^3 (343) Töne. Das Bild vom *väterlich in den Armen Halten* spielt auf die »Gnadenstuhl«-Topik an, als großes Gemälde in der Nikolaikirche präsent, wo Gott Vater (sitzend) den leidenden Christus im Arm hält, assistiert vom Heiligen Geist.

Liebster Gott, wann werd ich sterben

16. Sonntag nach Trinitatis, 24. September 1724, Nikolaikirche
Liedautor: Caspar Neumann vor 1695/1697

1. *Piccolo/Traversflöte, Oboe d'amore I/II,*
Streicher, Horn mit Sopran
Liebster Gott, wenn werd ich sterben?
Meine Zeit läuft immer hin,
Und des alten Adams Erben,
Unter denen ich auch bin,
Haben dies zum Vaterteil,
Dass sie eine kleine Weil
Arm und elend sein auf Erden
Und denn selber Erde werden.

2. **Arie** Tenor *Oboe d'amore*
Was willst du dich, mein Geist, entsetzen,
Wenn meine letzte Stunde schlägt?
Mein Leib neigt täglich sich zur Erden,
Und da muss seine Ruhstatt werden,
Wohin man so viel tausend trägt.

3. **Rezitativ** Alt *Streicher*
Zwar fühlt mein schwaches Herz
Furcht, Sorge, Schmerz:
Wo wird mein Leib die Ruhe finden?
Wer wird die Seele doch
Vom aufgelegten Sündenjoch
Befreien und entbinden?
Das Meine wird zerstreut,
Und **wohin werden meine Lieben**
In ihrer Traurigkeit
Zertrennt, vertrieben?

4. **Arie** Bass *Traversflöte, Streicher*
Doch weichet, ihr tollen,
vergeblichen Sorgen!
Mich rufet mein Jesus,
wer sollte nicht gehn?
  Nichts, was mir gefällt,
  Besitzet die Welt.
  Erscheine mir, seliger,
  fröhlicher Morgen,
  Verkläret und herrlich
  vor Jesu zu stehn.

5. Rezitativ Sopran

Behalte nur, o Welt, das Meine!
Du nimmst ja selbst mein Fleisch
und mein Gebeine,
So nimm auch meine Armut hin;
Genug, dass mir aus Gottes Überfluss
Das höchste Gut noch werden muss,
Genug, dass ich dort reich und selig bin.
Was aber ist von mir zu **erben**,
Als meines Gottes Vatertreu?
Die wird ja alle Morgen neu
Und kann **nicht sterben**.

6. Choral

**Herrscher über Tod und Leben,
Mach einmal mein Ende gut,
Lehre mich den Geist aufgeben
Mit recht wohlgefasstem Mut.
Hilf, dass ich ein ehrlich Grab
Neben frommen Christen hab
Und auch endlich in der Erde
Nimmermehr zuschanden werde!**

Das Evangelium Lukas 7,11–17 erzählt die Auferweckung des Jünglings zu Nain durch Jesus. Obwohl dies ein Wunder zugunsten des Lebens ist, nehmen alle Kantaten Bachs dazu das selige Sterben mit der Ars moriendi (Sterbekunst) in den Blick, denn Christen erwarten die Auferweckung ihres Leibes im Durchgang durch den leiblichen Tod, dem nicht zu entrinnen ist. Die gläubige Bereitung zum Sterben ist entscheidende Voraussetzung für die Gewissheit der Auferstehung. In der Frömmigkeitspraxis spielen dabei Lieder eine zentrale Rolle. Das spiegeln alle Kantaten von der Weimarer *Komm, du süße Todesstunde* BWV 161 (mit *Herzlich tut mich verlangen nach einem selgen End*) über *Christus, der ist mein Leben* BWV 95 im ersten Leipziger Jahr mit diversen Sterbeliedstrophen bis zu *Wer weiß, wie nahe mir mein Ende* BWV 27 im Jahr 1726.

Für den Choralkantatenzyklus nahm Bach keines der im Vorjahr verwandten Hauptlieder, sondern ein Lied mit Leipziger Lokalkolorit. Der aus Breslau stammende, seit 1679 als Nikolaiorganist in Leipzig tätige Daniel Vetter hatte das fünfstrophige Lied eines Breslauer Pfarrers, dessen Gebetbücher weit verbreitet waren, mit einem eigenen Liedsatz 1713 veröffentlicht »vielen andächtigen Gemüthern hier an diesem Orte zu Liebe/ welche bey glückseligem zustande zugleich ihres Todes offters ingedenck zu seyn nicht ermangeln«. Bach übernahm diesen Liedsatz etwas modifiziert als Schlusschoral und dessen Melodie in den Eingangssatz anstelle der sonst gebräuchlichen zum Sterbelied *Freu dich sehr, o meine Seele* (EG 524). Wenige Jahre später, 1730, wurde dann in Leipzig eine ausführliche Erklärung dieses Liedes als dem bekanntesten und besten von insgesamt 23 Sterbeliedern publiziert.

Von Bachs Kantate ist Aufführungsmaterial in zwei divergierenden Fassungen erhalten. 1724 erklang der Eingangssatz in E-Dur, in den 1740er Jahren wurde die ganze Kantate einen Ton tiefer gesetzt und die Instrumentalpartien teilweise anders besetzt.

1724 wagt Bach eine exzeptionelle Klangregie für den Eingangssatz im 12/8-Takt. Zwei Oboen d'amore spielen konzertierend in Sechzehnteln, oft parallel in wohlklingenden Terzen und Sexten geführt, über von den Streichern im gedämpften con sordino fast unablässig engebrachten, gebrochenen Dreiklängen in Staccato-Achteln. Oben drüber setzt an verschiedenen Taktpositionen immer wieder eine Piccolo-Flöte mit geradezu penetranten, extrem hohen Tonrepetitionen ein. Dies illustriert die Sterbeglocke als durchdringendes »Gebimmel«, wie es nach dem Eintreffen einer Todesmeldung zu vernehmen war. Die Streicher-Achtel imitieren das unablässige Ticken einer Uhr. Die schnellen Bewegungen der Oboen unterstreichen das Fortlaufen der Zeit, wovon die zweite Liedzeile spricht, bringen mit ihrem speziellen Liebes-Sound und den Terzklängen in der Liebes-Tonart E-Dur aber zugleich die Geborgenheit beim *Liebsten Gott* zu sinnlicher Erfahrung. Auch die Vokalstimmen mit dissonanzarmem Wogen im 12/8-Takt verströmen durchaus Wohlgefühl. Die Melodie im Sopran ist mit Umspielungen in dieses Wogen integriert. Musikalisch ereignet sich so »unio mystica«, Bergung in der Liebe Gottes.

Die zweite Fassung der Kantate verstärkt dies, indem sie einen vollen Liebes-Oboenchor mit den Vokalstimmen führt. Hier spielen dann zwei konzertierende Violinen die Sechzehntel, was die Signifikanz als Flüchtigkeitssymbol steigert.

Von dieser Erfahrung der Geborgenheit in Gott aus kann in der anschließenden Arie der Tenor die verbreitete Angst vor dem Sterben geradezu brüsk zurückweisen. Allerdings malt die dramatische cis-Moll-Musik das Entsetzen aus: mit Schleifer emphatisch betonte Exklamationen in Soloinstrument wie Vokalpartie zu Beginn, rhythmische Verschiebungen der Akzente im 3/4-Takt, Kurzatmigkeit des Sängers durch mehrfache Unterbrechung: *Was willst du dich – mein Geist entsetzen, – was willst du dich - entsetzen.* Schließlich markiert er mit abgerissenen Achteln förmlich den Schlag der letzten Stunde. Auch im pizzicato-Continuo ist die Unterbrechung nach jeweils fünf Achteln signifikant. Die Lebens-Uhr tickt nicht selbstverständlich weiter. Die Sechzehntel im Soloinstrument setzen die Vanitas-Bewegung des Eingangssatzes fort, 1724 mit der Oboe d'amore, später konsequent mit der Violine. Der Sänger klinkt sich beim Wort *tausend* in diese Bewegung ein – vanitas mundi (Vergänglichkeit aller Welt, allen Lebens). Als Gegenpol erhält die *Ruhstatt* einen singulären langen Ton.

Hat die Musik der Arie den Anfechtungen (tentationes) in der Konfrontation mit dem Tod sinnlich Raum gegeben, so benennt das folgende Rezitativ mit einer Reihe von existentiellen Fragen diese nochmals explizit. Die Altstimme, Symbol des Glaubens, spricht nun auch dessen Anfechtungen aus. Die Streicherbegleitung suggeriert jedoch Bergung und bringt einen klanglichen Vorgeschmack auf die anschließende Arie, wo Streicher mit Soloflöte die *tollen* (unsinnigen), *vergeblichen Sorgen* im vitalen 12/8-Takt einer Gigue wegwischen. Der phrygische Fragezeichen-Schluss des Rezitativs mit E-Dur-Schlussklang findet im A-Dur der Arie Antwort. In einer Tanzsuite ist die Gigue der »Rausschmeißer« am Ende, hier ist das Lebensende im Blick. In dezidiert aufwärtsgeführten, oben abreißenden Flötenpassagen ist die mystische Vorstellung vom »raptus« umgesetzt – Herausgerissen werden aus der Weltverhaftung, um in persönliche Gemeinschaft mit Jesus zu kommen. Diese personale Dimension der Sterbestunde ist vom Evangelium her begründet, wo Jesus den Toten anspricht und so ins Leben holt (vgl. den lauten Ruf Jesu bei der Auferweckung des Lazarus Johannes 11,43). Seliges Sterben heißt also, dem Ruf Jesu zu folgen. Der virtuos agierende Bassist steht für die Vox Christi. Das Bild vom ewigen *Morgen* für die endzeitliche Auferweckung und Verklärung aller Gläubigen hat der Librettist eingespielt. Bemerkenswert ist der Schluss der großen Arie. Auf die letzte Bass-Passage, wie oft bei Schlusskadenzen nur mit Continuo begleitet, folgt nicht das übliche Instrumental-Ritornell als Nachspiel, sondern nur eine zweitaktige Kadenz, die überraschend beim verminderten Septakkord über dis einsetzt, ein Sinnbild des Sterbevorgangs: rascher Raptus durch den Tod (Septakkord) hindurch direkt zu Jesus.

Das Gegenüber zur Vox Christi verkörpert im folgenden Rezitativ der (Knaben-)Sopran als Anima, Stimme der zu Christus entrückten Seele. Als Vermächtnis an die Lebenden zeugt sie in großer Gelassenheit vom Verzicht auf weltliche Güter, von himmlischem Reichtum und Vertrauen in *Gottes Vatertreue* (Klagelieder 3,23), ein weiteres vom Librettisten eingefügtes biblisches Motiv.

Als untypischer Schlusschoral erklingt der motettisch aufgelockerte Liedsatz Vetters. Zwei Jahre später am selben Sonntag wird Bach die Kantate *Welt, ade! Ich bin dein müde* (BWV 27) mit einem Satz des Ex-Leipzigers Johann Rosenmüller beschließen. Gerade in der Sterbekunst stützt man sich auf die Zeugnisse der direkten Vorfahren im Glauben, wie sie sich in Liedern und Chorsätzen niedergeschlagen haben.

BWV 130

Herr Gott, dich loben alle wir

Michaelisfest, 29. September 1724, Thomaskirche/ Nikolaikirche
Liedautor: Paul Eber 1554 nach Philipp Melanchthon 1539

1. *Trompete I-III, Pauken, Oboe I-III, Streicher*
Herr Gott, dich loben alle wir
Und sollen billig danken dir
Für dein Geschöpf der Engel schon,
Die um dich schwebn um deinen Thron.

2. **Rezitativ** Alt
Ihr heller Glanz und hohe Weisheit zeigt,
Wie Gott sich zu uns Menschen neigt,
Der solche Helden, solche Waffen
Vor uns geschaffen.
Sie ruhen ihm zu Ehren nicht;
Ihr ganzer **Fleiß** ist nur **dahin gericht',**
Dass sie, Herr Christe, um dich sein
Und um dein armes Häufelein:
Wie nötig ist doch diese Wacht
Bei Satans Grimm und Macht?

3. **Arie** Bass *Trompete I-III, Pauken*
Der alte Drache brennt vor Neid
Und dichtet stets auf neues Leid,
Dass er das kleine Häuflein trennet.
    Er tilgte gern, was Gottes ist,
    Bald braucht er *List*,
    Weil er nicht **Rast noch Ruhe** kennet.

4. **Rezitativ** Sopran/Tenor *Streicher*
Wohl aber uns, dass Tag und Nacht
Die Schar der Engel wacht,
Des Satans Anschlag zu zerstören!
Ein Daniel, so unter Löwen sitzt,
Erfährt, wie ihn die Hand
des Engels schützt.
Wenn dort die Glut
In Babels Ofen keinen Schaden tut,
So lassen Gläubige ein Danklied hören,
So stellt sich in Gefahr
Noch itzt der Engel Hülfe dar.

5. **Arie** Tenor *Traversflöte*
Lass, o Fürst der Cherubinen,
Dieser Helden hohe Schar
Immerdar
Deine Gläubigen bedienen;
    Dass sie auf Elias Wagen
    Sie zu dir gen Himmel tragen.

6. Choral *Trompete I-III, Pauken, Tutti*
Darum wir billig loben dich
Und danken dir, Gott, ewiglich,
Wie auch der lieben Engel Schar
Dich preisen heut und immerdar.

Und bitten dich, wollst allezeit
Dieselben heißen sein bereit,
Zu schützen deine kleine Herd,
So hält dein göttlichs Wort in Wert.

Das Fest des Erzengels Michael, 29. September, mit musikalisch festlichen Gottesdiensten in beiden Hauptkirchen begangen, fiel 1724 auf den Freitag zwischen 16. und 17. Trinitatissonntag. Im Luthertum war Michaelis das Hochfest für alle Engel, Hauptmotiv die Überwältigung des Satans nach Offenbarung 12,7–12 (Kampf Michaels und seiner Engel gegen den Drachen). Dem trägt auch dieses Hauptlied zum Tage Rechnung, ein von Melanchthon auf Latein verfasster, zwölfstrophiger Hymnus in der alten, nur vierzeiligen Strophenform, der bald ins Deutsche übertragen worden war. Die Melodie – heute beim jüngeren Trinitatis-Lied EG 140 – stammt aus dem Genfer Psalter, wo sie dem kurzen Psalm 134 zugeordnet war.

Da die Engel Gottes Macht gegen den Satan durchsetzen, erklingt die Festmusik mit der Trompetteria als den klanglichen Attributen der Majestät Gottes. Mit ebenfalls dreifach besetztem Oboenchor und Streichern dazu ist das Orchester dreichörig angelegt. Die Fülle göttlich-trinitarischer Macht wird zudem repräsentiert in der Komplementarität von auf Achtel gekürzten Vierteln, die als Dreiklänge aufwärts steigen, gebrochenen Dreiklängen, die in Achteln absteigen oder in Sechzehnteln kreisen. Die Thronvision in Jesaja 6 mit dem dreimaligen »Heilig« der Engel wurde stets als trinitarisches Urbild gedeutet. Zu Weihnachten 1724 wird

Bach dann mit dem großen Sanctus, das später in die h-Moll-Messe Eingang findet, erneut diese trinitarische Engelsmusik-Vorstellung kultivieren.

Besonderheit dieses C-Dur-Satzes ist, dass alle instrumentalen »Chöre« fast unablässig spielen, auch die Trompetteria, welche sonst aus Ansatzgründen längere Pausen hat, in denen die Musik dann in andere Tonarten modulieren kann. Motiviert ist diese fortwährende Trompeten-Klangpracht offensichtlich durch die im Folgesatz benannte Vorstellung vom Fleiß der Engel. Sie ruhen nicht, weder bei ihrem Geschäft des Gotteslobs, noch beim Kampf gegen den seinerseits unablässig wütenden Satan. Der Alt verkündet dies mit hoher Heroldsstimme im Rezitativ und spielt konkret auf die Szenerie in Offenbarung 5,11–13 an, wo die Engel dem Weltenherrscher Christus auf dem Thron huldigen.

Die Macht des Satans bleibt aber bedrohliche Realität (Rezitativ-Schluss) und Engel werden weiter als kämpfende *Helden, Waffen* Gottes gebraucht. So schließt sich eine furiose Bass-Heldenarie an, die im Text die Macht des *alten Drachen* dramatisiert, als kämpferische Siegesmusik aber dessen Überwindung bezeugt. Dafür sorgt die außergewöhnliche Instrumentierung mit kompletter Trompetteria inklusive Pauken, typische Schlachtenmusik mit einer exorbitant schweren hohen Trompetenpartie. Ohne seinen Startrompeter Gottfried Reiche hätte Bach so etwas nicht komponiert. Bei einer späteren Aufführung musste Bach die Streicher als schlechten Ersatz hernehmen. Reiche war nach einer anstrengenden Open-Air-Aufführung mit Fackelqualm im Oktober 1734 verstorben. Die Vokalpartie malt das Wüten des Teufels in diversen Schattierungen drastisch an die Wand. Vor allem sinnt er auf Spaltung der Christen, was Bach mit Pausen-Unterbrechungen der Melismen auf *trennen* sinnenfällig macht.

Das Accompagnato-Rezitativ mit bergendem Streicherklang belegt mit Bezug auf Geschichten im Alten Testament das bewahrende Handeln der Engel. Für das gemeinschaftliche, eben nicht vom Teufel zertrennte *Wohl uns* agieren mit Sopran und Tenor zwei Sänger. Bedrohung und Bewahrung sind harmonisch polar gefasst im Gegenüber von vermindertem Septakkord und reinem Dreiklang, am Ende wird mit schönem Aufschwung der Streicher G-Dur erreicht.

Als typischen Festmusikbeitrag bringt Bach dann im Satztyp der Gavotte eine große Traversflöten-Arie, wo die hohe Virtuosität des Instrumentalisten für festtägliches Extra-Gefallen sorgt. Der Tenor muss sich plagen mit unangenehm hoher Stimmführung, der Metapher *hohe Schar* geschuldet. Der ziemlich kurze Text in eigenwilliger Strophenform hat keine Vorlage im Lied, auch das Elia-Himmelfahrtsmotiv ist vom Librettisten eingefügt. Vielleicht hat Bach diesen Satz aus einer Festmusik zu Ehren des Köthener Fürsten übernommen und den Text adaptieren lassen. Dass das intime Instrument der Traversflöte in zeitgenössischem Kontext durchaus zu Kriegsmetaphorik passt, sieht man an der Flötenarie der Kriegsgöttin Bellona BWV 214,3 wie am Flöte spielenden preußischen Kriegführer »Friedrich der Große«.

Da am Ende des Liedes in zwei Strophen zuerst Dank (in Aufnahme der ersten Strophe), dann Bitte um fortwährende Bewahrung durch die Engel artikuliert wird, setzt Bach beide Strophen in das Klanggewand eines 3/4-Takt-»Gloria« mit Trompeten-Bekrönung jeweils zu den Zeilenenden (vgl. den Schlusschoral *Sei Lob und Preis mit Ehren* in der Ratswahlkantate BWV 29). Es wird kaum Zufall sein, dass die Kantate insgesamt 6x59 GLORIA-Takte umfasst.

Ach lieben Christen, seid getrost

17. Sonntag nach Trinitatis, 1. Oktober 1724, Nikolaikirche
Liedautor: Johann Gigas 1561

1. *Oboe I/II, Streicher, Horn mit Sopran*
Ach lieben Christen, seid getrost,
Wie tut ihr so verzagen!
Weil uns der Herr heimsuchen tut,
Lasst uns von Herzen sagen:
Die Straf wir wohl verdienet han,
Solchs muss bekennen jedermann,
Niemand darf sich ausschließen.

2. **Arie** Tenor *Traversflöte*
Wo wird in diesem Jammertale
Vor meinen Geist die Zuflucht sein?
Allein zu Jesu Vaterhänden
Will ich mich
in der Schwachheit wenden;
Sonst weiß ich weder aus noch ein.

3. **Rezitativ** Bass
O Sünder, trage mit Geduld,
Was du durch deine Schuld
Dir selber zugezogen!
Das Unrecht säufst du ja
Wie Wasser in dich ein,
Und diese Sündenwassersucht
Ist zum Verderben da

Und wird dir tödlich sein.
Der Hochmut aß vordem
von der verbotnen Frucht,
Gott gleich zu werden;
Wie oft erhebst du dich
mit schwülstigen Gebärden,
Dass du erniedrigt werden musst.
Wohlan, bereite deine Brust,
Dass sie den Tod und Grab nicht scheut,
So kömmst du durch ein selig Sterben
Aus diesem sündlichen Verderben
Zur Unschuld und zur Herrlichkeit.

4. **Choral** Sopran *Continuo*
Kein Frucht das Weizenkörnlein bringt,
Es fall denn in die Erden;
So muss auch unser irdscher Leib
Zu Staub und Aschen werden,
Eh er kömmt zu der Herrlichkeit,
Die du, Herr Christ, uns hast bereit'
Durch deinen Gang zum Vater.

5. Arie Alt *Oboe I, Streicher*
Du machst, o Tod,
mir nun nicht ferner bange,
Wenn ich durch dich
die Freiheit nur erlange,
Es muss ja so einmal
gestorben sein.
  Mit Simeon will ich
  in Friede fahren,
  Mein Heiland will mich
  in der Gruft bewahren
  Und ruft mich einst zu sich
  verklärt und rein.

6. Rezitativ Tenor
Indes **bedenke deine Seele**
Und stelle sie dem Heiland dar;
Gib deinen Leib und deine Glieder
Gott, der sie dir gegeben, wieder.
Er sorgt und wacht,
Und so wird seiner Liebe Macht
Im Tod und Leben offenbar.

7. Choral
Wir wachen oder schlafen ein,
So sind wir doch des Herren;
Auf Christum wir getaufet sein,
Der kann dem Satan wehren.
Durch Adam auf uns kömmt der Tod,
Christus hilft uns aus aller Not.
Drum loben wir den Herren.

Zwei Tage nach dem Trompetenglanz des Michaelisfestes ist erneut eindringliches Bedenken der menschlichen Sündhaftigkeit angesagt. Die Heilung eines Wassersüchtigen am Sabbat im Evangelium Lukas 14,1–11 motiviert Reflexionen über die *Sündenwassersucht*, über die fatalen Konsequenzen menschlicher Verfehlung. Das gewählte Lied steht bisweilen in der Rubrik Pestlieder. Schon in der ersten Strophe spricht es das Schuldbekenntnis aus: *Die Straf wir wohl verdienet han* – Krankheit und Seuche als (irdische) Strafe Gottes für die Sünde. Die Kopfzeile benennt allerdings klar die dazu gegenläufige Intention des Liedes. Wieder ist Trost zuzusprechen in nur vermeintlich auswegloser Situation. Der Librettist unterstreicht dies mit Bezug auf das Resumée des Evangeliums: »Wer sich selbst erniedrigt, der soll erhöht werden« (Satz 3). Diese Erhöhung zur ewigen Herrlichkeit geht jedoch durch den Tod hindurch. So ist auch diese Kantate wie am Sonntag zuvor eine Anleitung zum seligen Sterben.

Die Melodie des Liedes ist identisch mit der sieben Wochen zuvor in mehreren Sätzen bearbeiteten (*Wo Gott der Herr* BWV 178). Jetzt erklingt sie einen Ton tiefer – erniedrigt – in g-Moll mit großen halbtaktigen Notenwerten im seltenen 6/4-Takt. Die Dreiklangstöne, welche den Anfang der Melodie bilden, konstituieren auch das erste Motiv im Orchester, das mit aufsteigenden Achtelketten dann im Ambitus ausgeweitet wird. Gegenpol dazu sind staccato-pochende oder unter einem Bogen bebende Achtelrepetitionen, schuldbewusstes An-die-Brust-Klopfen wie *Verzagen* ob der Sünde markierend. Für den Höreindruck bestimmend sind aber die schnellen Anapäst-Figurationen (zwei Sechzehntel/ ein Achtel), die sich vom Continuo aus in die Streicherstimmen und zu den Oboen fortpflanzen. Man kann darin ein unablässiges, rhythmisch verkürztes und so stark intensiviertes *seid getrost* hören. Die vokalen Unterstimmen deklamieren das zweimal mit zwei Achtel/ein Viertel, abschließend mit zwei Viertel/Halbe. Unter den langen Soprannoten haben die Unterstimmen Freiraum, ihre Passagen je nach Text divergierend zu gestalten, bisweilen sinnreich in nachfolgender Imitation (*weil uns der Herr heimsuchen tut*), bisweilen appellativ gemeinsam deklamierend (*lasst uns von Herzen sagen*). Kontrasteffekte erzielt Bach mit dem Anapäst-Motiv, wenn es in Vierteln versetzt durch die Instrumente wandert wie eine sich fortpflanzende *Seid-getrost-Welle*, während die Singstimmen das Schuldbekenntnis singen und im Continuo das mea culpa-Pochen ertönt.

Während die zweite Liedstrophe auf *seid getrost* sogleich vertrauensvoll reagierte »In deine Händ uns geben wir, o Gott, du liebster Vater!«, errichtet die Kantatenarie eine Spannung: »Wo ist da Hilfe zu finden?« – *allein in Jesu Vaterhänden*. Bach gestaltet das musikalisch extrem polar. Wie bei der letzten Arie zwei Tage zuvor agieren Traversflöte und Tenor im Trio mit Continuo, aber die an Michaelis in einer Gavotte so galante Flöte spielt jetzt das krasse Gegenteil, eine mit Vorhalten, Verzierungen, große Tonräume ausfüllenden Schleifern und schließlich lombardischen Seufzern höchst expressive Partie. Der Continuo bleibt die ersten Takte auf der Takteins kleben, die Musik steht gleichsam, ein Puls kommt erst in Takt 9 in Gang. Der Tenor übernimmt das Flötenmotiv des Anfangs für seine *Jammertal*-Klage, man sieht den Sänger förmlich vor sich, allein und orientierungslos in unwegsamer Landschaft, kaum Schritte vorwärts wagend. Die positive Glaubensantwort im Mittelteil der Da-capo-Arie profiliert Bach demgegenüber als vivace-12/8. Der sinnig alleine mit *allein zu Jesu Vaterhänden* einsetzende Tenor singt in Dreiklangsbrechungen wogende Achtel, die Flöte spielt instrumentenspezifische virtuose Sechzehntel. Vom bedrohlichen d-Moll wendet sich die Harmonik zu idyllischem F-Dur. Die eigentümliche Textwendung *Jesu Vaterhände* stammt vom Heilungswunder im Evangelium, wo Jesus mit seinen Händen nach dem Kranken greift.

Die Rückkehr zum A-Teil zeigt, dass die Polarität zwischen Verzweiflung ob der Sünde und Glaubenszuversicht noch nicht überwunden ist und darum so plastische Darstellung wichtig ist.

Ein ausführliches Bass-Rezitativ ohne inhaltlichen Bezug zum Lied, die in prophetischem Tonfall gehaltene Deutung des Heilungswunders, bekräftigt nochmals die fatale Konsequenz der Sünde. Dem Tod als der Sünde Sold ist nicht zu entrinnen. Zum vom Evangelium benannten Gegensatz Hochmut-Erniedrigung wird noch der Sündenfall Adams eingespielt, Prototyp allen Hochmuts. Die Anspielung aufs Evangelium *dass du erniedrigt werden musst* (Lk 14,11) setzt Bach in ein andante-Arioso. Die zweite Bibelvershälfte mit der Zusage der Erhöhung ist sprachlich ausgeschmückt als Hinkommen zur *Unschuld und zur Herrlichkeit*.

Die *Herrlichkeits*-Metapher stellt die Verbindung zur dritten Liedstrophe her, welche wie bei vorausgehenden Kantaten als Choralbearbeitung in Mittelsatzposition eingespielt wird. Die

Strophe singt der Sopran in der Liedtonart g-Moll und in choral-
satzartiger Diktion mit wenigen Durchgangsnoten, begleitet allein
vom Continuo. Dessen ostinatoartig gestaltete Partie, das Motiv
eine Sechzehntel-Verkürzung der ersten Melodiezeile, zeichnet
sich aus durch dreifache Sequenz mit jeweils deutlicher Pausen-
unterbrechung, die Endnoten markieren die Dreiklangstöne der
ersten Melodiezeile. So steht der Continuo für den Leib, der zerfallen muss, *zu Staub und Asche werden*, die Sorpanstimme verkörpert die Seele, die gemäß zeitgenössischer Vorstellung getrennt
vom Leib unversehrt in Abrahams Schoß ruht bis zum Jüngsten
Tage.

Die biblisch gehaltvolle, an Jesu Worten im Johannes-Evangelium orientierte Diktion der Liedstrophe (z. B. *Weizenkorn* Joh
12,24) bringt dramaturgisch den Wendepunkt im Kantatenlibretto.
Jetzt ist der Negativpol Sünde/Tod integrierbar, er macht nicht
mehr *bange*. Eine sehr beruhigende B-Dur-Arie bezeugt die Gewissheit seligen Sterbens mit dem (auch im Lied genannten) biblischen Vorbild Simeon (Lukas 2,29). Die beiden instrumentalen
Oberstimmen oder Alt und solistisch geführte Oboe spielen oft
in bergenden Terzen und Sexten. Bei *die Freiheit nun erlange* sind
Oberstimmen und Altist pointierend unisono geführt, die Terz
dazu spielt nun der Continuo, der auch oft pausiert und so die
Erdverhaftung freigibt. *Es muss ja so einmal gestorben sein* wird
mit der Moll-Subdominante es-Moll akzentuiert, aber in bergender Austerzung. Am Ende des Mittelteils ist das Zielwort *verklärt
und rein* zweimal hervorgehoben durch Continuo-Kadenzen ohne
Begleitinstrumente. Alle sind aber beteiligt bei der finalen adagio-
Kadenz nach g-Moll, die im Durchgang durch den lange gehaltenen, verminderten Septakkord über cis Verklärung als Reinmachen
von Schuld spürbar macht. Dieselbe Kadenz beschließt das abschließende Rezitativ, wo mit emphatischer Tenor-Stimmführung
von der Offenbarung der Liebe Gottes in Tod wie Leben die Rede
ist.

Beim Schlusschoral in Bachs Reifestil mit zahlreichen Durchgangsnoten fällt die Bassführung im Abgesang auf. Obwohl vom adamitischen Tod die Rede ist, steigen die Bässe vom tiefen A zum hohen d auf, um anschließend zu Christi Hilfe *aus aller Not* bis zum tiefen F abzufallen. Die Verklärung der Todgeweihten ist so musikalisch in Anspruch genommen, und Christus hilft eben darin, dass er sich erniedrigt hat – bis zum Tode am Kreuz.

Herr Christ, der einge Gottessohn

18. Sonntag nach Trinitatis, 8. Oktober 1724, Thomaskirche
Liedautorin: Elisabeth Cruciger 1524 nach A.C. Prudentius um 400

1. *Sopranino/ Violino piccolo, Oboe I/II,*
Streicher, Horn mit Alt
Herr Christ, der einge Gottessohn,
Vaters in Ewigkeit,
Aus seinem Herzn entsprossen,
Gleichwie geschrieben steht,
Er ist der Morgensterne,
Sein' Glanz streckt er so ferne
Für andern Sternen klar.

2. Rezitativ Alt
O Wunderkraft der Liebe,
Wenn Gott an sein Geschöpfe denket,
Wenn sich die Herrlichkeit
Im letzten Teil der Zeit
Zur Erde senket.
O unbegreifliche, geheime Macht!
Es trägt ein auserwählter Leib
Den großen Gottessohn,
Den David schon
Im Geist als seinen Herrn verehrte,
Da dies gebenedeite Weib
In unverletzter Keuschheit bliebe.
O reiche Segenskraft!
so sich auf uns ergossen,
Da er den Himmel auf-,
die Hölle zugeschlossen.

3. **Arie** Tenor *Traversflöte*
Ach, ziehe die Seele mit Seilen der Liebe,
O Jesu, ach zeige dich kräftig in ihr!
　　Erleuchte sie, dass sie
　　dich gläubig erkenne,
　　Gib, dass sie mit heiligen
　　Flammen entbrenne,
　　Ach würke ein gläubiges
　　Dürsten nach dir!

4. **Rezitativ** Sopran
Ach, führe mich, o Gott,
zum rechten Wege,
Mich, der ich unerleuchtet bin,
Der ich nach meines Fleisches Sinn
So oft zu irren pflege;
Jedoch gehst du
nur mir zur Seiten,
Willst du mich nur
mit deinen Augen leiten,
So gehet meine Bahn
Gewiss zum Himmel an.

5. Arie Bass *Oboe I/II, Streicher*

Bald zur Rechten, bald zur Linken
Lenkt sich mein verirrter Schritt.
Gehe doch, mein Heiland, mit,
Lass mich in Gefahr nicht sinken,
Lass mich ja dein weises Führen
Bis zur Himmelspforte spüren!

6. Choral

**Ertöt uns durch dein Güte,
Erweck uns durch dein Gnad;
Den alten Menschen kränke,
Dass er neu Leben** hab
**Wohl hier auf dieser Erden,
Den Sinn und all Begierden
Und Gdanken habn zu dir.**

Das Lied (EG 67) bezieht sich allein auf die zweite Hälfte des Evangeliums Matthäus 22,34–46, wo Jesus die Pharisäer aufs Glatteis führt mit einer Frage zur Gottessohnschaft des Messias. Es ist das erste reformatorische Lied von einer Frau, der Gattin des Wittenberger Theologen und späteren Mitreformator Leipzigs, Caspar Cruciger. Luther ließ es schon im ersten Gesangbuch 1524 abdrucken. Es nimmt Motive eines bekannten alten Christushymnus aus der Zeit der Auseinandersetzungen um die Göttlichkeit Christi auf. Häufig wurde es auch im Advent oder an Marienfesttagen gesungen. Bei nur fünf Strophen hatte der Kantatenlibrettist Spielraum für Erweiterungen. Im ersten Rezitativ ergänzte er aus dem Evangelium (V. 44f.) die Referenz zu David und Psalm 110,1 und verstärkte die (heute im Gesangbuch getilgten) mariologischen Aussagen mit Bezug auf die Verkündigung des Engels in Lukas 1 (»Ave Maria«). Im zweiten Rezitativ/Arie-Paar brachte er das Bild der Lebensbahn und ihrer Gefährdung ein, das in der Seelsorge damals eine zentrale Rolle spielte. (Vgl. *Jesu geh voran/ auf der Lebensbahn* EG 391.)

Leitend für Bachs Konzeption des Eingangssatzes ist die (von Cruciger eingeführte) Benennung Christi als *Morgenstern* gemäß dem letzten »Ich bin«-Wort der Bibel (Offenbarung 22,16). Die in schneller Sechzehntel-Figuration funkelnde Flauto piccolo (Blockflöten-Sopranino) symbolisiert den Morgenstern und bildet die Klangkrone. Da diese Flöte in F steht und *klar*, also rein klingen soll, wählt Bach F-Dur als Tonart und weist die (für den Sopran jetzt zu tief liegende) Melodie dem Alt zu. So kann sich der Sopran nun mit Achtelfiguration am Morgenstern-Glänzen beteiligen, zudem erklingt der Cantus firmus im Alt, der Stimme des Glaubens, dezidierter als Christusbekenntnis, gut hörbar mit massiver Bläserverstärkung durch beide Oboen und Horn. Im 9/8-Takt als Trinitätssymbol (3x3) hat jede Melodienote die Dauer eines ganzen Taktes, von Bach als Dreischlagnote notiert – Drei-/Einigkeit. Die Vivace-Vorschrift sorgt zusammen mit großflächiger Harmonik dafür, dass die Ganztaktigkeit spürbar wird. Die Wesenseinheit Christi mit dem Vater wurde in der lutherischen Orthodoxie stets betont. Die Motivik der Vokal- und Instrumentalstimmen ist stark dreiklangorientiert und trägt so zum betörend *reinen Glanz* dieses Satzes bei. Beim Wort *Morgenstern* fügt Bach in die Melodie den chromatischen Durchgang B-H-C ein, was die überraschende Harmonisierung des H im E-Dur-Septakkord als Doppeldominante zu a-Moll ermöglicht. So blitzt der Morgenstern gleichsam harmonisch auf und wird als zentrale Metapher kenntlich. Bei einer späteren Aufführung ließ Bach eine höher gestimmte Violino piccolo mit mystisch konnotiertem silbrigen Klang den Part spielen (vgl. BWV 140,3).

Die Melodiestimme des Alt fährt im Rezitativ fort mit ihrem Bekennen, jetzt als dreifacher emphatischer O-Ausruf, was an die alte Tradition der O-Antiphonen in der Adventszeit anschließt, um das *auf uns/* pro nobis der Menschwerdung Christi zu unterstreichen. Bach zeichnet im Continuo deutlich den Abstieg des Gottessohnes auf die Welt. Zunächst kadenziert er bei *zur Erde senket* nach Es-Dur, also einen Ton tiefer. Über D erreicht er bei (*geheimnisvolle*) *Macht* das tiefe C – totale Erniedrigung als Geheimnis der *Macht* Christi. Bei den folgenden Aussagen zur leiblichen Geburt kann man die Tonschritte B-A-G-F als weiteres Tieferschreiten hören. *Da er den Himmel auf, die Hölle zugeschlossen* ist als Formulierung vom Schlusschor der im selben Jahr 1724 uraufgeführten Johannes-Passion bekannt.

Die erste Arie bringt abermals die Triokonstellation mit Tenor und Traversflöte. Hier kann man »Zauberflöten«-, bzw. »Rattenfänger«-Symbolik in übertragenem Sinn konstatieren. Mit der Flöte kann die Seele weg von der Hölle auf den rechten Weg gelenkt werden. Das Bild von den *Seilen der Liebe* (modifiziert übernommen aus Hosea 11,4) spielt eine große Rolle in barocker Emblematik. Jesus zieht die Seele an Liebesseilen auf den Weg des Heils. Die große, virtuose Da-capo-Arie gestaltet Bach wie eine Filmszene, wo in wechselnden Konstellationen zwischen den drei Beteiligten unablässig aneinander gezogen wird. Den Gestus des Ziehens verkörpern drei aneinander gebundene, aufsteigende Achtel, die auch zu einer analogen Sechzehntel-Bewegung (mit 3 plus 1- oder 1 plus 3-Artikulation) verdichtet werden. Parallelführung in Terzen bildet dann gelingendes, gemeinsames Vorwärtskommen ab.

Der Sopran als Stimme der Seele bittet demgemäß im Rezitativ nun um Geleit auf dem Weg zum Himmel. Die *Bahn* des Menschen *zum Himmel* ist die Komplementärbewegung zur Bahn Gottes in Christus auf die Erde, was Bach durch entgegengesetzte Stimmführung deutlich macht. Das Bild vom Ziehen mit dem Seil wird überboten durch personale Führung allein durch Augenkontakt, wofür die Begleitung der Emmaus-Jünger durch den auferstandenen Jesus Vorbild ist (Lukas 24).

Während die Seele sich zuversichtlich bald im Himmel sieht, holt die folgende Bass-Arie die Hörer unsanft zurück in die Realität. Im irdischen Leben des *alten Menschen* droht weiter das Abweichen vom rechten Weg. Bach bringt in dämonischem d-Moll einen auftaktigen, langsamen Dreiertakt-Tanz, der durch häufige Hemiolenbildung daran gehindert wird, richtig in Gang zu kommen (vgl. BWV 20,6). Nur im Mittelteil pulsiert er signifikant zu *gehe doch, mein Heiland, mit.* Das Abweichen *zur Rechten/ zur Linken* ist einerseits durch unmittelbare Abfolge von hoch und tief, andererseits durch Wechsel zwischen Streichern und Oboen markiert, die in der Thomaskirche auf zwei gegenüberliegenden Emporen platziert waren, so dass der Seitenwechsel plastisch wurde.

Am Ende steht ein schlichter Choralsatz mit der Melodie nun tief im Sopran, insofern klanglich wenig attraktiv. Bach vermeidet die weitere Stigmatisierung des alten Menschen mit Dissonanzen, harmonisiert vielmehr das *neu Leben*. Die in Alt und Bass gegenläufige Chromatik zu *den Sinn und all Begierden* bringt verschärfte doppeldominantische Klangverbindungen als Ausdruck der unbändigen Begierde zu Jesus hin.

BWV 5

Wo soll ich fliehen hin

19. Sonntag nach Trinitatis, 15. Oktober 1724, Nikolaikirche

Liedautor: Johann Heermann 1630

1. *Oboe I/II, Streicher,*
Zugtrompete mit Sopran
Wo soll ich fliehen hin,
Weil ich beschweret bin
Mit viel und großen Sünden?
Wo soll ich Rettung finden?
Wenn alle Welt herkäme,
Mein Angst sie nicht wegnähme.

2. **Rezitativ** Bass
Der Sünden Wust
hat mich nicht nur befleckt,
Er hat vielmehr
den ganzen Geist bedeckt,
Gott müßte mich
als unrein von sich treiben;
Doch weil ein Tropfen heilges Blut
So große Wunder tut,
Kann ich noch unverstoßen bleiben.
Die Wunden sind ein offnes Meer,
Dahin ich meine Sünden senke,
Und wenn ich mich
zu diesem Strome lenke,
So macht er mich
von meinen Flecken leer.

3. **Arie** Tenor *Violine solo*
Ergieße dich reichlich, du göttliche Quelle,
Ach, walle mit blutigen Strömen auf mich!
Es fühlet mein Herze
die tröstliche Stunde,
Nun sinken die
drückenden Lasten zu Grunde,
Es wäschet die
sündlichen Flecken von sich.

4. **Rezitativ** Alt *Oboe I*
Mein treuer Heiland tröstet mich,
Es sei **verscharrt** in seinem **Grabe**,
Was ich gesündigt habe;
Ist mein Verbrechen noch so **groß**,
Er macht mich frei und **los**.
Wenn Gläubige die Zuflucht bei ihm **finden**,
Muss Angst und Pein
Nicht mehr gefährlich sein
Und alsobald **verschwinden**;
Ihr Seelenschatz, ihr höchstes Gut
Ist Jesu unschätzbares Blut;
Es ist ihr Schutz vor Teufel, Tod und **Sünden**,
In dem sie **überwinden**.

5. Arie Bass *Trompete, Streicher*
Oboe I/II mit Violine I
Verstumme, Höllenheer,
Du machst mich nicht verzagt!
   Ich darf dies **Blut** dir **zeigen**,
   So musst du plötzlich **schweigen**,
   Es ist in Gott gewagt.

Von Sünden machen,
So lass dein Blut
Ja nicht an mir **verderben**,
Es komme mir zugut,
Dass ich den Himmel kann **ererben**.

6. **Rezitativ** Sopran
Ich bin ja nur das kleinste Teil der Welt,
Und da des **Blutes edler Saft**
Unendlich große **Kraft**
Bewährt erhält,
Dass jeder Tropfen, so auch noch so **klein**,
Die ganze Welt kann **rein**

7. **Choral**
Führ auch mein Herz und Sinn
Durch deinen Geist dahin,
Dass ich mög alles meiden,
Was mich und dich kann scheiden,
Und ich an deinem Leibe
Ein Gliedmaß ewig bleibe.

Im Evangelium Matthäus 9,1–8 heilt Jesus einen Gichtbrüchigen mit dem Zuruf: »Sei getrost, mein Sohn, deine Sünden sind dir vergeben.« (V.2) Zu dieser Pointe der Heilungsgeschichte passt das Lied über die Rechtfertigung des Sünders, das in der Erbauungsliteratur der Zeit häufig zitiert wurde. Im für Leipzig dann maßgeblichen Dresdner Gesangbuch von 1725 wurde es Nikolaus Hermann, dem Dichter der Reformationszeit, zugeschrieben. De facto stammt es aber von Johann Heermann und gehört zur reichen Trostliteratur des Dreißigjährigen Krieges. Das Bibelwort »Das Blut Jesu Christi ... machet uns rein von allen Sünden« (1. Johannes 1,7) begründet die in Lied wie Kantate zentrale Vorstellung von der Reinigung des Sünders durch das Blut Jesu, wie sie auch im Hebräerbrief entfaltet ist und in vielen Kreuzigungsdarstellungen und Christus-Emblemen den Gläubigen seit der Reformation vermittelt wurde. Der Librettist hat elf Liedstrophen in sieben Kantatensätze konzentriert, diese zentrale Metaphorik aber noch weiter entfaltet.

Im g-Moll-Eingangssatz sind Instrumente und Vokalstimmen im motivischen Geflecht diesmal eng ineinander verwoben. Das Hauptmotiv ist eine in Achtel verkürzte Abwandlung der ersten Liedzeile. Es setzt signifikant mit einem enggeführten Fugato ein, alle Einsätze auf derselben Tonstufe, die Bratschen von der Quinte aus in Umkehrung geführt parallel zum Continuo-Einsatz in tiefer Lage. *Wo soll ich fliehen hin* ist so wörtlich umgesetzt, denn Fugato heißt Flucht. Die Fixierung der Stimmen auf denselben Tonraum zeigt die Ausweglosigkeit des Sünders an. Eine weitere Verkürzung des Anfangsmotivs in drei auftaktige Sechzehntel verstärkt den Fluchtcharakter der Musik, deren Allabreve-Vorzeichnung stets das Vorwärtsstürmen zur nächsten Takteins verlangt. Beim Vokaleinsatz übernehmen die Unterstimmen die Instrumentalmotivik in derselben Fugato-Manier, so dass die Melodie in verdoppelten Notenwerten (Sopran) gleichzeitig erklingt mit ihrer Verkürzung auf Achtelnoten. Wie oft weiß Bach in aller Einheitlichkeit der musikalischen Diktion die Unterstimmen je nach Text subtil zu variieren. *Wenn alle Welt herkäme* etwa wird mit Wiederholungen gemeinsam skandiert, typisch für *omnes, omnes/ alle, alle*-Passagen. Die inhaltliche Pointe in der Schlusszeile wird deutlich hervorgehoben, indem *mein Angst* mit den einzigen breiten Noten versehen auf einen verminderten Septakkord hinführt. Die Lebensangst des Sünders vor dem Gericht Gottes ist seit Luther existentieller Bezugspunkt für die Verkündigung des einzig tragfähigen Trostes: allein in Christus erfährt der Mensch Rechtfertigung.

Das Bassrezitativ verschärft zunächst, mit verminderten Akkorden und Tritonusfall unterstrichen, die Totalität der Sünde als äußerliche wie innerliche Unreinheit, um dann mit e*in Tropfen heilges Blut* das zentrale Bild einzuführen, von Bach im selben Quinttonraum platziert wie das Hauptmotiv des Eingangssatzes. Das Rezitativ fasst die Liedstrophen 2 bis 4 zusammen und fokussiert dabei auf die Steigerung im Bild von *Tropfen* zu *Strom* und

Meer. Dem entsprechend weitet Bach den Ambitus der Stimmführung um eine volle Oktave, so dass er vom hohen d bis zum
tiefen G reicht. Solches Bedenken des Sündenwaschens im Blut
Christi, ausgehend von (nur) einem Blutstropfen, ist fester Topos
der Passionsmeditation seit Bernhard von Clairvaux, dem mittelalterlichen Mystiker (12. Jahrhundert), der auch im Luthertum
stark rezipiert wurde.

Dem widmet der Librettist nun eine Arie (ohne Vorlage im
Lied). In barocken Emblemen kann man Jesus als Brunnenquelle
dargestellt sehen. Aus allen (fünf) Wunden fließt Blut, das im
Brunnenbecken zu Wasser wird, in welchem sich die Seele rein
wäscht. Bach malt dieses Bild in einer Da-capo-Arie musikalisch
in extenso aus wie einen umfänglichen Waschgang. Die Trio-Be-
setzung mit Tenor bringt diesmal nicht die Traversflöte, sondern
ein tief liegendes Streichinstrument, das fast unablässig in Sechzehnteln Tonströme fließen bzw. im Brunnenbecken *wallen* lässt.
Man hat Viola oder Violoncello piccolo als intendiertes Instrument vermutet, da Bratschenschlüssel vorgezeichnet ist. Die Partie
steht aber in der Stimme von Violine 1 und ist mit Geige tatsächlich realisierbar, da das tiefe G nicht unterschritten wird. Vielleicht soll das permanente Spiel auf der G-Saite einen spezifischen
Klangeffekt erzeugen – Abwaschen des abgründigen Sündenpfuhls.
Die *drückenden* (Sünden-)*Lasten* sinken in dieser Es-Dur-Arie im
Mittelteil dann tatsächlich zu Grunde mit Kadenz zum tiefen
Continuo-C. Der Tenor singt weniger virtuoses *Wallen* auf Ach-
tel-Zweierbindungen, wie sie auch im Continuo dominieren,
klinkt sich aber auch immer wieder in das Sechzehntel-*Waschen*
des Soloinstruments ein. Die Gottes Handeln kennzeichnenden
Worte *ergieße* und *reichlich* treten im überraschenden Unisono
von Instrument und Sänger hervor.

In der Mitte der Kantate steht ein Rezitativ, das von den Liedstrophen 5 bis 7 je einen Gedanken aufgreift. Bach konstruiert
das Rezitativ sehr kunstfertig so, dass die Oboe die Melodie

unverziert als Cantus firmus im Wortsinn einspielt in subtiler Gliederung. Nach dem Eingangswort *Mein treuer Heiland tröstet mich*, Kernaussage der ganzen Kantate, setzt die Melodie ein, bei Strophe 5 unterlegt mit »Du bist der, der mich tröst«; das Ende der zweiten Liedzeile »weil du mich hast erlöst« fällt zusammen mit der Rezitativkadenz zu *frei und los*. Die nächste Aussage im Rezitativ bezieht sich auf die Strophe 6, wo die dritte in der Oboe nun eingespielte Liedzeile lautete »Wenn ich dein Blut auffasse«, was sprachlich dem Rezitativ korrespondiert *Wenn Gläubige die Zuflucht bei ihm finden*. Der Schluss bezieht sich auf Strophe 7, deren zwei von der Oboe markierten Schlusszeilen lauten: »Damit ich überwinde, Tod, Teufel, Höll und Sünde.« Harmonisch verfremdet Bach mit Septakkorden den Cantus firmus erheblich. Eigentlich steht er in c-Moll, kadenziert am Ende demgemäß mit Doppeldominante definitiv zum tiefen Christus-C. So fungiert er einerseits als Schutzschild analog zur apotropäischen Wirkung von Christi Blut für den Gläubigen (Altstimme) und bringt so dessen *Angst und Pein* zum Verschwinden. Andererseits zeigt die harmonische Verfremdung des Cantus, dass dies eben dadurch erreicht wird, dass Christus sein göttliches Wesen in menschliches »verfremdet«. Die 40 Töne der Melodie lassen sich beziehen auf die 40 Tage Jesu in der Wüste, wo er vom Teufel versucht wurde, um ihn definitiv zu überwinden (Matthäus 4,1–11).

An diesem Sieg über den Satan dürfen die Gläubigen partizipieren. Im Lied Thema der achten Strophe, bringt das die zweite Arie nun eindrücklich zur Geltung. Bach lässt eine B-Trompete virtuos Triumph blasen. Ihr respondiert motivisch einerseits der Bassist, andererseits die mit Violine 1 und beiden Oboen kräftig registrierte Instrumentalstimme. Das Quart-Anfangssignal mit drei Achteln ist im Vokalpart mit *Verstumme* unterlegt. Mit der anschließenden Achtelpause markiert es das Verstummen, andererseits verkörpert das Quartintervall die Überlegenheit über die satanischen Mächte, als *Höllenheer* apostrophiert. Das Signal erklingt oft in zwei Stimmen um ein Viertel versetzt und imitiert so das Sich-Fortpflanzen des Rufs. Dieser Triumphgesang gegen alles Satanische korrespondiert dem widergöttlichen Agieren der Schriftgelehrten im Evangelium (Mt 9,3), steht aber in der endzeitlichen Dimension des finalen Kampfes gegen den Satan nach Offenbarung 12, Thema des Michaelsfestes kurz zuvor: »... und sie haben ihn überwunden durch des Lammes Blut« (Offb 12,11). So braucht der Gläubige *nicht* mehr *verzagen*, wozu Bach mit verminderten Septakkorden das Verzagen nochmals erinnert. Im Mittelteil wird das Blut Christi als apotropäisches Zeichen gegen alles Satanische in alttestamentlichem Sinn benannt (vgl. das Blut der Passahlämmer an den Türen der Israeliten 2. Mose 12,23). Die 5x5x5 Takte dieser Arie (mit 5 Instrumentalstimmen) nehmen die 5-Zahl als traditionelles Symbol des Satans in Anspruch.

Ein schlichtes Gebetsrezitativ der Anima (Seele) mit der kleinen Sopran-Knabenstimme bildet den gewollten Kontrast zum heldischen Habitus der Arie mit Bass und Trompete. Nochmals kommt nämlich das Ausgangsbild zum Zug, dass solch globale Wirkkraft aus einem *Tropfen* Jesus-Blut *noch so klein* entspringt und darum an jedem *kleinsten Teil der Welt*, an jedem Individuum, seine Wirksamkeit zum himmlischen Heil entfalten kann. Auch der Schlusschoral ist ein Gebet, die Bitte um Bewahrung auf dem Weg zum Himmel. Bach belässt auch hier die Melodie unverziert mit 40 Tönen, Reverenz an die 40 Jahre Weg des Volkes Israel durch die Wüste ins gelobte Land, nun Symbol für den Weg der Christen zum Himmel.

Schmücke dich, o liebe Seele

20. Sonntag nach Trinitatis, 22. Oktober 1724, Thomaskirche
Liedautor: Johann Franck 1653

1. *Blockflöte I/II, Oboe, Oboe da caccia,*
Streicher
Schmücke dich, o liebe Seele,
Lass die dunkle Sündenhöhle,
Komm ans helle Licht gegangen,
Fange herrlich an zu prangen;
Denn der Herr voll Heil und Gnaden
Lässt dich itzt zu Gaste laden.
Der den Himmel kann verwalten,
Will selbst Herberg in dir halten.

2. **Arie** Tenor *Traversflöte*
Ermuntre dich: dein Heiland klopft,
Ach, öffne bald die Herzenspforte!
    Ob du gleich in entzückter Lust
    Nur halb gebrochne Freudenworte
    Zu deinem Jesu sagen musst.

3. **Rezitativ** Sopran *Violoncello piccolo*
Wie teuer sind des heilgen Mahles Gaben!
Sie finden ihresgleichen nicht.
Was sonst die Welt
Vor kostbar hält,
Sind Tand und Eitelkeiten;
Ein Gotteskind wünscht
diesen Schatz zu haben

Und spricht:
Ach, wie hungert mein Gemüte,
Menschenfreund, nach deiner Güte!
Ach, wie pfleg ich oft mit Tränen
Mich nach dieser Kost zu sehnen!
Ach, wie pfleget mich zu dürsten
Nach dem Trank des Lebensfürsten!
Wünsche stets, dass mein Gebeine
Sich durch Gott mit Gott vereine.

4. **Rezitativ** Alt *Blockflöte I/II*
Mein Herz fühlt in sich
Furcht und Freude;
Es wird die Furcht erregt
Wenn es die Hoheit überlegt
Wenn es sich nicht
in das Geheimnis **findet**,
Noch durch Vernunft
dies hohe Werk **ergründet**.
Nur Gottes Geist
kann durch sein Wort uns lehren,
Wie sich allhier die Seelen nähren,
Die sich im Glauben zugeschickt.
Die Freude aber wird gestärket,
Wenn sie des Heilands Herz erblickt
Und seiner Liebe Größe merket.

5. Arie Sopran *Blockflöte I/II, Oboe,*
Oboe da caccia, Streicher
Lebens Sonne, Licht der Sinnen,
Herr, der du mein alles bist!
  Du wirst meine Treue sehen
  Und den Glauben nicht verschmähen,
  Der noch schwach und furchtsam ist.

6. Rezitativ Bass
Herr, lass an mir dein treues Lieben,
So **dich vom Himmel abgetrieben,**
Ja nicht vergeblich sein!
Entzünde du in Liebe meinen Geist,
Dass er sich nur nach dem,
was himmlisch heißt,
Im Glauben lenke
Und **deiner Liebe** stets **gedenke.**

7. Choral
Jesu, wahres Brot des Lebens,
Hilf, dass ich doch nicht vergebens
Oder mir vielleicht zum Schaden
Sei zu deinem Tisch geladen.
Lass mich durch dies Seelenessen
Deine Liebe recht ermessen,
Dass ich auch, wie itzt auf Erden,
Mög ein Gast im Himmel werden.

Obwohl die Gleichniserzählung des Evangeliums Matthäus 22,
1–14 vom königlichen Hochzeitsmahl, das von den geladenen
Gästen ausgeschlagen wird, mit starker Drohgebärde endet (»Heulen und Zähneklappern«) und so Anlass für Bußermahnung wäre,
überlässt sich diese Kantate ganz der positiven Sogwirkung des
Hochzeitsbildes. In Aufnahme der wechselseitigen Deutung von
Hochzeit und Abendmahl, bereits in der Bibel angelegt, wurde ein
damals (mit diversen Textabweichungen) weit verbreitetes Abendmahlslied gewählt (vgl. EG 218 mit sechs statt neun Strophen):
... läßt dich itzt zu Gaste laden (Strophe 1, Zeile 6) übernimmt aus
dem Evangelium die Einladung zur Hochzeit. Im Hintergrund
stehen zudem mystische Vorstellungen von der personalen Vereinigung der geistlich geschmückten Seele mit Jesus. Allerdings
tilgt der Librettist die im Lied gegebene, typische Bräutigam-Topik
bis hin zum Küssen Jesu. Auch abendmahlstheologische Aspekte

wie die Blutsymbolik des Weins interessieren hier nicht. Im Hauptsatz der zweiten Arie ist die Kernaussage komprimiert: *Lebens Sonne, Licht der Sinnen, Herr, der du mein alles bist!*

Wie zwei Sonntage zuvor erlebt die Thomaskirche einen F-Dur-Eingangssatz mit außergewöhnlicher Klangregie. Zwei Blockflöten, Oboe und Tenor-Oboe da caccia bilden den Bläserchor, der teils in Klangflächen als »Harmonie« fungiert, teils im dialogischen Wechsel zwischen Blockflöten und Oboen agiert, diese aber auch in Terzparallelen führt. Die Streicher sind außer an einer »Harmonie«-Stelle (Takt 84-87) durchgehend unisono geführt in der den Satz prägenden 12/8-Diktion. Der Continuo gibt nur leichte Pulsschläge oder spielt in Terzen zu den Unisono-Streichern. Wegen der Analogie zur Gigue ist dies als Hochzeitstafelmusik gedeutet worden. Die Gigue ist aber der schnelle Suiten-Schlusssatz. Eher wird von einer Pastorale in gemäßigtem Tempo auszugehen sein, Abbild von Idylle und Frieden im Erleben von Christi Gegenwart. Dafür spricht der spezifische Bläserklang und deren Haltetöne, welche großflächige harmonische Abfolgen bedingen. Eine Pastorale evoziert Assoziationen an den Hirten-Psalm 23, der mit dem voll gedeckten Tisch (V.5) Verbindung zum Abendmahl hat. Das Unisono der Streicher wird als Symbol der Mahlgemeinschaft der Gläubigen untereinander und mit Jesus gelten können. In der vertikalen Dimension steht die Reinheit der Bläserklänge – Blockflöten wie Oboe da caccia stehen in F – für die von Sünde nicht (mehr) getrübte Integrität der Verbindung mit Jesus. In der Bezeichnung Flauto dolce (Blockflöte) gibt es eine Verbindung zum Abendmahlswort »Schmecket und sehet, wie freundlich der Herr ist« (Psalm 34,9), denn in der lateinischen Bibel steht an Stelle von »freundlich« »dulcis«. So wurde in der mystischen Sprachwelt dulcis/dolce = süß zum Grundwort für Heilserfahrung.

Die Liedmelodie liegt in großen halbtaktigen Notenwerten im Sopran, die Unterstimmen fügen sich nacheinander einsetzend

filigran mit eigener Stimmführung in das 12/8-Gewebe der Streicher und Bläser ein. Die auch bei den Instrumenten signifikanten Wechselnoten lassen sich als Corona-Figur für den *Schmuck
der Seele* deuten. Die vielen Bewegungen in reinen Terzen sind
Symbol des hochzeitlichen *Prangens*. Mit aufsteigender Bewegung,
welche Alt und sogar Tenor über den Sopran hinaus führt, akzentuiert Bach *herrlich*. Als Gegenpol – an derselben Melodiestelle –
markiert er *dunkle* durch Septimenfall und *Sündenhöhle* mit der
einzigen chromatischen Trübung des Satzes. In der Schlusszeile
steht dazu konträr ein Sprung nach oben zu *Himmel*.

Der besonderen klanglichen Schönheit dieses Satzes korrespondiert eine unglaubliche Sorgfalt bei der Komposition, die
kaum vorstellbare Zahlenproportionen mit symbolischer Relevanz
zeigt. Mit der Zahl 13 ist hier die irdische Abendmahlsgemein-
schaft erfasst (12 Jünger mit Jesus), deren Umkehrung 31 spiegelt diese auf die himmlische Hochzeit. Der Satz hat 9x13 Takte,
aber 15x31 Taktschläge. Die beiden Blockflöten spielen 1310 Töne,
alle Bläser zusammen 9^2x31 Töne. Die Vokalstimmen haben
3^3x31 Töne, zusammen mit den Bläsern sind es 3^7x31 Töne. Bei
der Summe der Instrumentalstimmen mit $2x3^2x13x23$ lässt sich
noch ein Verweis auf Psalm 23 identifizieren. In solcher Vielschichtigkeit malt Bach das Bild der Mahlgemeinschaft vor
Augen, bzw. Ohren, die Gott und Mensch, Himmel und Erde
vereint.

Die erste Arie ist wieder ein Trio mit Tenor und Traversflöte,
hier im virtuosen Duktus der Bourée, wo in der Flöte die Figura
corta (ein Achtel, zwei Sechzehntel) als »Freudenmotiv« vorherrscht. Der Continuo markiert mit Achtel-Tonrepetition das
Klopfen Jesu nach Offenbarung 3,20: »Siehe, ich stehe vor der
Tür und klopfe an.« Dem Gläubigen spricht Christus da zu: »…
zu dem werde ich eingehen und das Abendmahl mit ihm halten
und er mit mir.« Mit der mystischen Vorstellung, dass Jesus in
das Herz des Gläubigen eintritt, wird dies hier noch überboten.

In reinstem C-Dur verströmt die Musik das Entzücken ob solcher Glücksaussichten, was sprachlich nur *halb gebrochen* wiederzugeben ist (»mit unaussprechlicher Freude« 1. Petrus 1,8). Hier bringt Bach mit 141 Takten seine persönliche Inversionszahl 14/41 ein. Die Flöte spielt im A-Teil 14x41 Töne.

Eine kurze Rezitativüberleitung führt zum Herzstück der Kantate mit der vierten Liedstrophe. Der Sopran, in Dialogen zwischen Jesus und der Seele stets Stimme der »Anima«, artikuliert die Sehnsucht nach Vereinigung (unio) mit Gott. In Abgrenzung von der mittelalterlichen Mystik ist formuliert, dass diese Unio nur *durch Gott* selbst bewirkt wird, also keine Leistung des Gläubigen ist. Bach vertont nicht die noch unerfüllte Sehnsucht, sondern wie im Eingangssatz die Erfüllung. Der Sopran singt mit Grundwert Viertel die Melodie im selben F-Dur in verzierter, also *geschmückter* Version einer Aria, wie sie für das intime Andachtslied der Zeit typisch ist. Im Continuo läuft ein Andante-Bass in Achteln, bei dem die (irdische) Schwerpunktbildung aufgehoben ist. Als Soloinstrument tritt erstmals Violoncello piccolo hinzu, mit dem Bach in der Folgezeit experimentiert, dessen Saitenzahl (evtl. fünf) und Spielart (an der Brust oder zwischen dem Knie) aus den Quellen nicht zweifelsfrei erhoben werden kann. Es spielt jedenfalls in Tenor-/Altlage ein perpetuum mobile in Sechzehnteln aus vorwiegend gebrochenen, reinen Dreiklängen. Als Assoziation drängt sich das weit verbreitete Bild von Jesus als unablässig sprießendem Brunnen auf, zumal hier vom *Trank des Lebensfürsten* die Rede ist. Wieder lässt die Musik das *itzt* der »Gnaden-Gegenwart« spüren.

Das anschließende Rezitativ bringt ein seltenes Accompagnato mit den »süßen« Blockflöten. Die ersten Töne der Oberstimme entsprechen dem affektreichen Melodieanfang mit den Tonschritten 3-2-1. Der Alt ist hier deutlich die von Gottes Geist geführte und darum hohe Stimme des Glaubens: *Nur Gottes Geist kann durch sein Wort uns lehren ...* Die Ambivalenz von *Furcht und*

Freude ist harmonisch nachgezeichnet, Pointe aber ist die *Freude*, in einer überschwänglichen Verzierung der Singstimme, und die in Terz- und Sextenführung der Blockflöten spürbare *Liebe* Gottes in Jesus.

In derselben Tonart B-Dur, mit einem charakteristischen Wonne-Schleifer, der ebenfalls mit der 3-2-1-Tonfolge beginnt, schließt die Arie an, die mit allen Instrumenten besetzt ist und diese in den tänzerischen Duktus einer Polonaise bringt. Der Continuo hat aber wieder schwerpunktlos durchgehende Achtel. Die Verbindung von vollem Instrumentalklang für die Totalaussage *mein alles bist* und großer musikalischer Leichtigkeit ist der spezielle Reiz dieser Musik: »wohl erträgliche Leichtigkeit des Seins« im Glauben, geführt vom *Licht der Sinnen*, das im Wechsel der Instrumente immer wieder aufblitzt. Im Mittelteil kommt – mit Molleintrübung – der Vorbehalt des unter irdischen Bedingungen noch schwachen Glaubens zur Sprache. Der davon unberührt weiter laufende Achtelbass lässt aber keine Zweifel aufkommen.

Wie in der Vorgängerkantate ist das abschließende Rezitativ von der Liedvorlage abweichend als Gebet gefasst, hier um gläubiges Bleiben in Christi *Liebe*. So ist formal und inhaltlich der Konnex hergestellt zur Gebetsstrophe des Schlusschorals, wo für den Librettisten offensichtlich die Bitte *deine Liebe recht ermesse* zentral ist. Die Fortdauer der Liebe als Bewegung des Lebens symbolisieren im Rezitativ die bei *stets gedenken* wieder einsetzenden Continuo-Achtelschritte, im Choral dann der fast durchgängige Achtelfluss, oft parallel in Terzen, bei *Liebe recht ermesse* sogar in übergroßem Dezimen-Abstand zwischen Tenor und Bass. Die viermalige Kadenzwendung in Tenor und Alt mit Wechselnote auf der Septime wirkt für heutige Ohren »romantisch«. Aus dem Schluss der Motette *Fürchte dich nicht* BWV 228 weiß man, was Bach damit verband: »Du bist mein!«

Aus tiefer Not schrei ich zu dir

21. Sonntag nach Trinitatis, 29. Oktober 1724, Nikolaikirche
Liedautor: Martin Luther 1523/24 nach Psalm 130

1. *Posaunen I-IV, Oboe I/II,*
Streicher mit Vokalstimmen
Aus tiefer Not schrei ich zu dir,
Herr Gott, erhör mein Rufen;
Dein gnädig Ohr neig her zu mir
Und meiner Bitt sie öffne!
Denn so du willt das sehen an,
Was Sünd und Unrecht ist getan,
Wer kann, Herr, vor dir bleiben?

2. **Rezitativ** Alt
In Jesu Gnade wird allein
Der Trost vor uns
und die Vergebung sein,
Weil durch des Satans Trug und List
Der Menschen ganzes Leben
Vor Gott ein Sündengreuel ist.
Was könnte nun die Geistesfreudigkeit
zu unserm Beten geben,
Wo Jesu Geist und Wort
nicht neue Wunder tun?

3. **Arie** Tenor *Oboe I/II*
Ich höre mitten in den Leiden
Ein Trostwort, so mein Jesus spricht.
  Drum, o geängstigtes Gemüte,
  Vertraue deines Gottes **Güte**,
  Sein **Wort** besteht und fehlet nicht,
  Sein **Trost** wird niemals von dir scheiden!

4. **Rezitativ** Sopran
Ach! Dass mein Glaube noch so schwach,
Und dass ich mein Vertrauen
Auf feuchtem Grunde muss erbauen!
Wie ofte müssen neue Zeichen
Mein Herz erweichen?
Wie? kennst du deinen Helfer nicht,
Der nur ein einzig Trostwort spricht,
Und gleich erscheint,
Eh deine Schwachheit es vermeint,
Die Rettungsstunde.
Vertraue nur der Allmachtshand
und seiner Wahrheit Munde!

5. **Arie Terzett** Sopran/Alt/Bass *Continuo*
Wenn meine Trübsal als mit Ketten
Ein Unglück an dem andern hält,
So wird mich doch mein Heil erretten,
Dass alles plötzlich von mir fällt.
Wie bald erscheint des Trostes **Morgen**
Auf diese Nacht der Not und **Sorgen!**

6. Choral
Ob bei uns ist der Sünden viel,
Bei Gott ist viel mehr Gnade;
Sein Hand zu helfen hat kein Ziel,
Wie groß auch sei der Schade.
Er ist allein der gute Hirt,
Der Israel erlösen wird
Aus seinen Sünden allen.

Luthers erstes Psalmlied (EG 299) als Kommentar zum Evangelium Johannes 4,47–54 zu nehmen, ist ungewöhnlich, aber inhaltlich stimmig. Bittet dort doch der (heidnische) Vater des kranken Jungen in großer Not Jesus um Hilfe. Er vertraut auf Jesu Wort und darf erfahren, dass dieses tatsächlich die Heilung bringt. »Meine Seele harret und ich hoffe auf sein Wort« heißt es im Psalm (V.5). In Luthers dritter Strophe ist Gottes »wertes Wort« als »Trost und treuer Hort« namhaft gemacht. Daraus macht der Librettist *Trost-Wort* (Satz 3) zum zentralen Heilsbegriff und entfaltet dies im Rezitativ mit Bezug auf die Heilungsgeschichte des Evangeliums unabhängig von Luthers Lied. Wahrscheinlich war es Bachs Wunsch, dieses Lutherlied mit seiner plastischen phrygischen Melodie in der Nikolaikirche einzubringen, nachdem das analoge Psalmlied Luthers *Ach Gott, vom Himmel sieh darein* in der Thomaskirche erklungen war.

Wie bei BWV 2 bringt Bach die erste Strophe als große Liedmotette im alten Stil, im Kirchenstil-Sound mit Posaunenquartett präsentiert, typisch für Musik zur Buße. Luthers Lied im phrygischen Kirchenton hat den Bußpsalm 130 zur Grundlage. Bach signiert dies als Bußlied auch dadurch, dass er als Kontrapunkt zur ersten Liedzeile stets die Anfangstöne des Liedes *Erbarm dich mein, o Herre Gott* bringt, das im Luthertum weit verbreitete Lied zum traditionell wichtigsten Bußpsalm 51 (»Miserere mei«). Auch der prägnante Kontrapunkt in Vierteln zu *Denn so du willt das sehen an* ist jenem Lied entnommen. Dort ist es der Beginn des Abgesangs »Allein ich dir gesündigt han«. Der durchgängige Continuo geht bei jedem Melodiezitat im Vokalbass mit diesem parallel, deutet so einen Bass-Cantus firmus an als Gegenüber zur Melodie im Sopran mit verdoppelten Notenwerten. Zu *Gott, erhör mein Rufen* machen sich Vokalbass und Continuo in Oktavparallelen besonders hörbar. Mit Quartintervall-Sequenzen in allen Stimmen gestaltet Bach ein eindringliches *Rufen*. Der Ruf aus der Tiefe mutiert bisweilen zu hohem Schreien, wenn der Alt über den Sopran geführt wird, etwa über dem lange gehaltenen Schlusston der ersten Zeile. Zu *Sünd und Unrecht* erzielt Bach mit rhythmisch synkopierter, chromatischer Gegenstimme eine konkrete Versinnbildlichung. In 140 Takten identifiziert sich BACH förmlich mit diesem Bußgebet. Die Vokalstimmen singen 8x112 CHRISTUS-Töne, nehmen so den angerufenen *Herrn* als alleinige Rettung in Anspruch. Im Continuo sind es 7x47 *HERR*-Töne: *Wer kann, Herr, vor dir bleiben?*

Die reformatorische Erkenntnis »allein durch Christus, allein aus Gnaden« benennt der Alt als Stimme des Glaubens im Rezitativ in einer klaren C-Dur-Sentenz, ehe zu *Satan* und *Sündengreuel* sogleich verminderte Akkorde folgen, die in eine H-e-Kadenz münden, das signifikante Anfangsintervall der Melodie. Die abschließende rhetorische Frage, Anspielung auf das Wunder im Evangelium, mündet in die phrygische Kadenz mit F-E im Continuo, den Schlusstönen der Melodie. Der E-Dur-Schlussklang steht dominantisch zum a-Moll der folgenden Arie, die solchermaßen die aufgeworfene Frage beantwortet: Das *neue Wunder* ist das *Trostwort* Jesu, vernehmbar mitten im Leiden.

Mit zwei Oboen, die abwechselnd komplementär mit Dissonanzbildungen oder gemeinsam in Terzen/Sexten agieren, erinnert der Gestus dieser Tenor-Arie an die Alt-Arie *Von den Stricken meiner Sünden mich zu entbinden* in der Johannes-Passion. Halbton-Wechselnoten nach oben und unten in verschiedenen Konstellationen, auch im Continuo, prägen den Leidensaffekt, wie er auch im 5-6-5-Tonschritt der dritten bis fünften Note des Melodieanfangs liegt. Man kann das Arien-Anfangsmotiv mit Quintfall nach der Wechselnote auch als modifizierte Krebsform des Melodieanfangs lesen. Ein harmonischer Grundschritt, erkennbar erstmals in Takt 2 und 3, ist de facto die Harmonisierung von B-A-C-H (in Oboe II) mit der Abfolge verminderter Septakkord / d-Moll / dto. / e-Moll (heute das Einleitungssignal der sonntäglichen Bachkantaten-Sendung im Bayerischen Rundfunk). So signiert Bach auch hier persönlich *ich höre … Trostwort* artikuliert der Sänger erstmalig als mit französischer Verzierung (tierce coulée) ausgefülltem Dur-Akkord im Quintraum abwärts, der zuvor in Lied wie Arie das *Leiden* in der *Tiefe* markierte. Das jambische Versmaß setzt Bach gegenläufig volltaktig um mit Synkopierung der betonten zweiten Silbe. Das Verb *höre* macht sich damit als Synkope dezidiert hörbar. Bach profiliert so die von Luther betonte Korrelation Wort (Gottes)/ Hören (der Gläubigen). Im Arien-Mittelteil unterstreichen hohe Haltetöne zu *besteht* die Verlässlichkeit von Gottes Wort, die Oboen spielen dazu ermunternde Aufwärtsbewegungen. Mit 9x13 Takten, 131 Tenor-Tönen im A-Teil und insgesamt 6x29x13 Instrumentaltönen greift diese Arie die 13er-Christussymbolik der Vorgängerkantate auf.

Wie zwei Sonntage zuvor steht in der Mitte der Kantate ein Rezitativ mit der Liedmelodie als instrumentalem Cantus firmus, diesmal – singulär im Kantatenschaffen – im Continuo. In direktem Anschluss an die Schlusskadenz der Arie beginnt er mit demselben Quintfall E-A. Die nach zwei Liedzeilen fällige Kadenz nutzt Bach, um mit dem Quintfall der Melodie eine Quinte tiefer in d-Moll weiter zu machen. Thema des Rezitativs ist die Überwindung der Schwachheit des Glaubens, fester Topos bei biblischen Wundererzählungen. Dem *feuchten Grund* solchen Kleinglaubens, artikuliert von der zaghaften Seele im Sopran, steht der Cantus firmus im Bass kontradiktorisch entgegen. Mit diesem musikalischen Kunstgriff demonstriert Bach den festen Grund in Christi Wort, wie es die dritte Liedstrophe artikuliert. Zugleich outet er sich selber als glaubensschwach: Der erste Sängerton zum Seufzer *Ach!* ist ein B, Note und Wort zusammengelesen ergeben: *B-Ach!*

Die zweite Arie bietet inhaltlich einen bekräftigenden Kommentar zur ersten. Die Lebenserfahrung von *Trübsal, Nacht der Sorge* bleibt dem Glaubenden nicht erspart, aber *des Trostes Morgen* wird Glaubensrealität als Heilserfahrung in Christus. Damit dies von allen Stimmen bezeugt wird, singen jetzt die drei in der ersten Arie nicht beteiligten Sänger ein nur vom Continuo begleitetes Terzett. Ihre Stimmführung nimmt zunächst zu *Trübsal* die Wechselnotenchromatik der ersten Arie auf und bildet das Wort Ketten direkt ab mit »Ligaturen« (Überbindungen), die zu schmerzhaften Dissonanzen führen. Der markante Ostinato im Continuo, mit der Tonfolge A-F-D-B den Melodieanfang aufgreifend, wird in den Singstimmen mit den Heilsworten der dritten und fünften Textzeile unterlegt. Das Bild vom *Trostes Morgen* ist als prägnante Umkehrung mit aufsteigender Dreiklangsfolge gestaltet. Der im Continuo signifikante Anapäst-Rhythmus, den Bach auch später in seiner großen *Aus tiefer Not*-Orgelbearbeitung BWV 686 als Schlusssteigerung bringt, erweist sich wieder als Ausdruck der Glaubensgewissheit. Mit 3x41 (JSBACH-)Takten ist diese motettische »Arie« inhaltlich positiv gewendeter Gegenpol zu den 140 (BACH-)Takten der großen Eingangsmotette.

Der Schlusschoral überrascht mit singulärem Sekundakkord am Anfang, der daraus resultiert, dass Bach wieder Schluss- und Anfangston zweier Sätze verbindet, obgleich der Choral in e einen Ton höher steht als das Terzett in d. Diese Dissonanz markiert das *Sünden viel* der ersten Zeile, als Septakkord drängt sie gleichwohl zur Auflösung, zur Vergebung. Das finale Christusattribut

Hirt (Johannes 10,12) erscheint auch zahlensymbolisch in 6x53 (HIRT-)Tönen dieses Chorals und steht als Metapher über der ganzen Kantate mit 8x53 Takten.

Für die Besonderheit dieser Kantate, alle Sätze tonartlich ineinander greifen zu lassen, gibt es eine Erklärung in der kommentierten Bibelausgabe von Abraham Calov, die Bach besaß: Zu Psalm 7,1 heißt es da, mit dem hebräischen Wort, das als »Unschuld Davids« übersetzt sei, könne auch gemeint sein eine »Arth der Music, die von einem Thon in den andern gehet, so in großer Angst des Hertzens gebrauchet sey, ... wegen größe des Creutzes, von einem auff das andere fallen ...« Oder mit den Worten des Terzetts: *Wenn meine Trübsal als mit Ketten ein Unglück an dem anderen hält.*

BWV 115

Mache dich, mein Geist, bereit

22. Sonntag nach Trinitatis, 5. November 1724, Thomaskirche

Liedautor: Johann Burchard Freystein 1695

1. *Traversflöte, Oboe d'amore,*
Streicher, Horn mit Sopran
Mache dich, mein Geist, bereit,
Wache, fleh und bete,
Dass dich nicht die böse Zeit
Unverhofft betrete;
Denn es ist
Satans List
Über viele Frommen
Zur Versuchung kommen.

2. **Arie** Alt *Oboe d'amore, Streicher*
Ach schläfrige Seele, wie?
ruhest du noch?
Ermuntre dich doch!
   Es möchte die Strafe
   dich plötzlich erwecken
   Und, wo du nicht wachest,
   Im Schlafe des ewigen
   Todes bedecken.

3. **Rezitativ** Bass
Gott, so vor deine Seele wacht,
Hat Abscheu an der Sünden Nacht;
Er sendet dir sein Gnadenlicht
Und will vor diese Gaben,
Die er so reichlich dir verspricht,
Nur offne Geistesaugen haben.
Des Satans List ist ohne Grund,
Die Sünder zu bestricken;
Brichst du nun selbst den Gnadenbund,
Wirst du die Hilfe nie erblicken.
Die ganze Welt und ihre **Glieder**
Sind nichts als falsche **Brüder**;
Doch macht dein Fleisch und Blut hierbei
Sich lauter Schmeichelei.

4. **Arie** Sopran *Traversflöte,*
Violoncello piccolo
Bete aber auch dabei
Mitten in dem Wachen!
   Bitte bei der großen Schuld
   Deinen Richter um Geduld,
   Soll er dich von Sünden **frei**
   Und gereinigt **machen**!

5. Rezitativ Tenor
Er sehnet sich nach unserm Schreien,
Er neigt sein gnädig Ohr hierauf;
Wenn Feinde sich auf unsern Schaden freuen,
So siegen wir in seiner Kraft:
Indem sein Sohn, in dem wir beten,
Uns Mut und Kräfte schafft
Und will als Helfer zu uns treten.

6. Choral
Drum so lasst uns immerdar
Wachen, flehen, beten,
Weil die Angst, Not und Gefahr
Immer näher treten;
Denn die Zeit
Ist nicht weit,
Da uns Gott wird richten
Und die Welt vernichten.

Die biblische Mahnung, wachend und betend jederzeit bereit zu sein für das endzeitliche Kommen des Christus (Lukas 21,36), gehört eigentlich zum Evangelium des 2. Advents. Bach hatte die Weimarer Kantate dazu (BWV 70a) im ersten Leipziger Jahr am letzten (26.) Trinitatissonntag gebracht, erweitert um Sätze zur Gerichtsthematik (*Wachet, betet* BWV 70). Jetzt kommt die für damalige Seelsorge zentrale Mahnung zu Wachsamkeit und Gebet schon am 22. Trinitatissonntag zum Zug. Das Evangelium mit dem Gleichnis vom Schalksknecht (Matthäus 18,23–35) bietet den Ansatzpunkt, dass flehentliches Bitten zum Erfolg führt: der Knecht bekommt so seine Schuld erlassen. Das für die Kantate gewählte Lied spielt in der ersten Strophe aber auf Jesu Mahnung an seine Jünger im Garten Gethsemane an: »Wachet und betet, dass ihr nicht in Anfechtung fallet!« (Mt 26,41). Das zehnstrophige, für Bach relativ junge Lied stammt von einem in Dresden wirkenden Juristen, der dort unter dem Einfluss des Pietistenführers Spener stand. Den Librettisten scheinen Details des Liedes nicht interessiert zu haben. Aus der siebten Strophe zitiert er die prägnante Mahnung *Bete aber auch dabei mitten in dem Wachen* als Hauptaussage der zweiten Arie. Drum herum entfaltet er das Szenario von der einerseits gefährdeten, andererseits durch rechtes Beten erreichbaren Rechtfertigung des Sünders im Jüngsten Gericht.

Interessant sind Analogien zum zwei Sonntage zuvor am selben Ort erklungenen *Schmücke dich, o liebe Seele* (BWV 180).

Grammatikalisch ist die erste Liedzeile hier wie dort eine Selbstermahnung. Wieder ist es ein Dur-Lied (Melodie *Straf mich nicht in deinem Zorn*), dessen erste Zeile mit der dritten Tonstufe beginnt und endet. Komplementär zu jenem führt hier die Melodie zuerst nach oben zur fünften Stufe und erreicht dann von unten wieder die Terz. Bach stellt zudem Korrespondenz her, indem er mit 6/4-Takt die Vergrößerung des dortigen 12/8-Takts wählt und ebenso die Streicher im Unisono spielen lässt. Hier demonstriert Bach das Unisono förmlich, indem er die Streicher zuerst sechs Takte alleine vorführt (mit Continuo-Begleitung). So repräsentieren sie das Bereitsein als Konzentration auf einen gemeinsamen Weg, ihre Stimmführung zeigt Engagement im signifikanten Wecksignal der Oktave (dann Septime) und in zunehmender rhythmischer Verdichtung. Die Leerstelle im Continuo auf der Eins der ersten fünf Takte lässt die Musik nach vorne gerichtet, zukunftsorientiert erscheinen. In filigraner Diktion (wie bei BWV 180) setzen dann Traversflöte und Oboe d'amore als Instrumentalsolisten ein. Ihre Bewegung (nach der anfänglichen Signal-Oktave in Vierteln) ist schneller in durchgehenden Sechzehnteln oder in hektischen Anapäst-Sequenzen, welche zunehmend auch von den Streichern übernommen werden. Wer die Vorjahreskantate BWV 70 kennt, hört mit diesem Anapäst unablässig *seid bereit, allezeit*. Einen Gegenpol bilden übergebundene, zur Dissonanz führende Noten, wie sie bei BWV 70 mit *betet* unterlegt sind. Die Melodie im Sopran bringt Bach gegenüber BWV 180 verkürzt im Halbe-Viertel-Wechsel, darin engagierter im Gestus. Die Unterstimmen setzen nachimitierend mit dem signifikanten Streicher-Thema ein oder aber gemeinsam skandierend mit der Mahnung *wache* und zur Beschwörung von *Satans List*. Harmonische Eintrübung erfährt das G-Dur-Lied mit zu *fleh und bete* erstmals eingeschleußter Chromatik und Moll-Subdominante. In der Schlusszeile entspricht dem die in c-Moll breiter entfaltete *Versuchung*. Die Durchsichtigkeit dieser Musik, verbunden mit vorwärts drängender rhythmischer Diktion, die beim letzten Zwischenspiel kulminiert in Sechzehntel-nonstop der Streicher zum Hauptthema im Unisono der Bläser, verkörpert eindrücklich die im Lied ausgerufene, endzeitliche Hellsichtigkeit.

Die Arie bringt klanglich das genaue Gegenteil: harmonisch voller Streichersatz, durch Tonrepetitionen im Bogenvibrato zum »Klangbrei« verstärkt. Der 3/8-Takt ist als Adagio des Tänzerischen beraubt, Orgelpunktbildungen im Continuo lassen die Musik förmlich kleben. Die Oboe d'amore spielt ihr Solo nicht deutlich abgesetzt von der ersten Violine, mal mit ihr, mal mit der Altstimme, nur gelegentlich expressiv sich abhebend. So stellt Bach den Gegensatz von wachem Geist (Satz 1) und *schläfriger Seele* (Satz 2) vor Augen. Auch wenn die Alt-Stimme des wachsamen Glaubens hier mahnt nicht zu schlafen, malt die Musik wie damalige Predigten das zu Überwindende stark aus. Als Konsequenz droht ja der *Schlaf des ewigen Todes*. Von nicht weniger als 260 Takten stehen nur 22 zu Beginn des Mittelteils im Allegro als Bild für das Erwachen, bewirkt durch die aufrüttelnde Erfahrung zeitlicher (Sünden-)Strafe (nach Klagelieder 1,14). Mit zahlreichen Vorhalten und Schleifern in den führenden Stimmen hat Bach eine ergreifende e-Moll-Klage komponiert über den in Schuld verhafteten Menschen, der die Chance zur Umkehr, zur Ausrichtung auf Gottes Gnade verschläft.

Im Prediger-Habitus hält der Bassist im Rezitativ die Gnadenbotschaft dagegen: *Gott wacht*, obgleich die Menschen schlafen, und verströmt unablässig seine Gnade. Mit *Nacht/Licht*-Metaphorik überbietet der Librettist die Liedvorlage und findet schöne Formulierungen, von Bach in reinen Durakkorden harmonisiert. Gottes *Gnadenlicht* korrespondieren *offene Geistesaugen* der Gläubigen, also vom Geist Gottes geöffnete Augen. Die Weltfixierung der Menschen, orientiert an Anerkennung als *Schmeichelei*, steht der Empfänglichkeit für Gottes Gnade entgegen und wird von Bach harmonisch drastisch gebrandmarkt.

Die zweite Arie bildet inhaltlich den Mittelpunkt. Beten heißt konkret um Vergebung der Schuld *bitten*. Die dabei vorausgesetzte *Geduld* des Richters ist ein Motiv aus dem Evangelium (Mt 18,26). Diese *Geduld* nimmt Bach wörtlich in Anspruch mit Molto adagio auszuführender Musik in h-Moll. So erhält das Bitten der Menschen jetzt alle Zeit der Welt. Der Sopran als Stimme der Seele beschreitet den Weg des Gebets, singt lange, zur Dissonanz hinführende *bete-* und *bitte*-Töne. Die zwei Soloinstrumente spielen in musikalisch präziser Imitation einen gelingenden Gebets-Dialog. Es sind die leisen Instrumente Traversflöte und Violoncello piccolo (vgl. BWV 180,3). Beten ist keine laute Outdoor-Aktion, sondern geschieht als intime Kommunikation im »stillen Kämmerlein« (Mt 6,6). In seiner Luzidität ist dieser Satz Gegenpol zur ersten Arie und schließt an den filigranen Charakter des Eingangssatzes an, ersetzt dessen Vorwärtsdrang aber durch unendliche Ruhe. Aus der ersten Arie finden sich die Schleifer in Instrumenten wie Singstimme hier wieder, aber nicht mehr als fatales Lamentieren, sondern als erhöhrungsgewisses *Bitten*.

»Bittet, so wird euch gegeben« heißt es in der Bergpredigt Jesu (Mt 7,7). Der Liedautor dichtete unverblümt: »Ja er will gebeten sein, wenn er was soll geben. Er verlanget unser Schrei'n, wenn wir wollen leben.« Das Rezitativ formuliert in prägnanter, gehaltvoller Sprache eine Theologie des Gebets als Beten im Namen Jesu, der Kraft seines Namens (»Gott hilft«) *als Helfer* kommt, als Retter vom Fluch der Sünde im Gericht. Bach schmückt diese Pointe im Arioso mit Tenor-Melisma und bewegtem Continuo aus und führt dabei zurück in die Grundtonart G-Dur für den Schlusschoral.

Dieser wirkt luzide und leicht durch klare Dur-Harmonik und durchgehende Achtelzweier im Bass, welche die Erdverhaftung nivellieren. Im Beten nehmen die Gläubigen schon an der Seinsweise Gottes teil und die realiter bevorstehende Weltvernichtung verliert jeden Schrecken.

BWV 139

Wohl dem, der sich auf seinen Gott

23. Sonntag nach Trinitatis, 12. November 1724, Nikolaikirche
Liedautor: Johann Christoph Rube 1692

1. *Oboe d'amore I/II, Streicher*
Wohl dem, der sich auf seinen Gott
Recht kindlich kann verlassen!
Den mag gleich Sünde, Welt und Tod
Und alle Teufel hassen,
So bleibt er dennoch wohlvergnügt,
Wenn er nur Gott zum Freunde kriegt.

2. **Arie** Tenor *konzertierende Violine I/II*
Gott ist **mein Freund**; was hilft das Toben,
So wider mich ein Feind erhoben!
Ich bin getrost bei Neid und Hass.
　Ja, redet nur die Wahrheit spärlich,
　Seid immer falsch, was tut mir das?
　Ihr Spötter seid mir ungefährlich.

3. **Rezitativ** Alt
Der Heiland sendet ja die Seinen
Recht mitten in der Wölfe Wut.
Um ihn hat sich der Bösen Rotte
Zum Schaden und zum Spotte
Mit List gestellt;
Doch da sein Mund so weisen
Ausspruch tut,
So schützt er mich auch vor der Welt.

4. **Arie** Bass
Das Unglück schlägt auf allen Seiten
Um mich ein zentnerschweres Band.
Doch plötzlich erscheinet die helfende Hand.
　Mir scheint des Trostes Licht von weitem;
　Da lern ich erst, dass Gott allein
　Der Menschen bester Freund muss sein.

5. **Rezitativ** Sopran *Streicher*
Ja, trag ich gleich den größten Feind in mir,
Die schwere Last der Sünden,
Mein Heiland lässt mich Ruhe finden.
Ich gebe Gott, was Gottes ist,
Das Innerste der Seelen.
Will er sie nun erwählen,
So weicht der Sünden Schuld,
so fällt des Satans List.

6. **Choral**
Dahero Trotz der Höllen Heer!
Trotz auch des Todes Rachen!
Trotz aller Welt! mich kann nicht mehr
Ihr Pochen traurig machen!
Gott ist mein Schutz, mein Hilf und Rat;
Wohl dem, der Gott zum Freunde hat!

Wieder ist ein »neues Lied« gewählt aus der in Leipzig eigentlich verpönten pietistischen Richtung, konkret aus dem 1714 in Halle publizierten Band II des Freylinghausenschen Gesangbuchs. Der Autor, diesmal ein hessischer Jurist, wird in lutherischen Gesangbüchern denn auch verschwiegen. Das sprachlich ungekünstelte Lied lässt jede der fünf kurzen Sechszeiler-Strophen kehrversartig enden mit einer markanten Formulierung zum Thema Gott als Freund. In der Hallenser Melodieversion wurde das jeweils wiederholt. Der Kantatenlibrettist zitiert dies in der zweiten Arie wörtlich, eine typisch reformatorische »solus«-Aussage: *Gott allein – bester Freund.* Zum Evangelium Matthäus 22, 15–22, dem Streitgespräch über das Steuerzahlen, passt das Lied ex negativo. Die Pharisäer wollen Jesus mit ihrer Fangfrage aufs Kreuz legen, erweisen sich so als Feinde Gottes. Für den Librettisten ist diese Situation analog zur Lage der Gläubigen als Schafe unter Wölfen (Mt 10,16), wie er es unabhängig vom Lied im ersten Rezitativ benennt. Und dezidierter als im Lied setzt er zu Beginn der ersten Arie die vergewissernde Überschrift *Gott ist mein Freund.*

In E-Dur, dominiert vom in dieser Tonart strahlenden Klang der Oboen d'amore, steht der Eingangssatz mit der Melodie von *Mach's mit mir Gott nach deiner Güt* (EG 525). Der Kontrast zum e-Phrygisch der *Aus tiefer Not*-Motette (BWV 38) zwei Sonntage zuvor am selben Ort könnte nicht stärker sein. Die Achtel-Motivik der Instrumente ist den Melodiezeilen entnommen, die im Sopran in Halbe-Noten erklingen. Die ebenfalls in Achteln imitatorisch geführten vokalen Unterstimmen können sich so mit denselben Tonfolgen ins instrumentale Geschehen integrieren. In der Regel gehen zwei Vokal- oder Instrumentalstimmen parallel in Terzen oder Sexten, was den durchgängigen Wohlklang für dieses *Wohl de*m-Lied bedingt und die *Freund*-Metapher abbildet. Die erste Violine hebt sich mit Sechzehntel-Bewegung ab, die im Battaglia-Duktus zusammen mit synkopischen Begleitstimmen und staccato-Achteln die Auseinandersetzung mit den Feinden repräsentiert. Das Zwischenspiel nach *und alle Teufel hassen* enthält ausschließlich diese Motivik. Viermal aber bekräftigen am Strophenende terzparallel geführte Singstimmen *wenn er nur Gott zum Freunde kriegt.*

Die erste, in 185 Takten groß angelegte Arie bildet als Battaglia die Streitgesprächsituation ab, welche der Librettist mit Bezug auf das Evangelium benennt. Zwei Violinen streiten in Sechzehntel-Figurationen miteinander – der Part der zweiten ist verschollen, da er wohl in der Stimme fürs zweite Pult stand, die als Doublette bei der Erbteilung an Wilhelm Friedemann ging. Der Tenor beteiligt sich am Streit mit Sechzehntel-Ketten auf der *Feinde Toben* oder *Spötter*, hat aber mit *ich bin getrost* sein eigenes Gegenmotiv, das durch den Sextsprung *ge-trost* signalartig sich hörbar macht. Als Hauptmotiv in Instrumenten wie Singstimme unablässig präsent ist aber die *Gott ist mein Freund*-Überschrift. Mit der elementaren Tonfolge (verzierte) Terz/ dreimal Grundton im Viertelschritt stellt es den allzeit greifbaren Rettungsanker in der Brandung dar und legitimiert die Behauptung des Mittelteils: *ihr Spötter seid mir ungefährlich.* Luthers Anliegen der assertorischen (dezidiert vergewissernden) Redeweise ist mit solch einem Leitmotiv-Ostinato eindrücklich umgesetzt.

Das Rezitativ beschreibt die Szenerie im Evangelium. Man sieht Jesus umzingelt von böswilligen Menschen, deren er sich allerdings zu erwehren weiß mit dem Ausspruch: »Gebt dem Kaiser, was des Kaisers ist, und Gott, was Gottes ist« (Mt 22,21). Im Wort liegt Jesu Kraft und seine Schutzmacht für die Gläubigen in analoger Situation, welche der Librettist als Umzingeltsein von Unglücksschlägen drastisch benennt. (Das Lied spricht allgemein von »viel Unglück leiden müssen«.)

Bach nimmt den Ball auf und lässt in einer fis-Moll-Arie das Unglück beklemmend zuschlagen in durchgehend punktierter Rhythmik der Außenstimmen von (verdoppelter) Oboe und Continuo. Die Violine markiert wieder Sechzehntel-Battaglia, jetzt in gebrochenen Akkorden, die große Tonräume umgreifen (*auf allen Seiten*). Auch *Band* ist versinnbildlicht mit einem klebenden cis-Liegeton zunächst im Solobass, dann im Continuo zu harmonischem »crescendo« der anderen Stimmen. Die im Lied als »unverhofft« qualifizierte Rettungserfahrung kennzeichnet der Librettist durch Wechsel ins ungewöhnliche Versmaß des Daktylus: *doch plötzlich erscheinet die helfende Hand*, Psalm 18,17 aufgreifend. Bach setzt das mit plötzlichem Taktwechsel von 4/4 zu 6/8 und vivace-Anweisung um. Nach 10 Takten bringt sich ebenso plötzlich mit drei Instrumental-Takten das Unglück in Erinnerung, um sogleich dem Bass den Raum frei zu geben für sein Glaubens-Zeugnis (h-Moll), das nur von gelassenen andante-Achteln im Continuo begleitet und einen Ton höher, eben auf dem cis des Unglücks-*Bandes* nochmals bestätigt wird: *Gott* – mein *bester Freund*. Das Da capo der Arie modifiziert Bach, indem er das *Erscheinen* der *helfenden Hand* zweimal bringt. So wird deutlich, dass die beklemmende Ausgangssituation sich verändert hat.

Das zweite Rezitativ thematisiert Liedstrophe 4 gemäß die Anfechtung durch die *Last der Sünden* als den inneren *Feind*. Von den Streichern begleitet wirken die anfänglichen Septakkorde im Cis-Dur-Bereich sehr scharf, aber strahlend dann die H-Dur-Auflösung zur inhaltlichen Lösung dem Evangelium gemäß: *Ich gebe Gott, was Gottes ist*. Diese Selbsthingabe bekundet der Sopran wieder als Anima, Stimme der Seele. Gegenpolig zu den Kampfszenarien der vorausgehenden Sätze strahlt die zweite Rezitativhälfte in harmonischer Großflächigkeit die dem *Heiland* zu verdankende *Ruhe* aus – vgl. im »Heilandsruf« Mt 11,29 »so werdet ihr Ruhe finden für eure Seelen«. Auch der Schlusschoral verzichtet aller Trotz-Rhetorik entgegen auf rhythmische oder harmonische Akzente. Analog zur sprachlichen Inklusion von erster und letzter Zeile des gesamten Liedes ist dies wieder reine *Wohl dem*-Musik. 59 GOTT-Töne im Continuo unterstreichen: *GOTT zum Freunde* Haben ist das Glück des Glaubens.

BWV 26

Ach wie flüchtig, ach wie nichtig

24. Sonntag nach Trinitatis, 19. November 1724, Thomaskirche
Liedautor: Michael Franck 1652

1. *Oboe I–III, Streicher,*
Horn mit Sopran
Ach wie flüchtig, ach wie nichtig
Ist der Menschen Leben!
Wie ein Nebel bald entstehet
Und auch wieder bald vergehet,
So ist unser Leben, sehet!

2. **Arie** Tenor
So schnell ein rauschend Wasser schießt,
So eilen unser Lebenstage.
  Die Zeit vergeht, die Stunden eilen,
  Wie sich die Tropfen plötzlich teilen,
  Wenn alles in den Abgrund schießt.

3. **Rezitativ** Alt
Die **Freude** wird zur Traurigkeit,
Die **Schönheit** fällt als eine Blume,
Die größte **Stärke** wird geschwächt,
Es ändert sich das **Glücke** mit der Zeit,
Bald ist es aus mit **Ehr** und Ruhme,
Die **Wissen**schaft und
was ein Mensche **dichtet**,
Wird endlich durch
das Grab vernichtet.

4. **Arie** Bass *Oboe I–III*
An irdische Schätze das Herze zu hängen,
Ist eine Verführung der törichten Welt.
  Wie leichtlich entstehen
  verzehrende Gluten,
  Wie rauschen und reißen
  die wallenden Fluten,
  Bis alles zerschmettert
  in Trümmern zerfällt.

5. **Rezitativ** Sopran
Die höchste Herrlichkeit und Pracht
Umhüllt zuletzt des Todes Nacht.
Wer gleichsam **als ein Gott gesessen,**
Entgeht dem Staub und Asche nicht,
Und wenn die letzte Stunde schläget,
Dass man ihn zu der Erde träget,
Und seiner Hoheit Grund zerbricht,
Wird seiner ganz **vergessen.**

6. **Choral**
Ach wie flüchtig, ach wie nichtig
Sind der Menschen Sachen!
Alles, alles, was wir sehen,
Das muss fallen und vergehen.
Wer Gott fürcht', bleibt ewig stehen.

Das Evangelium erzählt die Auferweckung der Tochter des Jairus (Matthäus 9,18–26). Wie öfter bei Wundergeschichten ist dies Anlass, die Vergänglichkeit des irdischen Lebens zu thematisieren, nicht deren Überwindung durch Christus. Das dazu gewählte Lied aus dem Erfahrungskontext des 30-jährigen Krieges reiht einen irdischen Wert an den anderen, um ihn schonungslos der Nichtigkeit zu überführen. Die Strophenform ist prägnant knapp. In 13 Strophen (vgl. EG 528 mit acht Strophen) wird die Überschreitung der Zeit (12) markiert: »Jetzt schlägt's 13.« Wie bei den Liedern der beiden Vorsonntage gibt es einen Kehrverseffekt, hier als identischer Beginn jeder Strophe im Dienst eindringlicher Mahnung: *Ach wie flüchtig, ach wie nichtig.* Eine solche Reihung passt nicht zu einem Kantatenlibretto mit unterschiedlichen Satzformen. Dem Librettisten war die Thematik offensichtlich wichtig – bis heute ist sie im Empfinden der Menschen ja ebenso im November an der Zeit. Die Reihungsform ersetzte er durch inhaltliche Strukturierung.

Die erste Arie stellt (wie Liedstrophe 2) die Vergänglichkeit (vanitas) als Grundgesetz des Lebens vor Augen. Im Rezitativ sind dann sieben Liedstrophen mit ihren jeweiligen Kennworten (s. o. die Fettmarkierung) gekonnt zusammengefasst unter dem Aspekt Umwertung der irdischer Werte durch das Lebensende. Mit *Schätze* als Kennwort der zehnten Liedstrophe verknüpft der Librettist in der zweiten Arie Luthers Einsicht »Woran der Mensch sein Herz hängt, das ist sein Gott« und entlarvt so die fatale Verführungsmacht irdischer Güter. Im zweiten Rezitativ überträgt er in starken eigenen Bildern die Strophen 11 und 12 mit der Pointe, dass auch höchste irdische Macht mit dem Tod zum Absturz kommt. Die Schlussstrophe als Summarium (*alles, alles*) bleibt wie üblich identisch. So steht wie im Lied theologisch unvermittelt am Ende die Weisung: *Wer Gott fürcht', bleibt ewig stehen.*

Musik als gestaltete Zeit ist besonders geeignet, Vergänglichkeit zu versinnbildlichen in schneller Bewegung. So lässt Bach im

Eingangssatz Oboen (im Dreierchor) und Streicher samt Continuo in auf- und absteigenden Skalen *flüchtig* davonjagen, bisweilen gemeinsam, oft aber auseinanderstieben im schnellen Wechsel der Instrumentalgruppen oder einzelner Stimmen. Nachdem die vokalen Unterstimmen erstmals *ach wie flüchtig* skandiert haben in vier Achteln, übernehmen das die Instrumente, so dass man auch ohne die Worte immer weiter eingeworfen hört: *ach wie flüchtig, ach wie nichtig!* Die Achtel der Vokalstimmen sind hier durchgehend als gemeinsames Skandieren gesetzt, am Ende der Choralzeilen sogar stets im plakativen Unisono. So ist der Vokalsatz deklamatorisch konzipiert als appellative Mahnung, während die Instrumente den Film vom Davonrasen der Lebenszeit vorführen. Die 13er-Struktur des Liedes lässt Bach durchscheinen in 5x13 Takten und 28x13 Tönen der deklamierenden Vokalstimmen. Das Palindrom-Sprachspiel des Liedes mit LEBEN, umgekehrt als NEBEL zu lesen, ist auch für Bach strukturbildend. Abgesehen von ständiger Umkehr der Bewegungsrichtung im Wechsel von Auf und Ab in den Instrumenten hat der Satz 121x36 Töne. 36 ist Äquivalent von LEBEN/NEBEL, in 121 ist die Umkehrung des irdischen Zeitablaufs (12 zu 21) enthalten.

Die erste Arie ist wieder besonders ambitioniert und umfänglich angelegt. Die Signalwörter *schnell* und *eilen* bedingen hoch virtuose Diktion in Soloinstrumenten und Tenor. Traversflöte und Violine agieren hier nicht als eigenständige Stimmen, sondern in enger Verknüpfung lautmalerisch. Die Geige spielt manche Figuren unisono mit der Flöte, manche in Parallelführung, andere als Gegenstimme oder parallel mit dem Continuo, wie sich der Klang eines rauschenden Flusses subtil verändert. Der Arien-Mittelteil bringt als Steigerung das Bild zerstiebenden Wassers bei einem Wasserfall. Dies setzt Bach ebenso gekonnt in musikalische Spritzer um. Die Auf- und Abbewegung im Viertonraum zu *schnell*, zugleich Anfangsmotiv der Instrumente, ist eine Palindrom-Figur wie LEBEN/NEBEL: g-a-h-c-h-a-g. In 9x22 Takten ist vielleicht eine Anspielung auf Psalm 22 enthalten, wo der Beter klagt: »Ich bin ausgeschüttet wie Wasser« (V. 15).

Im Rezitativ schließt der Alt mit einem virtuosen 32tel-Melisma in C-Dur zu *Freude* zunächst exakt an Tonart und Diktion der Arie an. Deren Verkehrung zu *Traurigkeit* wird aber sofort evident im verminderten Septakkord über cis. Im Folgenden markiert Bach die Umwertung der irdischen Werte jeweils durch den Wechsel von Dur nach Moll oder in einen verminderten Akkord. Am Ende ist mit dem 13. Continuoton das e-Moll der folgenden Arie erreicht.

Im speziellen Sound des Oboenchors erklingt nun eine stringent als Bourrée gestaltete Arie. Tanzcharakter und Bläserklang stehen wohl für die *Verführung* der Menschen durch die *Welt*, metaphorisch auch »nach ihrer Pfeife tanzen« genannt. Im Sonntagsevangelium ist zudem von Pfeifern die Rede, welche bereits an der Bahre der Toten spielen (Mt 9,23). Vielleicht verweist der Bläserklang doppelsinnig auf die Verführung der Welt wie deren fatale Konsequenz, den Tod. Der Librettist hat als Stilmittel für die »Verführung« das Versmaß des Daktylus gewählt. Bach überträgt das in den prägnanten Bourrée-Rhythmus Viertel/zwei Achtel. Im Arien-Mittelteil mutet er Continuo und Bassist zum Bild von den Fluten rasend schnelle, *reißende* Sechzehntel-Ketten zu. Die Wendung *in Trümmern zerfällt* löst bei Bläsern wie Continuo abstürzende Tonketten aus, viermal im massiven Unisono. Solch musikalische Drastik ist der drastischen Bilddarstellung bei Totentänzen analog. Intendiert ist beim Hörer das Erschrecken. Mit 360 Tönen zeigt die Sängerpartie wieder die Zwiegesichtigkeit von LEBEN/NEBEL.

Nach der Dur/Moll-Polarität im ersten Rezitativ ist das zweite profiliert durch Polarität bei der extrem gespreizten Stimmführung zwischen Spitzenton g'' für *höchste, Hoheit* und tiefem c und cis für die Todes-Metaphern. Auch der Continuo geht in harten Sprüngen von b bis zum tiefen C hinunter und verweigert mit willkürlichen verminderten Septakkorden menschlicher *Hoheit* den *Grund.*

Der Schlusschoral bringt zunächst die Mahnung *Ach wie flüchtig, ach wie nichtig* im einfachen Satz (Viertel-)Note gegen Note. Dann kommen die Unterstimmen in Achtelfluss. Ab *Alles, alles* spielt der Continuo den Vokalbass eine Oktave tiefer mit, darin Totalität darstellend. In der Schlusszeile markieren zwei Tritonus-Sprünge im Continuo/Bass die Ehr-*Furcht* gegenüber Gott. Mit 242 = 2x121 Tönen bildet der Choral eine Klammer zum Eingangssatz und die 12/21, bzw. 24/42-Inversion wird dezidiert mit Sinn gefüllt. Der Flüchtigkeit aller Zeit (12/24) entgegen gilt: *Wer Gott fürcht, bleibt ewig stehen.*

Du Friedefürst, Herr Jesu Christ

25. Sonntag nach Trinitatis, 26. November 1724, Nikolaikirche
Liedautor: Jakob Ebert 1601

1. *Oboe d'amore I/II, Streicher,*
Horn mit Sopran
Du Friedefürst, Herr Jesu Christ,
Wahr' Mensch und wahrer Gott,
Ein starker Nothelfer du bist
Im Leben und im Tod.
Drum wir allein
Im Namen dein
Zu deinem Vater schreien.

2. **Arie** Alt *Oboe d'amore*
Ach, unaussprechlich ist die Not
Und des erzürnten Richters Dräuen!
   Kaum, dass wir noch in dieser Angst,
   Wie du, o Jesu, selbst verlangst,
   Zu Gott in deinem Namen schreien.

3. **Rezitativ** Tenor
Gedenke doch,
O Jesu, dass du noch
Ein Fürst des Friedens heißest!
Aus Liebe wolltest du
dein Wort uns senden.
Will sich dein Herz
auf einmal von uns wenden,
Der du so große Hülfe
sonst beweisest?

4. **Terzett** Sopran/Tenor/Bass
Continuo
Ach, wir bekennen unsre Schuld
Und bitten nichts als um Geduld
Und um dein unermesslich Lieben.
   Es brach ja dein erbarmend Herz,
   Als der Gefallnen Schmerz
   Dich zu uns in die Welt getrieben.

5. Rezitativ Alt *Streicher*

Ach, lass uns durch die scharfen Ruten
Nicht allzu heftig bluten!
O Gott, der du ein Gott der Ordnung bist,
Du weißt, was bei der Feinde Grimm
Vor Grausamkeit und Unrecht ist.
Wohlan, so strecke deine Hand
Auf ein erschreckt geplagtes Land,
Die kann der Feinde Macht bezwingen
Und uns beständig Friede bringen!

6. Choral

Erleucht auch unser Sinn und Herz
Durch den Geist deiner Gnad,
Dass wir nicht treiben draus ein Scherz,
Der unsrer Seelen schad.
O Jesu Christ,
Allein du bist,
Der solchs wohl kann ausrichten.

In der liturgischen Ordnung ist heute der letzte Sonntag des Kirchenjahres als »Ewigkeitssonntag« profiliert. Zur Bachzeit gab es das nicht. Je nach Lage des Ostertermins endete die Trinitatiszeit mit einem der Trinitatissonntage (maximal 27), 1724 mit dem 25., wo im Evangelium Matthäus 24,15-28 die Bedrohungen am Weltende aufgelistet werden.

Das dazu gewählte Lied ist ein siebenstrophiges Bußlied für Kriegs- oder Pestzeiten (bei EG 422 nur drei Strophen). Auf der Basis eines Schuldbekenntnisses (Strophe 4) wird Jesu helfendes Eingreifen als *Friedefürst* erbeten. Der Librettist sieht den endzeitlichen »Gräuel der Verwüstung« (Mt 24,15), also Gottes Gerichtshandeln, als Horizont der aktuellen *Not* (Satz 2) und verschärft so die Dringlichkeit und die Intensität des Flehens zu Christus, der alleine für den Frieden zwischen Gott und Mensch bürgen kann. Drei der vier umgedichteten Sätze beginnen mit dem (Buß-)Seufzer *Ach*, der die abgründige Ferne zu Gott markiert. Das eher floskelhafte *Ach* wie *flüchtig* der Vorgängerkantate wird so mit theologischer Reflexion in existentielle Tiefe durchdrungen. Anders als am Sonntag zuvor benennt dieses Lied in den Rahmenstrophen deutlich die Rettungsperspektive: allein die

Anrufung *Herr/O Jesu Christ*. (Vgl. die Ermahnung zum Beten drei Sonntage zuvor in BWV 115.)

Die Melodie des Liedes gehört zum Typ gefällige Dur-Melodie mit Terzrahmen der ersten Zeile (vgl. BWV 180, 115). Im Klangprofil des ersten Satzes schließt Bach eng an das Dur-Lied zwei Sonntage zuvor am selben Orte (BWV 139) an: zwei Oboen d'amore, hier in ihrer Grundtonart A-Dur, zusammen mit den Streichern. Erstere spielen oft unisono die so hervorgehobene Oberstimme, aber auch die erste Violine läuft hier mit und verselbständigt sich dann wieder mit Battaglia-Diktion in Sechzehnteln. Im Allabreve-Takt erhält der Satz einen vorwärtsdrängend kämpferischen Duktus. Die Verknüpfung von Battaglia und *Friedefürst*-Strophe ist vorgebildet in der Kantate zum Sonntag nach Ostern im selben Jahr (BWV 67), dort in der Abfolge der beiden letzten Sätze mit dieser Strophe als Schlusschoral. Hier lässt Bach die ersten beiden Liedzeilen mit der Anrufung Christi samt der Attribute *Friedefürst* (Jesaja 9,6) und *wahr Mensch und wahrer Gott* (Nicänisches Glaubensbekenntnis) hymnisch in großen Notenwerten aller Vokalstimmen als Kontrast zum Orchestersatz vortragen. Bei der Wiederholung aber klinken sich die Unterstimmen mit einem Fugato in die bewegte Diktion der Instrumente ein. So wird Christi Wirken als *Nothelfer* der Menschen plastisch und damit auch der Sinn des Orchestersatzes erschlossen: Christus reißt als *starker* Helfer die Gläubigen aus ihrer Not. Signifikant dafür sind die aufsteigenden Anapäst-Ketten. Bei der fünften Liedzeile lässt Bach mit gemeinsamen Skandierungen die Gemeinde dezidiert als *Wir* agieren, die Schlusszeile ist als Anrufung (*schreien*) wieder hymnisch. Die Vokalstimmen singen 14x41 Töne: Christi Handeln ersetzt das nur vermeintlich wirksame Handeln der (traditionell) 14 *Nothelfer* effektiv durch Umkehrung zum wahren Heil (41).

Die erste Arie ist ein Klagegesang der Oboe d'amore in fis-Moll. Im langsamen Dreiertakt mit harmonischem Akzent auf der

Zwei (Sarabande) spielt sie in relativ hoher Lage eine oft wiederholte Sequenz, die mit Schleifer und gebrochenem vermindertem
Septakkord einsetzt. Der Alt stammelt zunächst nur das *Ach* auf
den Schleifer und lässt die Oboe alleine weiterspielen: *unaussprechlich ist die Not.* Mit den folgenden Wiederholungen dieser
Anfangssequenz in enger Verzahnung von Alt und Oboe ist diese
Arie gleichsam eine Studie über den *Ach*-Seufzer. Der Text des
Mittelteils wird ohne Wortwiederholung nur einmal rezitiert, *Angst*
sinnenfällig hervorgehoben durch Bebung auf dem Alt-Ton. Bei
der Arienform gilt »einmal ist keinmal«. Bach setzt also signifikant
um, dass wir *kaum* zu Gott rufen vor lauter Angst ob unserer
Schuld. Die von BWV 26 her bekannte 13er-Struktur als Symbol
für das Überschreiten der Zeit, hier im Jüngsten Gericht, ist präsent in 28x13 Oboetönen und 2x13x13 Continuotönen. Der Alt
markiert mit 240 Tönen die Summe der irdischen Zeit.

Im Rezitativ wagt der Tenor die Gebets-Hinwendung zu
Christus. Das der dritten Liedstrophe entnommene Memoria-
Argument, Jesus möge sich seines Titels *Friedefürst* erinnern, realisiert Bach, indem er den Continuo in Bariton-Lage den Melodieanfang (in Achteln) spielen lässt. So erklingt implizit *Du Friedefürst,
Herr Jesu Christ.* Dies wird zur Bestätigung nach der Satzaussage
eine Quinte tiefer wiederholt.

Was in der ersten Arie *kaum* möglich erschien, kann jetzt
gleichsam in extenso praktiziert werden, nicht verzagtes Flehen
vor dem Richter, sondern unablässiges Bitten, an das *Herz* des
Friedefürsten gerichtet, was allerdings ein Schuldbekenntnis vor-
aussetzt. Dies ist auch nicht mehr *unaussprechlich*, sondern von
Bach dezidiert verbalisiert als langes vokales *Wir*-Terzett nur mit
Continuo-Begleitung, wie er es als Form vier Sonntage zuvor in
BWV 38 erprobt hat. Im wieder baritonal hoch einsetzenden
Continuo-Ritornell gibt es keine Härte oder Dissonanz, reines
E-Dur (Liebes-Tonart), Jesu *unermesslich Lieben* in Anspruch neh-
mend. Im Gerichtshorizont ist *Geduld* (des Richters) der zentrale

Heilsbegriff (vgl. Mt 18,26 aus dem Evangelium drei Sonntage zuvor). Fast übertrieben oft deklamieren die Sänger *um Geduld*, mit Viertel-Repetition und Seufzer plastisch hervorgehoben im Kontext der sonstigen Achtel-Diktion. Zudem wird das im Continuo vorgestellte, stets präsente Vierton-Grundmuster vokal belegt mit *wir bitten nichts – als um Geduld*. Der Continuo spielt 10x66 *GEDULT*-Töne (originale Schreibweise).

Da Krieg und irdisches Unglück als Züchtigung (*scharfe Ruten*) seitens Gottes verstanden wird, bittet das Rezitativ in freier Übertragung zweier Liedstrophen um Mäßigung und Bändigung der Feinde in staatlicher *Ordnung*. Mit der machtvoll ausgestreckten *Hand* wird die Erinnerung an Gottes Eingreifen beim Durchzug der Israeliten durchs rote Meer (2. Mose 15,6) aufgerufen. Die Streicherbegleitung repräsentiert die am Ende benannte Heilsperspektive *beständigen Friedens*. Die 153 Töne dieses Rezitativs sind wieder eine Reverenz an die 153 Fische in Johannes 21,11, gefangen auf Geheiß des Auferstandenen, der zuvor die Jünger zweimal als *Friedefürst* gegrüßt hat: »Friede sei mit euch« (Joh 20,19.21).

Der Schlusschoral spiegelt in ungetrübtem A-Dur die Reinheit des durch Gottes Geist erleuchteten menschlichen Sinnes. Die Anrufung des »solus Christus« im Abgesang ist mit terzparalleler Achtelbewegung (Alt und Bass) musikalisch intensiviert und führt nach cis-Moll als einziger harmonischer Abweichung. 5x53 Töne könnten darauf verweisen, dass Christus als HIRT *solchs wohl kann ausrichten*.

BWV 62

Nun komm, der Heiden Heiland

1. Advent, 3. Dezember 1724, Thomaskirche
Liedautor: Martin Luther 1524 nach Ambrosius von Mailand um 386

1. *Oboe I/II, Streicher, Horn mit Sopran*
Nun komm, der Heiden Heiland,
Der Jungfrauen Kind erkannt,
Des sich wundert alle Welt,
Gott solch Geburt ihm bestellt.

2. **Arie** Tenor *Oboe I/II, Streicher*
Bewundert, o Menschen,
dies große Geheimnis:
Der höchste Beherrscher
erscheinet der Welt.
    Hier werden die Schätze
    des Himmels entdecket,
    Hier wird uns ein
    göttliches Manna bestellt,
    O Wunder! die Keuschheit
    wird gar nicht beflecket.

3. **Rezitativ** Bass
So geht aus Gottes Herrlichkeit und Thron
Sein eingeborner Sohn.
Der Held aus Juda bricht herein,
Den Weg mit Freudigkeit zu laufen
Und uns Gefallne zu erkaufen.
O heller Glanz, o wunderbarer Segensschein!

4. **Arie** Bass *Streicher mit Continuo*
Streite, siege, starker Held!
Sei vor uns im Fleische kräftig!
    Sei geschäftig,
    Das Vermögen in uns Schwachen
    Stark zu machen!

5. **Rezitativ** Sopran/Alt *Streicher*
Wir ehren diese Herrlichkeit
Und nahen nun zu deiner Krippen
Und preisen mit erfreuten Lippen,
Was du uns zubereit';
Die Dunkelheit verstört' uns nicht
Und sahen dein unendlich Licht.

6. **Choral**
Lob sei Gott, dem Vater, ton,
Lob sei Gott, sein'm eingen Sohn,
Lob sei Gott, dem Heilgen Geist,
Immer und in Ewigkeit.

Der 1. Advent markiert den Beginn des Kirchenjahres, bei anderen Komponisten im Barock auch den Anfang eines Kantatenjahrgangs. Bei Bach war es die 26. Kantate des laufenden Jahrgangs. Ein Symbol des Neuanfangs wäre wie zu Beginn des Choralkantatenzyklus (BWV 20) die Ouverturenform für den Eingangssatz gewesen. Das war ihm aber verwehrt, denn zehn Jahre zuvor hatte er in Weimar die Kantate zum 1.Advent (BWV 61) mit einer Ouverture zu *Nun komm, der Heiden Heiland* begonnen und dies im Vorjahr auch in Leipzig geboten. Ein anderes Lied kam nicht in Frage. Es ist hymnologisches Urgestein, Luthers Übertragung des ältesten überlieferten, ambrosianischen Hymnus (vgl. EG 4) und darin Symbol für die Gründung auch der reformatorischen Kirche auf der ökumenischen, altkirchlichen Basis des Christusglaubens. In allen Kantaten Bachs zum 1. Advent spielt dieses Lied eine Rolle. In dieser Choralkantate kommt es wörtlich allerdings nur in den Rahmenstrophen vor. Die beiden Arien zeigen sogar starken Kontrast zur Erhabenheit des Altkirchlichen.

Im Eingangssatz erklingt das Lied wie ein Signal, das alle Hörer erkennen, 3x3mal die Anfangszeile, die musikalisch identisch ist mit der Schlusszeile. Das Instrumentalvorspiel bringt sie als ersten Continuo-Einsatz massiv in Oktavierung, dann komplementär dazu als Kadenzabschluss im Unisono der beiden Oboen in Sopranlage. Ähnlich geschieht es zwischen den Choralzeilen. In den vokalen Unterstimmen werden die erste und vierte Zeile mit diesem Melodiesignal vorimitiert und so stärker gewichtet. Anders als in der früheren Kantate (und bei Orgelwerken aus der Weimarer Zeit) bringt Bach die Melodie in ihrer archaischen Originalgestalt mit Quartsprung zwischen drittem und viertem Ton, während er dort den dritten Ton chromatisch erhöht hat. *Nun komm, der Heiden Heiland* erklingt so geradezu plakativ als Huldigungsruf, wie heute Fans ihren Star herbeisingen.

Der gewählte 6/4-Takt, bereits zweimal in einem Eingangssatz erprobt (BWV 114, 115), verbindet die göttliche Dreiergliederung mit dem erhabenen großen Zweierpuls. Die zweite Person der Trinität markiert er ebenso im zweiten Teil der Es-Dur-Orgelfuge (BWV 552). Die in den genannten Kantatensätzen ebenso eingesetzten schnellen Anapäst-Figuren, hier vor allem in den Oboen, prägen den Satz adventlich vorwärtsdrängend, ebenso die auftaktig einsetzenden, bisweilen in massivem Unisono gehaltenen Achtelrepetitionen in Streichern und Continuo. Die erste Violine agiert weitgehend eigenständig mit kämpferischer Sechzehntel-Figuration. Die Vokalstimmen übernehmen nur bei der dritten Liedzeile die Sechzehntel-Bewegung auf *alle*. Zusammen mit den Achtelrepetitionen erinnert dies stark an *omnes, omnes, omnes (generationes)* im *Magnificat*. *Alle Welt* wundert sich, denn es kommt *der Heiden Heiland*, also der Heiland *aller Welt*.

Mit Luthers achtstrophigem Lied (bei EG 4 nur fünf Strophen) geht der Librettist sehr frei um. Er variiert die Sprechrichtung und setzt inhaltlich Akzente. Offensichtlich kennt er auch die Vorlage des lateinischen Hymnus. Auf den Huldigungsruf der ersten Strophe folgt zunächst ein predigthafter Appell. Das Wunder *Gott solch Geburt ihm bestellt*, von der letzten Liedzeile im Ohr der Hörer, soll zum *Bewundern* bewegen. *O Wunder!* heißt es im Mittelteil mehrfach emphatisch, ehe im Da capo nochmals der Appell *Bewundert* ertönt. Im Anklang an die erste, von Luther nicht übertragene Hymnenstrophe wird das Wunder vollmundig umschrieben als Inkarnation des Göttlichen, Himmlischen in welthafter Gestalt, das den Menschen die *Schätze des Himmels* erschließt. Bachs Musik dazu klingt ausgesprochen weltlich, ein harmonisch gefälliger 3/8-Tanzsatz (Passepied) mit allen Instrumenten in großflächiger Da capo-Form, wie man es von höfischen Vorgängerkantaten kennt, etwa bei BWV 66,3. Die Wort/Ton-Verbindung ist nicht signifikant: *O Wunder!* etwa als Ausruf wird überspielt. Es spricht vieles dafür, dass Bach sich hier bei seiner Köthener Neujahrskantate von 1720 bediente, von der nur der vom Hofdichter Menantes stammende Text bekannt ist. Der Eingangssatz begann mit einem Gotteslob: *Dich loben die lieblichen Strahlen der Sonne, o Sonne des Lebens, die alles erfreut.* Der Schleifer am Anfang akzentuierte loben, jetzt betont er im Sinne des Librettisten *bewundert.* Das Vorhaben, diesen Neujahr-Eingangssatz für die Kantate zum neuen Kirchenjahr als Arie zu übernehmen, muss Bach vorab dem Librettisten mitgeteilt haben, der den Arientext im ungewöhnlichen Daktylus-Versmaß und im Strophenbau der Vorlage gemäß entworfen hat.

Im Rezitativ verkündet der Bass als Herold die Epiphanie, das lichtvolle Erscheinen des Gottessohnes. Deutlicher als bei Luther klingen die biblischen Quellen an: Psalm 19,6 das Herausgehen und freudenvolle *Laufen* der Sonne als ein *Held,* präzisiert mit 1.Mose 49,10 als *Held aus Juda.* Natürlich setzt Bach die Bilder in musikalische Sinnbilder um: Spitzentöne zu *hoher Thron,* Sechzehntel zu *laufen,* hoch liegende Verzierung zu *heller Glanz.* So wird das Verkündigte sinnlich präsent. Die Hörer imaginieren es und sehen quasi einen Film vor ihren Augen ablaufen.

Mit dem Motiv *Held aus Juda* ist schon von der Bibel her Kampf- und Sieg-Metaphorik impliziert (vgl. in der Johannes-Passion das berühmte *Der Held aus Juda siegt mit Macht*). So ist der folgende Vivat-Ruf an einen Feldherrn vor der Schlacht durchaus stimmig und Bach bringt hier eine (dem Manuskript-Schriftbild nach neu komponierte) »Arie mit heroischen Affecten«, bei deren Plakativität man eher Händel als Autor vermuten würde. Der Typ der Continuo-Arie mit Bass ist sozusagen militant aufgerüstet derart, dass alle Streicher im Unisono den Continuopart mitspielen. Der Sänger als starker Held hat sich gegen diese vereinten Truppen zu behaupten. Christi Kampf im Fleische, auf irdischem Terrain, ist inhaltlich präzisiert als Kampf *vor (= für) uns.* Daher auch im Arien-Mittelteil die Anspielung auf das Paulus-Wort 2.Korinther 12,9: »Meine Kraft ist in den Schwachen mächtig«.

Die Gloria-Strophe des Schlusschorals wird eingeleitet durch ein Rezitativ, das die Motive der vorletzten Hymnus-/Liedstrophe deutlich in die Sprechrichtung der Doxologie einbindet: *Wir ehren diese Herrlichkeit ... und preisen ...* Der Librettist nimmt hier das jambische Hymnus-Versmaß auf. Bach lässt Sopran und Alt als »zwei Zeugen« Silbe für Silbe parallel deklamieren und macht mit kleinem Kunstgriff aus 48 Text-Silben 2x49+2 = 100 Töne. Die begleitenden, dreimal zum oberen h als Spitzenton geführten Streicherklänge lassen den Glorienschein der göttlichen *Herrlichkeit* aufscheinen mit 81 = $3x3^3$ Tönen. Der Gloria-Gesang des Schlusschorals mit reicher Achtelbewegung kommt in der Partiturnotation (vier Vokalstimmen, Continuo) auf 189 = $7x3^3$ Töne.

Gegenpolig zur Weimarer Adventskantate BWV 61, wo das Kommen Christi bis in die Intimität des gläubigen Herzens im Fokus ist, geht es hier durchgängig um die Huldigung des in der Welt erscheinenden göttlichen Helden. Das Evangelium zum 1. Advent, der Einzug Jesu in Jerusalem (Matthäus 21,1–9), beschreibt ja eine solche Huldigungsszenerie.

BWV 91

Gelobet seist Du, Jesu Christ

Christfest, 25. Dezember 1724, Nikolaikirche/ Thomaskirche
Liedautor: Martin Luther 1524

1. *Horn I/II, Pauken, Oboe I–III,*
Streicher
Gelobet seist du, Jesu Christ,
Dass du Mensch geboren bist
Von einer Jungfrau, das ist wahr,
Des freuet sich der Engel Schar.
Kyrie eleis!

2. **Rezitativ** Sopran
Der Glanz der höchsten Herrlichkeit,
Das Ebenbild von Gottes Wesen,
Hat in bestimmter Zeit
Sich einen Wohnplatz auserlesen.
Des ewgen Vaters einigs Kind,
Das ewge Licht von Licht geboren,
Itzt man in der Krippe findt.
O Menschen, schauet an,
Was hier der Liebe Kraft getan!
In unser armes Fleisch und Blut,
(Und war denn dieses nicht verflucht,
verdammt, verloren?)
Verkleidet sich das ewge Gut.
So wird es ja zum Segen auserkoren.

3. **Arie** Tenor *Oboe I–III*
Gott, dem der Erden Kreis zu klein,
Den weder Welt noch Himmel fassen,
Will in der engen Krippe sein.
    Erscheinet uns dies **ewge Licht,**
    So wird hinfüro Gott uns nicht
    Als dieses **Lichtes Kinder** hassen.

4. **Rezitativ** Bass *Streicher*
O Christenheit! Wohlan,
so mache die bereit,
Bei dir den Schöpfer
zu empfangen.
Der grosse Gottessohn
Kömmt als **ein Gast**
zu dir gegangen.
Ach, lass dein Herz
durch diese Liebe rühren;
Er kömmt zu dir,
um dich vor seinen Thron
Durch dieses Jammertal
zu führen.

5. Arie Duett Sopran/Alt
Violinen I/II unisono
Die Armut, so Gott auf sich nimmt,
Hat uns ein ewig Heil bestimmt,
Den Überfluss an Himmelsschätzen.
  Sein menschlich Wesen machet euch
  Den Engelsherrlichkeiten gleich,
  Euch zu der Engel Chor zu setzen.

6. Choral
Das hat er alles uns getan,
Sein groß Lieb zu zeigen an;
Des freu sich alle Christenheit
Und dank ihm des in Ewigkeit.
Kyrie eleis!

Wie für den 1. Advent kam auch für das Christfest nur Luthers Hauptlied in Frage (EG 23). Hier hat Luther einen einstrophigen mittelalterlichen Volksgesang, wegen der *Kyrieleis*-Schlussformel als »Leise« bezeichnet, um sechs Strophen erweitert im Gestus eines Christus-Hymnus, wie ihn die erste Strophe vorgibt.

Für die gebotene klangliche Festlichkeit setzt Bach zwei Hörner mit Pauke ein statt der üblichen Trompetteria, deren C- oder D-Stimmung nicht zur Melodie passt. Die Hörner in G, zur Trias erweiterter Oboenchor und die Streicher konzertieren miteinander wie drei Chöre mit wechselnder Motivik: Sechzehntel aufsteigend oder in Wechselnoten-Terzenketten (was die Hörner spielen können), in Achteln absteigende gebrochene Dreiklänge jeweils mit Tonwiederholung, ganze Takte als Akkord stehend oder im stereotypen Freudenrhythmus, schließlich auf Achtel gekürzte Akkorde im Viertel-Schlag, meist aufsteigend fortschreitend. In der Komplementarität der Instrumentalchöre und im Gegenüber von Auf- und Abwärtsbewegung, oft über eine Oktave und weiter, erschließt sich sozusagen globale Fülle. Die großflächige Dreiklangsorientierung der Harmonik lässt göttliche Herrlichkeit erstrahlen. Die Liedeinwürfe der Vokalstimmen sind knapp gehalten ohne jede Vorimitation. Die Unterstimmen richten ihre Diktion Zeile für Zeile nach dem Text. Mit Sechzehnteln auf *Gelobet* und *freuet* (Zeile 4) partizipieren sie am instrumentalen Festjubel. In der dritten Zeile bekräftigen sie durch Nachimitation

175

der Melodie *von einer Jungfrau* ... und gemeinsam skandierend nochmals *das ist wahr*. Bei *Kyrie eleis* als Ruf um Erbarmen wird überraschend mit Es in Alt und Bass die Moll-Subdominante eingeführt. Zusammen mit den Tönen D und G im Zielklang G-Dur ergibt sich so die tonsymbolische Kadenzverbindung S-D-G (Soli Deo Gloria): *Gelobet seist Du, Jesu Christ.*

Für die zweite Liedstrophe ist das Ende August letztmals benutzte Verfahren der Tropierung im Rezitativ wieder aufgegriffen. In hoher Lage versinnbildlicht der Sopran eindrücklich den *Glanz der höchsten Herrlichkeit*, mit a-Spitzenton sind die Worte *Gottes* (*Wesen*), *Licht* und *Segen* markiert. Demgegenüber tief liegen die Noten der Liedmelodie, die (nur) in der zweiten Zeile mit dem Krippenbild verzierend ausgeschmückt wird. Vom *Kind in der Krippe* singt also die Stimme eines Knaben, welche die Ärmlichkeit von menschlichem *Fleisch und Blut* ebenso versinnbildlicht wie die Reinheit und Helligkeit göttlichen Glanzes in sozusagen keuscher Höhe. Dem Librettisten ist die Lichtmetaphorik für das Göttliche in Christus wichtig, *Licht vom Licht* hat er aus dem Glaubensbekenntnis eingetragen. Er betont aber auch den Kontrast des Gott gegenüber *verlorenen* menschlichen Wesens, was Bach mit verminderten Septakkorden brandmarkt. Zu jeder Melodiezeile lässt er im Continuo in jeweils dreifacher Sequenz die erste Melodiezeile in Achteln spielen (vgl. BWV 178,2), ein kontrapunktisches Kunststück, das den Hörern als Ohrwurm einpflanzt: *Gelobet seist du Jesu Christ.*

Die folgende a-Moll-Arie bestreitet das Oboentrio als Trinitätssymbol (vgl. BWV 20,5) mit Continuo. Der Tenor zeichnet mit exorbitanter Stimmführung den Kontrast von göttlicher Welttranszendenz und *enger Krippe* nach. Die auch den Instrumentalsatz prägende Vertonung der ersten Textzeile bewegt sich zunächst im Dreiklangsbereich zwischen Quinte und Grundton, um bei *zu klein* mit Sprung zur Septime diesen gewöhnlichen Rahmen zu sprengen. Der Oboensatz liegt stellenweise sehr hoch.

Unablässig hört man vokal wie instrumental skandiert: *Gott, dem der Erdenkreis zu klein!* Im Arien-Mittelteil ist Luthers vierte Strophe integriert mit dem Gegenüber von göttlichem Licht und zu *dieses Lichtes Kindern* gewordenen Gläubigen. Die Formulierung *nicht hassen* (vgl. Römer 8,31f.) korrespondiert der im Rezitativ eingebrachten Metapher *Liebe.* Bei Luther steht erst am Ende des Liedes als Pointe: *sein groß Lieb zu zeigen an.*

Anders als im Lied folgt nun ein dringlicher Appell an die Hörer (*O Christenheit!*), sich für Gott zu öffnen. Wie ein seelsorgerlicher Prediger spricht der Bass im Rezitativ das Kommen des Gottessohnes zu. Mit der Anrede *Du* richtet er sich an des Menschen *Herz* als Empfangsorgan für Gottes *Liebe.* Wie im zweiten Rezitativ zum 1.Advent (BWV 62,5) setzt Bach hier Streicherbegleitung als Herrlichkeits-Gloriole ein. Das Kontrastbild *Jammertal* malt er drastisch aus mit in die Tiefe führender Moll-Chromatik, um allerdings zu schließen mit einem Aufschwung der ersten Violinen zum hohen c˝ über tiefem Continuo-C, eindrückliche Christus-Tonsymbolik. *Wir müssen durch viel Trübsal in das Reich Gottes eingehen* hatte Bach zehn Jahre zuvor ganz ähnlich gestaltet (BWV 12,3).

Die in 2. Korinther 8,9 formulierte Dialektik, dass der reiche Christus arm wurde, damit wir Armen reich würden, von Luther in der 6. Liedstrophe aufgegriffen und andernorts als »fröhlicher Tausch« benannt, bestimmt inhaltlich die zweite Arie in e-Moll. Der Text spricht rhetorisch steigernd vom *Überfluss an Himmelsschätzen* für uns *Arme* und stellt als Tausch für das *menschlich Wesen* vollmundig die Teilnahme am himmlischen *Chor der Engel* in Aussicht. Bach nimmt die inhaltliche Herausforderung musikalisch auf verschiedenen Ebenen auf. Den klanglichen Rahmen prägen die unisono spielenden Violinen, im Barock das Instrument der Engel, mit locker aus dem Handgelenk am Bogen zu schüttelnden Punktierungen (vgl. die Continuo-Diktion in der Osterkantate BWV 4, Vers 6 *So feiern wir das hohe Fest,* ebenso in e-Moll). Der Vokalpart ist als Duett der beiden hohen Stimmen Alt(us) und Sopran gestaltet. Damit kann Bach Dissonanz wie Konsonanz symbolisch platzieren, ersteres zu *die Armut* mit imitierenden Einsätzen, die in Halbton- (oder große Septim-)Dissonanz springen (wie bei den Oboen zu Beginn der Johannes-Passion), letzteres mit Terz- und Sextparallelen zu *ewig Heil* und *Überfluss*. Im Mittelteil bringt der Passus duriusculus zu *sein menschlich Wesen* weitere harmonische Schärfung. Die Gegenstimme dazu ist kompatibel auch zu den Gloriole-Bewegungen für *Engelsherrlichkeiten*. So setzt Bach präzise um, was die Worte sagen: *Sein menschlich Wesen machet euch den Engelsherrlichkeiten gleich*. Diese kommen pointierend auf den dissonanten Anfangsklang zu stehen (Takt 56), in Alt, Sopran, Violine auf die Töne S-D-G (im Continuo dazu das Christus-C). Nachdem Bach die Modulation im Mittelteil von e-Moll sinnträchtig (*Engel*) bis fis-Moll in die Höhe getrieben hat, muss er ziemlich gewaltsam von D-Dur über g-Moll in die andere Richtung steuern, um auf diesen c-Moll-Klang zu kommen. In der Tritonus-Polarität fis-/c-Moll ist die inhaltliche Dialektik musikalisch auf die Spitze getrieben. Gerade im tiefen *Jammertal* von c-Moll hat das *engelsherrliche* Soli Deo Gloria seinen Ort.

Der Schlusschoral ist harmonisch an den Grundklängen orientiert, damit die Hörner mitspielen können und so der Festklang des Anfangs wieder ertönt. Über *Kyrie eleis* am Schluss schwingen sie sich mit einem Jubilus auf in die Höhe der *Engelsherrlichkeiten*. Für denselben Gottesdienst hat Bach noch das große Sanctus D-Dur (BWV 232 III) komponiert, sechsstimmig im Vokalpart, mit Oboen-Trio und mit Trompetteria, gut zwanzig Jahre später in die h-Moll-Messe übernommen. Vielleicht hat die Vollmundigkeit der Kantate ihn motiviert, sich an diesem Christfest mit einem solch grandiosen Sanctus tatsächlich *zu der Engel Chor zu setzen*.

BWV 121

Christum wir sollen loben schon

Christfest II, 26. Dezember 1724, Thomaskirche/ Nikolaikirche
Liedautor: Martin Luther 1524 nach Coelius Sedulius (5. Jh.)

1. *Zink, Posaune I–III, Oboe d'amore I/II,
Streicher mit Vokalstimmen*
**Christum wir sollen loben schon,
Der reinen Magd Marien Sohn,
So weit die liebe Sonne leucht
Und an aller Welt Ende reicht.**

2. Arie Tenor *Oboe d'amore*
O du von Gott erhöhte Kreatur,
Begreife nicht, nein, nein, bewundre nur:
Gott will **durch Fleisch**
des Fleisches Heil **erwerben.**
  Wie groß ist doch
  der **Schöpfer aller Ding**e,
  Und wie bist du
  verachtet und geringe,
  Um dich dadurch
  zu retten vom **Verderben.**

3. Rezitativ Alt
Der Gnade unermesslich's Wesen
Hat sich den Himmel nicht
Zur Wohnstatt auserlesen,
Weil keine Grenze sie umschließt.
Was Wunder, dass allhie
Verstand und Witz gebricht,
Ein solch Geheimnis zu ergründen,
Wenn sie sich in
ein keusches Herze gießt.
Gott wählet sich den reinen Leib
zu einem Tempel seiner Ehren,
Um zu den Menschen sich
mit wundervoller Art zu kehren.

4. Arie Bass *Streicher*
Johannis freudenvolles **Springen**
Erkannte dich, mein Jesu, schon.
  Nun da ein Glaubensarm dich hält,
  So will mein Herze von der Welt
  Zu deiner Krippe brünstig dringen.

5. Rezitativ Sopran

Doch wie erblickt es dich in deiner Krippe?
Es seufzt mein Herz:
mit bebender und fast geschlossner Lippe
Bringt es sein dankend Opfer dar.
Gott, der so unermesslich war,
Nimmt Knechtsgestalt und Armut an.
Und weil er dieses uns zugut getan,
So lasset mit der Engel Chören
Ein jauchzend Lob- und Danklied hören!

6. Choral

Lob, Ehr und Dank sei dir gesagt,
Christ, geboren von der reinen Magd,
Samt Vater und dem Heilgen Geist
Von nun an bis in Ewigkeit.

Auch am zweiten Christtag kommt hymnologisches Urgestein zum Zuge, nicht eines der schönen barocken Weihnachtslieder, etwa von Paul Gerhardt. Wieder ist es ein Lutherlied mit Referenz zu Vorreformatorischem, die Übertragung des Christus-Hymnus *A solus ortus cardine* mit einer im Mittelalter beliebten Melodie, die ins System der Kirchentonarten schwer einzuordnen ist.

Bach bringt zu Beginn dezidiert den Sound des Alten: motettischer Vokalsatz mit ausführlicher Vorimitation jeder der vier Liedzeilen, die Instrumente spielen »colla parte«, das Bläserquartett aus Zink (Sopran) und drei Posaunen prägt das Klangbild einschlägig. Dieser Klang des Alten ist zugleich ökumenische »Weltmusik«, *die an aller Welt Ende reicht.* Das altkirchliche Christuslob kennt noch keine Kirchenspaltung. Weltmusik im Wortsinn ist dies auch in der strikten Vierstimmigkeit: vier Himmelsrichtungen konstituieren die Weltwahrnehmung des Menschen. Anders als bei vergleichbaren Sätzen lässt Bach den Continuo mit Einsatz des Cantus firmus im Sopran stets mit dem Vokalbass laufen, bisweilen im Totalität markierenden Oktavabstand, Takt 93f. sogar auf zwei Oktaven gespreizt. Einen modernen Zug erhält der Tonsatz durch die zu Beginn im Continuo als Gegenstimme konstituierte Achtelbewegung in Wechselnoten, dann oft in Terzen geführt, was eigentlich stilwidrig ist. Beim ersten Auftreten dieser Achtel in den Sing-

stimmen bestimmt der Tenor mit *loben* ihren Sinn. Spätere Text-
unterlegungen wie *Magd* sind insofern stimmig, als man hier Maria
identifiziert, die den Lobgesang des Magnificat anstimmt. Diese
den ganzen Satz durchziehende Gloriolen-Bewegung, vom Continuo bisweilen über Tonräume bis zwei Oktaven (Takt 48–54)
geführt, ist Symbol des die ganze Welt umgreifenden Christuslobs. Exakt 112 CHRISTUS-Takte hat Bach dafür komponiert.

Der konzentrierte Aufbau der Kantate mit sechs Sätzen (zu
acht Liedstrophen) entspricht der inzwischen üblichen Standard-
form. Wie oft steht an zweiter Stelle eine Tenor-Arie, hier wie am
1. Advent mit dem Appell zu *bewundern*. Nur eine Oboe d'amore
ist im Einsatz, deren Partie bisweilen bis unter den Tenor reicht,
was die Dialektik von Erniedrigung Gottes und Erhöhung des
Menschen versinnbildlicht. Bemerkenswert ist, dass Bach das Ritornell der h-Moll-Arie in D-Dur kadenzieren lässt – *Heil erwerben*
ist Gottes Ziel für die Menschen. Trotz des jambischen Versmaßes
setzt das Hauptmotiv volltaktig ein. Zunächst hatte Bach das
Anfangsintervall als Quarte nach oben gesetzt, dann änderte er
in Quintfall von oben, was zu herausstechenden Tenor-Anfangs-
tönen führt und den Appellcharakter verstärkt. Die entschiedene
Entgegensetzung von *bewundern* und (verstandesgemäßem) *be-
greifen* mit *nein, nein* scheint dem Schriftbefund nach erst im
Kompositionsprozess eingetragen worden zu sein. Im Mittelteil
ist beim Tenor das Anfangsintervall umgekehrt ein Sprung nach
oben, stimmig als Geste des *Bewunderns: wie groß/ und wie.*

Das Wundersame des Inkarnationsgeschehens repräsentieren
im Alt-Rezitativ entlegene Tonartbereiche bis hin zu Cis-Dur.
Doch am Ende kadenziert Bach mit einem einzigen Schritt vom
Cis-Dur-Septnonakkord durch Umdeutung des H als Leitton nach
C-Dur: *auf wundervolle Art zu kehren* kann man kaum stimmiger
vertonen. Die im Hymnus mit *Mägdlein* und *keusche Mutter* doppelt genannte Maria hat den Librettisten weniger interessiert. Ihm
geht es um die qualitative *Kehre*, um jenen von Luther benannten

Tausch von göttlichem und menschlichem Wesen. Genau dies nimmt Bach musikalisch in den Fokus mit der ungeheuerlichen Modulation nach C-Dur.

In reinstem C-Dur erklingen dann die ersten vier Takte der Arie, in dreifachem Kanon folgen die Streicher dicht aufeinander und formieren nach zwei Takten ein förmliches Echo. Es könnte sein, dass diese muntere Musik mit Echo-Spiel auf eine andere Szene hin entworfen und von Bach hier wiederverwertet wurde. Allerdings markiert der Quart-Auftakt stimmig die Umkehrung zum vorausgehenden Quart-Abfall (*kehren*) und das Echo könnte für die Resonanz äußerer Wirklichkeit im Mutterleib stehen. Das *freudenvolle Springen* des ungeborenen Johannes im Leib seiner Mutter (Lukas 1,41) fungiert als Vorbild des Jesus-Erkennens für die Gläubigen. *Nun da ein Glaubensarm dich hält* greift demgegenüber voraus auf den greisen Simeon bei Jesu Darbringung im Tempel (Lukas 2,28). In diesem weihnachtlichen Gesamthorizont kann der Gläubige (*mein Herz*) erwartungsfroh zur *Krippe dringen*, eine Anspielung auf das Tagesevangelium mit den Hirten an der Krippe (Lukas 2,15–20).

Das Sopran-Rezitativ singt dann tatsächlich ein Knabe, zunächst verwundert und seufzend über die Ärmlichkeit des Kindes in der Krippe. Die Polarität von Unermeßlichkeit und *Knechtsgestalt* fasst Bach im gespreizten Ambitus zwischen Spitzenton a´´ und tiefem dis´ (Oktave+Tritonus). Die Glaubenserkenntnis des Pro nobis (*uns zugut*) lässt den Hirtenknaben dann aber *jauchzend* sich aufschwingen bis zum exzeptionellen h´´. So hebt er die Grenze zwischen der *Engel Chor* auf Weihnachtsbildern (über den Dachbalken des Stalles) und den Hirten unten bei der Krippe auf.

Den Choralsatz zum trinitarischen Gloria Patri der Schlussstrophe gestaltet Bach in den Begleitstimmen sehr bewegt mit überwiegend aufwärts gerichteter Stimmführung. Trotz der Bindung an den (irdischen) Cantus firmus schwingt sich die Gemeinde so mit auf zu *der Engel Chor* (Kantate 91,5).

Ich freue mich in dir

Christfest III, 27. Dezember 1724, Nikolaikirche
Liedautor: Caspar Ziegler 1648/1697

1. *Oboe d'amore I/II, Streicher,*
Zink mit Sopran
Ich freue mich in dir
Und heiße dich willkommen,
Mein liebes **Jesulein!**
Du hast dir vorgenommen,
Mein Brüderlein zu sein.
Ach, wie ein süßer Ton!
Wie freundlich sieht er aus,
Der große Gottessohn!

2. **Arie** Alt *Oboe d'amore I/II*
Getrost! es fasst ein heilger Leib
Des Höchsten **unbegreiflichs Wesen.**
   Ich habe Gott –
   wie wohl ist mir geschehen! –
   Von Angesicht zu Angesicht gesehen.
   Ach! meine Seele muss **genesen.**

3. **Rezitativ** Tenor
Ein Adam mag sich voller Schrecken
Vor Gottes Angesicht
Im Paradies verstecken!
Der allerhöchste Gott
kehrt selber **bei uns ein:**
Und so entsetzet sich mein Herze nicht;
Es kennet sein erbarmendes Gemüte.
Aus unermessner Güte
Wird er **ein kleines Kind**
Und heißt mein Jesulein.

4. **Arie** Sopran *Streicher*
Wie lieblich klingt es in den Ohren,
Dies Wort: mein Jesus ist geboren,
Wie dringt es in das Herz hinein!
   Wer Jesu Namen nicht versteht
   Und wem es nicht durchs Herze geht,
   Der muss ein **harter Felsen** sein.

5. Rezitativ Bass

Wohlan, des Todes Furcht und Schmerz
Erwägt nicht mein getröstet Herz.
Will er vom Himmel sich
Bis zu der Erde lenken,
So wird er auch an mich
In meiner Gruft gedenken:
Wer Jesum recht erkennt,
Der stirbt nicht, wenn er stirbt,
Sobald er Jesum nennt.

6. Choral

Wohlan, so will ich mich
An dich, o Jesu, halten,
Und sollte gleich die Welt
In tausend Stücken spalten.
O Jesu, dir, nur dir,
Dir leb ich ganz allein;
Auf dich, allein auf dich,
Mein Jesu, schlaf ich ein.

Während der Heilige Abend zu Bachs Zeit kein liturgischer Topos war, gab es an den drei großen Festen einen dritten Feiertag, der ebenfalls mit einer Kantate zu bedienen war, allerdings nur im Morgengottesdienst der Nikolaikirche. Das hier gewählte Lied steht einerseits konträr zu den Lutherliedern mit altem ökumenischem Hintergrund an den beiden Festtagen zuvor. Es ist ein erst seit 1697 in Gesangbüchern vertretenes, kaum bekanntes Lied intimer Jesusfrömmigkeit mit nur vier Strophen. (Aus den Mittelstrophen gewinnt der Librettist jeweils eine Arie und ein Rezitativ.) Bach hat sich die passende D-Dur-Melodie extra notieren müssen als Merkposten auf einer freien Notenzeile der Partitur zum großen Sanctus am 1. Christfesttag. Andererseits kennzeichnet dieses Lied ebenso das Nachsinnen über das Wunder der Inkarnation: »Gott senkt die Majestät, sein unbegreiflich Wesen, in eines Menschen Leib« beginnt die zweite Liedstrophe. Im Fokus steht eine Theologie des Namens Jesu: *und heißt mein Jesulein* übernimmt die Kantate wörtlich als Pointe von Satz 3. Am Ende der dritten Strophe (Kantatensatz 5) gilt die Nennung des Namens *Jesus* als Tor zum ewigen Leben (vgl. Römer 10,9). Die heute unangemessen erscheinenden Diminutive *Jesulein/Brüderlein* (Satz 1/2) sind Implikat des intimen Liebesverhältnisses zwischen Jesus und dem Herz des Glaubenden. Biblischer Bezugspunkt dafür ist das zweite Evangelium zu diesem Festtag Johannes 21,20–24 vom »Jünger, den Jesus lieb hatte«.

Bachs Musik zur ersten Liedstrophe ist ein vitales, Dur-betontes Konzert mit virtuoser Violin-Oberstimme. Die beiden Oboen d'amore – sie stehen für die Liebesthematik – spielen ungewöhnlich bei den Begleitstimmen Violine 2 und Viola mit. Schon das Vorspiel führt im Quintenzirkel zwei Stufen aufwärts von D-Dur nach E-Dur und kadenziert in der Dominante A-Dur: ekstatische Begeisterung. Der Willkommensgruß der Vokalstimmen an das Jesuskind ist dann schlicht im Kantionalsatz gehalten, wobei die Unterstimmen in abgezogenen Achtel-Zweiern den Klang extra »light« machen. Auch wenn die zweite Liedzeile nach h-Moll kadenziert, spielen die Instrumente gleich wieder in D-Dur weiter. Erst bei der Wiederholung geht es vorübergehend in Moll weiter, um bald im harmonischen Zirkel höher zu rücken bis zum Stichwort *süßer Ton*, wo Bach den Zielton cis im Sopran so lange halten lässt, bis die Instrumente diverse Varianten von Cis-Dur-Septakkordverbindungen ausgekostet haben. In einem Nachspiel bekräftigen sie das nochmals. In der Schlusszeile unterstreichen die Vokalstimmen der *große Gottessohn* mit ausgeweiteten Koloraturen, der Bass im signifikanten Oktav-Ambitus: Majestätshuldigung. Die Instrumente skandieren darüber die drei repetierenden Viertel ihres Ritornell-Anfangs. Zur Liedmelodie ohne Bezug wirken sie jetzt wie vielfaches Skandieren von *Got-tes-sohn*.

Der ungemein freudige Tonfall setzt sich fort in der A-Dur-Arie, ebenfalls im virtuosen Allabreve, mit den überwiegend in schönsten Parallelen spielenden Oboen d'amore. Den dreifachen *Getrost!*-Zuruf, der auch den Oboen das Anfangssignal gibt, hat der Librettist zum Lied dazu erfunden, ebenso die Pointierung der Weihnachtserfahrung als Sehen Gottes »face to face« (wie seinerzeit Jakob beim Ringkampf am Jabbok 1.Mose 32,30). »Ich

185

sehe dich mit Freuden an und kann mich nicht satt sehen« (EG 37,4) wäre die heute bekanntere Paul-Gerhardt-Variante für solche Glaubenserfahrung, die hier passend vom Altus artikuliert wird. Das oft wiederholte *wie wohl ist mir geschehen!* setzt Bach in parallele Achtel-Dreiklangsbewegung (als Sextakkorde) und verlangt ausdrücklich Piano: stiller Blick in das eigene Herz.

Das Tenor-Rezitativ bringt (ohne Vorgabe im Lied) den Weihnachtstopos von der Restitution der Vertreibung aus dem Paradies ein, wieder fokussiert auf die face-to-face-Kommunikation mit Gott. Während Adam sich schamvoll verstecken musste, kann ich nun intim mit Gott als *mein Jesulein* verkehren. Durch adagio-Vortrag ist das Schlusszitat aus dem Lied ebenso hervorgehoben wie – als inhaltlicher Gegenpol – die Ausrufung der *allerhöchste Gott*.

Die zweite Arie, wieder in ekstatischem Allabreve, steht zwar in h-Moll, Bach erzielt aber ebenso *lieblichen* Klang in erneuter Sextakkord-Parallelführung, jetzt mit den Streichern. Ein Echo-Effekt ist konstitutiv als Widerspiegelung äußeren Klangs im Herzen. Zweiter spezieller Effekt sind zu *wie lieblich klingt es in den Ohren* schnelle Tonrepetitionen der 1. Violine auf den leeren Saiten e, a, d. Dabei stellt dieser Ton zweimal die Septime zu einem Durakkord. Während moderne Violinschulen das Vermeiden von leeren Saiten lehren, sind sie hier Symbol der unmittelbaren, reinen Jesusbeziehung. *Dies Wort* steht als dreifaches Quartsignal analog zu *getrost!* in der ersten Arie, Cantus firmus-artig schließt sich die Ausrufung der Weihnachtsbotschaft in persönlicher Zuspitzung an: *mein Jesus ist geboren*. Dies ist das essentielle Trost-Wort. Der Mittelteil der Arie bekräftigt das ex negativo im Blick auf ein für Jesu Namen nicht zugängliches Herz. Bach komponiert das gegenpolig ohne Continuo, Symbol der Bodenlosigkeit solchen Lebens, mit Passus duriusculus-Passagen in den als Ersatzbass fungierenden tiefen Streichern und entsprechend herber Harmonik. Gleichwohl ist diese Musik zum *Herz*-Erweichen: Largo zu spielender 12/8-Takt, je drei Achtel auf einem Bogen bebend, also emotional anrührend, in Violine 1 eine expressive Oberstimme, die mit dem Sopran korrespondiert. Wen sollte die exponiert geführte Stimme des Knaben da nicht rühren?

Das Bass-Rezitativ greift von Anfang an die Sterbethematik auf, was die Liedstrophe erst am Ende brachte. Das *getröstet Herz* bewährt sich gerade in der Sterbesituation, ein zu Bachs Zeit oft entfalteter, wichtiger Aspekt der Weihnachtsbotschaft. Im Hintergrund steht die Paulus-Sentenz »Leben wir dem Herrn, so sterben wir dem Herrn« (Römer 14,8). Die Liedvorlage etwas abändernd erklingt dreimal in der choralmäßig schlicht gesetzten Schlussstrophe das Zauberwort für ein seliges Sterben: *o/mein Jesu*.

BWV 122

Das neugeborne Kindelein

Sonntag nach dem Christfest, 31. Dezember 1724, Thomaskirche
Liedautor: Cyriakus Schneegaß 1597

1. *Oboe I/II, Taille mit Streichern*
Das neugeborne Kindelein,
Das herzeliebe Jesulein
Bringt abermal ein neues Jahr
Der auserwählten Christenschar.

2. Arie Bass *Continuo*
O Menschen, die ihr täglich sündigt,
Ihr sollt der Engel Freude sein.
    Ihr jubilierendes Geschrei,
    Dass Gott mit euch versöhnet sei,
    Hat euch den süßen Trost verkündigt.

3. **Rezitativ** Sopran *Blockflöte I-III*
Die Engel, welche sich zuvor
Vor euch als vor Verfluchten scheuen,
Erfüllen nun die Luft im höhern Chor,
Um über euer Heil sich zu erfreuen.
Gott, so euch aus dem Paradies
Aus englischer Gemeinschaft stieß,
Läßt euch nun wiederum auf Erden
Durch seine Gegenwart
vollkommen selig werden:
So danket nun mit vollem Munde
Vor die gewünschte Zeit im neuen Bunde.

4. **Arie** Terzett Sopran/Alt/Tenor
Streicher mit Alt
Ist Gott versöhnt und unser Freund,
O wohl uns, die wir an ihn glauben,
Was kann uns tun der arge Feind?
Sein Grimm kann unsern Trost nicht rauben;
Trotz Teufel und der Höllen Pfort,
Ihr Wüten wird sie wenig nützen,
Das Jesulein ist unser Hort.
Gott ist mit uns und will uns schützen.

5. **Rezitativ** Bass
Dies ist ein Tag, den selbst der Herr gemacht,
Der seinen Sohn in diese Welt gebracht.
O selge Zeit, die nun erfüllt!
O gläubigs Warten, das nunmehr gestillt!
O Glaube, der sein Ende sieht!
O Liebe, die Gott zu sich zieht!
O Freudigkeit, so durch die Trübsal dringt
Und Gott der Lippen Opfer bringt!

6. **Choral**
Es bringt das rechte Jubeljahr,
Was trauern wir denn immerdar?
Frisch auf! itzt ist es Singens Zeit,
Das Jesulein wendt alles Leid.

Der Sonntag zwischen Christfest und Neujahr fiel 1724 auf den 31.12., was als Altjahrsabend damals kein liturgischer Kasus war. Vielmehr war die Vorstellung leitend, dass mit Weihnachten das neue Jahr qualitativ begonnen hat: »Des freuet sich der Engel Schar und singet uns solch neues Jahr« endet Luthers *Vom Himmel hoch, da komm ich her* (EG 24). Das hier gewählte Lied thüringischer Herkunft – Schneegaß war Pfarrer in Friedrichroda, die Melodie ist 1609 im Kantionale des Weimarers Melchior Vulpius belegt – hat dieselbe knappe Vierzeiler-Strophenform wie Luthers »Kinderlied auf die Weihenachten« und schließt auch mit dem einschlägigen *Kindelein/herzeliebe Jesulein* daran an. Es ist der Luther-Melodie angedichtet (beachte in Strophe 4 den Auftakt-Appell *Frisch auf!*) und bietet im Anschluss an Luthers 15strophiges Lied mit jetzt nur vier Strophen ein Resumée unter dem Leitbegriff *neues Jahr*. Im Rekurs auf das alttestamentliche, alle 50 Jahre begangene Gnaden- bzw. *Jubeljahr* (Strophe 4, vgl. Lukas 4,19) ist dies qualifiziert durch die Versöhnung von Gott und Mensch. *Ist Gott versöhnt und unser Freund* lautet der Kernsatz zu Beginn von Strophe 3, zitiert und inhaltlich verstärkend kommentiert im vierten Kantatensatz.

Der Librettist nutzt den Spielraum, von vier kurzen Strophen aus sechs Kantatensätze gestalten zu können, indem er den gesamtbiblischen Horizont der Versöhnungstheologie einbringt von der Vertreibung aus dem Paradies (Satz 3) bis zum Topos von der ersehnten (Gnaden-)*Zeit, die nun erfüllt* (Satz 5), wie es in der Epistel Galater 4,1-7 formuliert ist. Im vom Lied unabhängigen zweiten Rezitativ greift er auch Motive aus Lukas 2, 21–40 (ab V. 33 Evangelium) auf, wo die »Senioren« Simeon und Hanna von der Begegnung mit dem Jesuskind her ein solches Panorama der Heilsgeschichte besingen. Die fünf O-Ausrufe in Satz 5 (wie zu Beginn von Satz 2 und 4) sind nicht mehr wie bei den adventlichen O-Antiphonen (vgl. EG 7) Ausdruck der Sehnsucht, sondern des Staunens über das Weihnachtswunder (vgl. BWV 62,2). Die männliche Endung der Verse akzentuiert (wie im Lied) in perfektischen und präsentischen Verbformen (*erfüllt, sieht*) die Gegenwart des Heils.

»Gnaden-Gegenwart« (Begriff aus einer Eintragung Bachs in seine Calov-Bibel) komponiert Bach signifikant durch Bevorzugung des Dreiertaktes als (Vollkommenheit symbolisierende) »Tripla« in allen Sätzen mit Liedstrophen: 3/8 (Satz 1), 6/8 (Satz 4), 3/4 (Satz 6). Im Schlusschoral verwischt er mit den Unterstimmen in Zeile 1, 3 und 4 die hemiolische Strukturierung der Melodie zugunsten des Dreiertakt-Schemas, um so an die Diktion des Eingangssatzes anzuschließen. Dort erhält jede Melodienote die Dauer eines 3/8-Taktes, die Unterstimmen deklamieren in schönster 3/8-Manier mit starker Eins-Betonung. Ihre nachimitierenden Einsätze greifen außer bei der vierten Zeile jeweils die Melodie auf. Das 6/8-Siciliano von Satz 4 verknüpft Dreier und Zweier, stellt sich darin dem weiter existenten Widerpart Gottes im *argen Feind*.

Der vergleichsweise kompakte Tonsatz im Eingangschor zeigt konfliktfreie Konzentration, verkörpert auch darin Heils-Präsenz. Die nicht nur zwei, sondern drei Oboen spielen ohne eigene Partien mit den Streichern, erzeugen so weihnachtlichen Pastoral-Sound. Die Vokalstimmen sind zwar eigenständig, laufen aber oft in Terzen parallel zu den Instrumenten und verschmelzen mit ihnen immer mehr. Die vorgeschriebenen Echo-Effekte im Ritornell, teilweise mit verzierender Diminution, spiegeln die Diminutive im Lied wieder (*Kindelein, Jesulein*). Das ist nicht infantile Verniedlichung, sondern Ausdruck größter Nähe und Intimität. 4x120 Töne in den vier Vokalstimmen repräsentieren das Leitwort *Jahr* (12 Monate). Die instrumentale Oberstimme spielt bis zum Ende der ersten Liedzeile ebenfalls 120 Töne und bis zu *neues Jahr* am Ende der dritten Zeile 366 Töne (Tage im Schaltjahr als besonders qualifiziertes Jahr).

Ziemlich konträr dazu wirkt auf den ersten Eindruck die Arie, klanglich spröde als Continuo-Arie im düsteren c-Moll gesetzt.

Im Bußprediger-Habitus setzt der Bass mit Oktavintervall markant ein: *O Menschen, die ihr täglich sündigt.* Die heilsverheißende Fortsetzung *ihr sollt der Engel Freude sein* ist mit aufsteigenden Sechzehntel-Ketten aber ebenso sinnenfällig vertont. Der Arien-Mittelteil deutet im Anschluss an Lukas 15,10 das Gloria der Engel bei den Hirten auf dem Feld als Jubel über die Versöhnung der Sünder (»... und den Menschen ein Wohlgefallen« Lk 2,14). Diese Botschaft erfährt als *süßen Trost* aber nur, wer sich dem eigenen Sündersein stellt. Rein idyllische Weihnachtsmusik wäre demnach Augenwischerei. Die stupende Virtuosität dieser Arie im Allabreve steht für den Überschuss der göttlichen Gnade über die menschliche Sünde.

Wieder konträr gestaltet Bach nach diesem Blick auf die Realität der Sünde im folgenden Rezitativ die heilvolle Sicht der Dinge aus Engelsperspektive. Es singt der Sopranknabe als Stimme eines Engels, flankiert vom dreistimmigen Blockflötenchor (gespielt von den drei Oboisten), der *im höhern Chor* das Lied choralsatzartig vorträgt. Man muss den Text der zweiten Liedstrophe mithören: »Des freuen sich die Engelein, die gerne um und bei uns sein; sie singen in den Lüften frei, dass Gott mit uns versöhnet sei.« Als Blockflöten-Choral verkörpert das Lied die Realpräsenz (*Gegenwart*) des himmlischen Heils (*vollkommen selig*), oder wie auf den Weihnachtsbildern: die Decke im Stall von Bethlehem ist offen zum Gebälk, wo die Engel singen. Die Reaktion des erlösten Menschen ist der dankende Lobpreis Gottes, wie er von Hanna im Tempel berichtet wird (Lk 2,38). Bach legt dem im Wortsinn vollmundigen Engel zum letzten Satz passende 29 SDG-Töne in den Mund, insgesamt sind es 5x29 Engelstöne im Rezitativ.

Die zweite Arie ist ein Vokalterzett mit Continuo wie am letzten Trinitatissonntag (BWV 116,4), hier laufen aber zwei Texte parallel. Die originale dritte Liedstrophe singt der Alt, profiliert als Cantus firmus im Wortsinn durch unisono mitspielende Streicher. Diese Cantus-Festigkeit repräsentiert die Glaubensgewissheit (Alt!) gegenüber dem *argen Feind*. Die bekräftigende Kommentierung des Librettos singen Sopran und Tenor in imitierender Stimmführung. Der Alt klinkt sich nach Absolvierung der Strophe bei ihnen ein und bekräftigt selbdritt *Gott ist mit uns ...* – das »Immanuel«-Motiv (siehe die Kantate dazu an Epiphanias).

Im harmonisch subtil gestalteten, mit himmlischen Streicherklängen eingekleideten Rezitativ agiert der Bass nun definitiv als Heilsdeuter. Pointe ist wie im ersten Rezitativ das Singen (*der Lippen Opfer*) als menschliche Freudenäußerung analog zu der der Engel. Die Schlussstrophe bringt das griffig auf den Punkt und liefert eine zwingende Erklärung für das Phänomen bis heute, dass Weihnachten *Singens Zeit* ist. Die 12x29 Takte der ganzen Kantate lassen sich dechiffrieren als Jahr (12) voll gesungenem Lobpreis Gottes (29).

Jesu, nun sei gepreiset

Fest der Beschneidung Christi (Neujahr), 1. Januar 1725,
Nikolaikirche / Thomaskirche
Liedautor: Johann Herman 1593

1. *Trompete I–III, Pauken,*
Oboe I–III, Streicher
Jesu, nun sei gepreiset
Zu diesem neuen Jahr
Für dein Güt, uns beweiset
In aller Not und G'fahr,
Dass wir haben erlebet
Die neu fröhliche Zeit,
Die voller Gnaden schwebet
Und ewger Seligkeit;
Dass wir in guter Stille
Das alt Jahr habn erfüllet.
Wir wolln uns dir ergeben
Itzund und immerdar,
Behüt(e) Leib, Seel und Leben
Hinfort durchs ganze Jahr!

2. **Arie** Sopran *Oboe I–III*
Lass uns, o höchster Gott,
das Jahr vollbringen,
Damit das Ende so
wie dessen Anfang sei.
    Es stehe **deine Hand** uns bei,
    Dass künftig bei des Jahres Schluss
    Wir bei des Segens Überfluss
    Wie itzt ein Halleluja singen.

3. **Rezitativ** Alt
Ach! **deine Hand**, dein Segen muss allein
Das A und O, der Anfang und das Ende sein.
Das **Leben** trägest du in **deiner Hand**,
Und unsre Tage sind bei dir geschrieben;
Dein Auge steht auf Stadt und Land;
Du zählest unser Wohl und kennest unser Leiden,
Ach! gib von beiden,
Was deine Weisheit will,
worzu dich dein Erbarmen angetrieben.

4. **Arie** Tenor *Violoncello piccolo*
Woferne du den edlen Frieden
Vor unsern Leib und Stand beschieden,
So lass der Seele doch **dein selig machend Wort**.
    Wenn uns dies Heil begegnet,
    So sind wir hier gesegnet
    Und Auserwählte dort!

5. **Rezitativ** Bass (Sopran/Alt/Tenor)
Doch weil der Feind bei Tag und Nacht
Zu unserm Schaden wacht
Und unsre Ruhe will verstören,
So wollest du, o Herre Gott, erhören,
Wenn wir in heiliger Gemeine beten:
Den Satan unter unsre Füße treten.
So bleiben wir zu deinem Ruhm
Dein auserwähltes Eigentum
Und können auch nach Kreuz und Leiden
Zur Herrlichkeit von hinnen scheiden.

6. **Choral** *Trompete I–III, Pauken separat*
Dein ist allein die Ehre,
Dein ist allein der Ruhm;
Geduld im Kreuz uns lehre,
Regier all unser Tun,
Bis wir fröhlich abscheiden
Ins ewig Himmelreich,
Zu wahrem Fried und Freude,
Den Heilgen Gottes gleich.
Indes machs mit uns allen
Nach deinem Wohlgefallen:
Solchs singet heut ohn Scherzen
Die christgläubige Schar
Und wünscht mit Mund und Herzen
Ein seligs neues Jahr.

Neujahr ist eigentlich ein Christusfest zu Beschneidung und Namensgebung Jesu, bezogen auf den einen Vers des Evangeliums Lukas 2,21 (vgl. Weihnachtsoratorium, Kantate IV). Dies legitimiert (wie bei anderen Neujahrskantaten Bachs) den Einsatz der Trompetteria, worauf Bach bei der Kantate am Christfest (BWV 91) ja verzichtet hatte. Als ob das zu kompensieren wäre, langt er jetzt besonders kräftig mit Trompetenglanz zu. Man würde staatstragende Affirmativität eines mehr säkularen Festaktes (wie beim Ratswechsel) vermuten, wenn nicht deutlich würde, dass die Kantate inhaltlich einen Höhepunkt des Choralkantatenjahrgangs darstellt und gerade mit diesem äußerlichen Glanz komplementär zur Kantate des Vortages steht.

Das gewählte Lied hat nur drei Strophen, aber mit 14 Versen die größte Strophenform im Zyklus. Zudem wurden in Leipzig die beiden letzten Zeilen wiederholt mit der Melodie der Anfangszeilen. Bach hat auch im Jahr zuvor (BWV 190) und später noch einmal (BWV 171) den Schlusschoral aus diesem Lied gewählt und ebenso gesetzt. Inhaltlich ist hier ein vollmundiges »Soli Deo Gloria« (siehe die Kopfzeile von Strophe 1 und 3) artikuliert als Vorzeichen des neuen Jahres mitsamt der theologischen Begründung, dass mit Weihnachten als qualitativ neuem Jahr die Gnadenzeit als *neu fröhliche Zeit* angebrochen ist (vgl. das Lied am Tag zuvor). Die Bitte um Bewahrung unter Gottes Segen durchs ganze Jahr ist förmlich eingerahmt von *Dein ist allein die Ehre*.

Der Eingangssatz mit stolzen 213 Takten in einer großen Form analog zu Praeludium und Fuge in organo pleno gehört zum Prächtigsten, was Bach geschrieben hat. Zunächst festliches C-Dur-Praeludium über 102 4/4-Takte, wo die Trompeten fast unablässig am Spielen sind und Streicher wie dreifach besetzter Oboenchor den nötigen klanglichen Unterbau liefern. Hier werden die zweimal vier Zeilen des Liedstollens integriert. Der zu heutigen Lebensgewohnheiten konträre Topos von der Vollendung des alten Jahres *in guter Stille* bringt Ruhe im Adagio, mit homophonem Chorsatz und zunächst nur Streicherbegleitung, ähnlich dem Effekt bei Messvertonungen, wenn nach dem Gloria-Jubel »et in terra pax« verhalten eintritt. Bach lässt die Oboen und zu *das alt Jahr haben erfüllet* die Trompeten aber gleich wieder dazu treten, denn *Erfüllung* verlangt Klangfülle. Dieses »Intermezzo« über 16 Takte steht sinnig im Dreiertakt, in früheren Zeiten Tempus perfectum genannt im Gegensatz zum Tempus imperfectum der Zweier-Gliederungen. *Erfüllung* evoziert das vollkommene Zeitmaß. Mit den Worten von der Hingabe unter Jesu Schutz *jetzund und immerdar* bestreitet Bach die Fuge, welche als Form ja das Gestalten von Zukunft in immer wieder neuen Ansätzen unter demselben Motto (Thema) bedeutet – *hinfort durchs neue Jahr* ist dies im zweiten Durchgang benannt. Jetzt ist mit Allabreve die dritte Taktart gesetzt und die presto-Anweisung lässt 64 Takte lang zukunftsfroh nach vorne gehen. Oboen und Streicher spielen die drei unteren Chorstimmen mit, nur die erste Trompete verstärkt die Melodie im Sopran. Eigentlich wäre das Lied nun zu Ende, aber Bach bringt eine Reprise des prächtigen 4/4-Takt-Anfangs mit Wiederholung der beiden Lied-Schlusszeilen und dem ganzen Instrumentalvorspiel als Nachspiel. Der wackere erste Trompeter hat mit dem Schlusston 1216 (64x19) Töne absolviert und endet mit einem Aufschwung zum hohen c gegenpolig zum Continuo-Abgang aufs Fundament-C. Sechsmal in diesem Satz wird solche Christus-Totalität eindrücklich demonstriert.

Ungewöhnlich ist nicht nur die Länge der Trompetenpartie, sondern auch die vorherrschende Stimmführung in einer »corona«-Figur, oft in Terzen von den beiden hohen Trompeten gespielt, anstatt des sonst eher üblichen Geschmetters in Fanfarenmotiven. Den Schlüssel dazu liefert Psalm 65, wo es nicht nur am Beginn heißt »Gott, man lobet dich *in der Stille*«, sondern auch »du *krönest* das Jahr mit deinem Gut« (V.12) – Gottes Segenshandeln als Trompetenklang-*Krone*.

Da das Lied nur eine Mittelstrophe enthält, hat der Librettist wieder Spielraum für die inhaltliche Profilierung der vier Mittelsätze. Er gestaltet sie als Modifikationen der Bitte um Segen. Den spezifischen Neujahrstopos des Namens Jesu (Strophe 2: »zu Lob dem Namen dein«) lässt er unberücksichtigt. Stattdessen rekurriert er auf die (im Lied nicht enthaltene) Vorstellung vom erfüllten Jahr als Identität von Anfang und Ende. Weil Jesus »A und O« ist (Offenbarung 1,8), kennzeichnet das Leben unter seinem Segen das Erfülltsein von Anfang wie Ende (Satz 2/3). Wer von der *neu fröhlichen Zeit* des Christfestes herkommt, braucht keinen »Fortschritt« im Jahreslauf erwarten, sondern erbittet den Fortbestand dieses nicht zu überbietenden Glücks.

War diese Vorstellung schon leitend für die Reprise zum Anfang im Eingangssatz, so komponiert Bach bei der in G-Dur wohltönenden und im 6/8-Takt schwingenden Arie das Prinzip solchen Kreislaufs förmlich aus. Viermal im A-Teil mündet die

Musik in denselben Anfang des Soprans, der dann mit nur geringen Abweichungen weiter singt. Harmonisch passiert absichtlich kaum etwas, die drei (Weihnachts-)Oboen spielen durchweg dreiklangsorientiert. Der (weniger als halb so lange) Mittelteil muss formgemäß nach e-Moll und h-Moll wechseln. So profiliert Bach *Halleluja singen* statt durch passende Harmonik mit Sechzehntel-Virtuosität in der Singstimme, während die Instrumente im Achtel-Wogen verharren. Das umfängliche Da capo markiert hier ausdrücklich den Sinn dieser Form: *damit das Ende so wie dessen Anfang sei.*

Während die Liedstrophe die Bitte um Segen und Frieden auf die christliche Gemeinde und das »Vaterland« bezieht, lenkt der Librettist bei der zweiten Arie den Blick auf die einzelne Person mit ihrem *Leib und Stand* und auf die *Seele* als Sitz des Individuums wie Empfangsorgan für das Heil, Gottes *selig machend Wort*. Bach komponiert demgemäß gegenpolig zum Bisherigen eine intime, stille Musik mit dem »mystischen« Violoncello piccolo als Soloinstrument (vgl. BWV 180,3; 115,4), das allerdings typisch bewegt und auch weit ausgreifend agiert. *Wenn uns dies Heil begegnet* wird so als vitales Geschehen illustriert, während die ruhigere Stimmführung im Tenor für den *edlen Frieden* steht, hier als innerer Seelen-Frieden verstanden.

Bach beteiligt in den Mittelsätzen alle vier Singstimmen, vom Sopran absteigend, an der Bitte um den Segen. Nach dem Blick auf das individuelle Gottesverhältnis obliegt nun zum Schluss dem Bass die Bitte um Bewahrung vor dem in der Welt lauernden »altbösen *Feind*« (Luther). Beim Zitat der *Satan*-Passage aus Luthers Litaneigebet fallen die anderen Stimmen als *heilige Gemeinde* mit ein. Verbunden mit Tempowechsel zum Allegro und schneller Continuobewegung wirkt das wie ein gemeinsames, handstreichartiges Niederstrecken des Feindes.

Damit ist der Platz sozusagen freigeräumt für das strahlende C-Dur des Schlusschorals, bei dem die Trompetteria nicht als

Klangkrone über dem Tutti steht, sondern als in Zwischenspielen separat agierender Fanfarenzug, wie dies bei (weltlichen) Herrscherhuldigungen üblich ist. Gerade in dieser »Alleinstellung« der Trompetteria wird deutlich: *dein ist allein der Ruhm*. Wieder wechselt Bach in den Dreiertakt, jedoch textbezogen an anderer Stelle, wo der Modus des Bittens verlassen wird und quasi das Neujahrs-Prosit einsetzt: *so singen wir ohn Scherzen*. Die Reprise mit den beiden letzten Strophenzeilen gewährt der Trompetteria ihren fünften und letzten »Tusch«. Deren 310 Töne in der 31. Kantate des Zyklus sind vielleicht nicht zufällig.

Mit 560=14x40 Takten gehört diese Kantate zu den drei Werken des Jahrgangs in 40er-Größe (BWV 2 – 400 Takte, BWV 127 – 240 Takte). Insgesamt stellen sie 1200 Takte, Symbol für das Jahr (12 Monate), ein Indiz dafür, dass der Jahrgang gezielt (nur) auf 40 Kantaten angelegt war und genau darin die *neu fröhliche Zeit* des Gnadenjahres symbolisiert. Die erste Arie hier, welche das Glück eines solchen Jahres besingt, kommt auf 3416 = 56(4x14)x61 Töne. In Jesaja 61 aber wird durch den Propheten das Gnadenjahr ausgerufen, das gemäß Lukas 4,18–21 in Jesus seine Erfüllung findet.

BWV 123

Liebster Immanuel, Herzog der Frommen

Epiphanias, 6. Januar 1725, Thomaskirche/ Nikolaikirche
Liedautor: Ahasverus Fritsch 1670

1. *Traversflöte I/II,*
Oboe d'amore I/II, Streicher
Liebster Immanuel,
Herzog der Frommen,
Du, meiner Seelen Heil,
komm, komm nur bald!
Du hast mir, höchster Schatz,
mein Herz genommen,
So ganz vor Liebe brennt
und nach dir wallt.
Nichts kann auf Erden
Mir liebers werden,
Als wenn ich meinen Jesum
stets behalt.

2. Rezitativ Alt
Die Himmelssüßigkeit,
der Auserwählten Lust
Erfüllt auf Erden schon
mein Herz und Brust,
Wenn ich den
Jesusnamen nenne
Und sein verborgnes
Manna kenne:
Gleichwie der Tau
ein dürres Land erquickt,
So ist mein Herz
Auch bei Gefahr und Schmerz
In Freudigkeit
durch Jesu Kraft entzückt.

3. Arie Tenor *Oboe d'amore I/II*
Auch die harte Kreuzesreise
Und der Tränen bittre Speise
Schreckt mich nicht.
    Wenn die Ungewitter toben,
    Sendet Jesus mir von oben
    Heil und Licht.

4. Rezitativ Bass

Kein Höllenfeind kann mich **verschlingen**,
Das schreiende Gewissen schweigt.
Was sollte mich der Feinde Zahl **umringen?**
Der Tod hat selbsten keine Macht,
Mir aber ist der Sieg schon zugedacht,
Weil sich mein Helfer mir, mein Jesus, zeigt.

5. Arie Bass *Traversflöte*

Lass, o Welt, mich aus Verachtung
In betrübter Einsamkeit!
  Jesus, der ins Fleisch gekommen
  Und mein Opfer angenommen,
  Bleibet bei mir allezeit.

6. Choral

Drum fahrt nur immer hin,
ihr Eitelkeiten,
Du, Jesu, du bist mein,
und ich bin dein;
Ich will mich von der Welt
zu dir bereiten;
Du sollt in meinem Herz
und Munde sein.
Mein ganzes Leben
Sei dir ergeben,
Bis man mich einsten legt
ins Grab hinein.

Nach dem grandiosen Festjubel an Neujahr zeigt die Kantate zum Epiphaniasfest gegenpolig intimen Charakter, inhaltlich wie klanglich. Gewählt ist ein Lied stark persönlicher Jesusfrömmigkeit, wie sie seit etwa 1650 am Hof zu Rudolstadt (Thüringen) kultiviert wurde. Es stammt aus der Liedersammlung des dortigen Grafenerziehers und späteren Kanzlers, Ahasverus Fritsch (1629–1701), Begründer der »Fruchtbringenden Jesusgesellschaft«, mit dem bezeichnenden Titel: »Einhundert Einundzwanzig Neue himmelsüße Jesuslieder, darinnen der hochteure süße Kraft-Nahme Jesus über siebenhundertmal zu finden.« In das Dresdener Gesangbuch 1725 wurde das Lied nicht aufgenommen und gegen die Melodie äußerte der Gothaer Hofkapellmeister Witt schon 1715 Bedenken, weil sie im Sarabande-Rhythmus gesetzt sei. Für Bach und seinen Librettisten scheint gerade das bei den orthodoxen Zeitgenossen Fragwürdige den Ausschlag zu geben. Nach dem Dreiertakt-Lied am 31.12. und den Tripla-Anteilen im Choral zu Neujahr ist dies das dritte Lied in Folge mit Dreiertakt-

Melodie. Und die Akzentuierung des Jesus-Namens ist genau das, was in der Kantate zum 1.1. als Fest der Namensgebung Jesu fehlte und nun umso intensiver nachgeholt wird (Aufführung ebenso in beiden Kirchen). Das erste Rezitativ sagt deutlich: Das Aussprechen des Jesus-Namens eröffnet die reale Erfahrung von Glaubenskraft als *Himmels-Süßigkeit*. Diesen Begriff aus dem Titel der Liedersammlung von Fritsch setzt der Librettist dezidiert als Leitwort an den Anfang.

Bach komponiert denn auch im Eingangssatz eine Mantra-artige Wiederholung der Anrufung *Liebster Immanuel*. Dies ist der Jesus-Name nach Jesaja 7,14 (Verheißung der Jungfrauengeburt). Die Melodienoten dazu bilden das zentrale Motiv im Orchestersatz. Es erklingt fast ununterbrochen über 50mal, meistens in Terzführung zweier Stimmen, bisweilen den ganzen Klang umgreifend in maximaler Spreizung zwischen Flöten und Continuo. Die Bläserfärbung mit zwei Traversflöten und zwei Oboen d'amore sorgt für affektiven Herzensklang und spezielle »Süßigkeit«. Den Dreiertakt der Melodie potenziert Bach durch triadische Untergliederung in 9/8-Wogen. Bisweilen schweigen die Continuobässe und überlassen den Streichern im Unisono-Wogen die solchermaßen von Erdverhaftung freie Basierung des Klangs. Bach komponiert hier tatsächlich *Himmels-Süßigkeit*, was das Rezitativ als Erfahrung im Aussprechen des Jesus-Namens *auf Erden schon* benennt. Wenn nicht im Unisono, dann in den vielen Terzgängen ist die »unio mystica« des frommen Herzens mit dem *Liebsten* Jesus gefasst. *Immanuel* heißt ja: »Gott mit uns«. (Der parallele Titel *Herzog der Frommen* bezieht sich auf das Evangelium Matthäus 2,1–12, hier V.6.) Auch die Vokalstimmen sind vollständig in den Instrumentalsatz integriert. Die Melodie im Sopran ist nicht als Cantus firmus separiert, erhält auch keine extra Instrumentalverstärkung. Einzelne Worte setzt Bach signifikant um: den Ruf *komm nur bald* in Aufnahme des letzten Satzes der Bibel (Offenbarung 22,20) wiederholt er dreimal insistierend;

die lang gehaltene Soprannote darüber und an weiteren Zeilenschlüssen wird Sinnträger am Strophenende bei *stets behalt*; die exponierte Stimmführung der Bässe nach oben unterstreicht *Immanuel*, dann *höchster Schatz*, beim Alt später *mir liebers werden* usw.

Im Rezitativ spricht der Alt als Stimme des Glaubens, also *der Frommen*, und präzisiert theologisch, was die Hörer soeben *Entzückendes* erlebt haben. Das vom Librettisten eingeführte ver*borgene Manna* rekurriert auf Offenbarung 2,17, dort verknüpft mit dem Motiv des »neuen Namens«, den nur die gläubigen Insider kennen. In zusammen 83 Tönen, Äquivalent von IMMANUEL, verbirgt Bach symbolisch präzise diese Lebensspeise. In seiner Kompositionspartitur hat er übrigens folgende Worte unterstrichen, die im Sprachklang jeweils ein Paar bilden: *Süßigkeit, Freudigkeit, Lust, Brust, nenne, kenne, erquickt, entzückt, Hertz, Schmertz.*

Die Kantate folgt inhaltlich ziemlich exakt der Liedvorlage. In Strophe 3 wird da – wie in einer rhetorisch konzipierten Rede – die potentielle Widerlegung der vollmundigen Ausgangsthese aufgegriffen. Aus dem »Creutze« dort macht der Librettist *die harte Kreuzesreise*, wohl in Anspielung auf die bevorstehende Flucht der Heiligen Familie nach Ägypten als Prototyp des christlichen Lebenswegs. Für die *Frommen* kommt so jedenfalls ihr Leben als Weg in den Blick, an dessen Ende das *Grab* liegt, was die letzte Liedzeile ausspricht. Die Wendung *der Tränen bittre Speise* aus Psalm 42,4 platziert der Librettist als metaphorischen Gegenpol zur *Himmels-Süßigkeit*. Bach lässt das die beiden Oboen d'amore im herben fis-Moll mit vielen Dissonanzbildungen und Überkreuzungen extra »Lente«, sorgfältig ausgespielt darstellen. Das Bild vom *Ungewitter* bot schon die Liedstrophe, ein musikalisch dankbares Sujet, dem Bach zu Beginn des Mittelteils denn auch eine drastische Umsetzung mit Gewitterdonner in schnellem Tempo widmet. Der Tenor wird mit der Oboen-Motivik auf eine stimmlich *harte Kreuzesreise* geschickt und muss sich mit 32teln ins Gewittertoben stürzen. Die am Ende des A-Teils auftretende, abwärts gegenläufige Oboen-Stimmführung erscheint im B-Teil als Begleitung der Zusage von *Heil und Licht* (Psalm 27,1) durch Jesus *von oben*. Das Kreuzesreise-Motiv erscheint aber gleichzeitig im Continuo, eine präzise Umsetzung von Luthers »simul«-Formel. Beides ist Realität: Kreuzerfahrung wie Schmecken des süßen Heils im Glauben (Psalm 34,9).

Die *Feinde* der Gläubigen gehören zur Epiphaniasthematik, biblisch festgemacht am Agieren des Herodes (Matthäus 2). Die Aufzählung der fünf Feinde Christi/ des Glaubens im Lied interessiert hier nicht. Das Rezitativ mit Modulation nach D-Dur stellt summarisch den *Sieg* fest, gegründet eben im *Jesus*-Namen, dessen hebräische Bedeutung *Helfer* ist. Der auferstandene *Jesus zeigt sich* definitiv als *Helfer* im Wortsinn beim Fischfang des Petrus in Johannes 21. Das hat Bach implizit eingetragen mit 3x153 Continuo-Tönen in der vorausgehenden Arie, also mit der Symbolzahl von Joh 21,11: mit Jesu Hilfe werden 153 Fische gefangen, ohne ihn gar keine.

Wer Jesus auf seiner Seite weiß, kann die *Verachtung* durch die Welt gut ertragen. Die fünfte Liedstrophe mündete in einen Freundschaftsschwur Jesu, die Arie meditiert jedoch über die *betrübte Einsamkeit* als Kehrseite solcher Freundschaft, ein Motiv aus Psalm 25,16, wo es zwei Verse zuvor heißt: »Gott ist denen Freund, die ihn fürchten.« Ob Bach hier auch seine De facto-Isolation im Leipziger kirchlichen Kontext als ambitionierter gottesfürchtiger Künstler verarbeitet hat? Jedenfalls kommt zwischen den drei Akteuren (klanglich zarte) Traversflöte, Bass und Continuo musikalisch keine rechte Freundschaft auf. Klanglich sind Instrument und Sänger weit auseinander – sonst besetzt Bach zur Flöte vorrangig Tenor. Der Continuo pausiert immer wieder zu *Einsamkeit*. Nur einmal spielt zu diesem Wort auch die Flöte, während im Mittelteil zu *(Jesus) bleibet bei mir allezeit* vollständiger Triosatz geboten wird. Die insgesamt 97x23 Töne dieser Arie lassen sich als Verweis auf Psalm 23 deuten: »... ich werde *bleiben* im Hause des Herrn immerdar« (V.5) – eben weil vorgängig dazu gilt: *Jesus ... bleibet bei mir allezeit.*

Der Schlusschoral betont in auffallend homophoner Stimmführung die Dreiertakt-Struktur der Melodie. Durch die von Bach gesetzte Wiederholung des Abgesangs wird er formal zu einem Tanzsatz mit zwei wiederholten Teilen. Die zweite Wiederholung soll piano geschehen, ein Grabmusik-Topos (vgl. *ruhe sanfte* am Ende der Matthäus-Passion). So geht für einen Menschen, der sein *ganzes Leben* Jesus *ergeben* hat, die *betrübte Kreuzesreise* tänzerisch leicht in sanfte Grabesruhe über.

BWV 124

Meinen Jesum lass ich nicht

1. Sonntag nach Epiphanias, 7. Januar 1725, Nikolaikirche
Liedautor: Christian Keymann 1658

1. *Oboe d'amore concertante,*
Streicher, Horn mit Sopran
Meinen Jesum lass ich nicht,
Weil er sich für mich gegeben,
So erfordert meine Pflicht,
Klettenweis an ihm zu kleben.
Er ist meines Lebens Licht,
Meinen Jesum lass ich nicht.

2. Rezitativ Tenor
Solange sich ein Tropfen Blut
In Herz und Adern reget,
Soll Jesus nur allein
Mein Leben und mein alles sein.
Mein Jesus, der an mir
so große Dinge tut:
Ich kann ja nichts
als meinen Leib und Leben
Ihm zum Geschenke geben.

3. Arie Tenor *Oboe d'amore, Streicher*
Und wenn der harte Todesschlag
Die Sinnen schwächt, die Glieder rühret,
Wenn der dem Fleisch verhasste Tag
Nur Furcht und Schrecken mit sich führet,
Doch tröstet sich die Zuversicht:
Ich lasse **meinen Jesum nicht.**

4. Rezitativ Bass
Doch ach!
Welch schweres Ungemach
Empfindet noch allhier die Seele?
Wird nicht die hart gekränkte Brust
Zu einer Wüstenei und Marterhöhle
Bei Jesu schmerzlichstem Verlust?
Allein mein Geist sieht gläubig auf
Und an den Ort, wo Glaub
und Hoffnung prangen,
Allwo ich nach vollbrachtem Lauf
Dich, Jesu, ewig soll umfangen.

5. Arie Duett Sopran/Alt *Continuo*

Entziehe dich eilends, mein Herze, der Welt,
Du findest im Himmel dein wahres Vergnügen.
Wenn künftig dein Auge den Heiland erblickt,
So wird erst dein sehnendes Herze erquickt,
So wird es in Jesu zufriedengestellt.

6. Choral

Jesum lass ich nicht von mir,
Geh ihm ewig an der Seiten;
Christus lässt mich für und für
Zu den Lebensbächlein leiten.
Selig, der mit mir so spricht:
Meinen Jesum lass ich nicht.

Bereits der Tag nach Epiphanias war 1725 wieder Sonntag mit »Music«-Verpflichtung. In den zwei Wochen seit dem Christfest war also die siebte Kantate fällig. Inhaltlich knüpft sie direkt an den Schlusschoral vom Vortag an, bekräftigt entschieden die Selbstübergabe an Jesus. Dem *Lass, o Welt, mich* der Arie dort korrespondiert als Gegenpol hier *Meinen Jesum lass ich nicht*. Dieses Motto des gewählten Liedes (EG 402) leitet als Akrostichon mit je einem Wort die Strophen ein, beschließt jede der sechs Strophen und rahmt die Schlussstrophe in Inversion. Es bezieht sich biblisch auf Jakobs »Ich lasse dich nicht, du segnest mich denn« nach seinem Kampf mit dem Unbekannten (1.Mose 32, 26), war im Barock aber verbreitet als Ausdruck entschiedener Jesus-Frömmigkeit. Der sächsische Kurfürst zu Zeiten des 30jährigen Krieges, Johann Georg I., hatte es sich zum »Symbolon« (Leitspruch) erwählt. Das Lied dazu entstand dann aus Anlass seines Todes. Die Schlussstrophe ist zudem ein Vers-Akrostichon nach den Initialen des Fürsten (Johann Georg Churfürst zu Sachsen). So hat das Lied den Status eines speziell sächsischen »Symbolon«. Mehrfach nimmt Bach daraus den Schlusschoral einer Kantate (etwa am selben Sonntag im Vorjahr). Im Evangelium, der Geschichte vom 12jährigen Jesus im Tempel (Lukas 2,41–52), lässt sich das Liedmotto verknüpfen mit der unerbittlichen Suche der Eltern Jesu nach ihrem verlorenen Kind. Der Librettist verzichtet in der Kantate zwar auf die regelmäßige Wiederholung des Mottos, sorgt aber für betonte, namentliche *Jesus*-Anrufung in jedem Satz.

Auch musikalisch schließt Bach an die Kantate des Vortags an. Der Dreiertakt des Schlusschorals von BWV 123 und dessen Kleingliedrigkeit wird weitergeführt in einem Menuett-artigen Konzertsatz, wo zunächst ebenfalls zwei mal zwei Takte separiert sind, ehe die Musik mit längeren Sechzehntel-Passagen der solistischen Oboe d'amore ins Laufen kommt. Dieses ohne Unterbrechung dominierende Solo-Instrument steht für das exklusiv auf Jesus ausgerichtete Liebesverhältnis des Glaubenden, am Vortag in die Anrede *Liebster Immanuel* gefasst. In der eigentümlichen Tonart E-Dur, in der Romantik dann die Tonart der Liebe schlechthin, strahlt das auf A stehende Instrument besonders. Die Liedmelodie, mit ihren penetranten Tonwiederholungen eigentlich Prototyp einer schlichten, rhythmisch gleichförmigen Standardweise, gerät mit dem nun eingetragenen Wechsel von Halbe und Viertel zu einer höfisch eleganten Tanzweise. Die vokalen Unterstimmen integrieren sich unauffällig in den Tanzsatz. Die kurzen Liedzeilen werden durch lange Melodie-Schlussnoten mindestens verdoppelt, was die bekräftigende Wiederholung des Textes in den Unterstimmen ermöglicht. Diese bleiben 10 Taktschläge lang *klettenweis kleben* am selben Ton h. Überhaupt ist *kleben*, wo es nur geht, versinnbildlicht in Vorhaltsbildungen aus vom Vortakt hängen gebliebenen Tönen.

Das Rezitativ unterstreicht in zwei Gelübde-Sätzen mit Wendungen aus verschiedenen biblischen Kontexten (z. B. Römer 12, Magnificat) die Lebenshingabe an *Jesus*. Der Tenor singt eine exponierte Wendung mit den Spitzentönen gis und a zunächst zu *Jesus nur allein* (Cis-Dur) dann zu *mein Leib und Leben* (cis-Moll), markiert so die Lebensübergabe des Gläubigen an Jesus präzise als Identitätsübertragung mit spezifischem Moduswechsel (Moll/Dur).

Die Arie stellt sich wieder dem potentiellen Einspruch. Auch in der Liedstrophe wird das Sterben vor Augen gemalt. Hier wird es als Krisis für die Jesusliebe dramatisiert mit (Todes-)*Furcht und Schrecken*. Der Librettist stellt der *Furcht* als subjekthafte Figur die *Zuversicht* des Glaubens aus der zweiten Liedstrophe gegenüber. Solche Personifizierung in »Allegorien« ist ein barockes Stilmittel. Mit denselben Allegorien als dialogischem Widerpart bestritt Bach im Vorjahr die heute berühmte Kantate BWV 60 *O Ewigkeit, du Donnerwort*. Wie dort agieren die Streicher mit Erschrecken suggerierenden Tonrepetitionen in 56 (4x14!) von 71 Takten. Die erneut beteiligte Solo-Oboe, deren Sechzehntel jetzt unter Phrasierungsbögen zusammengebunden sind, verbündet sich mit dem um die *Zuversicht* ringenden Tenor in Terz- und Sextparallelen jeweils bei der positiven Wendung *Doch tröstet sich die Zuversicht* ... Untypisch für eine Arie separiert Bach die Textabschnitte nicht, sondern bringt drei Durchgänge mit dem gesamten Text. So exerziert er die Überwindung der Furcht durch die Zuversicht dreimal als Glaubens-Übung durch und bekräftigt das hier als Pointe im Wortsinn zitierte »Symbolum«: *Ich lasse meinen Jesum nicht*. Diese Arie steht in fis-Moll, paralleles Gegenüber zur Grundtonart der Oboe d'amore. Gegenpol zum Eingangssatz ist sie als Dreiertakt mit ähnlicher Rhythmik im Continuo. Gerade in solch konkreter Polarität erfährt das Liedmotto seine definitive Bestätigung. Dass die Oboe in beiden Sätzen zusammen 9x153 Töne spielt und so die Jesus-*Helfer*-Zahl schlechthin (Johannes 21,11) aufgreift, wird kein Zufall sein.

Das Bass-Rezitativ stellt sich mit zwei phrygisch kadenzierten Fragen dem weiteren Einwand der irdischen Nichtgreifbarkeit Jesu. Die Metapher vom *schmerzlichsten Verlust* spielt auf die Erfahrung der Eltern Jesu im Evangelium an. Mit dem dezidierten *Allein* des Glaubens setzt die Wiederlegung ein. Wieder mit diversen Bibelwort-Anklängen (z.B. 2.Timotheus 4,7) verweist sie auf die Perspektive ewiger personaler Gemeinschaft mit Jesus *nach vollbrachtem* (Lebens-)*Lauf*.

Der folgenden Arie hat bereits der Librettist mit dem daktylischen Dreier-Versmaß einen speziellen Charakter verliehen. Als übermütiger Reigen nimmt sie sprachlich das realiter noch nicht erreichte himmlische *Vergnügen* vorweg. Bachs Dreiertakt-Lust kann sich da in einen flotten 3/8-Passepied-Tanz ergießen, zudem vom Stichwort *eilends* motiviert. Sopran und Alt laufen miteinander und mit dem Continuo um die Wette, wer als erster das *wahre Vergnügen* ergattert (vgl. BWV 78,2). Die Fugato-artige Gestaltung der Einsätze korrespondiert der Wortbedeutung von Fuga = Flucht, hier aus heilloser Weltverhaftung. Die längere Zielnote erhält im Mittelteil sinnträchtig das Wort *zufrieden* – im himmlischen Frieden der Gemeinschaft mit Jesus ist das Laufen am Ziel.

Im Schlusschoral vermittelt die fast durchgängige Achtelbewegung in Bass und Continuo Aufhebung der Erdenschwere. Das wechselseitige nicht voneinander Lassen verdeutlicht Bach in den Mittelstimmen mit eigenhändig in den Instrumentalstimmen nachgetragenen »Ligaturen« (Bindungen) zu wieder zahlreichen Vorhaltsbildungen: *Meinen Jesum lass ich nicht*.

Ach Gott, wie manches Herzeleid

2. So. n. Epiphanias, 14. Januar 1725, Thomaskirche
Liedautor: Martin Moller (1587)

1. *Oboe d'amore I/II, Streicher,*
Posaune mit Bass
Ach Gott, wie manches Herzeleid
Begegnet mir zu dieser Zeit!
Der schmale Weg ist trübsalvoll,
Den ich zum Himmel wandern soll.

2. **Rezitativ** Sopran, Alt, Tenor, Bass
Wie schwerlich lässt sich
Fleisch und Blut
Tenor So nur nach Irdischem
und Eitlem trachtet
Und weder Gott
noch Himmel achtet,
Zwingen zu dem ewigen Gut!
Alt Da du, o Jesu,
nun mein alles bist,
Und doch mein Fleisch
so widerspenstig ist.
Wo soll ich mich
denn wenden hin?
Sopran Das Fleisch ist schwach,
doch will der Geist;
So hilf du mir,
der du mein Herze weißt.

Zu dir, o Jesu,
steht mein Sinn.
Bass Wer deinem Rat
und deiner Hilfe traut,
Der hat wohl nie
auf falschen Grund gebaut,
Da du der ganzen Welt
zum Trost gekommen,
Und unser Fleisch
an dich genommen,
So rettet uns dein Sterben
Vom endlichen Verderben.
Drum schmecke doch
ein gläubiges Gemüte
Des Heilands Freundlichkeit
und Güte.

3. **Arie** Bass *Continuo*
Empfind ich Höllenangst und Pein,
Doch muss beständig in dem Herzen
Ein rechter Freudenhimmel sein.
    Ich darf nur Jesu Namen nennen,
    Der kann auch unermessne Schmerzen
    Als einen leichten Nebel trennen.

4. **Rezitativ** Tenor
Es mag mir **Leib**
und Geist **verschmachten,**
Bist du, o Jesu, mein
Und **ich bin dein,**
Will ich's nicht achten.
Dein treuer Mund
Und dein unendlich Lieben,
Das unverändert stets geblieben,
Erhält mir noch den ersten Bund,
Der meine Brust mit Freudigkeit erfüllet
Und auch des Todes Furcht,
des Grabes Schrecken stillet.
Fällt Not und Mangel gleich
von allen Seiten ein,
Mein Jesus wird mein Schatz
und Reichtum sein.

5. **Arie Duett** Sopran/Alt
Oboe d'amore I/II mit Violine I
Wenn Sorgen auf mich dringen,
Will ich in Freudigkeit
Zu meinem Jesu singen.
Mein Kreuz hilft Jesus tragen,
Drum will ich gläubig sagen:
Es dient zum besten allezeit.

6. **Choral**
Erhalt mein Herz im Glauben rein,
So leb und sterb ich dir allein.
Jesu, mein Trost, hör mein Begier,
O mein Heiland, wär ich bei dir.

Die erste Kantate nach Epiphanias in der Thomaskirche greift ebenfalls das zentrale Motiv des Jesus-Namens nochmals auf, auch wenn die erste Strophe das nicht erkennen lässt. Das gewählte Lied meditiert in nicht weniger als 18 Strophen den »süßen Namen« Jesu als Kraftquelle in den Anfechtungen des Lebens analog zum verbreiteten mittelalterlichen Hymnus *O Jesu dulcis memoria.* Der Librettist lässt auch die zweite Liedstrophe (mit Tropierungen angereichert) vollständig zitieren, denn deren Schlusszeile enthält die Kernaussage: *Zu dir, o Jesu, steht mein Sinn.* Die Verbindung zum Evangelium Lukas 2,1–11 (Weinwunder bei der Hochzeit zu Kana) liegt, für heutige Begriffe etwas gesucht, in der Mangelsituation als Ausgangspunkt (Lk 2,3), im Lied *manche Herzeleid* genannt, und deren Überwindung allein im Vertrauen auf Jesu Wirkmächtigkeit. Wie an Epiphanias ist das Nennen von *Jesu Namen* der Schlüssel zum Glück (Satz 3), *zu meinem Jesus singen* der dem angemessene Habitus des Gläubigen mitten in Not und Sorgen des irdischen Lebens (Satz 5).

Musikalisch schließt diese Kantate noch enger an die Epiphaniasmusik an als die vom Vorsonntag in der Nikolaikirche. Im Eingangssatz agieren beide Oboen d'amore prominent, analog zur *Kreuzesreise*-Arie BWV 123,3: Fugato mit Sechzehntel-Bewegung in langsamem Zeitmaß, hier Adagio. Die Metapher ist jetzt *der schmale Weg* (vgl. Matthäus 7,14). Er ist *trübsalvoll*, weshalb das Fugato-Thema einen absteigenden Passus duriusculus (a – e) umkreist. Über dem Orgelpunkt A kommt die Musik zunächst gar nicht richtig in Gang, also auf den *Weg*. Die sehr anspruchsvoll geführten Vokalstimmen setzen mit ihrem *Herzeleid* dieses klagende Fugato der Oboen fort und bleiben auch in den anderen Liedzeilen bei derselben Motivik. Daran nicht beteiligt ist der Bass, dem hier die Melodie anvertraut ist. So teilt sich den Hörern ein ausgedehntes expressives Lamentieren mit, während das Lied gleichsam am Boden kriecht. Der Continuo spielt die Melodie stets eine Oktave tiefer mit, eine Posaune verstärkt den Bass in seiner Lage. Vom ersten Takt an bringt Bach aber auch die Gegenperspektive ein, das himmlische Heilsziel des Weges. Die Begleitakkorde der Streicher zum Lamento der Oboen wandern sukzessive aufwärts, ab dem Vokalstimmeneinsatz im Rhythmus von deren *Ach Gott*-Anrufung, die so implizit fortwährend ertönt. Die ersten Violinen spielen dazu oft absteigende Seufzer, um aber bei der Schlusszeile in einem Oktavaufstieg mit den Sopranen zusammen eindrücklich *zum Himmel* zu wandern (a´´). Auch dass der Satz in A-Dur steht, der Grundtonart der Oboen d'amore, vermittelt in aller Klage die Zuversicht, das himmlische Heil zu erlangen.

Das Rezitativ greift wie zuletzt am Christfest die Form der Choral-Tropierung auf mit einem aus dem Melodiekopf gewonnenen Ostinato im Continuo. Hier singen alle Singstimmen die Liedstrophe im Choralsatz und wechseln sich bei der Kommentierung ab. So erklingt das abschließende Bekenntnis zu Jesus mit der Emphase des Choralsatzes als Sprachform der Gemeinde in strahlendem D-Dur. Die anschließende Bass-Passage rekapituliert die Menschwerdung Christi als vorgängige Begründung solchen Jesus-Vertrauens, während zuvor zwischen den Liedzeilen die zu überwindende Schwachheit von Fleisch und Blut (vgl. Matthäus 26,41) Thema war. Am Ende ist Psalm 34,9 aufgegriffen (»Schmecket und sehet, wie freundlich der Herr ist«), biblische Wurzel für die in der Mystik zentrale Metapher des »süßen« Namen Jesu. In der lateinischen Bibel steht »dulcis« (»süß«), was Luther mit »freundlich« übersetzte.

Die erste Arie stellt sich wieder der Widerlegung eines Einwandes. Mit der Metapher *Höllenangst* aus Psalm 116,3 ist es hier die existentielle Grundangst. Bach gibt dieser Erfahrung Raum in einer der schwersten Arien für Bass mit Continuo (fis-Moll), wo der Solist vom Continuo mit bösen Sprüngen durch Pein-volle Harmonien getrieben wird und von diesen höllischen Vorgaben zunächst nicht loskommt. Ab *beständig* gibt es aber nur noch Dur-Akkorde und das Kontrastbild *Freudenhimmel* beschert dem Bassisten muntere Koloraturen. Zweimal wird im A-Teil dieser Transitus des Glaubens von Angst zur Zuversicht exerziert, zweimal präsentiert der Mittelteil das Rezept für das Gelingen: *Ich darf nur Jesu Namen nennen.* Auch in Psalm 116 bringt die Anrufung des Gottesnamens die Wende (V. 4). Für Continuo wie Singstimme schreibt Bach hier 166 = 2x83 Töne, Äquivalent des Jesusnamens IMMANUEL, dem an Epiphanias gehuldigt wurde. *O Jesu* ist also die Zauberformel zum Heil, in Satz 2 schon zweimal ausgesprochen, jetzt im Rezitativ sogleich wieder, verknüpft mit der emphatischen, aus Hohelied 2,16 stammenden Verlöbnisformel der mittelalterlichen Mystiker: »Ich bin dein, du bist mein«. Der Librettist schert sich wenig um die vielen Liedstrophen, greift nur wenige Motive auf (z.B. Freude), entfaltet vielmehr prägnant die Lehre von der allem menschlichen Agieren stets vorgängigen Liebe und Treue Gottes in Jesus. Dem Gläubigen als Verlobtem ist dieser nun *mein Jesus*.

Ausgehend von Motiven der 15. und 16. Liedstrophe (in Nöten beten und singen, Kreuzesnachfolge) bringt die zweiten Arie eine inhaltliche Steigerung: das anfängliche Flehen *Ach Gott* und das Bitten *O Jesu* überbietet nun das Gelübde, mitten in existentieller Not *zu meinem Jesus singen* zu wollen (wie Paulus und Silas im Gefängnis, Apostelgeschichte 16,25). Als Glaubenszeugnis kommt dies aus zweier Zeugen Mund. Sopran und Alt bestätigen sich im Fugato gegenseitig, im Mittelteil singen sie in präzisem Stimmentausch der zwei Durchgänge sogar genau dasselbe. Bei den Instrumenten sind die zwei Partien von Violine 1 mit beiden Oboen im Unisono (!) und Continuo mit komplementärer Rhythmik eng verzahnt. Trotz permanenter Überbindungen, welche Gefangenheit (in *Sorgen*) suggerieren, ist durchgängig der Freudenrhythmus der Figura corta (Achtel, zwei Sechzehntel) zu vernehmen. So gestaltet Bach signifikant das »simul« von *Sorgen* und *Freudigkeit*. Die Freude ist nicht gefährdet, weil Jesus selbst das den Gläubigen auferlegte *Kreuz* zu *tragen* hilft, was mit Seufzerfiguren und langen Dulder-Noten abgebildet ist. Mit sechsfacher cis-Tonrepetition zum Liedzitat *Es dient zum Besten allezeit* (vgl. Römer 8, 28) werden die langen gleichen *Kreuztragen*-Töne zuvor zielführend überboten.

Die Schlussstrophe als Bitte um Leben und Sterben *im Glauben rein*, also allein in der Bindung an Jesus (vgl. Röm 14,8) erklingt in einem auffallend reinen, Dur-betonten Choralsatz in organisch fließender, nunmehr sorgenfreier Bewegung.

BWV 111

Was mein Gott will, das gscheh allzeit

3. So. n. Epiphanias, 21. Januar 1725, Nikolaikirche
Liedautor: Albrecht von Preußen 1547, Strophe 4: Nürnberg 1555

1. *Oboe I/II, Streicher*
Was mein Gott will, das gscheh allzeit,
Sein Will, der ist der beste;
Zu helfen den'n er ist bereit,
Die an ihn gläuben feste.
Er hilft aus Not, der fromme Gott,
Und züchtiget mit Maßen:
Wer Gott vertraut, fest auf ihn baut,
Den will er nicht verlassen.

2. **Arie** Bass *Continuo*
Entsetze dich, mein Herze, nicht,
Gott ist dein Trost und Zuversicht
Und deiner Seele Leben.
   Ja, was sein weiser Rat bedacht,
   Dem kann die Welt
   und Menschenmacht
   Unmöglich widerstreben.

3. Rezitativ Alt
O Törichter! der sich von Gott entzieht
Und wie ein Jonas dort
Vor Gottes Angesichte flieht;
Auch unser Denken ist ihm offenbar,
Und unsers Hauptes **Haar**
Hat er gezählet.
Wohl dem, der diesen Schutz erwählet
Im gläubigen Vertrauen,
Auf dessen Schluss und Wort
Mit Hoffnung und Geduld zu schauen.

4. **Arie** Duett Alt/Tenor *Streicher*
So geh ich mit beherzten Schritten,
Auch wenn mich Gott zum Grabe führt.
   Gott hat die Tage aufgeschrieben,
   So wird, wenn seine Hand mich rührt,
   Des Todes Bitterkeit vertrieben.

5. Rezitativ Sopran *Oboe I/II*

Drum wenn der Tod
zuletzt den Geist
Noch mit Gewalt
aus seinem Körper reißt,
So nimm ihn, Gott,
in treue Vaterhände!
Wenn Teufel, Tod und Sünde
mich bekriegt
Und meine Sterbekissen
Ein Kampfplatz werden müssen,
So hilf, damit in dir mein Glaube siegt!
O seliges, gewünschtes Ende!

6. Choral

Noch eins, Herr, will ich bitten dich,
Du wirst mir's nicht versagen:
Wenn mich der böse Geist anficht,
Lass mich doch nicht verzagen.
Hilf, steur und wehr, ach Gott, mein Herr,
Zu Ehren deinem Namen.
Wer das begehrt, dem wird's gewährt;
Drauf sprech ich fröhlich: Amen.

Das Evangelium Matthäus 8,1–13 erzählt zwei Heilungswunder (Aussätziger, kranker Knecht des Hauptmanns), die beide dadurch gelingen, dass die Betroffenen explizit dem Willen Jesu vertrauen. Das oft mit diesem Sonntag verknüpfte Lied (EG 364) führt schon in der Kopfzeile die Hingabe an Gottes Willen als Motto. Der Lieddichter, erster protestantischer Fürst in Preußen, hatte die persönliche Sterbebereitung im Blick, was zu den Wundergeschichten insofern nicht passt, als da neue Lebensperspektiven sich auftun. Der Librettist folgt der Intention des Liedes, an dessen Ende (in einer alsbald ergänzten Strophe) das definitive *Amen*-Sagen zum Leben steht.

Gegenteilig zum vielstrophigen Lied des Vorsonntags sind hier aus nur zwei Binnenstrophen vier Kantatensätze zu machen. Das Tropierungsverfahren scheidet da aus, weil sonst eine weitere Strophe in einem Satz verbraucht wäre. Nur die bekenntnishafte Kopfzeile von Strophe 2 *Gott ist mein Trost und Zuversicht* wird im Modus des Zuspruchs (*dein* statt *mein*) zitiert. Ansonsten streckt der Librettist die Liedstrophen in je eine Arie mit Rezitativ gekonnt durch Aufnahme weiterer biblischer Motive (z. B. Jona, Satz 3), wie es der zeitgenössischen Predigtpraxis entspricht.

Die Musik des a-Moll-Eingangssatzes kennzeichnet ein kämpferisch packender Duktus, die intimen Herzenstöne der Kantaten seit Epiphanias sind fern. Oboen und Violinen konzertieren im Wortsinn (Wettstreit) mit der schnellen Figura corta als dominierendem, vorwärts drängendem Motiv. Der volltaktige Beginn mit zwei Akkorden in Vierteln und die stets starke Betonung der Takteins im Allabreve setzen musikalisch »Vollmacht«. Auch die zwischen Oberstimme und Continuo oft weit gespreizte Parallelführung der aufsteigenden Figura corta-Ketten zeigt Totalität: Gottes Wille umgreift alles (Klang-)Geschehen. Zu den Vokalstimmen spielen Violinen und Viola dann jeweils Sechzehntel-Ketten im Unisono: Gottes Wille *geschieht*, setzt sich ohne Abweichung durch. Die Melodieform der Reprisenbar, wo die ersten beiden Zeilen nicht nur im Stollen wiederholt werden, sondern am Ende nochmals wiederkehren, bringt Bach dazu, auch die ganze Musik dazu jeweils identisch zu setzen, was den Eindruck der Gewissheit verstärkt. Umso deutlicher fällt die Abweichung bei den beiden anderen Zeilen auf. Das Stichwort *Not* lässt in die Mollsubdominante c-Moll zum Zielklang G-Dur ausgreifen, nur hier fallen die Streicher nicht ins Unisono. In der Folgezeile erfährt das Zielwort *Maßen* eine besondere Gestaltung mit eher maßloser Melismatik hinsichtlich von Dauer, Rhythmik und Sprüngen, während sonst die Unterstimmen ziemlich gleichförmig in Vierteln und Achteln sich bewegen unter dem Sopran-Cantus firmus in ebenmäßigen Halben. Besondere Ereignisse im Satzverlauf sind die dreimaligen Neueinsätze der Instrumente in C-Dur in der Spanne zwischen hohem c‴ und tiefem C-Basiston des Continuo jeweils beim Erreichen des Melodiezieltons c″ in der ersten, dritten und siebten Liedzeile. Auch in der klar definitiven Kadenzierung der Unterstimmen scheint das vom letzten Textpassus her konzipiert: *fest auf ihn baut.* Das C steht so für Christus, den Eckstein des Glaubens nach Psalm 118,22, zitiert in Matthäus 21,42. Die erste Violine spielt in diesem Satz wohl nicht zufällig 1180 Töne.

Wie in der Kantate zum 31.12. schließt an den Eingangssatz eine inhaltlich polare, musikalisch karge Arie nur mit Bass und Continuo an. Sie stellt sich dem existentiellen Einwand, deutlich schärfer formuliert als im Lied, als *Entsetzen*, Furcht als Reaktion auf alle göttliche Offenbarung, welche darum in der Bibel mit »Fürchtet euch nicht« eingeleitet wird. Indem Bach die drei Achtel zu *entsetze* jeweils markant separiert, gibt er der Negativerfahrung wieder musikalisch Raum. Im Continuo bleibt das weiter präsent, auch wenn der Sänger längst von *Zuversicht* singt. Das Liedzitat gestaltet Bach auch als Melodiezitat, allerdings in stark verzierter Version, mit h-Moll einen Ton höher als beim Eingangssatz. Gerade so werden *Trost und Zuversicht* zum erhebenden Gegenbild des Entsetzens. Während der Arien-Rahmenteil das gläubige Individuum (*mein Herze*) und seine Sorgen im Blick hat, bezieht sich der Mittelteil auf die fürsorgliche und machtvolle Lenkung aller Weltläufe in Aufnahme des lutherisch-orthodoxen Lehrstücks von der Providentia Gottes. Im Evangelium wird *die Welt und Menschenmacht* ja verkörpert vom römischen Hauptmann. Die Reprise des A-Teils modifiziert Bach: das Liedzitat steht eine Quinte tiefer, klanglich wärmer und bergender, im e-Moll der Arie.

Im Rezitativ weist der Alt als Stimme des Glaubens die *törichte* Variante der Nichtakzeptanz zurück, nämlich vor Gottes Wille davon zu laufen wie einst Jona. Das Gegenargument der von Gott gezählten Haare (Matthäus 10,30) enthält auch die Liedstrophe. Bach zeichnet das Davonlaufen wie ein Abtauchen sinnenfällig nach. Mit *Wohl dem* wechselt er signifikant von Moll zu Dur.

Mit 222 (6x37) Takten ist die zweite Arie äußerst umfänglich, ein großer Tanzsatz im 3/4-Takt, dominiert vom quasi solistischen, virtuosen Gestus der ersten Violine. Die mit Orgelpunktbildungen harmonisch großflächige G-Dur-Musik würde, ohne Text gehört, niemals erwarten lassen, dass da vom Gang *zum Grab* die Rede ist. Höchstens die Continuo-Fixierung auf das tiefe Grabes-C nach der Mitte des A-Teils, mit Dominantseptakkord eigentümlich harmonisiert, könnte Verdacht aufkommen lassen. Bach hat hier wohl das Totentanz-Sujet aufgegriffen und ins Positive gewendet. Dort spielt der Tod mit seiner Geige zum letzten Tanz auf. Was sonst als Mahnung an die Ungläubigen zur Umkehr dient, wird hier zum ekstatischen Schlussreigen eines in Gottes Willen ergebenen Lebens. In mehreren Sterbekantaten Bachs gibt es solch entfesselte Schlussreigen (z. B. »Kreuzstabkantate« BWV 56). Die zwei Sänger verkörpern hier mit ihren jeweils im Fugato nachfolgenden Einsätzen das christliche Nachfolge-Prinzip (vgl. BWV 78,2). Ihre Stimmführung am Anfang ist identisch mit der in der Arie *Ich folge Jesum nach* aus der Weimarer Kantate BWV 12, im Vorjahr an Jubilate in Leipzig aufgeführt. Nur werden hier aus gewöhnlichen Achtelgängen mittels Punktierung *beherzte Schritte*. Der vergleichsweise kurze Arien-Mittelteil bringt wieder zwei Textdurchgänge mit genau vertauschten, also identischen Partien der beiden Zeugen Alt und Tenor. Während diese Stimmen in anderen Kantaten namentlich als »Furcht« und »Zuversicht« gegensätzlich agieren (z.b. BWV 66), sind sie sich hier einig, da die Furcht bereits mit Satz 2 überwunden wurde. Als Begründung für den Glaubensmut dienen dem Librettisten zwei biblische Motive aus Psalm 139,16 (Lebenstage im Buch *aufgeschrieben*) und aus der Wundergeschichte im Evangelium: Jesus rührt den Aussätzigen mit *seiner Hand* an.

Diese handgreifliche Berührung bildet die Brücke zum Sterbegebet Psalm 31,6 »Vater, in deine Hände befehle ich meinen Geist«, das im abschließenden Rezitativ anklingt, wo der Sopran als Stimme der frommen Seele um ein seliges Sterben bittet. Hier lässt Bach im Accompagnato der in der Arie nicht beteiligten Oboen die Bergung in Gottes *Vaterhänden* förmlich spüren, ein starker Kontrast zum Sterben als *Kampfplatz*. Betörend schön geht daraus in arioser Korrespondenz von Oboen und Singstimme das *selige Ende* hervor. So kann die Bitte um Bewahrung vor Anfechtung münden in ein glaubensgewisses *drauf sprech ich fröhlich: Amen* im Schlusschoral. Wieder hat Bach die drei gleichen Melodiezeilenpaare identisch vertont, offensichtlich erneut vom Ende her. Die Melismen vor der Schlussnote in allen Stimmen mit fast romantischer Tenor-Wechselnote auf der Septime sind stimmige Auskleidung eines *fröhlichen Amen*. Der besondere Wohlklang hier suggeriert: Wer so stirbt, der stirbt wohl.

Ich hab in Gottes Herz und Sinn

Septuagesimae, 28. Januar 1725, Thomaskirche
Liedautor: Paul Gerhardt 1647

1. *Oboe d'amore I/II, Streicher*
Ich hab in Gottes Herz und Sinn
Mein Herz und Sinn ergeben,
Was böse scheint, ist mein Gewinn,
Der Tod selbst ist mein Leben.
Ich bin ein Sohn
Des, der den Thron
Des Himmels aufgezogen;
Ob er gleich schlägt
Und Kreuz auflegt,
Bleibt doch sein Herz gewogen.

2. Rezitativ Bass
Es kann mir fehlen nimmermehr!
Es müssen eh'r
Wie selbst der treue Zeuge spricht,
Mit Prasseln und mit grausem Knallen
Die Berge und die Hügel fallen:
Mein Heiland aber trüget nicht,
Mein Vater muss mich lieben.
Durch Jesu rotes Blut bin ich
in seine Hand geschrieben;
Er schützt mich doch!
Wenn er mich auch
gleich wirft ins Meer,

Drum werden sie mich nicht ersäufen.
Wenn mich die Wellen schon ergreifen
Und ihre Wut mit mir zum Abgrund eilt,
So will er mich nur üben,
Ob ich an Jonam werde denken,
Ob ich den Sinn mit Petro
auf ihn werde lenken.
Er will mich stark im Glauben machen,
Er will vor meine Seele wachen
Und mein Gemüt,
Das immer wankt und weicht **in seiner Güt,**
Der an Beständigkeit nichts gleicht,
Gewöhnen, fest zu stehen.
Mein Fuß soll fest
Bis an der Tage letzten Rest
Sich hier auf diesen Felsen gründen.
Halt ich denn Stand,
Und lasse mich
in felsenfestem Glauben finden,
Weiß seine Hand,
Die er mir schon vom Himmel beut,
zu rechter Zeit
Mich wieder zu erhöhen.

3. **Arie** Tenor *Streicher*
Seht, seht! wie reißt,
wie **bricht**, wie **fällt**,
Was Gottes starker Arm
nicht hält.
Seht aber fest
und unbeweglich prangen,
Was unser Held
mit seiner Macht umfangen.
Lasst Satan wüten,
rasen, krachen,
Der starke Gott wird uns
unüberwindlich machen.

4. **Choral** Alt *Oboe d'amore I/II*
Zudem ist Weisheit und Verstand
Bei ihm ohn alle Maßen,
Zeit, Ort und Stund ist ihm bekannt,
Zu tun und auch zu lassen.
Er weiß, wenn Freud,
er weiß, wenn Leid
Uns, seinen Kindern, diene,
Und was er tut,
ist alles gut,
Ob's noch so traurig schiene.

5. **Rezitativ** Tenor
Wir wollen nun nicht länger zagen
Und uns mit **Fleisch und Blut,**
Weil wir in Gottes Hut,
So furchtsam wie bisher befragen.
Ich denke dran,
Wie Jesus nicht gefürcht'
das tausendfache Leiden;
Er sah es an
Als eine Quelle ewger Freuden.

Und dir, mein Christ,
Wird deine **Angst und Qual,**
dein bitter **Kreuz und Pein**
Um Jesu willen
Heil und Zucker sein.
Vertraue Gottes **Huld**
Und merke noch, was nötig ist:
Geduld! **Geduld!**

6. **Arie** Bass *Continuo*
Das Brausen von den rauhen Winden
Macht, dass wir volle Ähren finden.
　　Des Kreuzes Ungestüm
　　schafft bei den Christen Frucht,
　　Drum lasst uns alle unser Leben
　　Dem weisen Herrscher ganz ergeben.
　　Küsst seines Sohnes Hand,
　　verehrt die treue Zucht.

7. **Rezitativ** Sopran/Alt/Bass/Tenor
Ei nun, mein Gott, so fall ich dir
Getrost in deine Hände.
Bass So spricht der gottgelassne Geist,
Wenn er des Heilands Brudersinn
Und Gottes Treue gläubig preist.
Nimm mich, und mache es mit mir
Bis an mein letztes Ende.
Tenor Ich weiss gewiss,
Dass ich ohnfehlbar selig bin,
Wenn meine Not und mein Bekümmernis
Von dir so wird geendigt werden:
Wie du wohl weißt,
Dass meinem Geist
Dadurch sein Nutz entstehe,
Alt Dass schon auf dieser Erden,

Dem Satan zum Verdruss,
Dein Himmelreich sich in mir zeigen muss
Und deine Ehr je mehr und mehr
Sich in ihr selbst erhöhe,
Sopran So kann mein Herz
nach deinem Willen
Sich, o mein Jesu, selig stillen,
Und ich kann bei gedämpften Saiten
Dem Friedensfürst ein neues Lied bereiten.

8. **Arie** Sopran *Oboe d'amore, Streicher*
Meinem Hirten bleib ich treu.
Will er mir den Kreuzkelch füllen,
Ruh ich ganz in seinem Willen,
Er steht mir im Leiden bei.
Es wird dennoch, nach dem Weinen,
Jesu Sonne wieder scheinen.
Jesu leb ich, der wird walten,
Freu dich, Herz, du sollst erkalten,
Jesus hat genug getan.
Amen: Vater, nimm mich an!

9. **Choral**
Soll ich den auch des Todes Weg
Und finstre Straße reisen,
Wohlan! ich tret auf Bahn und Steg,
Den mir dein Augen weisen.
Du bist mein Hirt,
Der alles wird
Zu solchem Ende kehren,
Dass ich einmal
In deinem Saal
Dich ewig möge ehren.

Diese einzige Kantate zu einem Paul Gerhardt-Lied scheint kaum zum Evangelium zu passen, dem Gleichnis Matthäus 20,1–16, wo alle Arbeiter im Weinberg trotz divergierender Arbeitszeiten denselben Lohn erhalten. In Gesangbüchern wurde das Lied dem Vorsonntag zugeordnet, thematisiert es doch die Ergebung in Gottes Willen. Zudem wird es auf dieselbe Melodie gesungen wie *Was mein Gott will*. Offensichtlich ist diese Doppelung bei den Kantaten beabsichtigt. Auch in der Thomaskirche soll dieses Thema mit dieser besonderen Melodieform vergewissernd erklingen. Die Pointe der Vorsonntags-Kantate trägt der Librettist sogar extra hier ein: *Amen: Vater nimm mich an!* (Satz 8). Im Lied kam das *fröhlich Amen*-Sagen zum Leben nicht vor. Die Verbindung

von Lied und Evangelium wird plausibler, wenn man wie seinerzeit die Arbeitszeit im Gleichnis als Symbol für die Lebenszeit
nimmt und die Willkür des Arbeitgebers als Herzensakt Gottes
deutet. Gottes Heil folgt nicht irdischer Lohn-Logik, sondern
der Maßgabe seines Heil intendierenden Herzens. So ist die *Herz*-
Metapher im Liedanfang zentral für die Auslegung des Gleich-
nisses.

Dass P. Gerhardt-Lieder in ihrer inhaltlichen und sprachlichen Stringenz schwer in ein Kantaten-Libretto zu transformieren
sind, zeigt das Vorgehen des Librettisten. Kürzen oder Zusammen-
raffen geht nicht. Er braucht neun Kantatensätze für die zwölf
Liedstrophen. Fünf (!) Strophen belässt er im Wortlaut. Neben den
Rahmenstrophen ist Strophe 5 als »Choral« beibehalten (Satz 4),
Strophe 2 und 10 (Satz 2, 7) werden mit Tropierungen erweitert.
Dreieinhalb Strophen mit Erörterungen zur Providenz Gottes
übergeht er, um stattdessen die Christologie zu stärken, das
Kreuztragen der Menschen an Jesu Leiden zu koppeln und im
Anschluss an die Epiphanias-Thematik den Jesus-Namen stark
ins Spiel zu bringen. Das Hirten-Bild aus der Schlussstrophe
wird schließlich zur Pointe. *Meinem Hirten bleib ich treu* (Satz 8)
heißt es nun als Variante von *meinen Jesum lass ich nicht* (7. Januar, Nikolaikirche).

Bach meistert souverän die Herausforderung, für die Melodie vom Vorsonntag mehrere alternative Vertonungen zu liefern.
Dem extrovertierten Eingangssatz dort stellt er hier intime Her-
zensmusik gegenüber. Wieder einmal prägen die beiden Liebes-
Oboen den Affekt des Satzes. Sie spielen gleichgesinnt, überwiegend unisono oder in Terzen. Das Gottesverhältnis ist intakt.
Der wiegende Zweier-Puls des 6/8-Takts kontrastiert dem kämpferischen Allabreve bei BWV 111. Die vokalen Unterstimmen
übernehmen ebenso gleichgesinnt die Stimmführung der durchgängigen Instrumentalmotivik. Diese ist bestimmt vom Gegenüber der anfänglichen Abwärtsgeste gleich einem Kniefall und

sequenzhaften Aufwärtsbewegungen. Letzteres korrespondiert der aufwärts schreitenden ersten Melodiezeile, ersteres ist dazu die Gegenbewegung. In solcher Komplementarität erschließt sich: Wer vor Gott in die Knie fällt, den wird er *erhöhen* (Satz 2, letztes Wort) zum himmlischen Leben, was die musikalisch abweichenden Zeilen 5 und 6 artikulieren. Auch hier setzt Bach die Musik in den drei melodisch gleichen Liedzeilenpaaren völlig identisch zur Vergewisserung der Liebe Gottes, dessen Herz wider allen Augenschein den Menschen *gewogen* *bleibt*.

Die aus negativen Lebenserfahrungen resultierenden Einwände gegen solches Gottvertrauen behandelt der Bass im Rezitativ mit Rekurs auf Bibelworte vor allem aus Psalter und Jesaja. Das Wort des *treuen Zeugen* etwa spielt an auf Jes 54,10. Die Erweiterungen schließen sprachlich bruchlos an die zitierten Liedzeilen an und bekräftigen diese entschieden. Die bildstarken Bibelworte geben Bach Gelegenheit, im Continuo illustrativ *Berge* einstürzen und *Wellen* wogen zu lassen. Die Melodiezeilen, zunehmend stärker verziert, setzen sich ab durch eine wie üblich ostinate Begleitung, motivisch aus dem Liedanfang gewonnen und sequenzierend aufwärts steigend. Die Ostinatoform wird hier Sinnträger für die *Beständigkeit* von Gottes Güte, der das *Stand Halten* der Gläubigen entsprechen soll. Die Aufwärtsbewegung bildet als hermeneutische Klammer das Zielwort *erheben* ab, welchem die Singstimme dann auch eine extra Koloratur gönnt.

Die folgende furiose Arie liefert den Beweis ex contrario, aus der Haltlosigkeit und dem Untergang der Gottfernen. Geradezu lustvoll lässt Bach den Continuo mit penetrant wiederholten Abwärtsfiguren deren *Fallen* inszenieren. Die wie Schwertzüge rasant auffahrenden Gesten der ersten Violinen verkörpern dagegen den siegreich dreinschlagenden *Helden*. (Vgl. Johannes-Passion: *der Held aus Juda siegt mit Macht.*) In solchem Schlachtengetümmel treten die Metaphern *fest* und *unbeweglich* mit Haltetönen plastisch hervor. Beim Stichwort *Satan* legt Bach noch zu und lässt den Heldentenor mit Punktierungen *krachen*, um dessen Überwindung via Überhöhung umso deutlicher zu markieren. Das mögliche Da capo vermeidet Bach, um pointierend mit der Siegesverheißung für *uns* zu enden.

Die Liedstrophe mit klaren Aussagen über Gottes unbegrenztes Wissen und Vermögen zeigt demgegenüber eine strukturell feste Form, Choralbearbeitung mit kaum verzierter Melodie im Alt als Stimme des gefestigten Glaubens. Zu den beiden imitierend geführten Oboen d'amore spielt der Continuo mit unüblich reicher Sechzehntel-Figuration *ohn alle Maßen*. $540 = 20 \times 3^3$ Continuo-Töne sind vielleicht sogar ein Trinitätssymbol. Das letzte Signalwort *traurig* löst einen chromatischen Abstieg in den Oboen aus, der im Nachspiel aber wieder vergessen ist: es *scheint* ja nur *traurig*, wie der ganze Satz in fis-Moll nicht larmoyant aufzufassen ist, sondern der göttlichen Würde entsprechend ernst und gefasst im Tempo ordinario.

Nach diesem Bekenntnis zu Gottes Souveränität erklärt der Tenor im Rezitativ die erfahrungsbezogenen Glaubenszweifel für erledigt und lenkt den Blick stattdessen zu spezifischer Vergewisserung auf Christi Leiden. In exponierter Hochlage erschließen sie sich als *Quelle ewger Freuden*. Dies begründet die christliche Tugend der *Geduld* im eigenen Leiden, was der Librettist aus der fünften Strophenzeile betont an den Schluss setzt, von Bach akzentuiert in Seufzerfiguren mit adagio-Anweisung.

Dramaturgisch unpassend brechen dann plötzlich die *rauhen Winde* ein, in einer wilden Continuo-Arie geradezu eindimensional als Naturbild dargestellt. Die Basspartie wirkt künstlerisch ungeschlacht, *rauh*. Er singt einige Sechzehntel unisono mit den Instrumenten, einige in verdeckten Parallelen, bisweilen parallel, bisweilen gegenläufig. Als Gegenstimmen ordentlich auskomponiert sind Continuo und Solist nur im Mittelteil, wo das Naturbild der Winde übertragen wird auf die für den Glauben der Christen fruchtbare Kreuzeserfahrung. Die Willenshingabe an

Gott wird mit einem Appell forciert, dessen Metaphern aus Psalm 2,11 und Sprüche 1,8 stammen. Das Küssen der Füße als Unterwerfungsgeste ist prägnant modifiziert als *Küssen* der *Hand*, in welcher Gott die Menschen auffängt, damit sie nicht in die Hände der Feinde fallen (siehe die zweite Liedzeile im Folgesatz). Mit dem Adjektiv *treu* zu Zucht unterstreicht der Librettist das Grundmotiv der Treue und Beständigkeit Gottes, worauf der erste Kommentar im Folgerezitativ Bezug nimmt.

Als Tropierungs-Variante zu Satz 2 stehen sich hier Choral und Kommentierung (vom Beobachterposten aus) deutlich gegenüber. Bach lässt demgemäß den Choral feierlich im vierstimmigen Satz vortragen und bringt die Kommentare mit den Einzelstimmen vom Bass zum Sopran aufwärts. Ein Kunstgriff bei den Choralzeilen ist die Vorwegnahme der ersten beiden Töne der zweiten Zeile im Bass beim dreimaligen Zeilenpaar, wodurch namentlich das Wort *getrost* im ersten Fall plastisch hervortritt. Die zarte Knabenstimme des Soprans leitet am Ende über zum *stillen* neuen Lied, dramaturgisch Gegenpol zum Krachen und Lärmen bei den Arien zuvor. Der *Friedensfürst* Jesus überstrahlt nun den starken Helden von Satz 3 und impliziert Piano- Kultur *bei gedämpften Saiten*.

Dachte der Librettist wohl an con sordino spielende Streicher bei der Arie, wählt Bach eine andere Piano-Variante. Wegen des für ihn noch stärkeren *Hirten*-Bildes nimmt er die Oboe (d'amore) als Soloinstrument und lässt die Streicher im pizzicato leichte Begleitakkorde spielen, während die Orgel schweigt. Das Anfangsmotiv von Oboe und Singstimme konzipiert er sinnreich als Ohrwurm in einer Ringform (a – a) mit »Wonne-Sexte« als Anfangsintervall, in der Fortführung überboten durch die Septime. Ohne den Anfangston ist dies die Dur-Version vom Anfangsmotiv im Eingangssatz. Damit dies als Ohrwurm *treu* bleibt, schiebt Bach zweimal eine Wiederholung des Mottos ein: *Meinem Hirten bleib ich treu*, wobei die Oboe jeweils die Singstimme mit der Motivfortführung bestätigt. Der Librettist intendierte wohl eine Da capo-Form, Bach schließt aber wieder zielorientiert mit der Sterbebitte vom Ende des Mittelteils *Amen, Vater nimm mich an*, das *Amen* auf zwei gedehnten d-Grundtönen signifikant wiederholt, und lässt dazu nochmals das Ohrwurmmotiv in der Oboe erklingen. Wie wichtig »Ohrwürmer« in der Sterbesituation sein können, wenn das Wahrnehmungsvermögen und die Fähigkeit zur Kommunikation schwinden, zeigen heutige medizinische Forschungen. Eine weitere *Treue*-Struktur zeigt die Arie auch darin, dass die Streicher in allen 112 CHRISTUS-Takten ununterbrochen auf eins und zwei je einen Akkordton spielen, während die Drei des 3/8-Taktes *still* bleibt. Da der Continuo an fünf Kadenzen nur einen Ton spielt, ergeben sich insgesamt 891 = 81 (9^2) x 11 Töne. 11 ist die Zahl der treuen Jünger Jesu.

Der Schlusschoral verweist subtil auf den Transitus zum ewigen Leben, in Chromatisierungen beim Bass zu zwischendominantisch weiterführenden Harmonien, im von g zu gis alterierten Durchgangston des Melodieanfangs und schließlich im H-Dur-Schlussklang zum h-Moll-Choral. Bei den zwei melodisch abweichenden Zeilen 5/6 gestaltet Bach das Zielwort *kehren* mit Sechzehntel-Bewegung in Um-Kehrung zwischen Bass/Tenor und Alt, um ins strahlende Fis-Dur zu münden. Mit 406 = 14(BACH) x29(SDG) Tönen des Chorals nimmt Bach die Schlusszeile sozusagen wörtlich. In den Zeilen 5/6 mit der Anrede *Du bist mein Hirt* haben drei Stimmen 23 Töne (Psalm 23), zusammen sind es 106 = 2x53(HIRT). Das Oboensolo in der Arie zuvor kam auf 391 = 17x23 Töne.

Mit 620 Takten ist dies die größte Kantate im Jahrgang. Der Zahlenwert von AMEN ist 31, nach Psalm 41,14 (BACH-Zahlen!) geschieht das Amen-Sagen wie in der Arie als doppeltes *Amen, Amen*, und 62 ist zudem Äquivalent von VATER. So hat Bach in diesen 10x62/20x31 Takten dezidiert seinen »letzten Willen« formuliert: *Amen, Amen, Vater, nimm mich an!*

BWV 125

Mit Fried und Freud ich fahr dahin

Mariae Reinigung, 2. Februar 1725, Nikolaikirche/ Thomaskirche
Liedautor: Martin Luther 1524

1. *Traversflöte, Oboe, Streicher,*
Horn mit Sopran
Mit Fried und Freud ich fahr dahin
In Gottes Willen;
Getrost ist mir mein Herz und Sinn,
Sanft und stille;
Wie Gott mir verheißen hat,
Der Tod ist mein Schlaf geworden.

2. **Arie** Alt *Traversflöte, Oboe d'amore*
Ich will auch mit gebrochnen Augen
Nach dir, mein treuer Heiland, sehn.
   Wenngleich des Leibes
   Bau zerbricht,
   Doch fällt mein Herz
   und Hoffen nicht.
   Mein Jesus sieht
   auf mich im Sterben
   Und lässet mir
   kein Leid geschehn.

3. **Rezitativ** Bass *Streicher*
O Wunder, dass ein Herz
Vor der dem Fleisch verhassten Gruft
und gar des Todes Schmerz
Sich nicht entsetzet!
Das macht Christus,
wahr' Gottes Sohn,
Der treue Heiland,
Der auf dem Sterbebette schon
Mit Himmelssüßigkeit den Geist ergötzt,
Den du mich, Herr, hast sehen lahn,
Da in erfüllter Zeit ein Glaubensarm
das Heil des Herrn umfinge;
Und machst bekannt
Von dem erhabnen Gott,
dem Schöpfer aller Dinge
Dass er sei das Leben und Heil,
Der Menschen Trost und Teil,
Ihr Retter vom Verderben
Im Tod und auch im Sterben.

4. Arie Duett Tenor/Bass *Violine I/II*
Ein unbegreiflich Licht erfüllt
den ganzen Kreis der Erden.
Es schallet kräftig fort und fort
Ein höchst erwünscht Verheißungswort:
Wer glaubt, soll selig werden.

5. Rezitativ Alt
O unerschöpfter Schatz der Güte,
So sich uns Menschen aufgetan:
es wird der Welt,
So Zorn und Fluch auf sich geladen,
Ein Stuhl der Gnaden
Und Siegeszeichen aufgestellt,
Und jedes gläubige Gemüte
Wird in sein Gnadenreich geladen.

6. Choral
Er ist das Heil und selig Licht
Für die Heiden,
Zu erleuchten, die dich kennen nicht,
Und zu weiden.
Er ist deins Volks Israel
Der Preis, Ehr, Freud und Wonne.

Der 2. Februar, heute wegen des damit verbundenen Brauchtums als »Lichtmess« geläufig, ist eigentlich das Christusfest, mit dem der Weihnachtsfestkreis endet. Biblischer Bezug ist das Evangelium Lukas 2, 22-35 von der Darstellung des Jesuskindes am 40. Tag nach seiner Geburt im Tempel, wo der greise Simeon in ihm den Heiland erkennt und daraufhin seinen Lobgesang »Nunc dimittis« anstimmt. Er bekennt, jetzt in Frieden sterben zu können. So ist Simeon Prototyp des im Glauben an Christus selig sterbenden Menschen, sein Gesang die Urform des Sterbelieds, Luthers vierstrophige Liedfassung dazu (EG 519) dann das Vorbild evangelischer Sterbelieder. Namentlich die erste Strophe wirkte sprachprägend mit den Wortpaaren *mit Fried und Freud / sanft und stille*, aber auch mit der Schlusszeile, welche mit dem Bild vom Tod als Schlafes Bruder spezifisch modifiziert die Pointe setzt.

Im Barock ist Thema dieses Festtages stets das selige Sterben. Luthers Lied, Hauptlied zum Tage, kommt natürlich bei der Kantate zum Zug. Zudem gibt es Verknüpfungen mit den Liedern und Kantaten der beiden Vorsonntage: in Strophe 1 *getrost* (BWV 92,7), *Herz und Sinn* (BWV 92,1), das *stille* Herz (BWV 92,7) und *in Gottes Willen* (BWV 111). *Der treue Heiland* in Strophe 2 ist Inbegriff für Treue (BWV 92,8) und zum Schlussmotiv des *Weidens* in Strophe 4 gehört die *Hirt*-Metapher am Ende von BWV 92. Luthers Lied ist gewissermaßen Konzentrat der Sterbethematik. Die Kantate dazu erklingt in beiden Leipziger Kirchen und korreliert so für alle Gottesdienstbesucher mit einer der Vorgänger-Kantaten.

Außer den Rahmenstrophen verändert der Librettist auch die zweite Strophe mit ihrem Christusbekenntnis nicht, integriert sie vielmehr tropierend in ein Rezitativ (Satz 3), das mit dem staunenden *O Wunder* eine Brücke schlägt zur Adventskantate BWV 62 und so sachgemäß die Weihnachtszeit rahmt. Die erste Arie kreist um das Motiv des Sehens aus Liedstrophe 2, das zweite Arie-/Rezitativ-Paar thematisiert wie Liedstrophe 3 die weltweite Ausstrahlung des Heils in Christus, zitiert zudem (verkürzt) den Taufbefehl aus Markus 16,16 und nimmt als Hauptmetapher *Licht* aus Strophe 4.

Für den Eingangssatz wählt Bach wieder einmal den besonderen 12/8-Takt, hier in doppelter Referenz zum Finalsatz einer Tanzsuite wie zur Pastorale. Einerseits kann man das *Dahinfahren* beim Sterben tatsächlich als Lebens-Finale fassen, andererseits evoziert die *Fried*-Charakteristik Pastoralsphäre. Zudem wird so der 6/8-Takt vom Vorsonntag durch Verdoppelung bestätigt. Im aufsteigenden Hauptmotiv, welches das Quintintervall des Melodieanfangs ausfüllt, ist das Auffahren der Seele im Sterben abgebildet, vorgestellt zunächst von der Traversflöte alleine. Orgelpunktbildungen im Continuo und viele durchgängige Sextakkord-Harmonisierungen der Streicher vermitteln Pastoralatmosphäre. Die vokalen Unterstimmen übernehmen wieder »gleichgesinnt«, *in Gottes Willen* ergeben dieselbe Figuration. Das mit zwei verschiedenen Instrumenten gebildete Bläserpaar agiert wie die Vokalstimmen im Wechsel von Nachimitation und Parallelführung, so den Weg zur Übereinstimmung kennzeichnend. Der Charakter des Satzes ist trotz ernstem e-Moll »light«, nicht basslastig, sondern an der spirituellen Leichtigkeit von Traversflöte und Oboe orientiert.

Im Rahmen der 12/8-Diktion hebt Bach zunächst in der dritten Liedzeile *ge-trost* durch Septimsprung hervor. Im Evangelium ist davon die Rede, dass Simeon auf den »Trost Israels« wartete (V.25). Luthers Sprachschöpfung *sanft und stille* führt dann zur lautmalerischen Darstellung sanften Sterbens. Mit Piano-Anweisung klinken sich die Vokalstimmen aus der Hauptmotivik aus und singen nur noch wohlklingende Begleitakkorde zur Melodie. Unter dem Melodie-Zielton wird *sanft und stille* in langen Notenwerten wiederholt. Dabei wird d als Terz in h-Moll zur Quinte von g-Moll umgedeutet. Im Continuo folgt ein Quintfall auf das tiefe Grabes-C als Liegeton. Darüber schwingt sich in As-Dur die Traversflöte auf bis zu es‴. Nach zeitgenössischer Vorstellung findet der Körper nach dem Sterben seine Ruhe im Grab, die Seele aber wird himmelwärts getragen in Abrahams Schoß. Nach einer Generalpause kadenziert Bach nach G-Dur und findet schnell wieder zur Grundtonart e-Moll, wo nun die Unterstimmen in gemeinsamer Deklamation *wie-Gott-mir* die Verheißung Gottes als Sprachvorgang plastisch machen. Beim *Schlaf*-Bild lässt Bach die Vokalstimmen nochmals in breiten Notenwerten piano singen und markiert mit melodiefremdem f (statt fis) und F-Dur Überschreitung in eine andere Welt. Die letzten vier Melodietöne g-f-e-fis vor dem Schluss-e kann man auch als Quinttransposition von c-b-a-h, also Bachs Namenbuchstaben lesen. Dem korreliert, dass der Vokalpart insgesamt 14(BACH)x48 Töne aufweist mit 13(Todessymbol)x48 Tönen in den drei Unterstimmen: *Der Tod ist __mein__ Schlaf worden!*

Ein ergreifendes Tombeau (Grabmusik), *stille* ohne Orgel-Begleitakkorde, bringt die Arie. Wie die *Es ist vollbracht*-Arie der

Johannes-Passion steht sie in h-Moll und ist geprägt durch expressive Vorhaltbildungen. Der Alt agiert als Stimme eines Gläubigen, der sich zuversichtlich ins Sterben fügt. Die beiden Bläser spielen überwiegend in Terzen als Symbol der Gemeinschaft mit Jesus, während die vielen Unterbrechungen durch Pausen die *gebrochenen Augen* im Sterbevorgang markieren. Gleichwohl kann der Sterbende auf Jesus sehn wie der dem Tod nahe Simeon. Im Mittelteil wird dies christologisch begründet. Jesus sieht nämlich seinerseits fürsorglich auf den Gläubigen, wie er am Kreuz auf die Seinen geschaut hat (Johannes 19,26). Auch hier setzt Bach eine Generalpause des Lebens-Exitus nach maximaler Spreizung von Traversflöte und Continuo.

Im folgenden Rezitativ dürfen die Hörer mit 41 (JSBACH) gleichförmigen Streicher-Einwürfen auf Wechselnoten mit Sprung nach oben in Akkordparallelen die *Himmels-Süßigkeit* (BWV 123,2) schmecken, welche *auf dem Sterbebette* tatsächlich *schon* erfahrbar ist. Nur am Schluss ist Sterben nochmals mit tiefen Liegetönen gekennzeichnet. Der Wechsel zwischen Tropierung und Choral beim Sänger wird durch die ostinate Streicherbegleitung verwischt, allerdings ist im Continuo der Choral jeweils mit andante-Achtelbewegung profiliert. Die Zielworte der Liedzeilen ziert der Bass aus, besonders stark die Offenbarungsworte *sehen lan* und *machst bekannt,* dann im Ausdruck polar das finale *Sterben,* welches nach allerhand Chromatik schließlich in H-Dur kadenziert (vgl. den Schlusschoral von BWV 92). Mit 777 = 3x7x37 Instrumentaltönen rekurriert Bach hier auf eine besondere Symbolzahl für das Heil.

Der individuelle Aspekt des Sterbens ist im Folgenden nicht mehr im Blick, sondern das in Christus nun für alle Menschen eröffnete Heil. Die alles dominierende *Licht*-Metapher führt zu ungetrübter G-Dur-Musik im doppelten Duett. Mit zwei Violinstimmen einerseits, Tenor und Bass andererseits stacheln sich zwei Paare sozusagen gegenseitig an. Die Stimmführung lässt sich wieder auf das Quintintervall des Melodieanfangs beziehen, kehrt aber kreisförmig zurück zum Grundton, um von hier aus mit Oktavsprung *Licht* zu markieren. Zu *Kreis* folgen dann längere Sechzehntel-Ketten in Parallelführung der Stimmen, Kreisbewegungen abbildend. Im Mittelteil setzt Bach *schallet* lautmalerisch als Schallwelle um, die durch schnelles Nacheinander beider Stimmen mit denselben Tönen zustande kommt (vgl. *Erschallet ihr Lieder* BWV 172,1). Das Markus-Zitat ist durch gemeinsamen Vortrag der Sänger in Terzen hervorgehoben. Die eigentümliche Paarung der beiden tiefen Männerstimmen in diesem Duett ist vielleicht der männlichen Provenienz (Jesus) dieses *Verheißungsworts* geschuldet. Womöglich wollte Bach auch nur das himmlische Streicher-*Licht* deutlich vom Vokalklang abgesetzt wissen.

Im Rezitativ bringt der Librettist zur Vergewisserung das auf Luthers Übersetzung von Römer 3,25 fußende Bild des *Gnadenstuhls* ein, in der Nikolaikirche als Cranach-Gemälde präsent. Dem korrespondiert *Gnaden-Reich*, ein für diesen sprachmächtigen Dichter typisches Kompositum: der allgemeine Begriff (*Reich*) theologisch einschlägig qualifiziert.

Im Choral fällt die anfängliche Aufwärtsbewegung von Tenor und Bass in Terzen zum Zielwort *Heil* auf. Während *Licht* hier mit h-Moll harmonisiert ist, strahlt die nächste Fermate zu *Heiden* umso heller in H-Dur. Auch den Schlussklang zu *Wonne* setzt Bach natürlich in (E-)Dur.

BWV 126

Erhalt uns, Herr, bei deinem Wort

Sexagesimae, 4. Februar 1725, Thomaskirche
Liedautoren:
Strophe 1–3: Martin Luther 1542; Strophe 4–5: Justus Jonas;
Strophe 6: Martin Luther 1529; Strophe 7: Johann Walter 1566

1. *Trompete, Oboe I/II, Streicher*
Erhalt uns, Herr, bei deinem Wort,
Und steur' des Papsts und Türken Mord,
Die Jesum Christum, deinen Sohn,
Stürzen wollen von seinem Thron.

2. **Arie** Tenor *Oboe I/II*
Sende deine Macht von oben,
Herr der Herren, starker Gott!
 Deine Kirche zu erfreuen
 Und der Feinde bittern Spott
 Augenblicklich zu zerstreuen.

3. **Rezitativ** Alt/Tenor
Alt Der Menschen Gunst und Macht
wird wenig nützen,
Wenn du nicht willt
das arme Häuflein schützen,
beide **Gott Heilger Geist,**
du Tröster wert,
Tenor Du weißt, dass die
verfolgte Gottesstadt
Den ärgsten Feind

nur in sich selber hat
Durch die Gefährlichkeit
der falschen Brüder.
beide **Gib dein'm Volk**
einerlei Sinn auf Erd,
Alt Dass wir, an Christi Leibe Glieder,
Im Glauben eins, im Leben einig sei'n.
beide **Steh bei uns in der letzten Not!**
Tenor Es bricht alsdann
der letzte Feind herein
Und will den Trost
von unsern Herzen trennen;
Doch lass dich da
als unsern Helfer kennen.
beide **G'leit uns ins Leben**
aus dem Tod!

4. Arie Bass *Continuo*

Stürze zu Boden schwülstige Stolze!
Mache zunichte, was sie erdacht!
  Lass sie den Abgrund plötzlich verschlingen,
  Wehre dem Toben feindlicher Macht,
  Lass ihr Verlangen nimmer gelingen!

5. Rezitativ Tenor

So wird dein Wort und Wahrheit offenbar
Und stellet sich im höchsten Glanze dar,
Dass du vor deine Kirche wachst,
Dass du des heilgen Wortes Lehren
Zum Segen fruchtbar machst;
Und willst du dich als Helfer zu uns kehren,
So wird uns denn in Frieden
Des Segens Überfluss beschieden.

6. Choral

Verleih uns Frieden gnädiglich,
Herr Gott, zu unsern Zeiten;
Es ist doch ja kein andrer nicht,
Der für uns könnte streiten,
Denn du, unser Gott, alleine.

Gib unsern Fürst'n
und aller Obrigkeit
Fried und gut Regiment,
Dass wir unter ihnen
Ein geruh'g und stilles Leben
führen mögen
In aller Gottseligkeit
und Ehrbarkeit. Amen.

Nur zwei Tage nach »Lichtmess« ist die nächste Kantate fällig. Ihr Charakter ist völlig konträr, nach intimer Sterbemusik jetzt extrovertiertes Kampfgetöse. Ursache dafür ist die zeittypische Auslegung des Evangeliums Lukas 8, 4–15. Beim Gleichnis vom vierfachen Ackerfeld wird nicht die Pointe mit dem überschießenden Segen des aufgehenden Wortes Gottes akzentuiert, sondern dessen Bedrohung durch die geschilderten Widrigkeiten (Vögel, Fels, Unkraut). So wird an diesem Sonntag oft Luthers »Erzfeinde-Lied« gesungen, entstanden 1542 in akuter Bedrohungslage durch das expandierende osmanische Reich mit drei Strophen (EG 193) als flehentliches Gebet speziell für Kinder(!). Da auch die Bedrängnis durch die politisch erstarkende *Papst*-Kirche nicht abnahm, wurde dieses Lied bei den Protestanten

mit zwei antirömischen Zusatzstrophen von Luthers Mitstreiter
Justus Jonas (1492–1555) zum Propagandalied, verbreitet auf Flug-
blättern mit drastischer Bildpolemik. Im liturgischen Gebrauch
wurde es zu Bachs Zeiten oft mit den beiden melodisch ähnlichen
Verleih uns Frieden-Strophen beschlossen, wovon die zweite auf
Johann Walter zurückgeht. Diese Liedkompilation, in Gesangbüchern zumeist als Lutherlied deklariert, liegt auch der Kantate
zugrunde. Eine nach Bachs Tod, zum 200-Jahr-Jubiläum des Augs-
burger Religionsfriedens am Michaelistag 1755 erfolgte Leipziger
Wiederaufführung belegt die fortdauernde Repräsentativität dieses Liedes, aber auch, dass Bach den gefragten kämpferischen
Tonfall getroffen hatte.

Im Eingangssatz dominiert die Solotrompete mit einer exorbitant
schweren Partie. Als D-Instrument muss sie im a-Moll des Chorals agieren. Sie verkörpert Christus als Weltenherrscher (Pantokrator), an dessen *Thron* Gottes Feinde rütteln. Die signifikante
Anfangsmotivik mit zunächst aufsteigend gebrochenem Dreiklang, dann zweifachem Sprung zur oberen Oktave, Abstieg auf
den Grundton und Bekräftigung dessen durch Wiederholung
des zweiten Taktes ist eine musikalische Machtdemonstration.
Bei den anderen Instrumenten ist der Gewissheit suggerierende
Anapäst-Rhythmus vorherrschend (vgl. BWV 111,1 zwei Sonntage zuvor). Durchgehende Sechzehntel verkörpern dagegen das
gottfeindliche Agieren der Feinde. Bei den nur vier Choralzeilen
mit der Melodie in unerschütterlichen Sopran-Halbenoten geht
Bach unterschiedlich vor. Die ersten beiden bringt er im Zusammenhang bei plastischer Ausgestaltung der Unterstimmen: sehr
lange Noten für *Erhalt*, dann ein ruppig wirkendes Fugato mit
Übergang in die Battaglia-Sechzehntel zum Mord der Feinde. Mit
dem Quintton e´´ am Ende der Melodie ist die im anfänglichen
Trompetensignal aufgerichtete Spannung vokal eingeholt. Die
dritte Zeile als Christusbekenntnis wird separiert vorgetragen.
Sie führt zum Christus-C im Sopran, worüber die Trompete mit

ihrem Macht-Thema in C-Dur anhebt, während der Continuo, der dieses Thema hier vorimitiert hat (!),in Gegenbewegung zu den Streichern und Oboen zum tiefen C hinabführt, so dass von C zu c´´´ die Macht Christi den ganzen Tonraum umspannt. In der vierten Zeile zeichnen die Unterstimmen zunächst *stürzen wollen* der Feinde nach, ehe unter der Melodie-Schlussnote Zeile 3 und 4 nochmals im Zusammenhang skandiert werden. Bässe und Continuo bringen dabei in demonstrativer Oktavierung das Machtthema der Trompete, das diese sogleich über dem drei Takte langen *Thron*-Schlussakkord wiederholt. Bach macht so überdeutlich, dass Christi Thron de facto nicht wankt.

Die Arie bringt im Hauptmotiv mit vier abwärts gerichteten Sechzehnteln unter einem Bogen ein milderes Segensbild ein, zeigt in Achtelrepetitionen und im häufigen Durchmessen des Oktavambitus bei beiden Oboen aber ebenso kämpferische und machtvolle Züge. Dem Tenor werden für Gottes *Macht von oben* sehr hohe Einsätze zugemutet. Hervor tritt die dreifache, jeweils um einen Ton erhöhte Anrufung Christi *Herr der Herren, starker Gott*, welche das Anfangssignal der Trompete von Satz 1 aufgreift. Virtuose 32tel-Ketten, identisch zu *erfreuen* wie *zerstreuen*, bilden eher letzteres ab.

Die Tropierung von Luthers dritter Strophe im Rezitativ weitet die Feindthematik aus auf die *falschen Brüder* in der eigenen Kirche und akzentuiert stark den heilsbedrohlichen *letzten Feind*, der Sterbende am Glauben zweifeln lässt. Bach findet dafür eine besondere musikalische Form. Alt und Tenor agieren bei den Tropierungen wechselweise, singen die Liedzeilen aber gemeinsam als Bicinium, wobei die Melodiezuweisung zwischen den Stimmen wechselt. Man kann dies als wahrhaft brüderliches Miteinander deuten, als wechselseitiges *Beistehen*. Im trinitarisch konzipierten Lutherlied ist dies das spezifisches Geschäft des Heiligen Geistes. Dem korrespondiert die Stimme des (hohen) Altus.

Die zweite Arie bezieht sich auf die Liedstrophe »Ihr Anschläg, Herr, zunichte mach, lass sie treffen die böse Sach, und stürz sie in die Grub hinein, die sie machen den Christen dein.« Ohne Rücksicht auf die intime Sterbestimmung zuvor führt Bach theatralisch vor, wie *Stolze zu Boden* gehen. Wie am Vorsonntag (BWV 92,6) nimmt er dafür die Form der furiosen, heroischen Bass-Arie mit Continuo. So kann er mit abstürzenden 32tel-Kaskaden der Bassinstrumente deutlichst das zu Boden Gehen zeichnen. Die vielen Imperativ-Wiederholungen des Sängers in skandierenden Achteln (mit Punktierung) wirken wie das Vollziehen eines Fluchspruches.

Im Rezitativ kommt doch noch die positive Schlussperspektive aus dem Gleichnis zur Geltung, *des Segens Überfluss* und damit das Ende allen Kampfes gegen widergöttliche Mächte: *Frieden.* Dies schafft den Stichwortanschluss zum Schlusschoral. Hier fällt in der zweiten Strophe neben dem ausgeschmückten finalen *Amen* der C-Orgelpunkt zu *geruh'g und stilles Leben* auf, ein schönes Klangsymbol des Friedens.

BWV 127

Herr Jesu Christ, wahr Mensch und Gott

Estomihi, 11. Februar 1725, Nikolaikirche
Liedautor: Paul Eber 1562

1. *Blockflöte I/II, Oboe I/II, Streicher*
Herr Jesu Christ, wahr' Mensch und Gott,
Der du littst Marter, Angst und Spott,
Für mich am Kreuz auch endlich starbst
Und mir deins Vaters Huld erwarbst,
Ich bitt durchs bittre Leiden dein:
Du wollst mir Sünder gnädig sein.

2. **Rezitativ** Tenor
Wenn alles sich zur letzten Zeit entsetzet,
Und wenn ein kalter Todesschweiß
Die schon erstarrten Glieder netzet,
Wenn meine Zunge nichts,
als nur durch Seufzer spricht
Und dieses **Herze bricht:**
Genug, dass da der Glaube weiß,
Dass Jesus bei mir steht,
Der mit Geduld zu seinem Leiden geht
Und diesen schweren Weg auch mich geleitet
Und mir die Ruhe zubereitet.

3. **Arie** Sopran *Blockflöte I/II,*
Oboe I, Streicher
Die Seele ruht in Jesu Händen,
Wenn Erde diesen Leib bedeckt.
    Ach ruft mich bald,
    ihr Sterbeglocken,
Ich bin zum Sterben
unerschrocken,
Weil mich mein Jesus
wieder weckt.

4. **Rezitativ** Bass *Trompete, Streicher*
Wenn einstens die Posaunen schallen,
Und wenn der Bau der Welt
Nebst denen Himmelsfesten
Zerschmettert wird zerfallen,
So denke mein, mein Gott, im besten;
Wenn sich dein Knecht einst vors Gerichte stellt,
Da die Gedanken sich verklagen,
So wollest du allein,
O Jesu, **mein Fürsprecher** sein
Und meiner Seele tröstlich sagen:
Fürwahr, fürwahr, euch sage ich:
Wenn Himmel und Erde im Feuer vergehen,
So soll doch ein Gläubiger ewig bestehen.
   Er **wird nicht kommen ins Gericht**
   Und den Tod ewig schmecken nicht.
   Nur halte dich,
   Mein Kind, an mich:
   Ich breche **mit starker** und helfender **Hand**
   Des Todes gewaltig geschlossenes **Band.**

5. **Choral**
Ach, Herr, vergib all unsre Schuld,
Hilf, dass wir warten mit Geduld,
Bis unser Stündlein kömmt herbei,
Auch unser Glaub stets wacker sei,
Dein'm Wort zu trauen festiglich,
Bis wir einschlafen seliglich.

Der Sonntag Estomihi (nach Psalm 31,3 »Sei mir ein starker
Fels ...«) bildet das Portal zur Passionszeit, die in Leipzig durch
das Schweigen der Kantaten-Figuralmusik liturgisch als Bußzeit
kenntlich war. Bereits im Estomihi-Evangelium Lukas 18,31–43
wird der Bußruf um Erbarmen laut aus dem Munde des Blinden
am Wegesrand. Jesus, auf dem Weg nach Jerusalem zu seinem
Leiden, erhört ihn und heilt ihn. Das gewählte Lied passt dazu
präzise, da es in der Eingangsstrophe die Bitte um Erbarmen *du
wollst mir Sünder gnädig sein* an Christus richtet mit Bezug auf
seinen Kreuzestod. In allen acht sechszeiligen Strophen (in anderer Überlieferung zwölf vierzeilige Strophen) gehört das Lied
als Bitte um ein seliges Sterben allerdings auch zur Sterbekunst-
Übung unabhängig vom Kirchenjahr.

Zwei Jahre zuvor an Estomihi hat Bach mit zwei Kantaten (BWV 22/23) seine Probevorstellung für das Thomaskantorat gegeben. Jetzt konzipiert er die Musik sichtlich als Konzentrat, als eine Art Schlussstein des sonntäglichen Choralkantatenzyklus. Mit 240 Takten schreibt er die komprimierteste Kantate des Jahrgangs, ein Drittel davon, 80 Takte, umfasst der Eingangssatz (vgl. ebenso bei der zweiten Kantate BWV 2). Dieser kann kompositorisch als Höhepunkt aller Choralbearbeitungen gelten.

Für die Hörer steht ab dem ersten Takt im Vordergrund das Motiv f-f-f-e-c-d-e-f, rhythmisch prägnant in gleichförmigen Achteln die Tonfolge der ersten Melodiezeile. In 70 Takten ist dies zu hören. Mit Fugato-Verschränkungen und der originalen Liedzeile kommt es genau 80 Mal vor, rein instrumental oder vokal, in den Unterstimmen mit den verschiedenen Textzeilen unterlegt. Implizit erklingt so stets die bekenntnishafte Anrufung mit: *Herr Jesu Christ, wahr Mensch und Gott*. Im Eingangssatz an Epiphanias (BWV 123) erklang analog als permanente Christushuldigung *Liebster Immanuel*. Im Evangelium heißt es, dass der Blinde sich nicht zum Schweigen bringen ließ: »Er aber schrie noch viel mehr: Du Sohn Davids, erbarme dich meiner« (Lk 18,39). Bachs musikalische Penetranz verkörpert solch »unverschämte Bettlerkunst« (J. Olearius), von Christus nachdrücklich das Heil zu erflehen.

Den Gegenpol zu den Achtel-Repetitionen dieses Bettelns bilden in großen Halben die Cantus firmus-Töne von *Christe, du Lamm Gottes, der du trägst die Sünd der Welt, erbarm dich unser*, abschnittsweise durch die Instrumentengruppen wandernd. In der liturgischen Tradition als (von Luther verdeutschtes) »Agnus dei« eigentlich mit dem Abendmahl verbunden, versteht Bach es von jenem biblischen Ruf des Blinden her als deutsches Ur-Kyrie, als den Ruf um Erbarmen in Liedform schlechthin. Schon bei einem sehr frühen Werk hat er diesen Cantus firmus mit dem *Kyrie eleison* verknüpft (BWV 233a). Die Estomihikantate

BWV 23 brachte ihn doppelt. Mit dem Schlusssatz daraus zum ganzen, dreiteiligen Gesang *Christe, du Lamm Gottes* wird Bach am folgenden Karfreitag 1725 in der Thomaskirche die Johannes-Passion beschließen. Jetzt baut er nur die erste Strophe ein in präziser inhaltlicher Korrelation mit den Liedzeilen. Im Vorspiel erklingt instrumental zweimal *Christe, du Lamm Gottes*, um mit der *Herr Jesu Christ*-Anrufung der ersten Liedzeile vokal bestätigt zu werden. In den Schlusston der dritten Liedzeile hinein setzt in hoher Blockflöten-Lage der Cantus firmus ein zu der *du trägst die Sünd der Welt*, was die zuvor gesungenen Liedzeilen inhaltlich auf den Punkt bringt. Die Wiederholung dieses Choralzitats erklingt dann genau parallel zur vierten Liedzeile *und mir deins Vaters Huld* erwarbst. Die dritte Zitatpassage *erbarm dich unser* kommt wieder als Resumée nach der Schlusszeile des Liedes mit inhaltlich derselben Bitte. Hier bleibt die Zitat-Wiederholung aus. Stattdessen repetieren in einem Fugato alle Vokalstimmen inklusive Sopran nachdrücklich *du wollst mir Sünder gnädig sein*. Die Moll-Eintrübung hier hängt zusammen mit einem weiteren Choralzitat, das sechs Mal im Continuo auftritt, eine rhythmisch modifizierte Fassung der Anfangszeile c-f-es-des-c-b-c, die einerseits für das Sterbebereitungslied *Herzlich tut mich verlangen nach einem selgen End* steht, andererseits zum Bußlied *Ach Gott, mich armen Sünder* gehört. Dieses hatte Bach in der vierten Kantate dieses Zyklus (BWV 135) ebenso mit penetranter Wiederholung der Anfangszeile in Achteln umgesetzt. Der phrygische Melodieansatz, der nur im Continuo auftritt, wirkt sozusagen als bitteres Gegengift zur Durseligkeit der Liedmelodie (die aus dem Genfer Liedpsalter stammt) und dem pastoralen Wohlklang, den die oft in Terzen geführten F-Blockflöten und Oboen verströmen. Die Rhythmisierung mit dreimaliger Abfolge Achtelpause, Achtel plus Viertel trägt als weitere Komponente von »Bettlerkunst« den Gestus des Flehens, *Seufzens* (Satz 2) ein: – *Ach Gott!*

Zur Vielschichtigkeit dieser Choral-Kombinatorik kommt noch folgendes hinzu: Die stets als spezielle Farbe eingesetzten F-Blockflöten stehen einerseits als Pastoralton (vgl. BWV 180,1) für das *wahr Mensch*-Sein Christi. Andererseits verleihen sie durch punktierte Untergliederung den Achtelrepetitionen etwas ouverturenhaft Majestätisches: *wahr Mensch und Gott*. Im oft angesteuerten Ausgangsklang f-a-c mit Wechselnote zum d kann man zudem einen Vorabdruck hören vom signifikanten Anfang des Christusliedes der folgenden (letzten) Kantate, ebenfalls in F: *Wie schön leuchtet der Morgenstern*.

Das Rezitativ bezieht sich auf zwei Liedstrophen, die einzelne Aspekte der menschlichen Not im Sterben benennen und um die Hilfe Christi darin bitten. Der Kantatentext verlässt den Modus der Bitte, des zuvor exerzierten »Bettelns«, und bezeugt nun die Gewissheit des Glaubens in dieser letzten (Lebens-)Zeit. Von der Not redet er in Anlehnung an Christi eigene Sterbensnot (*kalter Todesschweiß* in Gethsemane, Lukas 22,44), denn für die Gläubigen ist die Christusförmigkeit ihres *schweren Weges* Garant dafür, dass Jesus in dieser Situation *bei* ihnen steht. Bach gestaltet das Tenor-Rezitativ harmonisch sehr notvoll, setzt aber Glaube mit a´´-Spitzenton und A-Dur-Dreiklang als Gegenpol. Harmonische Beruhigung auf B-Dur sowie im polaren Sterbens-b-Moll bringen die beiden Gewissheiten *bei mir steht* und *mich geleitet*. Die (Grabes-)*Ruhe* erscheint als besonders Klangbild im neapolitanischen Sextakkord über B(ach). Bemerkenswert ist weiter, dass *Jesus* (als *wahr Mensch*) bei den Gläubigen mit dem tiefen a´ benannt wird, während die Rede von *seinem Leiden* in exponierte Höhen geht, was der johannäischen Verherrlichungschristologie entspricht. Der Tenor singt 94 Töne, Äquivalent von ESTOMIHI, dem Psalm mit der Sterbebitte »In deine Hände befehle ich meinen Geist« (V.6). Das Rezitativ entfaltet ja konkret, was Christus dem Gläubigen in dieser Situation ist. 4x94 (376) ist übrigens Äquivalent des Liedtitels, in welchem mit

HERR und WAHR zudem zweimal der hälftige Wert 47 vorkommt. Im Eingangssatz singen die Vokalstimmen 6x94 oder 12x47 Töne, zusammen sind es in Satz 1 und 2 also 7x94 ESTO-MIHI-Töne oder 14(BACH)x47HERR/WAHR-Töne.

Die einzige Arie dieser nur fünfsätzigen Kantate ist eine besondere Perle in Bachs Oeuvre. Sie bietet ein faszinierendes Klangbild von *Ruhe* als gleichförmig pulsierende Zeit, bewerkstelligt durch regelmäßige kurze Viertel-Pulsschläge im Continuo und durchgängige Achtelrepetition in beiden Blockflöten, die hier als leise Instrumente zur Todesstille agieren (vgl. Actus tragicus BWV 106). Dieser stabile Rahmen gewährt Freiraum zu einem expressiv, in Imitationen einvernehmlich gestalteten Dialog zwischen Oboe (Symbol des Bräutigams Christus) und Sopran (Seele), aber auch zu einer kurzfristigen Dramatisierung im Mittelteil: Streicher-Pizzicato als *Sterbeglocken*, Symbol für die stets überraschende Präsenz des Todes. Während die Oboe davon unberührt ihren großen Melodiebogen anhebt, kann die Seele gelassen bezeugen: *Ich bin zum Sterben unerschrocken*. Diese Ruhe-Musik bezieht sich auf den Zustand zwischen irdischem Tod und jüngstem Tag nach zeitgenössischer Vorstellung: *die Seele ruht* direkt *in Jesu Händen*, der Leib im Grab, aus welchem Christus ihn auferwecken wird. Diese doppelte Gewissheit begründet die unerschütterliche Gelassenheit, die diese Musik verströmt.

Dem individuellen Aspekt beim Sterben gegenüber steht allerdings der globale von Weltuntergang und Jüngstem Gericht. Da findet alle Ruhe ihr Ende. Allerdings rekurriert schon die Liedvorlage auf den Zuspruch Jesu an seine Jünger, dass sie *nicht ins Gericht* kommen im Sinn von Verurteilung, sondern zum ewigen Leben bestimmt sind (Johannes 5,24). Bach schockt die Hörer nach der Arie geradezu, indem er alle Register seiner Gerichtsdarstellungstechnik aufbietet (vgl. im Vorjahr die Kantate *Wachet, betet* BWV 70): die C-Trompete für die Posaune des jüngsten Gerichts, die den Weltenrichter Christus ansagt. (Wie die Sterbeglocken hat auch dieses Instrumentalmotiv der Librettist eingeschleußt.) Schnelle Repetitionen von dissonanten Streicherakkorden zeigen das *Zerschmettern* der Welt an, herabstürzende Kaskaden ihren Untergang im *Feuer*. Der Bassist verkörpert wie üblich die Stimme Christi, auch wenn er zunächst die Bitte des Gläubigen um die Fürsprache Christi im Gericht artikuliert. Dann aber ist nur mit Continuobegleitung Christi vollmächtiger Zuspruch zu vernehmen: *Fürwahr, fürwahr …*, in der Stimmführung an die erste Liedzeile angelehnt. Auch der Continuo übernimmt dies und bildet aus der markanten dreifachen Tonwiederholung des Liedanfangs eine Ostinato-Figur. Gerade im Wechsel von nur Continuo-gestütztem Christuswort und gegen instrumentales Gerichtsgetöse sich durchsetzenden Vokalpartien liegt große Überzeugungskraft. Vergewisserung erreicht Bach zudem durch Wiederholung des *Fürwahr*-Satzes wie bei einer Da-capo-Arie. Bei der ersten Proklamation singt der Bass 47+47 WAHR-Töne, bei der zweiten 32+32, zusammen 158, Äquivalent von JOHANN SEBASTIAN BACH, dessen voller Name so ins Buch des (ewigen) Lebens eingeschrieben erscheint.

Der Schlusschoral mit der summarischen Bitte um Bewahrung im Glauben bis ans Ende zeigt gelöste Achtelbewegung in den Begleitstimmen, akzentuiert *wacker* mit der einzigen Sechzehntel-Figur und doppeldominantischer Wendung, am Ende *einschlafen* durch Sistieren der Bewegung und Chromatisierung. Das F-Dur-Lied kadenziert zum Zielwort *seliglich* richtig nach C-Dur, mit tiefem C im Continuo gegründet auf Christus, *wahr Mensch und Gott*. Insgesamt 306 Töne verweisen auf Johannes 21,11 mit 153 als Symbolzahl für Christus in seiner Wirkmächtigkeit als Auferstandener.

BWV 1

Wie schön leuchtet der Morgenstern

Mariae Verkündigung, 25. März 1725, Thomaskirche / Nikolaikirche
Liedautor: Philipp Nicolai 1599

1. *Horn I/II, Oboe da caccia I/II,*
konzertierende Violine I/II, Streicher
Wie schön leuchtet der Morgenstern
Voll Gnad und Wahrheit von dem Herrn,
Die süße Wurzel Jesse!
Du Sohn David aus Jakobs Stamm,
Mein König und mein Bräutigam,
Hast mir mein Herz besessen,
Lieblich,
Freundlich,
Schön und herrlich,
Groß und ehrlich,
Reich von Gaben,
Hoch und sehr prächtig erhaben.

2. **Rezitativ** Tenor
Du **wahr**er **Gottes und Marien Sohn,**
Du König derer Auserwählten,
Wie süß ist uns dies Lebenswort,
Nach dem die ersten Väter schon
So Jahr' als Tage zählten,
Das Gabriel mit Freuden dort
In Bethlehem verheißen!
O Süßigkeit, o Himmelsbrot!
Das weder Grab, Gefahr, noch Tod
Aus unsern Herzen reißen.

3. **Arie** Sopran *Oboe da caccia*
Erfüllet, ihr himmlischen
göttlichen Flammen,
Die nach euch verlangende
gläubige Brust!
   Die Seelen empfinden
   die kräftigsten Triebe
   Der brünstigsten Liebe
   Und schmecken auf Erden
   die himmlische Lust.

4. **Rezitativ** Bass
Ein ird'scher Glanz, ein leiblich Licht
Rührt meine Seele nicht;
Ein Freudenschein ist mir
von Gott entstanden,
Denn ein vollkommnes Gut,
Des Heilands **Leib und Blut,**
Ist zur Erquickung da.
So muss uns ja
Der überreiche Segen,
Der uns von Ewigkeit bestimmt
Und unser Glaube zu sich nimmt,
Zum Dank und Preis bewegen.

5. Arie Tenor
konzertierende Violine I/II, Streicher
Unser Mund und Ton der Saiten
Sollen dir
Für und für
Dank und Opfer zubereiten.
Herz und Sinnen sind erhoben,
Lebenslang
Mit Gesang,
Großer König, dich zu loben.

6. Choral
Wie bin ich doch so herzlich froh,
Dass mein Schatz ist das A und O,
Der Anfang und das Ende;
Er wird mich doch zu seinem Preis
Aufnehmen in das Paradeis,
Des klopf ich in die Hände.
Amen!
Amen!
Komm, du schöne
Freudenkrone,
Bleib nicht lange,
Deiner wart ich mit Verlangen.

Auf neun Monate vor dem Geburtstag Jesu, 25. März, ist das Fest
Mariae Verkündigung terminiert, das auch in der Fastenzeit mit
festlicher Musik begangen wurde und 1725 auf den (liturgisch
geringerwertigen) Palmsonntag fiel. Das Evangelium Lukas 1,26–
38 erzählt die »Empfängnis« Marias in der Verheißung der Jesusgeburt durch den Engel Gabriel. Bachs 40. Choralkantate mit
Doppelaufführung in beiden Kirchen beschließt vorläufig diesen
ambitionierten Zyklus von Neukompositionen. Mit dem »Morgenstern-Lied« von Ph. Nicolai (EG 70) ist eines der wirkmächtigsten
Lieder des Protestantismus gewählt. Heute dem Epiphaniasfest
zugeordnet, kannte es in damaligen Gesangbüchern mehrere Zu-
weisungen, darunter dieses Marienfest. Gottes dreifaches Kommen
zur Welt in der Jesusgeburt, im Abendmahl und im Herzen der
Gläubigen (als Bräutigam) ist Thema dieses Tages und im Lied
bilderreich entfaltet.

Bachs Eingangssatz bietet mit zwei Hörnern, zwei Jagdoboen
in derselben F-Lage und zwei konzertierenden Violinen über den
Streichern eine einzigartige Registrierung, einerseits dunkler
Bläserklang in Mittellage, andererseits filigranes Leuchten der

Soloviolinen. Zum einen ist dies Sinnbild für den in der Däm-
merung aufstrahlenden Morgenstern, die Christusmetapher aus
den letzten Versen der Bibel. Zum andern bildet der Hörnerklang
die Brücke zum Christfest *dass du Mensch geboren bist* (BWV 91),
und die tiefen Oboen bringen die einschlägige Klangfarbe für
die Pastoralsphäre des Guten Hirten. Zudem erinnern sie als »Jagdoboen« an das mittelalterliche Motiv vom Engel Gabriel als Jäger.
Das Wogen mit 12/8-Takt-Bewegung in vielen reinen F-Dur-Klän-
gen (wie es der Melodieanfang vorgibt) erinnert an die Eingangs-
musik zum Abendmahlslied *Schmücke dich, o liebe Seele* (BWV 180)
und lässt so die zweite Dimension des Kommens Gottes anklingen. Zahlreiche Terzenketten in den Instrumentenpaaren sowie
lange Unisono-Passagen der Soloviolinen symbolisieren schließlich die »unio mystica« mit Christus im Herzen der Gläubigen.
Auch der gleichwertige Austausch der verschiedenen Motive in
allen Instrumenten zeigt gelingende »Kommunikation«. In Takt
84 (7x12), identisch u.a. mit dem zweiten Takt, ist das reine
F-Dur-Klangbad in zwei elementaren F-Dur-Akkorden von den
Sängern klar bezeichnet: *lieblich.* »Ein geistlich Brautlied der gläubigen Seelen von Jesu Christo ihrem himmlischen Bräutigam«
hatte Nicolai das Lied überschrieben. Ansonsten beteiligen sich
die vokalen Unterstimmen in ungetrübter »Konkordanz« am
12/8-Takt-Wogen der Instrumente. Die zweite, bzw. vierte Liedzeile
sind hervorgehoben durch Vorimitation der Melodie in Tenor
und Alt. *Voll Gnad und Wahrheit/ mein König und mein Bräutigam*
treten so in den Vordergrund. Diese aufsteigenden Tonschritte
kommen vor der letzten Liedzeile nochmals in Imitation, jetzt zu
Achteln verkürzt: *hoch und sehr prächtig erhaben* – Christushuldigung wie in der Kantate des Vorsonntags, hier aber nicht in
Bußhaltung, sondern aus der Erfahrung der Beglückung durch
Gottes Gegenwart.

 Das Tenor-Rezitativ zur zweiten Liedstrophe akzentuiert
einerseits die Verbindung der Gabriel-Worte mit der Verheißung

an die Väter (Jesaja 7,14), andererseits das mystische Motiv vom *süß* schmeckenden *Himmelsbrot* (im Lied *himmlisch Manna*) als ewiges Leben gewährende Speise. Diese lässt sich unter irdischen Bedingungen tatsächlich *schmecken* (Psalm 34,9), im Abendmahl oder eben in der folgenden Arie als »Gnaden-Gegenwart« in Musik. Mit der besonderen Klangspreizung zwischen (Knaben-) Sopran als Stimme der Seele(n) und vor der *Brust* gespielter Jagd-Oboe nimmt sie zwei Textbilder konkret auf. Wie der Pfeil des Jäger-Engels Gabriel das Herz Marias trifft, so empfängt die *Brust* der Gläubigen das *Lebenswort.* Auch im freudig bewegten Duktus erinnert sie an zwei mit Violoncello piccolo ähnlich registrierte Sopran-Stücke zum Schmecken und Erfahren von Geistesgegenwart: BWV 180,3 und BWV 68,2 (*Mein gläubiges Herze ... dein Jesus ist da*). Wie letzteres gehört auch eine weitere Arie mit gleicher Besetzung Jagdoboe/ Sopran zu einer Pfingstkantate: *Komm, komm, mein Herze steht dir offen* BWV 74,2. Die heute befremdlichen Metaphern von *kräftigen Trieben* und *brünstiger Liebe* sind wie die *himmlischen Flammen* typische Pfingstbilder für das Wirken des Heiligen Geistes.

Das Bass-Rezitativ bringt Motive aus der vierten und fünften Liedstrophe in einen stringenten Zusammenhang mit der Pointe, die Gläubigen zum Gotteslob zu motivieren. Dieses entfaltet dann in Anlehnung an Liedstrophe 6 die mit 277 Takten sehr umfängliche Arie (mehr als das Doppelte der Gesamtzahl von 525 Takten) in ekstatischem Eifer des Christuslobs. Die Kurzverse 2/3 und 5/6 hat der Librettist denen in den Liedstrophen (Verse 7/8) nachgestaltet, eine Sprachform der unmittelbaren Heilspräsenz. Die *Cythara* im Lied ist übersetzt in *Ton der Saiten,* weshalb Bach den beiden Soloviolinen erneut Gelegenheit zum »concertare« gibt. Allerdings spielen sie wieder lange Strecken im Unisono, Symbol der beim Gotteslob geforderten Einmütigkeit (»mit einem *Mund*« Römer 15,6). Auch die Tutti-Streicher haben musikalisch keinen Gegenpart, sie spielen ab und an mit den Instrumentalsolisten oder markieren das von diesen ausgezierte Grundgerüst. Wie die erste B-Dur-Arie steht auch diese Arie in Dur, im F-Dur des Eingangssatzes. Dessen pastoralen 12/8-Duktus überbietet hier der schnelle 3/8-Takt, zweitaktig als Passepied zu lesen, als Stringendo der Ekstase. Der Mund des Tenorsängers muss mit den virtuosen Vorgaben der *Saiten* mithalten, darf aber mit längeren Haltenoten zu *für und für* und *großer König* auch plastische Akzente setzen.

Der Schlusschoral ist ebenso in klarer Durharmonik gesetzt. So kann das zweite Horn mit seinen Naturtönen eine eigene Stimme ohne Unterbrechung formen, die signalhafte Züge aufweist und nicht weichlich gedeutet werden darf. Das definitive Kommen Jesu wird hier ausgerufen. Die beiden *Amen*-Rufe harmonisiert Bach identisch mit dem elementaren Kadenzfall Dominante/Tonika eines Schlusspunktes. Die 217 Töne beider Hörner bieten das siebenfache Äquivalent von AMEN (31) auf.

Mit diesem doppelten Amen (vgl. BWV 92,8) fungierte diese Schlussstrophe in der Frömmigkeitspraxis als Sterbestrophe. Hier beschließt Bach damit dezidiert den Choralkantatenzyklus.

Die choralbezogenen neuen Sätze der Johannes-Passion

Karfreitag, 30. März 1725, Thomaskirche

1. **Choral** *Traversflöte I/II, Oboe I/II, Streicher*

O Mensch, bewein dein Sünde groß,
Darum Christus seins Vaters Schoß
Äußert und kam auf Erden;
Von einer Jungfrau rein und zart
Für uns er hie geboren ward,
Er wollt der Mittler werden.
Den Toten er das Leben gab
Und legt dabei all Krankheit ab,
Bis sich die Zeit herdrange,
Dass er für uns geopfert würd,
Trüg unser Sünden schwere Bürd
Wohl an dem Kreuze lange.

Sebald Heyden um 1530

11+ **Arie** Sopran/Bass *Traversflöte I/II*
Bass Himmel reiße, Welt erbebe,
Fallt in meinen Trauerton,
Sopran **Jesu, deine Passion,**
Bass Sehet meine Qual und Angst,
Was ich, Jesu, mit dir leide
Sopran **Ist mir lauter Freude,**

Bass Ja, ich zähle deine Schmerzen,
O zerschlagner Gottessohn,
Sopran **Deine Wunden,**
Kron und Hohn
Bass Ich erwähle Golgatha
Vor dies schnöde Weltgebäude.
Sopran **Meines Herzens Weide.**
Bass Werden auf den Kreuzeswegen
Deine Dornen ausgesät,
Sopran **Meine Seel auf Rosen geht,**
Bass Weil ich in Zufriedenheit
Mich in deine Wunden senke,
Sopran **Wenn ich dran gedenke;**
Bass So erblick ich in dem Sterben,
Wenn ein stürmend Wetter weht,
Sopran **In dem Himmel eine Stätt**
Bass Diesen Ort, dahin ich mich
Täglich durch den Glauben lenke.
Sopran **mir deswegen schenke!**

Liedstrophe: Paul Stockmann 1633

40. II **Choral** *Traversflöte I/II mit Oboe I/II, Streicher*
Christe, du Lamm Gottes,
Der du trägst die Sünd der Welt,
Erbarm dich unser!
Christe, du Lamm Gottes,
Der du trägst die Sünd der Welt,
Erbarm dich unser!
Christe, du Lamm Gottes,
Der du trägst die Sünd der Welt,
Gib uns dein' Frieden. Amen.

Martin Luther (1525) 1528

Auch die Passionsaufführungen am Karfreitagnachmittag, erst 1721 eingeführt, wechselten zwischen den Kirchen. Nachdem Bach seinen ersten Leipziger Karfreitag 1724 in der Nikolaikirche bestritten hatte mit der dazu neu komponierten Johannes-Passion, erhielt 1725 auch die Thomaskirche ihre Johannes-Passion, in der liturgischen Ordnung der für Karfreitag bestimmte Passionsvortrag. Nur fünf Tage nach der letzten Choralkantate BWV 1 vernahmen die Besucher da als Eingangschor aber nicht wie im Jahr zuvor *Herr, unser Herrscher*, sondern einen großen Choralchor nach vertrautem Choralkantaten-Muster: Orchestersatz mit eigener Motivik, die Liedzeilen darin eingebaut mit Profilierung der Unterstimmen je nach Text. Die gewählte Liedstrophe ist die Einleitung zur »großen Passion« Sebald Heydens, einer Passionsgeschichte in Liedform mit 23 Strophen, und vertritt so stimmig das »Exordium« (Einleitungsspruch) bei jeder gesungenen Passionsdarbietung.

Kompositionstechnisch markiert dieser Satz einen Höhepunkt bei den großen Eingangssätzen, insofern die Selbständigkeit des Instrumentalsatzes, im Korrespondieren der Instrumentengruppen vollkommen ausgewogenen gestaltet, verbunden ist mit je individueller Expressivität der Liedzeilen in bisher nicht gekanntem Maße. Im Orchester dominieren die durchgängigen Sechzehntel-Ketten in Zweier-Bindungen, die vorrangig zwischen Traversflöten- und Oboenpaar hin und her gereicht werden, aber auch im Continuo von Anfang an präsent sind, während die übrigen Streicher eher zurückhaltend begleiten. Erst wenn die Vokalstimmen eingesetzt haben, beteiligen sich auch die Streicher an dieser Figuration, die man als schnelles Schluchzen deuten kann (*O Mensch, bewein*), aber auch als ständig vorwärtsdrängenden Bewegungsimpuls im Sinne von *dass sich die Zeit herdrange* – wie Filmmusik, die suggeriert, dass bald etwas Dramatisches geschieht. Während Bach sein bemerkenswertes Orgelvorspiel zu diesem Lied (ebenfalls in Es-Dur) im Orgelbüchlein (BWV 622) »Adagio assai«, also gleichsam stehend gestaltet haben will und am Ende zu *wohl an dem Kreuze lange* ein noch gedehnteres »adagissimo« vorschreibt, ist hier der Gestus der eines rasch und zwingend zielführenden Geschehens. Die Liedstrophe rekapituliert ja in Windeseile die ganze Christusgeschichte von der Inkarnation über Jesu irdisches Wunderwirken bis zur nun unmittelbar bevorstehenden Passion als Punkt, auf den alles zulaufen musste.

Zwölf Zeilen hat diese großformatige Liedstrophe in der Barform (3+3+6). Im Vokalsatz hält Bach bei aller Detaildifferenzierung die Grundstruktur Nachimitation der Unterstimmen in Achtelbewegung überwiegend bei. Ausnahmen sind die Verknüpfung von Zeile 10 und 11, indem die Unterstimmen *für uns geopfert würd* weitersingen und so das »pro nobis« betonen, und der expressive Vorspann zur letzten Zeile, wo die Bässe mit ihren Oktavsprüngen die Erhöhung Christi am Kreuze präfigurieren und Alt und Tenor mit subdominantischer es-Moll-Harmonik und langen Tönen das *lange* Leiden markieren. Bei *bis sich die Zeit herdrange* fängt der Alt sich vordrängend schon drei Achtel vor der Melodie im Sopran an. Da die Melodie in Es ziemlich tief liegt, schafft Bach Freiraum für die Unterstimmen in längeren über deren Schlusston hinausgehenden Passagen, prominent gleich nach der ersten Zeile mit expressivem, figürlich signifikantem *bewein*, indem der Alt mit der affektiven kleinen Sexte zum des´´ springt und eine Seufzerkette aller Stimmen sich anschließt. Bei der Wiederholung des Stollens passt das nicht zu *Jungfrau rein und zart* und Bach kadenziert klar und kurz nach B-Dur. Bei den Zeilen 3 und 6 dagegen ermöglicht die Analogie von *kam auf Erden/ Mittler werden* musikalischen Gleichklang in deutlicher Abwärtsfiguration, angeführt vom Bass, und Betonung der Subdominante As-Dur. Ähnlich wie *bewein* wird *Krankheit* (Zeile 8) in einem langen Epilog expressiv ausgemalt, obwohl sie durch Christus ja überwunden wurde, während das von ihm geschaffene *Leben* ein kurzer Aufschwung mit großer Sexte im Alt markiert. Harmonisch signifikant im ganzen Satz sind »Erniedrigungen« in den b-Moll- und es-Moll-Bereich, was bei der Evangelistenpartie dann speziell im Bericht von der Kreuzigung (Nr. 25a) seine Entsprechung hat.

Mit der Korrespondenz von *O Mensch, bewein dein Sünde groß* zu Beginn und *Christe, du Lamm Gottes ... erbarm dich unser* am Ende ist die bemerkenswerte doxologische Klammer der Johannes-Passion von 1724 (*Herr, unser Herrscher .../ dich will ich preisen ewiglich*) aufgegeben zugunsten des eher konventionellen Zugangs, bei der Passionsbetrachtung die »Ursach« von Christi Leiden in der eigenen Schuld zu realisieren. Inhaltlich entsprechen dem auch die ersetzten Arien Nr. 13 und 19 (ohne Choralbezug). Allerdings ist so auch inhaltlich der Konnex zu den Choralkantaten hergestellt, sofern sie als Zyklus eine große Bußübung in 40 Werken darstellen. Die Schlüsselzahl 61 für das dabei in Anspruch genommene Gnaden-Jahr (Jesaja 61) kann man auch beim Eingangschor der Passion entdecken in 915 = 15x61 Tönen der drei vokalen Unterstimmen.

Bach war sich der besonderen Qualität dieser Choralbearbeitung bewusst. Nachdem er die Choralklammer der Johannes-

Passion später wieder verworfen hatte, sicherte er diesen Satz durch Übernahme in die Reinschriftfassung der Matthäus-Passion 1736, einen Halbton höher in E-Dur. Die Position als Schlusschor des ersten Werkteils dort steht eigentlich konträr zur Exordiums-Funktion in Lied wie Johannes-Passion, aber die Musik war eben zu gut zum Wegwerfen.

Die in die Johannes-Passion 1725 zusätzlich eingefügte Arie *Himmel reiße* spielt zum freien Arientext, dessen Autor unbekannt ist, eine Passionsliedstrophe ein, die inhaltlich so präzise Kontrastsetzungen ergibt (z. B. *Trauerton* versus *Freude, Dornen* versus *Rosen, Golgatha* versus *Himmel*), dass der Arientext auf die Liedstrophe hin entworfen worden sein muss, zumal sie sprachlich mit Reim aufeinander bezogen sind. Es ist nicht ausgeschlossen, dass diese Arie bereits in Weimarer Zeit (für eine Passionsaufführung Bachs in Gotha 1717) entstand, wo das Einspielen von Chorälen in Arien durchaus üblich war. Der inhaltliche Anschluss im Passionsbericht hier ist nicht sehr stimmig, da viele Motive aus der späteren Passionsgeschichte schon anklingen (z. B. *Wunden, Golgatha, Sterben, Erdbeben*), und die mit dem Choral einsetzenden Traversflöten können auch erst jetzt hinzugefügt worden sein. Jedenfalls hat Bach so noch eine weitere Choralbearbeitung in den ersten Teil der Passion eingebracht, die ein Gegenüber bildet zur Arie *Mein treuer Heiland, lass dich fragen* im zweiten Werkteil mit einer Strophe aus demselben Lied. Ein inhaltlicher Konnex zu den Choralkantaten wäre festzumachen an der Schlussbitte um einen Platz im Himmel, also um ein seliges Sterben.

Für den Beschluss der Passion nimmt Bach aus seiner Bewerbungskantate zu Estomihi 1723 den Schlusssatz, eine in allen drei Strophen durchkomponierte Fassung von Luthers Agnus dei-Übertragung. Mit dieser anspruchsvollen Choralbearbeitung hat Bach zwei Jahre zuvor seine Präsentation in Leipzig gekrönt und darin deutlich gemacht, wie essentiell für ihn die künstlerische

Auseinandersetzung mit dem Liedgut der Kirche ist. Im Adagio-Teil zur ersten Strophe haben die Instrumente mit den stets nachklappenden Seufzer-Schleifern der Oboen eine eigene Profilierung und gestalten mit Passus duriusculus-Führung profilierte, schmerzvolle Zwischenspiele zum choralsatzähnlich eingebauten Lied. Die zweite Strophe wird im Andante-Achtelfluss gelöster, aber Bach trägt kontrapunktisch »Schwere« ein, indem er die Melodie in dreifachem Kanon führt zwischen Sopran, Oboen und erster Violine und die vokalen Unterstimmen mit Nachimitationen komplexer gestaltet. Im Ausblick auf den erbetenen Frieden vollkommen gelöst wirkt dann der dritte Durchgang, wo die Andante-Achtel fast durchgängig sind, die Oboen mit klar sequenzierender Motivik weitgehend im Unisono auf Konfliktpotential verzichten und die Vokalstimmen stärker parallel fließen. Das abschließende *Amen*, über fünf Takte ausgedehnt, steht in Korrespondenz zu den *Amen*-Akzenten bei den letzten Choralkantaten-Schlüssen (BWV 111, 92, 1) und überbietet diese an Ausdehnung und Eindrücklichkeit. Das finale C(hristus)-Dur mit tiefem C im Continuo als 112. CHRISTUS-Ton (in der dritten Strophe) profiliert deutlich *gib uns dein Frieden*. Und 610 Vokaltöne aller Stimmen im ganzen Satz bestätigen die Gnadenjahr-Symbolik des Choralkantatenjahrgangs.

Die zum Choralkantatenjahrgang
später hinzugefügten Kantaten

BWV 4

Christ lag in Todesbanden

Osterfest, 1. April 1725, Nikolaikirche
Liedautor: Martin Luther 1524

Sinfonia

Vers 1 *Streicher, Zink/ Posaune I–III*
mit Vokalstimmen

Christ lag in Todesbanden
Für unsre Sünd gegeben,
Er ist wieder erstanden
Und hat uns bracht das Leben;
Des wir sollen fröhlich sein,
Gott loben und ihm dankbar sein
Und singen halleluja,
Halleluja!

Vers 2 *Zink/ Posaune I*
mit Sopran/Alt *Continuo*

Den Tod niemand zwingen kunnt
Bei allen Menschenkindern,
Das macht' alles unsre Sünd,
Kein Unschuld war zu finden.
Davon kam der Tod so bald
Und nahm über uns Gewalt,
Hielt uns in seinem Reich gefangen.
Halleluja!

Vers 3 Tenor *Violine I/II unis.*

Jesus Christus, Gottes Sohn,
An unser Statt ist kommen
Und hat die Sünde weggetan,
Damit dem Tod genommen
All sein Recht und sein Gewalt,
Da bleibet nichts denn Tods Gestalt,
Den Stachl hat er verloren.
Halleluja!

Vers 4 Sopran/Alt/Tenor/Bass
Continuo

Es war ein wunderlicher Krieg,
Da Tod und Leben rungen,
Das Leben behielt den Sieg,
Es hat den Tod verschlungen.
Die Schrift hat verkündigt das,
Wie ein Tod den andern fraß,
Ein Spott aus dem Tod ist worden.
Halleluja!

Vers 5 Bass *Streicher*
Hier ist das rechte Osterlamm,
Davon Gott hat geboten,
Das ist hoch an des Kreuzes Stamm
In heißer Lieb gebraten,
Das Blut zeichnet unsre Tür,
Das hält der Glaub dem Tode für,
Der Würger kann uns nicht mehr schaden.
Halleluja!

Vers 7 Choral
Wir essen und leben wohl
In rechten Osterfladen,
Der alte Sauerteig nicht soll
Sein bei dem Wort der Gnaden,
Christus will die Koste sein
Und speisen die Seel allein,
Der Glaub will keins andern leben.
Halleluja!

Vers 6 Sopran/Tenor *Continuo*
So feiern wir das hohe Fest
Mit Herzensfreud und Wonne,
Das uns der Herre scheinen lässt,
Er ist selber die Sonne,
Der durch seiner Gnade Glanz
Erleuchtet unsre Herzen ganz,
Der Sünden Nacht ist verschwunden.
Halleluja!

Die Leipziger Aufführungsstimmen zum Choralkantatenjahrgang enthalten auch ein Konvolut mit dieser 1725 aufgeführten Oster-kantate, welche Luthers großes Festlied (EG 101) in allen sieben Strophen, »per omnes versus« durchmusiziert. Die Stimmen wur-den offenbar in zwei Arbeitsgängen hergestellt. Einer mit Eintra-gung der Noten nur bis Strophe 6 erfolgte 1724, im Folgejahr wurden in allen Partien der Schlusschoral von anderer Hand nachgetragen und neue Stimmen für das Posaunenquartett mit Zink zum Collaparte-Spiel bei den Strophen 1, 2 und 7 hinzuge-fügt. Die Partitur ist nicht erhalten. Im Grundbestand bis Versus 6 handelt es sich um eine der frühesten Kantaten Bachs, vermut-lich das Probestück für die Bewerbungsvorstellung in Mühlhau-sen an Ostern 1707. Dafür sprechen stilistische Indizien, die ältere Form der Choralpartita mit allen Sätzen in derselben Tonart und deutliche Anlehnungen an eine analoge Vertonung des Liedes durch J. Pachelbel. Als Wiederaufnahme eines früheren, ambitionierten Probestücks steht die Aufführung dieser Kantate analog zum Schlusssatz der Passionsaufführung zwei Tage zuvor.

Allerdings hatte Bach wohl schon am ersten Leipziger Osterfest 1724 die Aufführung geplant als zweite Kantate zum Abendmahl – als Hauptmusik erklang die Weimarer Kantate BWV 31. Er ließ aus seiner schon 17 Jahre alten Partitur die Stimmen ausschreiben mit Ausnahme des Schlusssatzes, der wohl größer dimensioniert war und durch einen schlichteren Choral ersetzt werden sollte. Offensichtlich ließ sich die Aufführung doch nicht realisieren und die Komplettierung mit dem Choralsatz erfolgte ein Jahr später, ebenfalls für die Musik sub communione, denn als Hauptmusik erklang die Erstfassung des späteren Osteroratoriums BWV 249. Dieses Vorgehen belegt einerseits Bachs Hochschätzung seines frühen Meisterstücks, andererseits aber auch die inzwischen eingetretene Abständigkeit in formaler Hinsicht, was die Verwendung als »Music« zum Evangelium verwehrte. Immerhin behielt das Werk Gültigkeit als Vertonung von Luthers großem Osterlied mit sieben siebenzeiligen Strophen und wurde dann als einzige Ostermusik den Choralkantaten zugeordnet. Bei den späteren Ergänzungen des Jahrgangs mit Liedvertonungen per omnes versus wird Bach formal andere Wege beschreiten (wie schon bei BWV 107 am 7. Trinitatissonntag).

Das Stück beginnt der alten Kantatenform gemäß mit einer instrumentalen Sinfonia als eigenständigem Satz, der allerdings nur 14 (BACH-)Takte kurz ist. Im damals üblichen fünfstimmigen Streichersatz (mit zwei Bratschen) intoniert Bach gleichsam den Choral mit Bezug zur ersten Liedzeile, die in der Oberstimme zitiert wird, nachdem zunächst Continuo und Oberstimme durch doppeltes Vorsetzen des ersten Halbtonschritts Spannung aufgebaut haben. Diese langsame Einleitung kann man auch als Reminiszens an die Grabessphäre deuten (*Christ lag* ...), denn mit Allegro hebt sich »Versus 1« als neue (Auferstehungs-)Wirklichkeit deutlich ab. Die Außenstimmen der Sinfonia nehmen mit 4x14 (Violine 1) und 3x14 (Continuo) Tönen Bezug auf die 14 Takte. Die Gesamtsumme der Töne, 236 = 2x118, verweist gleichermaßen intonierend auf den Osterpsalm 118, aus welchem die erste Strophe namentlich *des wir sollen fröhlich sein* (V. 15f.) aufgreift.

Mit *Christ* setzt die Melodie im Sopran unbegleitet ein, die Unterstimmen folgen im Modus der Nachimitation, ein sicher bewusst gesetztes Symbol der im Ostergeschehen evident werdenden Macht Christi, die keiner Zuarbeit bedarf. Erst bei der Wiederholung (Zeile 3) kommt das übliche Verfahren der Vorimitation zum Zug. In erstaunlicher Vielfalt variiert Bach bei jeder Zeile die Figuration der Unterstimmen. Ein signifikanter Passus duriusculus kommt in Zeile 2 zum Stichwort *Sünde*, ein Aufschwung zur oberen Oktave in Zeile 3 zu *erstanden*, die vitale Figura corta zu *Leben* in Zeile 4. Die beiden Violinen spielen zunächst unablässig ein Viertonmotiv Sechzehntel-Wechselnote mit Absprung zur Viertel, das aus Bachs Orgelwerken als typisch österliche Pedalfigur bekannt ist (z. B. *Christ ist erstanden*, Orgelbüchlein, Strophe 3). Es ist die Figur des Keltertretens nach Jesaja 63,3 u.a., die exklusiv auf Christi Leiden bezogen wurde. Dies ist so als aktives Handeln Christi gekennzeichnet (nicht als passives Erleiden), wobei Blut spritzt wie der Saft der Trauben beim Keltern. Bei der fünften Liedzeile übernehmen und erweitern die Instrumente die *fröhlich*-Läufe der Singstimmen, zu *Gott loben* kommt wieder die Figura corta von *Leben* ins Spiel, was die Weisheit des Psalters widerspiegelt: Wer Gott lobt, lebt. Das *Halleluja* erscheint pointierend als Osterspott (vgl. Strophe 4) mit jeweils zwei abgerissenen Achteln, ehe sich auf das zweite, bekräftigende *Halleluja* (von Johann Walter an das Lutherlied angehängt) eine Art Schlussfuge über immerhin 27 Takte mit den Streichern colla parte anschließt. Auch wenn die Instrumente zuvor ihre eigenen Partien haben und nur teilweise mit den Singstimmen gehen, sind ihre Einwürfe auf deren Diktion stets eng bezogen und variieren demgemäß im Verlauf des Satzes. Es ist also nicht der eigenständig profilierte Orchestersatz mit Choreinbau, der in den Kantaten von 1724/25 dominiert und fasziniert.

»Versus 2« ist als Duett mit unerbittlichem Continuo-Ostinato gestaltet. Die Melodie liegt in deklamatorisch freier Gestaltung im Sopran und wird vom Alt sogleich nachimitiert, wobei einzelne Worte hervorgehoben werden (z.B. *den/der Tod* Zeile 1/5). Im Bicinium sind die beiden Vokalstimmen aneinander gekettet wie der Mensch (ohne Christus) an den Tod. Namentlich beim *Halleluja* mit durch Ligaturen (Überbindungen) erzeugten Dissonanzen wird dies sinnenfällig. Dass Bach hier zwei Bläser die Vokalstimmen mitspielen lässt, unterstreicht den Bußcharakter solcher Erinnerung an die Macht der Sünde (vgl. BWV 2,1). Insgesamt 666 Töne sind eine Anspielung auf die Zahl für das Untier in Offenbarung 13,18, dort als negative Zahl eines Menschen gebrandmarkt.

Die Lösung des Problems durch die Menschwerdung des vom Himmel gesandten Erlösers in der nächsten Strophe unterstreicht die virtuose, kämpferische Partie der Violinen als Himmelsinstrumente. Nur die *Gestalt* des Todes bleibt noch, nicht seine Wirkmacht. So unterbricht die Musik nur kurz mit förmlicher Abruptio und eindrücklichem Adagio den Siegeszug. Beim *Halleluja* verlässt der Tenor den zuvor ziemlich strengen Vortrag des Cantus firmus und klinkt sich in den Victoria-Duktus der Violinen ein.

Luthers gehaltvolle Mittelstrophe mit dem Bild vom *wunderlichen Krieg* zwischen *Tod und Leben* gewichtet Bach durch wieder vierstimmig motettische Vertonung, jedoch ohne instrumentale Beteiligung. Das Bild des Kampfes bestimmt auch formal die Vorimitation: zwei Liedzeilen sind als These und Antithese zusammengezogen und ringen gleichsam miteinander. Die Melodie liegt hier als Cantus firmus im Alt, eigentlich nicht tiefer, sondern eine Quinte höher in h als heldische hohe Männerstimme. Gleichwohl kadenziert der Satz dann zurück in die Grundtonart e-Moll. Eine illustrative Pointe sind die auf Viertelabstand verkürzten Einsätze in Liedzeile 6 mit betonten Auftaktschleifern zu *Tod*, eine musikalische Karikatur von gegenseitigem sich Auffressen, stimmig fortgeführt im abgerissenen *ein Spott – ein Spott*.

Den großen Folgesatz mit 95 Takten gewichtet Bach zusätzlich dadurch, dass er nun alle Streicher gleichsam als Chor spielen lässt. Sie begleiten nicht nur den Bassisten, sondern sind mit der in die Oberstimme integrierten Melodie (in Originallage) selber Träger des Chorals. Ähnlich wie bei der Eingangssinfonia der Continuo agiert der Bass demgegenüber von der Unterquinte aus und imitiert in unterschiedlichen Lagen die Melodie voraus, in der sechsten Zeile sogar eine Oktave tiefer, auf dem Terrain des Todes: *das hält der Glaub dem Tode für*. Die alttestamentliche Typologie vom Passahlamm, auf Christus bezogen, motiviert hier die Besetzung mit der Vox Christi des Basses, der in großer Tonspanne die Erhöhungssymbolik des Kreuzes ebenso markiert wie den Topos der Höllenfahrt Christi. Auf rhythmischer Ebene bringt diese Strophe (als einzige) einen deutlich akzentuierten Dreiertakt, das tempus perfectum, dem Bild vom *rechten*, also eigentlichen *Osterlamm* entsprechend. Nachdem in Strophe 3 der verbliebene Rest des Todes als adagio-Episode eingeblendet wurde, gibt es hier ein drei Takte kurzes Aufbäumen des *Würgers* mit Battaglia-Figuration der Violine, das der Sänger mit dreimal wiederholtem *nicht* definitiv als erledigt erklärt. Während die Streicher die Liedzeile dazu nachholen, singt der Bass schon munter sein *Halleluja*.

Symmetrisch stimmig ist die vorletzte wie die zweite Strophe ein Duett mit Continuo. Jetzt singen Sopran und Tenor in sich gegenseitig überbietender Imitation vom österlichen *Feiern* und lösen sich von der Melodie in schwungvolle Triolenbewegung, welche den Vierertakt zur festlichen »Perfektion« des 12/8-Takts steigert. Die Analogie zur Gigue am Ende einer Suite drängt sich auf.

Der Abschluss mit einem erhabenen Choralsatz zu den theologisch tiefgründig summierenden Worten der siebten Strophe ist im Ausdruck vergleichsweise neutral und fungiert so als Schlusspunkt. Allerdings ist hier ein sicher großer Schlusssatz verloren gegangen, vielleicht wie im etwa zeitgleichen Actus tragicus BWV 106 konzipiert als Choralsatz mit Zwischenspielen und abschließender Fuge, die siebte und womöglich grandioseste Variante der hier so eindrücklichen *Halleluja*-Vertonungen am Strophenende.

BWV 128

Auf Christi Himmelfahrt allein

Himmelfahrt, 10. Mai 1725, Nikolaikirche/Thomaskirche
Rahmenstrophen: Josua Wegelin/Ernst Sonnemann 1661,
Matthäus Avenarius (ca. 1662) 1673
Libretto: Christiana Mariana von Ziegler (publiziert 1728)

1. *Horn I/II, Oboe I/II, Oboe da caccia*
mit Streichern
Auf Christi Himmelfahrt allein
Ich meine Nachfahrt gründe
Und allen Zweifel, Angst und Pein
Hiermit stets überwinde;
Denn weil das Haupt im Himmel ist,
Wird seine Glieder Jesus Christ
Zu rechter Zeit nachholen.

2. **Rezitativ** Tenor
Ich bin bereit, komm, hole mich!
Hier in der Welt
Ist Jammer, Angst und Pein;
Hingegen dort, in Salems Zelt,
Werd ich verkläret sein.
Da seh ich Gott von Angesicht zu Angesicht,
Wie mir sein heilig Wort verspricht.

3. **Arie** Bass *Trompete, Streicher*
Auf, auf, mit hellem Schall
Verkündigt überall:
Mein Jesus sitzt zur Rechten!
Wer sucht mich anzufechten?
 Ist er von mir genommen,
 Ich werd einst dahin kommen,
 Rezit. Wo mein Erlöser lebt.
Mein Augen werden ihn
in größter Klarheit schauen.
O könnt ich im voraus
mir eine Hütte bauen!
Wohin? Vergebner Wunsch!
Er wohnet nicht auf Berg und Tal,
Sein Allmacht zeigt sich überall;
So schweig, verwegner Mund,
Und suche nicht dieselbe
zu ergründen!

4. Arie Duett Alt/Tenor *Oboe (d'amore)*
Sein Allmacht zu ergründen,
Wird sich kein Mensche finden,
Mein Mund verstummt und schweigt.
Ich sehe durch die Sterne,
Dass er sich schon von ferne
Zur Rechten Gottes zeigt.

5. Choral
Alsdenn so wirst du mich
Zu deiner Rechten stellen
Und mir als deinem Kind
Ein gnädig Urteil fällen,
Mich bringen zu der Lust,
Wo deine Herrlichkeit
Ich werde schauen an
In alle Ewigkeit.

Ob Bach seine Himmelfahrtskantate von 1725 zu den Choralkantaten zählte, ist unsicher, da die Stimmen nicht mit den anderen in Leipzig überliefert sind. Der Eingangssatz ist jedenfalls eine große Choralbearbeitung und entstand zeitnah zum erst sechs Wochen zuvor beendeten Choralkantatenzyklus. Das Libretto mit dieser Liedstrophe am Anfang stammt von der Leipziger Dichterin Chr.M. von Ziegler. Von ihr vertonte Bach seit Jubilate 1725 Kantatentexte, die sie dann 1728 publizierte. Erhebliche Textabweichungen zur Druckfassung bei dieser Kantate resultieren entweder aus redaktionellen Änderungen der Dichterin oder sie stammen von Bach selbst. Beim Mittelsatz jedenfalls ist sicher, dass Bach die Textdisposition verändert hat.

An Himmelfahrt als Christusfest ist Festklang geboten. Da die Liedmelodie *Allein Gott in der Höh sei Ehr* nicht in den Trompetentonarten C oder D zu machen ist, spielen in G zwei Hörner. Aus den erhaltenen Stimmen ist ersichtlich, dass ein Oboenchor die Streicher in allen Lagen verstärkt. Die erste Melodiezeile bietet mit ihrem Skalenrundgang im Quintraum gute Anhaltspunkte für mit Naturtoninstrumenten zu bewältigende Motivik. So hört man im Instrumentalsatz vielfach den Melodieanfang durch. Die Bewegungsrichtung aller musikalischen Elemente führt deutlich nach oben, Himmelfahrtsmusik im Wortsinn. Besonderheit des umfänglichen Vorspiels (mit 840 = 70x12 Tönen bei 224 = 2x112 CHRISTUS-Tönen in den Hörnern) ist ein konsequentes Fugato, wo das Thema, in den Ecktönen aus der ganzen ersten Liedzeile gewonnen, von der ersten Violine nach unten wandert bis in den Continuo, um schließlich einen fünften Einsatz im Horn als Krönung zu erleben. Diese Form ist dem in der Liedstrophe angeschlagenen Hauptthema der Kantate geschuldet: *Nachfahrt*. Christen hoffen darauf, von Christus in den Himmel nachgeholt, nachgezogen zu werden, wie es schon die alte mystische Liedformel »trahe me post te« (*In dulci jubilo*) benennt, Hohelied 1,4 aufgreifend. Die in Fugenlogik zwingende Themenfolge bildet das Nachgezogenwerden ab. Die Themengestalt markiert *Auffahrt* mit ihrem Aufschwung zur Oktave, der den Quintraum der Melodie transzendiert. Auch im Vokalsatz hat das übliche Verfahren der Nach-Imitation hier seinen spezifischen Sinn als *Nachfahrt*. Bei den vier Liedzeilen des Stollens lehnen sich die Unterstimmen lose an die Diktion der Himmelfahrtsmusik an, ohne *Zweifel, Angst und Pein* zu akzentuieren. Zum Zielton der Melodie skandieren sie stets noch einmal die ganze Zeile, so dass der Text sich als Sprechvorgang abhebt. Die ersten beiden Zeilen des Abgesangs sind dann eigenständig profiliert. Nur in Zeile 5, wo die Begründung (*denn*) der *Nachfahrt* ansetzt, geht die Einsatzfolge wie im Instrumentalfugato vom Alt nach unten. Da vom *Haupt im Himmel* die Rede ist, liegen die Unterstimmen sehr hoch, der Alt fast immer über der Melodie, und singen mehrere Spitzentöne zu *Himmel*. In der nächsten Zeile wird *Glieder* hervorgehoben durch Halbenote mit übergebundener Achtel, was gemäß Epheser 4,16 die Bindung der Glieder an den Leib Christi nachzeichnet. In der letzten Zeile dann ist *nachholen* mit den Instrumenten auf viele Sechzehntel zu singen. Die vitale Himmelfahrtsmusik hat die Chorstimmen an sich gezogen, *nachgeholt*.

Im Rezitativ streckt der Tenor fortwährend seine Kehle nach oben zu den faszinierenden himmlischen Aussichten. Die Weltzeichen *Jammer, Angst und Pein* demgegenüber werden nun gebrandmarkt mit vermindertem Septakkord. Wichtiger Begriff für die himmlische Seinsweise ist *Verklärung* mit verschiedenen biblischen Referenzen (Matthäus 17,1–9, 1.Korinther 15,51), harmonisch gekennzeichnet mit einem ganzen Takt Fis-Dur (vgl. Fis-Dur bei O. Messiaen im 20. Jahrhundert).

In der Mitte der Kantate steht eine klangprächtige Arie. Jetzt kommt die zum Lied nicht verwendbare D-Trompete zum Einsatz. Der *helle Schall* eines Blechblasinstruments ist vom Himmelfahrtspsalm 47 her ein fester Topos (vgl. Kantate BWV 43 im Folgejahr) und Bach lässt die Trompete extra hell in hoher Lage eine lange Sechzehntel-Coronafigur spielen. Der Bass bekennt mit voller Stimme und demonstrativ lang (und hoch) gehaltenem *sitzt* das »sedet ad dexteram patris« aus dem Credo. Im Arien-Mittelteil wird die Anfechtung als Kehrseite allen Glaubens zurückgewiesen, wozu Bach trotz h-Moll weiter die Christustrompete präsent hält bis zu dem Punkt, wo es heißt *Ist er von mir genommen*. Jetzt ändert Bach die Textdisposition, indem er das im Libretto anschließende Rezitativ in die Arie integriert und so einen Blick »ins Jenseits« wagt. In sphärischen, hoch liegenden Klängen der Streicherakkorde (wie im 19.Jahrhundert bei R. Wagner), harmonisch weit jenseits im Bereich von Fis- bis Gis-Dur unterwegs, wird Verklärung inszeniert, obgleich im Text der Wunsch danach brüsk zurückgewiesen wird. Dazu klingt der schöne Streicherklang weiter, bricht dann allerdings abrupt ab und eine unvermittelt tief liegende h-Moll-Kadenz nach *ergründen* beschließt diesen kühnen Rezitativ-Einwurf. Als verkürztes Arien-Da capo lässt Bach das D-Dur-Vorspiel mit Trompete und Streichern dann noch einmal spielen. Im Text offensichtlich von Bach ergänzt (ohne Reimkorrespondenz) und mit einem überraschenden Cis-Dur-Akkord harmonisiert ist in Takt 61(!) *wo mein Erlöser lebt* (vgl. Hiob 19,25). Der *allmächtige* Pantokrator Christus ist trotz Himmelfahrt kein abgehobener Potentat, sondern *mein*

Erlöser, dem an der personalen Gemeinschaft mit den Seinen gelegen ist. Bach hat das vieldimensionale Kunst-Stück dieses Satzes mit der »heiligen« Dreier-Potenz von 3^7 Tönen (2187) konzipiert.

Wegen des bereits eingezogenen Rezitativs schließt die nächste Arie direkt an. Im polaren h-Moll und klanglich introvertiert dient sie der Reflexion. Im Rahmenteil wird das verstandesgemäße *Ergründen* der *Allmacht* Christi zurückgewiesen, der Mittelteil hält dem das Schauen im Glauben entgegen, wie es Stephanus bei seiner Hinrichtung erlebt hat (Apostelgeschichte 7,55). Gleichwohl präsentiert die Musik wieder das, was der Text zurückweist. Im A-Teil figuriert die ungewöhnliche Fugato-Struktur ein *Ergründen* mit stets mindestens drei Einsätzen in unterschiedlichen Konstellationen aller Beteiligten. Direkt abgebildet ist *verstummt* und *schweigt* durch abgezogene Zweier mit Pause. Im Mittelteil sind die Fugati vermieden, die Oboe spielt neben einem isolierten Themeneinwurf nur ab- und am Ende dezidiert aufsteigende Sechzehntel-Ketten. Die Klarheit der Sicht im Glauben verkörpert der Einklang der Singstimmen auf dem Schlusston bei beiden Kadenzen.

Der Schlusschoral, gesungen auf die Melodie von *O Gott, du frommer Gott* mit ihren erhebenden Sequenzen im Abgesang, greift mit eigenen Hornpartien den Festklang des Eingangssatzes wieder auf. Auffallend ist die Figur eines Schleifers aus Achtel und zwei Sechzehnteln im ersten Horn und im Sopran, am exponiertesten bei *Herrlichkeit*, als Umkehrung eher lieblich bei *als deinem Kind*, was Bach-Kenner »du bist mein« aus der *Fürchte dich nicht*-Motette BWV 228 mithören lässt. Am Ende führt dieser Schleifer das Horn zur himmlischen *Herrlichkeit* des hohen G. Der Choralsatz basiert auf 61 Continuo-Tönen, was dazu motiviert, die Heilszusage von Jesaja 61/ Lukas 4,18–21 als Deutehorizont für diese Liedstrophe in Anspruch zu nehmen.

BWV 68

Also hat Gott die Welt geliebt

Pfingstmontag, 21. Mai 1725, Thomaskirche/Nikolaikirche

Eingangsstrophe: Salomo Liscow 1675

Libretto: Christiana Mariana von Ziegler (publiziert 1728)

1. *Oboe I/II, Taille mit Streichern,*
Horn mit Sopran
Also hat Gott die Welt geliebt,
Dass er uns seinen Sohn gegeben.
Wer sich im Glauben ihm ergibt,
Der soll dort ewig bei ihm leben.
Wer glaubt, dass Jesus ihm geboren,
Der bleibet ewig unverloren,
Und ist kein Leid, das den betrübt,
Den Gott und auch sein Jesus liebt.

2. **Arie** Sopran *Violoncello piccolo,*
Oboe, Violine
Mein gläubiges Herze,
Frohlocke, sing, scherze,
Dein Jesus ist da!
   Weg Jammer, weg Klagen,
   Ich will euch nur sagen:
   Mein Jesus ist nah.

3. **Rezitativ** Bass
Ich bin mit Petro nicht vermessen,
Was mich getrost und freudig macht,
Dass mich mein Jesus nicht vergessen.
Er kam nicht nur, die Welt zu richten,
Nein, nein, er wollte Sünd und Schuld
Als Mittler zwischen Gott und Mensch
vor diesmal schlichten.

4. **Arie** Bass *Oboe I/II, Taille*
Du bist geboren mir zugute,
Das glaub ich, mir ist wohl zumute,
Weil du vor mich genung getan.
   Das Rund der Erden mag gleich brechen,
   Will mir der Satan widersprechen,
   So bet ich dich, mein Heiland, an.

5. **Chor** *Oboen I/II, Taille, Streicher,*
Zink, Posaune I–III mit Vokalstimmen
Wer an ihn gläubet,
der wird nicht gerichtet;
wer aber nicht gläubet,
der ist schon gerichtet;
denn er gläubet nicht an den Namen
des eingebornen Sohnes Gottes.

Johannes 3,18

Die Stimmen dieser Pfingstmontagkantate von 1725 sind mit den Choralkantaten überliefert. Wie bei der Himmelfahrtsmusik elf Tage zuvor (BWV 128) ist Vorlage ein Libretto von M. von Ziegler, das mit einer Liedstrophe beginnt. Diese ersetzt als gereimte Paraphrase von Johannes 3,16 (Beginn des Evangeliums Joh 3,16–21) das sonst bei den Ziegler-Libretti übliche Bibelwort am Anfang. Zusammen mit dem Zitat von Joh 3,18 am Ende ist eine gewichtige Bibelwort-Klammer gesetzt, analog zur zentralen Bedeutung dieser Bibelstelle in der zeitgenössischen Theologie. »Dies ist der Haupt-Spruch, der Grund unser Seligkeit, darauf sie fest gegründet« schreibt J. Olearius zu Joh 3,16. Und V. 18 mit dem entscheidenden Kriterium des Glaubens begründet das reformatorische Sola fide.

Die Choralform im Eingangssatz verschleiert Bach insofern, als er die Melodie nicht als Cantus firmus führt, sondern mit Umspielungen in den Siciliano-Duktus des Satzes einpasst. So kann man dies auch wie eine Bibelwort-Vertonung hören. Die emphatische kleine Sexte zu Beginn aller vier ersten Liedzeilen macht die Melodie unkenntlich und steigert die Nachdrücklichkeit. Das Sola fide unterstreicht Bach, indem er ausgerechnet an der Zäsur Stollen/Abgesang ohne Zwischenspiel gleich weitersingen lässt: *wer glaubt* ... Für die Vorimitation, die es nur hier und bei der Folgezeile gibt, nimmt er dazu einen markanten Quintsprung mit Halteton, der keinen Anhalt an der Melodie hat. Die vier repetierenden Bleibe-Töne in der Folgezeile dagegen korrespondieren drei gleichen Melodietönen, sind aber deutlich überdehnt, um *ewig bleiben* anzuzeigen. Das Gegenteil *verloren* (aus *unverloren*) markiert Bach in den unteren Stimmen mit getrennten Tönen auf eine Silbe. Die (im Glauben überwundene) Negativerfahrung *Leid* wird mit drastischer Harmonik verbalisiert: verminderter Septakkord, Moll-Subdominante usw. Als Epilog zur Melodiezeile (vgl. den Eingangschor zur Johannes-Passion) erklingt exponiert mit emphatischer Dur- wie Mollsexte in beidseitiger

Polarität: *Kein Leid.* Der Charakter des Satzes ist durchaus festlich. Alle Streicherstimmen werden von Oboen verstärkt, ein Horn
spielt den Sopran mit, der so als quasi konzertantes Gegenüber
zur reich figurierten instrumentalen Oberstimme erscheint. Die
Siciliano-Musik im 12/8-Takt lässt weihnachtliche Assoziationen
aufkommen (vgl. die Hirtenmusik im Weihnachtsoratorium), wie
heute Joh 3,16 vorrangig mit dem Christfest verbunden ist, verweist aber auch auf die allgemeine Konnotation »Liebessphäre«
bei diesem Satztyp. Die Tonart d-Moll sorgt aber durchgehend
für eigentümlichen Ernst. Die erlösende D-Dur-Terz bringt Bach
erst ganz am Ende, kadenziert über d sonst stets in Moll oder gar
mit hohler Quinte (letzte Liedzeile). Seine Liedvorlage, der Kantionalsatz im Gesangbuch von Vopelius (1682), hat schon am
ersten Zeilenende *geliebt* in D-Dur aufleuchten lassen.

Ziemlich polar zu diesem Ernst ist die Fröhlichkeit der Arie,
die inzwischen zu den Bach-Hits gehört. Das eingängige, zehn-
mal erklingende Viertakt-Ritornell des Violoncello piccolo hat
Bach zwölf Jahre zuvor erfunden für die Jagdkantate BWV 208
zu einem Fürstengeburtstag, um pastorale Idylle von »wollenrei-
chen Herden« zu illustrieren. Jetzt beschreibt es die persönliche
Herzensidylle *dein Jesus ist da.* Die ursprünglich naive Fröhlichkeit der F-Dur-Idee wird glaubwürdig durch den (neuen) Moll-
Mittelteil, in welchem der Einwand von *Jammer* und *Klagen* in
derselben Diktion, aber harmonisch »ernst« zurückgewiesen wird.
Eine Freuden-Zugabe bietet Bach auf mit dem 27 Takte umfassenden Triosatz (Oboe und Violine dazu) als großes Nachspiel an
Stelle des Schlussritornells, der ebenfalls schon in Verbindung
mit BWV 208 überliefert ist als Triostudie zum Ritornell-Motiv.
An Pfingsten wird diese Musik nun zum Zeugnis der vom Geist
geschenkten Freude (Joh 16,20), zum Medium von Gottes »Gna-
den-Gegenwart«. Die Trioform (mit ergänztem Continuo) ist
Symbol der trinitarischen Vollkommenheit Gottes, 7x119 (7x17)
Töne in der jetzigen Fassung zeigen eine signifikante Zahlen-

kombination für geistgewirktes Heil (7) und Seligkeit in Christus (17). Das spezielle Instrument Violoncello piccolo – bei BWV 208 agierte das Continuocello – steht bei Bach für die Realpräsenz Christi mystischen Vorstellungen gemäß (vgl. BWV 180,3 ebenfalls in F-Dur).

Das Rezitativ als Mittelsatz formuliert das zentrale Theologumenon von der Mittlerschaft Christi, benennt so das Solus Christus als Voraussetzung für das Sola fide. Nur in Christi Mittlerschaft kann die Heilsgewissheit des Menschen gründen. *Daß mich mein Jesus nicht vergessen* unterstreicht Bach als wahrhaftiges Trost-Wort, indem er dazu die Anfangsfigur des Eingangssatzes aufgreift und den Continuo dies nachimitieren lässt. Das Wort *Gott* setzt er als Spitzenton auf den 59. Ton, Äquivalent von GOTT wie MENSCH. Zu *als Mittler zwischen Gott und Mensch* spielt der Continuo die vier Töne des Namens BACH in einem chromatischen Abgang. – Die Anspielung auf Petrus meint dessen selbstherrlichen Wagemut beim Gang übers Wasser (Matthäus 14,27–31).

Die folgende Bass-Arie mit Oboenchor stellt ein plastisches Christuszeugnis in C-Dur dar, obgleich auch sie ihr Urbild in einer Arie der Jagdkantate hat, daher der dafür einschlägige Oboen-Sound. Die einprägsame Devise des Sängers hieß ursprünglich banal *Ein Fürst ist seines Landes Pan.* Allerdings hatte sie da noch nicht den signifikanten Oktavambitus und nur 10 statt jetzt vollkommene 12 Töne. War diese Wohlfühlmusik im triolisch unterteilten Vierer der Wohlbefinden garantierenden Präsenz des Fürsten geschuldet, bezeugt sie jetzt die singuläre Wohltat Christi, welche dem daran Glaubenden wahre »Wellness« beschert. Die harmonische Eintrübung im Mittelteil resultierte 1713 aus dem drastischen Bild der *Totenhöhle* für ein Land ohne Fürst, jetzt taugt sie dazu, die christusfeindlichen Realitäten in den Blick zu nehmen und zu bewältigen im *Beten* als Modus des Vertrauens in Christus. Bach hat die Musik in vielen Details erheblich umgestaltet, so dass sie, etwa mit den Liegetönen für *so bet,* ad hoc komponiert erscheint. Als Christuszeugnis profiliert wird sie auch dadurch, dass anstelle der vormaligen Reprise des Vorspiels nur jetzt auch ein Da capo der Singstimme erfolgt. In 20 statt 10 C(hristus)-Dur-Takten bekräftigt der Sänger mit vielen *genung-*(genug-)Wiederholungen das Christusvertrauen. Da er dies in die Musik des (vormaligen) Nachspiels hineinsingt, ergänzt Bach zwei Takte instrumentales Nachspiel mit einer definitiven C-Dur-Kadenz, welche zwischen d‴ in der Oboe und tiefem C als Continuo-Schlusston den ganzen Tonraum umgreift.

Der große Bibelwort-Schlusschor ist dem Ernst des Textes gemäß »harte Kost«. Wenn die Bibel vom Glauben spricht, benennt sie auch den Unglauben mit seiner bitteren Konsequenz (vgl. Markus 16,16). In der Form der Vokalfuge mit »Subjekt« (Glaube) und »Kontrasubjekt« (Nicht-Glaube) setzt Bach diesen Antagonismus stimmig um, wobei die erste Durchführung nur vom Glauben singt, die zweite (in umgekehrter Stimmen-Einsatzfolge) nur vom Unglauben und die dritte dann beides verschränkt. Am Ende erklingt der *denn*-Satz massiv als Anathema (Verdammungsurteil) des Unglaubens in teilweise skandierendem Vortrag. (Vgl. *Wer aber Christi Geist nicht hat* in der Motette *Jesu meine Freude* BWV 227). In dieser Zurückweisung wird zugleich der Name Christi als einziger Heilsanker aufgerichtet und die Musik kehrt erst hier aus dem a-Moll der Fuge definitiv zum d-Moll des Eingangssatzes *Also hat Gott ...* zurück. Um die überzeitliche Geltung des Bibelworts zu unterstreichen, sorgt Bach für »Kirchenstil-Sound« mit Posaunen und Zink. So stehen in dieser Kantate Ausdruckswelten in extremer Spannweite sich gegenüber, ein großer Anspruch an das christliche Zeugnis, die Polarität zwischen Gerichtspredigt und »O happy day«/ *Mein Jesus ist da* immer wieder neu auszuloten.

BWV 137

Lobe den Herren, den mächtigen König

12. Sonntag nach Trinitatis, 19. August 1725, Nikolaikirche (?)
Liedautor: Joachim Neander 1680

1.Chor *Trompeten I–III,*
Pauken, Oboe I/II, Streicher
Lobe den Herren,
den mächtigen König der Ehren,
Meine geliebete Seele,
das ist mein Begehren.
Kommet zu Hauf,
Psalter und Harfen, wach auf!
Lasset die Musicam hören.

2. Arie Alt *Violine solo*
Lobe den Herren,
der alles so herrlich regieret,
Der dich auf Adelers Fittichen
sicher geführet,
Der dich erhält,
Wie es dir selber gefällt;
Hast du nicht dieses verspüret?

3. Arie Duett Sopran/Bass *Oboe I/II*
Lobe den Herren,
der künstlich und fein dich bereitet,
Der dir Gesundheit verliehen,
dich freundlich geleitet;
In wieviel Not
Hat nicht der gnädige Gott
Über dir Flügel gebreitet!

4. Arie Tenor *Trompete (Oboe)*
Lobe den Herren,
der deinen Stand sichtbar gesegnet,
Der aus dem Himmel
mit Strömen der Liebe geregnet;
Denke dran,
Was der Allmächtige kann,
Der dir mit Liebe begegnet.

5. Choral
Lobe den Herren,
was in mir ist, lobe den Namen!
Alles, was Odem hat,
lobe mit Abrahams Samen!
Er ist dein Licht,
Seele, vergiss es ja nicht;
Lobende, schließe mit Amen!

Diese Kantate zum heute weltweit bekannten Loblied wurde als erste richtige Choralkantate nach Abschluss des Zyklus im selben Jahr nachkomponiert, jetzt mit dem originalen Liedtext in allen Strophen, also ohne Beteiligung eines Librettisten. Ihre Aufführungsstimmen wurden dem 12. Trinitatissonntag zugeordnet, wo 1724 eine Leerstelle war. Zum Evangelium Markus 7,31–37 mit Heilung eines Taubstummen war im ersten Leipziger Jahr 1723 der Anfang von Psalm 103 als Motto gewählt worden: *Lobe den Herrn, meine Seele und vergiss nicht, was er dir Gutes getan hat* (BWV 69a). Auch Neanders Loblied bezieht sich explizit darauf. Partiturabschriften aus dem Jahr 1755 (nach der verschollenen Originalpartitur) geben allerdings das Johannisfest (24. Juni) als Bestimmung an. Zahlreiche Motive aus dem dazu gehörigen Lobgesang des Zacharias (Lukas 1,68–79) finden sich im Lied wieder (Gotteslob, Barmherzigkeit/Liebe, Abraham, Licht etc.). Am Johannisfest 1725 erklang aber eine andere Kantate, wohl von Telemann. Die prächtige Einrahmung von Bachs Kantate mit Trompetenglanz auch im Schlusschoral nach Art der Ratswechsel-Kantaten hat auch diesen Kasus Ende August ins Blickfeld gebracht. Die Unsicherheit in der liturgischen Zuordnung zeigt positiv, dass diese Liedtextvertonung ohne weitere Bezüge zu einem Tagesevangelium die Öffnung für unterschiedliche Verwendungsmöglichkeiten mit sich brachte, was wohl auch in Bachs Interesse lag.

Die Wahl dieses Liedes war allerdings nicht naheliegend, denn in Leipziger Gesangbüchern taucht es kaum auf, jedenfalls nicht im 1725 eingeführten lutherischen Leitgesangbuch. Der Liedautor stand als »reformierter Pietist« sozusagen doppelt im Abseits. Die dichte biblische Sprachprägung des Liedes wog das nicht auf. Die Melodie, im tänzerischen Dreiertakt stilistisch durchaus anrüchig, brachte dieses Gesangbuch aber zu einem Lied des pietismusnahen A. Fritsch (vgl. BWV 123 zu Epiphanias). Bach wird *Lobe den Herren* aus einer Weimarer Überlieferungsschiene der Neander-Lieder (Edition von G. Chr. Strattner) gekannt haben. Sein Gespür für die Qualität von Texten führte dazu, dass er die Reihe der reinen Liedtextvertonungen ausgerechnet mit dem Lied eines kirchenpolitisch »Verdächtigen« eröffnete.

Auch der im 20. Jahrhundert von Karl Barth so genannte »verdächtige Schwung« dieses Melodietyps störte Bach nicht. Im Gegenteil, alle fünf Sätze stehen in einem Dreiertakt und mehr als in anderen Kantaten bleibt die Melodie auch in den Binnensätzen präsent. Satz 2 ist eine Choralbearbeitung mit der Melodie in der Altstimme. In Satz 4 wird die Melodie von der Trompete (in einer späteren Aufführung von der Oboe) eingespielt. Im Mittelsatz 3 bezieht sich die Motivik der beiden Singstimmen deutlich erkennbar auf Melodieelemente. Weiter lässt sich die Dreiklangsorientierung konzertanter Passagen (z. B. Violine Satz 2, Continuo Satz 4) auf den signifikanten Einstieg der Melodie mit der Tonfolge 1-(1)-5-3 beziehen, eine Analogie zum letzten bei den Choralkantaten vertonten Lied (BWV 1). Mit dem steten Melodiebezug praktiziert Bach auf musikalischer Ebene das im Lied eingeforderte Erinnern der Wohltaten Gottes.

Wie am 12. Trinitatissonntag 1723 (BWV 69a) motiviert das *Lobe den Herren* den Einsatz der Trompetteria im Eingangssatz, in vitalem Klanggeschehen mit Oboen und Streichern konzertierend durch Austausch der musikalischen Elemente (aufsteigende Anapäst-Figur, Achtel-Repetitionen, Wechselnotenfiguren in Sechzehnteln). Das Hauptthema mit prägnanter zweimaliger Synkope, zuerst von den Oboen vorgestellt, fungiert als Kontrapunkt zur Melodie. Auch die vokalen Unterstimmen nutzen es für die melodieunabhängige Vorimitation der Liedzeilen. Die Melodie erklingt im originalen 3/4-Taktmaß also alleine im Sopran, unterstützt von den Oboen, und ist gerade durch ihre musikalische Isolierung hervorgehoben. *Kommet zu Hauf, Psalter und Harfe wach auf!* skandieren die Vokalstimmen aber gemeinsam als Appell, während alle Instrumente verdichtet (*zu Hauf*) agieren. Extra zum

Hinhören spielt bei *Musicam hören* die erste Trompete alleine das Hauptthema, ehe die komplette Trompetteria zum Nachspiel einfällt.

Bei der Arie motiviert das Bild des Adlers als Inbegriff für Bergung, Bewahrung auf dem Lebensweg (vgl. 5.Mose 32,11) die Flügelschlag-Figuration im solistischen Violinpart. Nach dem volltönenden Appell an alle kommt hier in sparsamer Triobesetzung und mit der Glaubensstimme des Alt die individuelle Relevanz von Gottes bewahrendem Handeln an seinen Geschöpfen in den Blick: *Hast du nicht dieses verspüret?* Zugleich verweisen Trio und 9/8-Takt auf den dreieinigen Gott als Akteur zugunsten der Menschen. Gut 20 Jahre später übernimmt Bach diesen Satz als Orgelbearbeitung in die »Schübler-Choräle« unter einem Weihnachtsliedtitel (*Kommst du nun, Jesu, vom Himmel herunter*). Das dürfte Indiz sein für die weiterhin gebotene Vorsicht gegenüber dem ursprünglichen Lied und seinem Autor.

Der Kantaten-Mittelsatz ist kompositorisch gewichtet als doppeltes Duett von Oboen und Sängern mit jeweils fugierter Stimmführung. Nach C-Dur und G-Dur folgt nun e-Moll analog zu den drei ersten Melodietönen. Dem polaren, ernsten e-Moll korrespondiert die stärkere Gewichtung der zweiten Strophenhälfte *In wieviel Not* mit zwei Durchgängen. Bach macht einerseits mit Passus duriusculus die Not deutlich fühlbar, andererseits lässt er im Gegenüber von lang gespannten Tönen und vitaler Anapäst-Diktion die Bewahrung plastisch werden.

Eine kunstvolle Verschränkung von Dur und Moll bringt die Tenor-Arie zu Strophe 4, wieder (nur) als Trio besetzt. In den a-Moll-Satz hinein spielt die Trompete die Melodie in C-Dur: Gott (Trompete) *begegnet* dem sündigen Menschen (Moll) *in Liebe* (Dur). Die prägnante Diktion der Continuo-Bässe wechselt taktweise zwischen abwärts geführten gebrochenen Dreiklängen (vgl. den Melodieanfang) im Anapäst-Rhythmus und einem Sechstonschleifer in Sechzehnteln, ebenfalls überwiegend abwärts gerichtet. Die *Ströme der Liebe* sind im Liedtext ja als *Regen* vorgestellt, der vom Himmel aus die Erde benetzt. Der Einsatz des (sprachlich verknappten) Appells *denke dran* fällt auf, da nach Erreichen des tiefen C und 20x17 Tönen der Continuo hier schweigt, um dann mit derselben, penetrant wiederholten Motivik weitere 19x17 Töne lang solches *Drandenken* vorzuexerzieren. In der Regel bringt der Tenor in zu den Liedzeilen plastisch divergierender Stimmführung (beim ersten Mal mit Melodieanklang) zuerst den Liedtext, ehe die Trompete das mit der entsprechenden Melodiepassage bestätigt, bzw. als Durvariante überhöht. Bei der letzten Zeile (*der dir mit Liebe begegnet*) geht die Trompete aber voran und der Tenor singt eine Nachimitation: Gottes Zuwendung markiert den Anfang aller Heilserfahrung.

Die Schlussstrophe ist ein real siebenstimmiger Satz mit eigenständigem Oberchor der Trompetteria, den Chorsatz mit göttlichem Glanz überstrahlend: *Er ist dein Licht*. Auch hier steht am Ende ein definitives *Amen* (vgl. BWV 111, 92, 1, Johannes-Passion), über dem die erste Trompete das hohe c erklimmt.

BWV 129

Gelobet sei der Herr

Trinitatis, 16. Juni 1726 oder 8. Juni 1727,
Thomaskirche/Nikolaikirche
Liedautor: Johann Olearius 1665

1. *Trompete I–III, Pauken, Traversflöte,*
Oboen I/II, Streicher
Gelobet sei der Herr,
Mein Gott, mein Licht, mein Leben,
Mein Schöpfer, der mir hat
Mein Leib und Seel gegeben,
Mein Vater, der mich schützt
Von Mutterleibe an,
Der alle Augenblick
Viel Guts an mir getan.

2. Arie Bass *Continuo*
Gelobet sei der Herr,
Mein Gott, mein Heil, mein Leben,
Des Vaters liebster Sohn,
Der sich für mich gegeben,
Der mich erlöset hat
Mit seinem teuren Blut,
Der mir im Glauben schenkt
Sich selbst, das höchste Gut.

3. Arie Sopran *Traversflöte, Violine*
Gelobet sei der Herr,
Mein Gott, mein Trost, mein Leben,
Des Vaters werter Geist,
Den mir der Sohn gegeben,
Der mir mein Herz erquickt,
Der mir gibt neue Kraft,
Der mir in aller Not
Rat, Trost und Hülfe schafft.

4. Arie Alt *Oboe d'amore*
Gelobet sei der Herr,
Mein Gott, der ewig lebet,
Den alles lobet, was
In allen Lüften schwebet;
Gelobet sei der Herr,
Des Name heilig heißt,
Gott Vater, Gott der Sohn
Und Gott der Heilge Geist.

5. Choral *Instrumente konzertant*
Dem wir das Heilig itzt
Mit Freuden lassen klingen
Und mit der Engel Schar
Das Heilig, Heilig singen,
Den herzlich lobt und preist
Die ganze Christenheit:
Gelobet sei mein Gott
In alle Ewigkeit!

Nach dem Papierbefund eher in der zweiten Jahreshälfte 1726 (vielleicht zur Ratswahl oder zum Reformationsfest) komponiert, laut Titelblatt bei den Stimmen aber für das Trinitatisfest bestimmt ist diese Kantate zum auch heute diesem Sonntag zugeordneten Lied (EG 139). In den ersten drei Strophen preist es die drei Personen der göttlichen Trinität jeweils einzeln, um dann in einer Doppelstrophe summarisch Gott als *Vater*, *Sohn* und *Geist* zu rühmen und diesen irdischen Lobgesang mit dem *Heilig* der Engel (Jesaja 6,3) zu verknüpfen. Mit dem Liedmotto *Gelobet sey der Herr* (originale Schreibweise), Zitat aus dem Lobgesang des Zacharias (Lukas 1,68), beginnen die ersten vier Strophen, bei Strophe 5 steht es abgewandelt am Schluss als Inclusio.

Auch diese zweite nachkomponierte Choralkantate mit originalem Liedtext ist ein entfaltetes »Soli Deo Gloria« – die Melodiefassung im Eingangssatz hat 2x29 SDG-Töne – und kommt mit prächtigem Trompeten-Festglanz daher. Der Schlusschoral ist ebenfalls eine Festmusik des Orchesters unter Führung der Trompetteria mit eingebauten Choralzeilen. So wird an Trinitatis die »Festzeit« des Kirchenjahres beschlossen, oder in Bachs persönlicher Logik sein Leipziger Kirchenjahres-Zyklus, der ja mit dem 1. Sonntag nach Trinitatis begann.

Das Lied ist formal, in Strophe 1 auch inhaltlich, dem bekannten *Nun danket alle Gott* nachgestaltet. Bach nimmt aber eine Melodievariante von *Oh Gott, du frommer Gott*, die nicht die Barform mit Wiederholung der beiden Anfangszeilen hat, also musikalisch vielgestaltiger ist und dem Satzbau der ersten drei Strophen besser korrespondiert. – Bei *Was frag ich nach der Welt* BWV 94 ist diese Melodie bereits in einer Choralkantate verarbeitet. – Signifikant ist der Melodieeinstieg mit den Dreiklangstönen a-fis-d und Weiterführung zur Sexte h, analog zum Beginn von *Wie schön leuchtet der Morgenstern* (BWV 1), hinsichtlich des Dreiklangs auch zu *Lobe den Herren* (BWV 137). Dieses Trinitäts-Symbol ermöglicht die trompetenfreundliche, an den Naturtönen orientierte Diktion aller Orchesterstimmen, tendenziell aufwärts gerichtet in Gegenbewegung zum Melodieanfang. Im Orchestersatz dominiert die virtuos geführte Oberstimme, überwiegend im Unisono von Violine 1 und 2 gespielt, seit einer späteren Aufführung (ca. 1732) auch von der Traversflöte, in den Hauptnoten zudem oft verstärkt von Oboe 1 – »concertato« also wieder als Signet von Gotteslob. Im Vokalpart zeigen die Unterstimmen in jeder Zeile anderes Profil, wechseln zwischen imitatorischen Einsätzen (ohne Bindung an die Melodiegestalt) und gemeinsamem Skandieren, zeigen typische Sechzehntel-Virtuosität bei *gelobt, Leben, alle*, kurzes Abreißen zum *Augenblick*, aber auch auffallende Ligaturen zu *mein Leib und Seel gegeben*: dem Menschen von Gott gewährtes, unverlierbares Gut.

Im Schlusssatz sind die Vokalstimmen demgegenüber choralmäßig geführt mit vom Continuo her gesteuerten Achteldurchgängen. Bach scheint die Rahmensätze mit Trompetteria komplementär konzipiert zu haben, um der sprachlichen Inklusion von *Gelobet sei der Herr/mein Gott* zu entsprechen. Es sind 90+33=123 Takte, also 3x41 (JSBACH). Die Vokalstimmen singen zusammen 910=70x13 Töne, zugleich 5x182, Äquivalent des Liedmottos. Die Trompetteria bringt es auf 1242=2x23x27

Töne, Verweis auf Psalm 23 wie die Trinität (3^3). Insgesamt haben beide Sätze 8235=5x3^3x61 Töne, worin die für den Choralkantatenzyklus signifikante Gnadenjahrzahl 61 wieder aufscheint.

Demgegenüber bilden die drei Arien mit 400 Takten ein eigenes Korpus. Ein Bicinium im 3/8-Takt (Satz 2) und ein Trio im 6/8-Takt (Satz 4) umrahmen ein Quatuor in der Zweiergliederung des Allabreve (Satz 3). Anders als bei BWV 137 singen bei letzterem nicht zwei Solisten, sondern es spielen zwei Instrumente, so dass der Tenor in Sachen Solo leer ausgeht. Dieser mittlere Satz hat mit 2555=5x7x73 so viele Töne wie die beiden anderen zusammen. Zusammen sind es also 70x73 Töne, letzteres eine Verbindung der beiden heiligen Zahlen 7 und 3 - des Name heilig heißt (Satz 4), zudem Äquivalent von FINE SDGL, womit Bach häufig signiert als emphatische Erweiterung von SDG. Diese Arien haben motivisch keine Verbindung mit der Liedmelodie. Höchstens im Aufschwung zur Sexte beim Ritornell von Satz 4 besteht eine Analogie zur ersten Liedzeile.

Mit der Bassbesetzung bei der ersten Arie in A-Dur spielt Bach wohl auf den Topos der Vox Christi an. *Des Vaters liebster Sohn* wird hier gepriesen. Das Ritornell des Continuo beginnt mit einem Abstieg im Oktavumfang, Sinnbild für die Hingabe des Gottessohns an die menschliche Gestalt, darin *für mich gegeben*. Auch im weiteren Fortgang zeigen die Hauptnoten Abwärtsrichtung. Mit einer nach oben springenden Anapäst-Figur, vom Sänger zu *gelobet* übernommen, hält Bach aber das Gleichgewicht. Verszeile 5 und 6 ist separiert als Quasi-Mittelteil mit fis-Moll-Kadenz, die Stimmführung zu *erlöset* ist wieder gegenläufig zum Continuo aufwärts gerichtet und bildet signifikant einen Dominantseptakkord. Im dritten Arienteil zu *das höchste Gut* dominiert in beiden Partien die Aufwärtssequenzierung, ehe bei *im Glauben* die vollkommene Komplementarität beider Richtungen erreicht wird. Der sich selbst zugunsten der Menschen

Erniedrigende (Septimfall!) gewährt als solcher *das höchste Gut.* *Gelobet* wird er hier mit insgesamt 870=30x29 SDG-Tönen.

Ein solches Gegenüber kennzeichnet auch die mittlere Arie in e-Moll mit der aparten Klangkombination Traversflöte und Violine: Lob-Aufwärtsbewegung in erhabenen Terz- oder Sextparallelen der Instrumente zu Beginn – analog zur Bewegung der Arme des Liturgen beim Präfationsgebet –, nach unten gerichtete schnelle Figuration im Continuo. Die siebentönige Sechzehntel-Figur ist eine Ausfüllung des Melodieanfang-Quintraums und steht für den Topos »Siebenfältigkeit« der Geistesgaben (vgl. EG 126,4). Formal separiert Bach die ersten vier Zeilen mit den theologischen Aussagen über den *Geist* von den vier folgenden mit der Aufzählung von dessen Wohltaten. Neben der auffallenden harmonischen Kennzeichnung der (im *Geist* zu überwindenden) *Not* ist besonders sinnreich, dass die anfängliche Präfations-Geste jetzt mit *der mir gibt neue Kraft* textiert wird. Die *neue Kraft* des Geistes befähigt den an sich schwachen Menschen, verkörpert in der zarten Sopran-Knabenstimme, zum *Gelobet sei der Herr.*

Die dritte Arie in G-Dur hat mit ihrem einprägsamen Anfangs-Aufschwung als Hauptmotiv das Zeug zum Ohrwurm. Im Triosatz singt nun der Alt als Stimme des Glaubens das Bekenntnis zum trinitarischen Gott. Die Wiederholung des Liedmottos in Zeile 5 akzentuiert Bach durch dreifache Sequenz, der expliziten Trinitätsanrufung in Zeile 7/8 korrespondierend. In 47 HERR-Tönen dieser Passage, die den Mittelteil der Arie stellt, markiert er den *heiligen Namen* HERR. Zum Lobpreis dieses Namens erklingen im Schlusssatz insgesamt 40x47 Töne. In zahlreichen weiteren Zahlenphänomenen bei dieser Kantate wird deutlich, wie sorgsam Bach diese Liedtextkantaten konzipiert und speziell dieses gleichermaßen vollmundige wie tiefgründige Zeugnis des SOLI DEO GLORIA.

BWV 112

Der Herr ist mein getreuer Hirt

Misericordias Domini, 8. April 1731, Nikolaikirche
Liedquelle: Augsburg 1531

1. *Horn I/II, Oboe d'amore I/II*
mit Violine I/II, Streicher
Der Herr ist mein getreuer Hirt,
Hält mich in seiner Hute,
Darin mir gar nichts mangeln wird
Irgend an einem Gute,
Er weidet mich ohn Unterlass,
Darauf wächst das wohlschmeckend Gras
Seines heilsamen Wortes.

2. **Arie Vers 2** Alt *Oboe d'amore*
Zum reinen Wasser er mich weist,
Das mich erquicken tue.
Das ist sein fronheiliger Geist,
Der macht mich wohlgemute.
Er führet mich auf rechter Straß
Seiner Geboten ohn Ablass
Von wegen seines Namens willen.

3. Rezitativ Vers 3 Bass *Streicher*
Arioso: Und **ob ich wandelt im finstern Tal,**
Fürcht ich kein Ungelücke
Recitativo: **In Verfolgung, Leiden, Trübsal**
Und dieser Welte Tücke,
Denn du bist bei mir stetiglich,
Dein Stab und Stecken trösten mich,
Auf dein Wort ich mich lasse.

4. Duett **Vers 4** Sopran/Tenor
Streicher
Du bereitest für mir einen Tisch
Vor mein' Feinden allenthalben,
Machst mein Herze
unverzagt und frisch,
Mein Haupt tust du mir salben
Mit deinem Geist, der Freuden Öl,
Und schenkest voll ein meiner Seel
Deiner geistlichen Freuden.

5. Choral letzter Vers
Gutes und die Barmherzigkeit
Folgen mir nach im Leben,
Und ich werd bleiben allezeit
Im Haus des Herren eben,
Auf Erd in christlicher Gemein
Und nach dem Tod
da werd ich sein
Bei Christo meinem Herren.

Vier oder fünf Jahre sind ins Land gegangen, bis Bach wieder eine Liedtextkantate schreibt und dem Jahrgang zuordnet. In der österlichen Freudenzeit steht der zweite Sonntag nach Ostern unter dem Leitbild des Guten Hirten mit Psalm 23 als Eingangspsalm und dem Evangelium Johannes 10,12–16, wo Christus mit einem vollmächtigen »Ich bin«-Wort sich als dieser Hirte deklariert. So hat der Hirten-Topos große christologische Bedeutung und erreicht mit seinen biblischen Bezügen viel weitere Dimensionen als das auf bürgerlichen Schlafzimmerbildern kultivierte Klischee von Jesus als Kuschel-Hirte.

Bach schreibt also eine Christus-Kantate und bietet dazu wie an Himmelfahrt 1725 zur selben Melodie (BWV 128) Hörner in G als Majestätsattribute auf. Die ersten beiden Takte spielen sie ganz alleine, so dass das »solus Christus« förmlich vor Ohren kommt. Bach hat eine reformatorisch frühe, sprachlich altertümliche Übertragung von Psalm 23 als Liedlibretto gewählt (vgl. EG 274 mit Textmodernisierung). Es sind fünf Strophen gegenüber dem dreistrophigen Lied im sonst maßgeblichen lutherischen Liedpsalter von Cornelius Becker, woraus die erste Strophe in den beiden früheren Kantaten zu diesem Sonntag Verwendung fand (BWV 104, 84). Fünf Kantatensätze ergeben wie bei den zwei vorausgehenden Liedtextkantaten eine stimmige Proportionierung. Hier bildet der Mittelsatz als Arioso-Rezitativ ein Scharnier, flankiert von je einer Arie.

Beim Eingangssatz ist in der Manuskriptpartitur das Schriftbild so fehlerfrei, dass man Abschrift eines bereits vorliegenden Satzes vermutet hat. Da das Lied die Melodie von *Allein Gott in der Höh sei Ehr* verwendet, könnte Bach die Musik dafür konzipiert haben. Neben dem »Allein«-Einsatz der Hörner wäre der Orgelpunkt nach der vorletzten Liedzeile ein Indiz. Dieser passt besser zu »Fried ohn Unterlass« als zu *wohlschmeckend Gras*. Die musikalische Konzeption ist insgesamt konfliktarm. In ziemlich kompakter Satzweise schließen die Liedzeilen mit nur kurzen

Zäsuren ohne längere Zwischenspiele aneinander an. Das erste Horn spielt die Melodie mit, um sich dann fast unmerklich wieder davon zu lösen. Die Motivik der stets nachimitierend einsetzenden vokalen Unterstimmen ist in allen Liedzeilen an den Melodieanfang angelehnt. Eine profilierte Gegenbewegung gibt es nur in der vitalen instrumentalen Oberstimme von erster Violine mit Oboe. Hier herrscht Abwärtsbewegung in gebrochenen Dreiklängen oder Skalen vor, weitgehend vorzeichenfrei in den Grundakkorden, so dass die Musik harmonisch tatsächlich ein Abbild von Friede oder Geborgenheit unter der *Hut* des Hirten ist. In der vorliegenden Reinschriftfassung kann man in 3381 = $3x7^2x23$ Tönen eine Referenz zu Psalm 23 sehen.

Zum Hirten-Topos gehört das Vertrauensverhältnis zwischen Hirte und Schafen. »Der Herr ist mein Hirte« (Psalm 23,1) und »ich kenne die Meinen, und die Meinen kennen mich« aus dem Munde des Hirten (Joh 10,14) korrespondieren. Dies unterstreicht Bach mit doppelter Oboe d'amore-Besetzung als Klangakzent im Eingangssatz, was bei G-Dur nicht naheliegt. Die erste Arie im parallelen e-Moll bringt dann ein Solo für die Oboe d'amore. Der Alt als Stimme des Glaubens singt von den Wohltaten des Hirten für mich. Trotz Moll-Tonart hat der Satz im pastoralen 6/8-Takt idyllische Züge. Die Grundakkorde umspielenden Sechzehntel im Soloinstrument imitieren *erquickendes, reines Wasser*, mit dem Johannes-Evangelium als *Geist*-Symbol benannt. Die Triobesetzung ist typisch für *Geist*-Thematik (dritte Person der Trinität). Die auffallenden Dur-Kadenzierungen am Ende des ersten Teils bringen das Zielwort *wohlgemute* zur Geltung.

Der Mittelsatz imaginiert zunächst Einsamkeit und Verlorenheit eines Wanderers *im finstern Tal*: Bass und Continuo alleine, subdominantisch zur Grundtonart in C-Dur einsetzend und sogleich bis zum tiefen (Grabes-)C geführt, bei der Wiederholung zusätzlich Moll-getrübt. Eigentlich zu früh, nämlich bei den Unworten *Verfolgung, Leiden, Trübsal* setzt die Streicherbegleitung ein, Symbol für den Beistand Gottes (*denn du bist bei mir*). So lässt Bach spüren, dass gerade mitten *in Verfolgung* etc., markiert mit extrem dissonanter Harmonik, Gott *bei mir* ist. Eine grandiose Modulation von f-Moll über E-Dur nach a-Moll erschließt das *Trösten* des Hirten, dessen Handlungsmacht (*Stecken und Stab*) namentlich in seinem *Wort* liegt, was Bach am Ende mit dreimaliger Deklamation und doppelter Quintfallsequenz nach G-Dur betont. $363=3 \times 11^2$ Töne kann man als Verweis auf das vertrauliche Miteinander von Hirte und Herde deuten, sofern 11 für die wahre Jüngerschaft (ohne Judas) steht. Auch die beiden Arien nehmen mit zusammen 35×11^2 Tönen darauf Bezug.

Die zweite Arie, nun im dominantischen D-Dur, ist mit 125 (5^3) Takten groß angelegt. Es ist eine schwungvolle Bourée im Allabreve, welche den als Synkope im Themenkopf stets präsenten Widerpart der *Feinde* souverän wegmusiziert. Der Themenkopf nimmt Bezug auf den Quintraum des Melodieanfangs und stellt so den *Herrn* als kämpferischen *Hirten* vor. Sopran und Tenor (eine seltene Duett-Kombination) wetteifern demzufolge *unverzagt und frisch* in fugierenden Einsätzen. Die drei Streicherstimmen aus dem Rezitativ teilen sich wechselweise die eigentlich nur zwei konzertierenden Stimmen. Diese sind nicht wie sonst bei einem Doppelduett komplementär zum Gesang konzipiert, sondern duplizieren die Sänger, Sinnbild wieder für das enge *bei mir*-Sein Gottes. Die Steigerung der Vitalität in triolische Figuren ist trinitarisch als Geschäft des heiligen Geistes dechiffriert: *mit deinem Geist, der Freuden Öl.*

Dem Schlusschoral bescheren Hörner (Horn II mit Naturtonmotivik) und Oboen d'amore die charakteristische Farbe des Eingangssatzes.

BWV 140

Wachet auf, ruft uns die Stimme

27. Sonntag nach Trinitatis, 25. November 1731, Nikolaikirche
Liedautor: Philipp Nicolai 1599

1. *Oboe I/II, Taille, Streicher,*
Horn mit Sopran
Wachet auf, ruft uns die Stimme
Der Wächter sehr hoch auf der Zinne,
Wach auf, du Stadt Jerusalem!
Mitternacht heißt diese Stunde;
Sie rufen uns mit hellem Munde:
Wo seid ihr klugen Jungfrauen?
Wohl auf, der Bräutgam kömmt;
Steht auf, die Lampen nehmt! Alleluja!
Macht euch bereit
Zu der Hochzeit,
Ihr müsset ihm entgegen gehn!

2. Rezitativ Tenor
Er kommt, er kommt,
Der Bräutgam kommt!
Ihr Töchter Zions, kommt heraus,
Sein Ausgang eilet aus der Höhe
In euer Mutter Haus.
Der Bräutgam kommt, der einem Rehe
Und jungen Hirsche gleich
Auf denen Hügeln springt
Und euch das Mahl der Hochzeit bringt.
Wacht auf, ermuntert euch!
Den Bräutgam zu empfangen!
Dort, sehet, kommt er hergegangen.

3. Arie Duett Sopran/Bass
Violino piccolo
Sopran Wenn kömmst du, mein Heil?
Bass Ich komme, dein Teil.
Sopran Ich warte mit brennendem Öle.
Sopran/Bass Eröffne/Ich öffne den Saal
beide Zum himmlischen Mahl
Sopran Komm, Jesu!
Bass Komm, liebliche Seele!

4. Choral Tenor *Streicher unisono*
Zion hört die Wächter singen,
Das Herz tut ihr vor Freuden springen,
Sie wachet und steht eilend auf.
Ihr Freund kommt
vom Himmel prächtig,
Von Gnaden stark,
von Wahrheit mächtig,
Ihr Licht wird hell,
ihr Stern geht auf.
Nun komm, du werte Kron,
Herr Jesu, Gottes Sohn!
Hosianna!
Wir folgen all
Zum Freudensaal
Und halten mit das Abendmahl.

291

5. Rezitativ Bass *Streicher*
So geh herein zu mir,
Du mir erwählte Braut!
Ich habe mich mit dir
Von Ewigkeit vertraut.
Dich will ich auf mein Herz,
Auf meinen Arm gleich
wie ein Siegel setzen
Und dein betrübtes Aug ergötzen.
Vergiss, o Seele, nun
Die Angst, den Schmerz,
Den du erdulden müssen;
Auf meiner Linken sollst du ruhn,
Und meine Rechte soll dich küssen.

6. Arie Duett Sopran/Bass *Oboe*
Sopran Mein Freund ist mein,
Bass Und ich bin sein,
beide Die Liebe soll nichts scheiden.
  Sopran/Bass Ich will/du sollst mit dir/mir
  in Himmels Rosen weiden,
  beide Da Freude die Fülle,
  da Wonne wird sein.

7. Choral
Gloria sei dir gesungen
Mit Menschen- und englischen Zungen,
Mit Harfen und mit Zimbeln schon.
Von zwölf Perlen sind die Pforten,
An deiner Stadt; wir sind Konsorten
Der Engel hoch um deinen Thron.
Kein Aug hat je gespürt,
Kein Ohr hat je gehört
Solche Freude.
Des sind wir froh,
Io, io!
Ewig in dulci jubilo.

Nur 1731 (und 1742) gab es wegen frühen Ostertermins den 27. Trinitatissonntag mit dem Gleichnis von den fünf klugen und törichten Jungfrauen als Evangelium (Matthäus 25,1–13). Bach nutzte die Chance, mit dem darauf konkret bezogenen, zweiten Ph. Nicolai-Lied die Kantate zu bestreiten, nachdem er mit *Wie schön leuchtet der Morgenstern* den Choralkantatenzyklus 1725 beschlossen hatte. Die Liedvorlage hat hier nur drei Strophen. Bach vertonte diese im Original als Choralbearbeitung jeweils mit der großartigen Nicolai-Melodie und besorgte sich von einem Librettisten zwei Rezitativ/Arie-Paare als Ergänzung.

Damit ergab sich in sieben Sätzen eine symmetrische Anlage mit der zweiten Liedstrophe als Mitte. Der Gesamtumfang überschreitet so den der anderen Nicolai-Kantate BWV 1, wo das Lied sieben Strophen geboten hat.

Während dieses Nicolai-Lied (EG 147) im Gegenüber zum individuell mystischen Morgenstern-Lied (EG 70) die Gemeinde (*Zion*) als *Braut* Christi im Blick hat und im *Wir* singt, folgen die Zusatztexte der individualistischen Ausrichtung der Brautmystik mit Dialogen zwischen Jesus (Bass) und der gläubigen Seele (Sopran), wie sie für »Dialogkantaten« des Barock typisch ist. Die einschlägige Liebessprache ist dem biblischen Hohelied (der Liebe) entlehnt. Die erste Arie bedient den Topos von der Sehnsucht der Liebenden nach Vereinigung, die zweite den der Erfüllung in freudvoller, persönlich engster Gemeinschaft (unio mystica).

Mit 205 Takten (wie beim Praeludium BWV 552 in derselben Tonart Es-Dur) gestaltet Bach einen umfänglichen Eingangssatz, bei dem das Orchester in eigener Diktion durchgängig selbständig agiert, im Vokalsatz aber die Liedzeilen jeweils individuell profiliert werden. In mehrfacher Hinsicht ist dieser Satz ein Schwesterwerk zum ebenfalls in Es-Dur stehenden *O Mensch bewein dein Sünde groß* am Beginn der Johannes-Passion 1725. Die Instrumente drängen auch hier unablässig nach vorne, mit den punktiert repetierenden Akkorden im taktweisen Wechsel zwischen Streichern und (dreifach besetztem) Oboenchor ebenso wie im Dialog von erster Oboe und Violine mit der synkopisch drängenden Sechzehntel-Figur, die zunächst am Dreiklang des Melodieanfangs orientiert ist, dann ihre Energie in taktweise Aufwärtsläufe entlässt. Aufbruchstimmung, ja Hektik wird hier verbreitet. Das Tempo im 3/4-Takt ist entsprechend schnell zu nehmen. Die Begleitstimmen hindern nicht, machen nur leichte Akkordtupfer, und die Melodie in ganztaktigen Notenwerten bestätigt vollends diese Tripla-Struktur. Nicht Feierlichkeit einer präsentischen Ouverture ist hier angesagt, sondern Aufbruch zum großen Fest in herannahender Zukunft. Die vokalen Unterstimmen zeigen in ihrer vielfältigen und ungemein plastischen Führung, was da gerade passiert und von den Gläubigen jetzt gefordert ist. In schnellen Nachimitationen ereifern sie sich, geben die Rufe wie ein Megaphon in alle Richtungen weiter oder skandieren den entscheidenden Appell plakativ: *macht euch bereit zu der Hochzeit*. Das *Alleluja* fällt auf durch umfängliches Fugato als Vorimitation, ein virtuoser Jubilus, der die drängende Sechzehntel-Figuration der Instrumente aufnimmt (eigentlich nur von Solisten zu bewältigen). Die 84 (7x12) unverzierten, ganztaktigen Melodietöne im Sopran, vom Horn verstärkt, wirken hier als Cantus firmus im Wortsinn. Mit insgesamt 1530 Vokaltönen spielt Bach nicht nur auf die Dreiklangsmotivik des Cantus am Beginn an (Tonstufen 1-3-5), sondern namentlich auf die biblisch bezeugte Erfüllung aller Sehnsucht nach Christus in der Zahl 153 (Johannes 21,11).

Das Tenor-Rezitativ sagt Christi Ankunft in packender Diktion als unmittelbar bevorstehend an. Über dem Christus-Ton C beginnt es genau wie die Evangelistenpartie der Johannes-Passion: dort *Je-sus*, hier *Er kommt*. Sein *Ausgang aus der Höhe*, mit Spitzenton a˝ markiert, ist ein christologischer Topos nach Psalm 19,6. Ansonsten stammen die Bilder aus dem Evangelium und aus dem Hohenlied. Mit dem separierten Spitzenton *Dort* nötigt Bach am Schluss förmlich zum Hinschauen. Heutige Hörer werden unweigerlich Filmszenen von der Ankunft eines Helden oder Geliebten imaginieren.

Erfüllung erleben kann man nicht ohne zuvor kultivierte Sehnsucht. So ist dazu eine lange Adagio-Arie im 6/8-Takt eingefügt. Als im Adagio-Modus wartende artikuliert die Seele die Sehnsucht nach dem Bräutigam in vielen Wiederholungen. Christus antwortet als derjenige, der die Fäden souverän in der Hand hält: *Ich komme – ich öffne den* (Hochzeits-)*Saal*. Der Bitte *Komm, Jesu* vom Ende der Bibel (Offenbarung 22,20) entspricht er dann mit der Einladung, *den Saal* zu betreten: *komm, liebliche Seele*. Die Dialogpartner bleiben hier als Gegenüber separiert, es gibt keine gemeinsame Kadenz. Motivisch sind die dialogischen Wechsel in Kurzzeilen dem Thema der Solovioline angelehnt. Das Anfangsintervall der kleinen Sexte mit Schleifer ist Inbegriff von Sehnsucht. Die Arpeggiobewegungen ähnlichen 32tel-Figuren der Violine kann man als Versinnbildlichung von flackerndem Öllicht deuten, Symbol des bangen, aktiven Wartens (*brennendes Öl* nach Mt 25,4). Bach hat diese Partie singulär im Kantatenschaffen einer Violine piccolo zugeteilt. Die Stimme dieser eine kleine Terz höher eingestimmten Geige ist transponierend geschrieben, hat also in Es-Dur (Satz 1) und c-Moll (hier) keine Vorzeichen. Ihr silbriger, darin transzendenzsymbolischer Klang verweist auf das persönlich Singuläre wie »Jenseitige« (heute: »strange«) der Vereinigung mit Christus. (Vgl. die mystischen Konnotationen der Arien mit Violoncello piccolo.)

Im Mittelsatz mit der zweiten Liedstrophe reagiert das *Wir* der Gemeinde auf die Einladung Jesu und schickt sich an, gemeinsam *zum Freudensaal* aufzubrechen. So spielen absichtlich alle Streicher im Unisono die geradezu übermütige Festmusik. Damit die Bratschen mitmachen können, liegt sie tief in Tenor-/Altlage, kontrastiert auch darin dem vorigen Violinsolo. Dem »abgedreht« Esoterischen dort kontrastiert frische Volkstümlichkeit hier. (Nicht umsonst ist dieser Satz in seiner späteren Orgelbearbeitung für die »Schübler-Choräle« heute ein Bach-Hit.) Die Freude ist durchaus irdisch nachgezeichnet, soll mitreißen zum Aufbruch. Das verlangt forsches Tempo, kurze Viertel und munter laufende Achtel im Continuo, scharf abgezogene Zweier-Achtel in den Streichern.

Der szenische Ort des folgenden Jesus-Rezitativs ist die Tür zum himmlischen Festsaal. Hier steht Jesus und deklariert nun wieder der (einzelnen) Seele förmlich den Einlass mit damals viel zitierten biblischen Bildern (Hosea 2,21, Hohelied 8,6, Offenbarung 21,4). Die jetzt definitiv zurückgelassenen, negativen Realitäten markiert Bach nochmals mit dissonanten Klängen, extrem kühn bei *betrübtes Aug*. Gerade so wird in der Auflösung dann *Ergötzen* spürbar. Die letzten beiden Verszeilen sind Hohelied 2,6 nachgestaltet. Die körperliche Intimität der Liebenden spricht Christus selbst zu, mit dem Vollmachtsattribut der Streicherbegleitung gekennzeichnet analog den Jesus-Worten in der Matthäus-Passion.

Das zweite »Liebesduett« in B(ach)-Dur gibt auch dem »Happy end« in 119 = 7x17 Takten weiten Raum. In seiner Freuden-Diktion (abgezogene Zweier-Achtel, muntere Continuo-Achtel) schließt es an die mittlere Liedstrophe an. Gesteigert ist die *Wonne* in langen Sechzehntel-Ketten der Oboe, die nun anstelle der Streicher agiert. Die Dialogizität der Singstimmen ist hier nicht als Frage und Antwort angelegt, sondern als gegenseitiges sich Bestätigen, fast sich Überschlagen im Liebesglück. Anders als im Sehnsuchtsduett kommen beide immer wieder in Terz- und Sextparallelen und bei zahlreichen Kadenzen zusammen.

Den berühmten Schlusschoral (EG 535 als Schlussnummer) setzt Bach untypisch altertümlich in Halbenoten. In von ihm selbst geschriebenen Stimmen notiert er Taktstriche nur als Zeilenende wie in früher Musik. Das himmlische *Gloria* ist ewig, insofern Zeit- (und Takt-)enthoben. Die Piccolovioline markiert die Melodie eine Oktave höher als himmlisches Leuchten. Die für alle Chorbassisten einmalige Bassstimme setzt mit Liegeton Es und Nachimitation des Soprans ein, um in 119 Tönen, darunter oft in Zweier abgezogene Freudenseufzer, die Erdgebundenheit zu überwinden. Am Ende flippt die Sprache aus: *io, io*. Die ungewöhnlichen Basssprünge nach unten dazu imitieren den Vokalwechsel i-o. Das finale *in dulci jubilo* ist bei den Mystikern Inbegriff himmlischen Singens.

Nicolai setzte sein Lied in F, Bach lässt alle drei Strophen in Es-Dur erklingen. Wie an Clavierübung III (1739) mit Es-Dur-

Rahmung ersichtlich, scheint dies für ihn die (E)S-D-G-Tonart schlechthin zu sein. Bei der Mittelstrophe im Streicher-Unisono sind zudem zahlreiche tonsymbolisch relevante Stellen dazu zu finden, etwa die umgekehrte Tonfolge G-D-S am Ende der oft wiederholten ersten Phrase.

Eine BACH-Signatur lässt sich außer bei den 5x41 (JSBACH) Takten des Eingangssatzes darin erkennen, dass die großen Mittelsätze 3,4,6 als Gesamtsumme der Töne jeweils 14er-Zahlen haben, insgesamt sind es 441x14 Töne, alternativ als Potenz besonders heiliger Zahlen: $3^2 x 7^2 x 14$.

BWV 177

Ich ruf zu dir, Herr Jesu Christ

4. Sonntag nach Trinitatis, 6. Juli 1732, Thomaskirche
Liedautor: Johann Agricola (?) 1526/27

1. *Oboe I/II, konzertierende Violine, Streicher*
Ich ruf zu dir, Herr Jesu Christ,
Ich bitt, erhör mein Klagen,
Verleih mir Gnad zu dieser Frist,
Lass mich doch nicht verzagen;
Den rechten Glauben, Herr, ich mein,
Den wollest du mir geben,
Dir zu leben,
Mein'm Nächsten nütz zu sein,
Dein Wort zu halten eben.

2. Arie Vers 2 Alt *Continuo*
Ich bitt noch mehr, o Herre Gott,
Du kannst es mir wohl geben:
Dass ich werd nimmermehr zu Spott,
Die Hoffnung gib darneben,
Voraus, wenn ich muss hier davon,
Dass ich dir mög vertrauen
Und nicht bauen
Auf alles mein Tun,
Sonst wird mich's ewig reuen.

3. Arie Vers 3 Sopran *Oboe da caccia*
Verleih, dass ich aus Herzensgrund
Mein' Feinden mög vergeben,
Verzeih mir auch zu dieser Stund,
Gib mir ein neues Leben;
Dein Wort mein Speis lass allweg sein,
Damit mein Seel zu nähren,
Mich zu wehren,
Wenn Unglück geht daher,
Das mich bald möcht abkehren.

4. Arie (Vers 4) Tenor
konzertierende Violine, Fagott
Lass mich kein Lust noch Furcht von dir
In dieser Welt abwenden.
Beständigsein ans End gib mir,
Du hast's allein in Händen;
Und wem du's gibst, der hat's umsonst:
Es kann niemand ererben
Noch erwerben
Durch Werke deine Gnad,
Die uns errett' vom Sterben.

5. Choral Vers 5
Ich lieg im Streit und widerstreb,
Hilf, o Herr Christ, dem Schwachen!
An deiner Gnad allein ich kleb,
Du kannst mich stärker machen.
Kömmt nun Anfechtung, Herr, so wehr,
Dass sie mich nicht umstoßen.
Du kannst maßen,
Dass mir's nicht bring Gefahr;
Ich weiß, du wirst's nicht lassen.

Wieder ein fünfstrophiges Lied (EG 343) setzt Bach 1732 in eine Liedtextkantate zum 4. Trinitatissonntag um. So schließt er die 1724 dadurch entstandene Lücke, dass dieser Sonntag auf das Marienfest 2. Juli fiel und mit einer Kantate dazu bedacht wurde (BWV 10). Das wieder frühreformatorische Lied (seinerzeit Paul Speratus zugeschrieben), ein eindringliches Buß- und Bittgebet, hatte schon in der 1723 wieder aufgeführten Weimarer Kantate BWV 185 mit der ersten Strophe den Schlusschoral gestellt und wurde oft diesem Sonntag mit dem Evangelium Lukas 6,36–42 (»Richtet nicht«) zugewiesen.

Der Eingangssatz ist sehr elaboriert, umfasst nicht weniger als 285 3/8-Takte in g-Moll. Dominant ist der konzertierende Violinpart mit instrumententypischer Figuration. Eine Solovioline spielt jeweils voraus, die andern fallen ein und spielen gemeinsam mit ihr weiter. Das entspricht der responsorischen Gebetsform: einer betet vor, die anderen sprechen ihm nach. Da die zunächst solistische Grundfigur 14 Töne hat und die Solovioline insgesamt 560 = 40x14 Töne alleine spielt, kann man hier ein persönliches Bußgebet (40 als Zahl der Buße) abgebildet sehen: *Ich* (BACH) *ruf zu Dir.* Der Quintsprung mit Halteton bei der ersten Oboe am Beginn ist später das Anfangsmotiv der vokalen Unterstimmen, die das Intervall jedoch zur expressiveren kleinen

Sexte abwandeln, die Figur der »Exclamatio« in wörtlicher Anwendung: *Ich ruf.* Beim Melodieeinsatz, der dieses Intervall ja nicht hat, unterstreicht Bach *ruf* durch verdichtete Exclamatio-Einsatzfolge in allen drei Unterstimmen, wobei der Alt mit der Sexte über den Sopran steigt und dem Tenor sogar der Sprung einer None zum Gipfelton a zugemutet wird. Bei der zweiten Liedzeile akzentuiert Bach *Klagen* durch Tiefalteration a/as zum neapolitanischen Sextakkord. Bei der liedgemäßen Wiederholung vermeidet er durch minimale Änderungen diese Akzente. Der Spitzenton im Alt trägt jetzt sinnreich das Wort *Gnad*, im Tenor kommt zu *verleih* ein Septimsprung abwärts, die as-Trübung bleibt, da sie nun zu *verzagen* passt, wobei der Continuo eine Oktave tiefer gelegt ist, während er vorher durch hohe Lage *erhör* markiert hatte. Im Abgesang fasst Bach drei Liedzeilen zusammen mit der Pointe *dir zu leben*, wozu erstmalig im Continuo eine durchgehende Sechzehntel-Bewegung sich löst. Nur in der Mitte dieser Passage ist die Vorimitation einmal mit den Melodietönen gebildet, was so den *rechten* Weg kennzeichnet. Die anfänglichen Haltenoten der Oboen erfahren in der letzten Zeile prononciert im Bass ihre signifikante Textbelegung: *dein Wort zu halten eben.* Der Sopran hängt nach Melodieende noch eine figurierte Version dieser Zeile an und betont sie so als Pointe der Strophe. In 142 Vokaltönen der letzten Zeile steckt zweimal das Äquivalent von WORT (71). In insgesamt 5252 Tönen des Satzes (nach Partiturnotation) kann man den Namen JESU (52) dezidiert abgebildet sehen. Von ihm ist alle Hilfe zu erwarten. Als Bitte um diese Hilfe komponiert Bach jede Kantate, wenn er stets »J.J.«, JESU JUVA (Jesus, hilf) über die Noten schreibt.

Die drei Arien steigern sich in der Besetzung vom Bicinium übers Trio zum Quatuor. Die erste als Continuo-Arie ist nicht wie sonst dem Bass, sondern dem Alt zugewiesen, der hier als vorbildlicher gläubiger Beter agiert (*Ich bitt noch mehr*) und sich beim zweiten Einsatz auch (vorbildlich) auf die Melodie bezieht.

Gottes *wohl geben* erhält dann eine reiche, aufwärts gerichtete figürliche Ausschmückung, die nach dem Stichwort *Hoffnung* wiederholt wird und dem Satz trotz der Tonart c-Moll eine zuversichtliche Tendenz gibt. Auch im markanten Continuo-Ostinato ist das Gegenüber von Bitt-Gestus und Aufwärtsbewegung angelegt, ersteres mit einem fast penetranten, durch Pause unterbrochenen Fünfton-Motiv, das man mit *Ich bitt noch mehr* textieren könnte, letzteres mit an chromatischem Tonaufstieg orientierter Sechzehntel-Bewegung, insgesamt 47 HERR-Töne. Während die *vertrauen*-Passage im zweiten Teil nach Es-Dur kadenziert, wird die anschließende Warnung vor verfehltem Sich-Verlassen *auf alles mein Tun* sogleich chromatisiert und erreicht über b-Moll als Subdominante f-Moll zum Wort *reuen.* Die subtile, textorientierte Eindringlichkeit dieser Arie bei formaler Stringenz zeigt deutlich Bachs Meisterschaft in dieser Form der Continuo-Arie.

Nach dem flehentlichen Gepräge dieser Arie von den vielen Bittmotiv-Wiederholungen im Continuo her, wirkt der anschließende Satz im 6/8-Fluss, zudem in Es-Dur, wie bereits die Erfüllung des Erbetenen. Die Registrierung mit tiefer Oboe da caccia (in Tenor-/Altlage) und Sopran ist eigentümlich, vielleicht vorrangig symbolisch motiviert (vgl. BWV 1, Satz 3). Der Sopran gilt als Stimme der Anima, *Seele,* deren Stärkung durch Gottes Wort hier ja erbeten wird. Die wie ein Horn vor der Brust gehaltene Oboe repräsentiert das Einwohnen der göttlichen Gnade im Zentrum des Menschen, im *Herzensgrund.* Wieder gibt es zahlreiche Textakzentuierungen, etwa die erstmalige Sechzehntel-Kette im Sopran zu *(neues) Leben,* hier in Dur, während bei *wehren* abwärts gerichtete Gegenbewegung und Moll vorherrscht. *Dein Wort* lässt Bach unbegleitet einsetzen ganz im Sinne von Luthers »solo verbo« (»allein durch das Wort«). Das potentiell *daher* gehende *Unglück* illustrieren im Continuo die fast durchgängig chromatisch über eine Oktave aufsteigenden Tonrepetitionen im bedrohlichen Bogenvibrato. Die Intention des *Abkehrens* (vom rechten Weg abbringen) veranschaulicht eine Zwischenkadenz in abwegiges Des-Dur mit Erschreckenspause – moderne Filmmusik lässt grüßen.

Die dritte Arie spielt demgegenüber den Gewissheitsmodus aus, repräsentiert so wieder die Gegenwart des im Text erst Erbetenen: klare Vierertakt-Akzente auf 1 und 3, B-Dur, das in den ersten zwei Takten des Ritornells gar nicht verlassen wird, viele Terz- oder Sextgänge der beiden frisch musizierenden Instrumente, insistierende Viertel-Tonwiederholungen wie zu Beginn im Continuo oder zwei Takte später als Oktavsprung im Fagott, später textiert mit *Beständigsein*. Gegenüber dem Himmelsinstrument der Violine verkörpert das seltene Soloinstrument des Fagott die Inkarnation Christi, eine Stufe irdischer noch gegenüber der tiefen Oboe in der Arie zuvor. Das Fagott spielt im selben Tonraum, in dem der Tenor singt. So ist ein *abwenden* voneinander ausgeschlossen, und beim Extremfall *Sterben*, was Bach durch abwegige Harmonisierung und Stimmführung mit Piano-Anweisung sehr plastisch macht, stützen beide Instrumente den Sänger: gerade im *Sterben* ist er nicht verloren. Der hier mit Fermate gespannte verminderte Septakkord erfährt eine geradezu zwingende Auflösung in die B-Dur-Kadenz *die uns errett' vom Sterben*, und das abschließende Instrumentalritornell erklingt dann als fröhliches *neues* (weil ewiges) *Leben* (vgl. Satz 3).

Der Schlusschoral zeigt die inzwischen fortentwickelte Setzweise mit imitatorischen Elementen in den Begleitstimmen. Mit stattlichen 427 = 7x61 Tönen (wie auch die erste Arie mit 1159 =19x61 Tönen) spielt er auf die Zentralzahl 61 des Choralkantatenjahrgangs an: Das Gnadenjahr (Jesaja 61) erschließt sich gerade für den *Schwachen* im Glauben als Heilserfahrung in Christus.

BWV 9

Es ist das Heil uns kommen her

6. Sonntag nach Trinitatis, 20. Juli 1732, Thomaskirche
Liedautor: Paul Speratus 1523

1. *Traversflöte, Oboe d'amore, Streicher*
Es ist das Heil uns kommen her
Von Gnad und lauter Güte.
Die Werk, die helfen nimmermehr,
Sie mögen nicht behüten.
Der Glaub sieht Jesum Christum an,
Der hat g'nug für uns all getan,
Er ist der Mittler worden.

2. **Rezitativ** Bass
Gott gab uns ein Gesetz,
doch waren wir zu schwach,
Dass wir es hätten halten können.
Wir gingen nur den Sünden nach,
Kein Mensch war fromm zu nennen;
Der Geist blieb an dem Fleische kleben
Und wagte nicht zu widerstreben.
Wir sollten im Gesetze gehn
Und dort als wie in einem Spiegel sehn,
Wie unsere Natur unartig sei;
Und dennoch blieben wir dabei.
Aus eigner Kraft war niemand fähig,
Der Sünden Unart zu verlassen,
Er mocht auch alle Kraft zusammenfassen.

3. **Arie** Tenor *Violine I*
Wir waren schon zu tief gesunken,
Der Abgrund schluckt uns völlig ein,
Die Tiefe drohte schon den Tod,
Und dennoch konnt in solcher Not
Uns keine Hand behülflich sein.

4. **Rezitativ** Bass
Doch **musste das Gesetz erfüllet** werden;
Deswegen kam das Heil der Erden,
Des Höchsten Sohn, der hat es selbst **erfüllt**
Und **seines Vaters Zorn gestillt**.
Durch sein unschuldig Sterben
Ließ er uns Hülf erwerben.
Wer nun demselben traut,
Wer auf sein Leiden baut,
Der gehet **nicht verloren**.
Der Himmel ist für den erkoren,
Der wahren Glauben mit sich bringt
Und fest um Jesu Arme schlingt.

5. Arie Duett Sopran/Alt
Traversflöte, Oboe d'amore
Herr, du siehst statt guter Werke
Auf des Herzens Glaubensstärke,
Nur den Glauben nimmst du an.
  Nur der Glaube macht gerecht,
  Alles andre scheint zu schlecht,
  Als dass es uns helfen kann.

7. Choral
Ob sich's anließ, als wollt er nicht,
Lass dich es nicht erschrecken;
Denn wo er ist am besten mit,
Da will er's nicht entdecken.
Sein Wort lass dir gewisser sein,
Und ob dein Herz spräch lauter Nein,
So lass doch dir nicht grauen.

6. Rezitativ Bass
Wenn wir die Sünd aus dem Gesetz erkennen,
So **schlägt** es **das Gewissen nieder;**
Doch ist das unser Trost zu nennen,
Dass wir im Evangelio
Gleich wieder froh
Und freudig werden:
Dies **stärket** unsern Glauben **wieder.**
Drauf hoffen wir der Zeit,
Die Gottes Gütigkeit
Uns zugesaget hat,
Doch aber auch aus weisem Rat
Die Stunde uns verschwiegen.
Jedoch, wir lassen uns begnügen,
Er weiß es, wenn es nötig ist,
Und **brauchet keine List**
An uns; wir dürfen auf ihn bauen
Und **ihm** allein **vertrauen.**

Wahrscheinlich ebenfalls 1732 komponierte Bach diese Choralkantate zum 6. Trinitatissonntag, den er 1724 wegen einer Reise
nach Köthen nicht bedient hatte. Das gewählte Lied gehört zum
reformatorischen Urgestein. Es ist das erste Lehrlied über das
rechte Verhältnis von Gesetz und Evangelium (Glaube) in 14 Strophen (vgl. EG 342 mit 9 Strophen). Das Leipziger Gesangbuch von
1725 weist es diesem Sonntag zu, an dem eine Passage aus der

Bergpredigt über die rechte Gesetzeserfüllung Evangelium ist (Matthäus 5,20–26). Für Bach ist es derselbe Liedautor wie bei der ggf. zwei Wochen zuvor komponierten Kantate BWV 177. Bei 14 Strophen kann er aber nicht wie dort den originalen Liedtext vertonen. Das jetzige Libretto mit originalen Rahmenstrophen und umgedichteten Mittelstrophen entspricht der Grundform von 1724/25 und könnte damals schon vorgelegen haben. Bei genauerer stilistischer Betrachtung spricht aber einiges gegen die Autorschaft des damaligen Librettisten.

Der Lehrcharakter des Liedes schlägt im Libretto stark durch, namentlich in den drei Rezitativen, die Bach denn auch singulär alle in Secco-Form dem Bass (als Kanzellehrer) zuweist. Dieser spricht in der (homiletisch fragwürdigen) *Wir*-Form, was 1724/25 nicht vorkommt. Die beiden Arien dazwischen sind polar angelegt als Klage über die Ausweglosigkeit der Verstrickung in Schuld einerseits, als Zeugnis vom Evangelium andererseits: *Nur der Glaube macht gerecht*. Die beiden letzten Liedstrophen mit Gloria patri- und Vaterunser-Paraphrase (EG 342,8–9) berücksichtigt das Libretto nicht. Es endet mit der letzten Lehrstrophe (12), die heute nicht mehr im Gesangbuch steht.

Zu dieser Melodie hat Bach in den Jahren zuvor den ambitionierten Eingangssatz *Sei Lob und Ehr dem höchsten Gut* (BWV 117) geschrieben (6/8-Takt, G-Dur). Er wählt nun das eigentümliche E-Dur als Tonart und die 3/4-Takt-Struktur mit ganztaktigen Melodietönen wie bei BWV 140 ein gutes halbes Jahr zuvor. (Vgl. auch die ganztaktige Melodie im 3/8-Takt bei BWV 177.) Die Tonart kommt den beiden Bläsersolisten, namentlich der Oboe d'amore als A-Instrument entgegen, die Melodie liegt so aber ziemlich tief. Der Instrumentalsatz ist ein filigranes Doppelkonzert für das seltene Bläserpaar, dessen Kombination Bach zuvor nur 1724 bei *Was Gott tut, das ist wohlgetan* (BWV 99) erprobt hat. Die Streicher spielen »light« hingetupfte Begleitakkorde oder kurze Einwürfe, die ersten Violinen beteiligen sich bisweilen am Konzertieren, wenn die Bläser unisono spielen. Deutlich markieren Continuo und Streicher den ganztaktig angelegten Grundpuls, Symbol triadischer Einheit, also Vollkommenheit des göttlichen *Heils*. Schon im Orgelbüchlein (BWV 638) hatte Bach dieses Lied mit fließenden Sechzehnteln versehen für das vom Himmel strömende *Heil*. Die Musik hier sprüht vor *Heil*-Vitalität. Bei den beiden Bläsern mündet das komplementäre Wechselspiel von Achtel-Skandierungen und Sechzehntel-Läufen am Ende des Ritornells in lange Unisono-Sechzehntel-Ketten (vgl. BWV 140,1). Die Vokalstimmen singen das Schlüsselwort *Heil* (eigentlich *Heyl*) dann ebenfalls auf Sechzehntel-Figuren. Auch sie praktizieren dabei eine Art Unisono, indem die nachfolgenden Einsätze alle auf der Tonika stehen. Wie bei BWV 117 ändert sich so die Harmonie zu den gleichen Melodietönen nicht, vier Takte E-Dur sind zu vernehmen. Auch bei der Wiederholung modifiziert das Bach nicht. Im Abgesang aber variiert er dann deutlich die motettisch konzipierten Unterstimmen und profiliert ähnlich stark wie bei BWV 140,1 die einzelnen Liedzeilen. Der Name *Jesum* tritt in Zeile 5 hervor, in Zeile 6 wird mit den kurzen Begleitachteln der Streicher skandiert *gnug – gnug – für – uns*, Gegenbild zum sonst üblichen Skandieren von *nichts*. Anders als bei meist nur drei oder vier *nichts*-Einwürfen erklingt hier sinnreich zwölfmal *gnug*. In der letzten Zeile imitieren die Unterstimmen regelgerecht dreimal in unterschiedlichen Lagen und betonen am Ende *der Mittler worden*. In 793 = 61x13 Continuo-Tönen dieses Satzes kann man einerseits die Referenz zur Christuszahl 13 (der Messias), andererseits zu Jesaja 61 erkennen, was in Lukas 4,18f. als Beleg für Jesu Heils-Mittlerschaft zitiert wird. In 147 = $3x7^2$ Takten und 30x70 Bläsertönen zu diesem siebenzeiligen Lied ist zudem die Gottes Vollkommenheit kennzeichnende, »heilige« Zahl 7 zentral.

Das erste Rezitativ fasst drei Liedstrophen zusammen (nur die erste davon steht bei EG 342,2) gemäß Luthers Lehre vom zweiten Gebrauch des Gesetzes, das den Menschen den Spiegel zur Erkenntnis ihrer Sündhaftigkeit vorhält. Der Librettist hat exakt 119 Silben gedichtet, die Bach eins zu eins in Vokaltöne umsetzt, sicher eine Anspielung auf Psalm 119, den großen Lobpreis des Gesetzes Gottes. Zwischen cis-Moll (Beginn) und H-Dur (Schluss) agiert Bach harmonisch auf ziemlich abständigem Terrain für die *unartige Natur* (gis-Moll) der Menschen unter dem Diktat der Sünde. Die vergebliche eigene *Kraft*-Anstrengung ist mit Spitzentönen zu dissonanten Harmonien versinnbildlicht.

Der Text der Arie in e-Moll hat keinen Bezug zum Lied, dessen Lehrcharakter eine solche Klage nicht einschließt. Die schwer verständlichen Worte nehmen als Bildrahmen das Fast-Ertrinken des Petrus im See Genezareth, wovor ihn Jesu *Hand* bewahrt (Matthäus 14,30f.). Dieser Rettungserfahrung kontrastiert der Untergang der Rotte Korah (4. Mose 16,31-33), drastische Sprachfolie für dieses Lamento. Wie in einem Klagepsalm wird die Erfahrung erinnert, dem Untergang nahe zu sein. Bach schreibt dazu einen der intrikatesten Triosätze, bei dem Violinpart, Tenorstimme und Continuo sich mehrfach gleichsam verheddern. Harmonisch spielt dabei der verminderte Septakkord, dessen Auflösung ja nicht evident ist, eine große Rolle. Die Metapher der *Tiefe* ist leitend für den Abwärtsgang nach der anfänglichen Klage-Sexte. Durch Überbindung nach jedem zweiten Ton wirkt die Stimmführung gehemmt. Das (im originalen Stimmensatz belegte) gemeinsame Spiel der ersten Violinen unterstreicht die Allgemeinheit dieser Erfahrung, in die Tiefe gezogen zu werden. Auch die seltene Taktart 12/16 (statt triolische Gliederung von Achteln oder Vierteln) hindert am unbeschwerten Fluss. Der *Abgrund* sorgt für diverse Abstürze im Vokalpart. Bach gestaltet aber nie eindimensional, sondern verschränkt die Stimmen in meisterlicher Kontrapunktik zu einem kaum durchhörbaren Knäuel, Symbol für die Ausweglosigkeit des Menschen unter der Sünde. Eindeutig ist nur die Schlusskadenz des Vokalparts, wo alle überraschend auf dem tiefen Grundton e sich treffen, darin *völlig* vom *Abgrund* vereinnahmt.

Die Befreiung durch das *Heil* in Christus nach Strophe 5–8 (EG 342, 3–5) referiert das Rezitativ wieder in Lehrrede, obwohl das Lied wechselnde Sprechrichtung und sogar ein biblisches Christuszitat vorgab. Das Rettungsbild vom an *Jesu Armen* sich klammernden Petrus zeichnet Bach am Ende mit einem Arioso nach, wo der Continuo zwar das Versinken in die Tiefe malt, die Vokalstimme aber *fest* nach oben gezogen wird.

Die folgende Arie bringt ein Bekenntnis zum *Heil* sola fide, allein aus *Glauben*. Dreimal kommt dieses Kernwort vor. Wie oft bei zeugnishaften Texten besetzt Bach zwei Stimmen als Wahrheitserweis »aus zweier Zeugen Mund«. Dem korrespondieren (wie bei Kantate BWV 99,5) die beiden Blasinstrumente von Satz 1. In deren beider Lieblingstonart A-Dur erklingt ein wohl klingendes Doppelduett in umfänglicher Da capo-Anlage (100 Takte A-Teil, 29 Takte B-Teil), das als 2/4-Takt-Stück virtuose Leichtigkeit verströmt, obgleich die Stimmführung durchgängig streng kanonisch angelegt ist. So überbietet das »Gesetz des Glaubens« (Kanon) signifikant das »Gesetz der Sünde und des Todes« (Römer 8,2), welches die erste Arie repräsentierte. Hier bietet der Continuo die Vollkommenheitszahl von 33x33 = 729 Töne auf.

Das dritte Rezitativ bestätigt zunächst mit schönster E-Dur/A-Dur-Abfolge das zuvor Entfaltete als *Trost* des *Evangeliums*. Die Thematik der guten Werke (EG 342,7) lässt es aus, fokussiert dafür das Thema der Hoffnung zur Überwindung der Unwissenheit ob der eigenen Sterbestunde, um das Vertrauen in Gottes Führung zu stärken (im EG gestrichen). Auch der Schlusschoral stellt das Vertrauen in Gottes *Wort* (solo verbo) gegen die den Gläubigen weiter drohende Anfechtungserfahrung. Der Grundtonart E-Dur kontrastiert Bach deutlich die Fermatenklänge D-Dur zu *nicht* (Zeile 1) und Cis-Dur mit Quartvorhalt zu Nein (Zeile 6). Das letzte Wort *grauen* erhält im Tenor eine chromatische Wendung, die als transponiertes B-A-C-H evident ist: *so lass doch dir nicht grauen.*

BWV 58

Ach Gott, wie manches Herzeleid

Sonntag nach Neujahr, (5. Januar 1727 Thomaskirche)
4. Januar 1733 Thomaskirche/ 3. Januar 1734 Nikolaikirche
Rahmenstrophen: Martin Moller 1587, Martin Bohemus 1610

1. (Dialog) Sopran/Bass
Oboe I/II, Taille, Streicher
Ach Gott, wie manches Herzeleid
Nur Geduld, Geduld, mein Herze,
Begegnet mir zu dieser Zeit!
Es ist eine böse Zeit!
Der schmale Weg ist Trübsals voll,
Doch der Gang zur Seligkeit
Den ich zum Himmel wandern soll.
Führt zur Freude nach dem Schmerze.
Nur Geduld, Geduld, mein Herze,
Es ist eine böse Zeit!

2. **Rezitativ** Bass
Verfolgt dich gleich die arge Welt,
So hast du dennoch Gott zum Freunde,
Der wider deine Feinde
Dir stets den Rücken hält.
Und wenn der wütende Herodes
Das Urteil eines schmähen Todes
Gleich über unsern Heiland fällt,
So kommt ein Engel in der Nacht,

Der lässet Joseph träumen,
Dass er dem Würger soll entfliehen
Und nach Ägypten ziehen.
Gott hat ein Wort,
das dich vertrauend macht.
Er spricht: Wenn Berg
und Hügel niedersinken,
Wenn dich die Flut des Wassers
will ertrinken,
So will ich dich doch nicht
verlassen noch versäumen.

3. **Arie** Sopran *Violine solo*
Ich bin vergnügt in meinem Leiden,
Denn Gott ist meine Zuversicht.
Ich habe sichern Brief und Siegel,
Und dieses ist der feste Riegel,
Den bricht die Hölle selber nicht.

4. Rezitativ Sopran

Kann es die Welt nicht lassen,
Mich zu verfolgen und zu hassen,
So weist mir Gottes Hand
Ein andres Land.
Arioso: Ach! könnt es heute noch geschehen,
Dass ich mein Eden möchte sehen!

5. **Arie** (Dialog) Sopran/ Bass
Oboe I/II, Taille, Streicher

Ich hab für mir ein schwere Reis
Nur getrost, getrost, ihr Herzen,
Zu dir ins Himmels Paradeis,
Hier ist Angst, dort Herrlichkeit!
Da ist mein rechtes Vaterland,
Und die Freude jener Zeit
Daran du dein Blut hast gewandt.
Überwieget alle Schmerzen.
Nur getrost, getrost, ihr Herzen,
Hier ist Angst, dort Herrlichkeit!

Am Jahreswechsel 1724/25 gab es zwischen Neujahr und Epiphanias keinen Sonntag, im Folgejahr auch nicht, so ist diese Kantate zum Sonntag nach Neujahr mit dem Evangelium von der Flucht der Jesusfamilie nach Ägypten (Matthäus 2,13–23) Anfang 1727 erstmals erklungen – in einer sparsamen Besetzung nur mit Streichern. Die Stimmen sind mit den Choralkantaten überliefert, obwohl hier keine Verarbeitung eines ganzen Liedes vorliegt. Zum Lied M. Mollers hatte Bach dies am 2. Epiphaniassonntag 1725 ja bewerkstelligt (BWV 3). Beide Arien-Rahmensätze dieser Kantate sind konzipiert als Dialog zwischen einer Liedstrophe im Sopran und einer ariosen Partie im Bass. Die Strophen stammen aus verschiedenen Liedern mit derselben Melodie. Diese Choralklammer wird Bach motiviert haben, damit die Sonntagslücke bei den Choralkantaten zu schließen. Wahrscheinlich geschah dies erst im Zuge einer Wiederaufführung 1733 oder 1734, bei der Bach in den Rahmensätzen den die Streicher partiell duplizierenden Oboenchor ergänzte und die Arie in der Mitte durch eine Neukomposition ersetzte. Seit November 1731 hatte er ja weitere Kantaten zur Auffüllung von liturgischen Leerstellen im Choralkantatenjahrgang komponiert (BWV 140, 177, 9).

Die ursprüngliche Beschränkung der Kantate auf Streicher und zwei Singstimmen mag als äußere Ursache die dichte Einsatzfolge der Musiker über Weihnachten haben. Fast alle Neukompositionen seit Herbst 1726 sind aber knappere Solo- oder Dialogkantaten. Als Sopran/Bass-Kantate entstand zwei Monate zuvor BWV 49 *Ich geh und suche mit Verlangen.* Auf dem Umschlag des Stimmensatzes hier steht ebenfalls »Dialogus«. Allerdings ist es nicht das übliche Zwiegespräch zwischen Jesus und der gläubigen Seele. (Den ersten Satz hat Bach zunächst für Sopran und Alt geschrieben und die Bassbesetzung nachträglich angeordnet.) De facto ist es ein seelsorgerliches Selbstgespräch (Anrede *mein Herze*) zwischen Stimme des Glaubens (sonst Alt) und bekümmerter Seele, die aufgrund des Zuspruchs neue *Zuversicht* gewinnt und diese im zweiten Rezitativ und am Ende im Gemeindelied vor den Hörern bezeugt. Die Gemeinde als *Ihr* wird im letzten Satz dann vom Bass angeredet im Habitus eines Predigers. Kantatenthema ist die Bewältigung des *trübsalvollen* Lebensweges, da die Flucht nach Ägypten als Prototyp galt für alle christlichen Wege.

Der Eingangssatz im schwer zu nehmenden 3/4-Takt erinnert, vollends mit Oboenchor, im Duktus an die gut zwei Monate zuvor entstandene »Kreuzstabkantate« BWV 56 in g-Moll. Bach hätte das *manche Herzeleid* hier sicher auch in Moll gesetzt, wenn die Melodie nicht Dur vorgegeben hätte. So bringt er das Kunststück fertig, eine C-Dur-Musik als Ausdruck von Leid zu profilieren durch reiche Chromatisierung, Vorhalt- und Sekundakkordbildung (vgl. BWV 3 in A-Dur). Keimzelle dafür ist der Lamento-Bass am Anfang, der modifiziert durch die Stimmen wandert und in seiner Urgestalt die Chromatik mit den Tönen B-A-H-C einzeichnet. Auch der Einwurf des Basses *Nur Geduld* setzt (im Sinne des Selbstgesprächs) mit diesen Tönen an. Zunächst klagt der Sopran mit der ersten Liedzeile. (Die eine Oktave tiefer mitgehende Tenoroboe verallgemeinert das als Erfahrung auch der tiefen Stimmlagen.) Auf das Stichwort *Herzeleid* folgt direkt die Replik *Nur Geduld*, unablässig wiederholt auch während der zweiten Liedzeile. Deren Zielwort *Zeit* wird sodann vom Bass kommentiert als *böse Zeit*, harmonisch (verminderter Septakkord) und melodisch (Sprung zum hohen es) deutlich gebrandmarkt. Bei der zweiten Hälfte des nur vierzeiligen Liedes setzt der Bass in Zeile 3 schon parallel zum Sopran ein, denn die Wortkombination *Weg-trübsalsvoll* bedarf sofort der Gegendarstellung: *Gang zur Seligkeit*. Alsbald setzt der Continuo aus und der Bass singt mit den Bratschen (als »Bassettchen«) eine Aufwärtsbewegung, typisches Barocksymbol für den Über-Gang ins ewige Leben. Erst als der Bass mit überschäumenden Sechzehnteln das Stichwort *Freude* illustriert, darf der Sopran die Schlusszeile mit dem Kernwort *Himmel* beibringen. Nochmals mahnt der Bass *Geduld, Geduld*. Das Zauberwort war bereits zwölfmal zu hören für jeden Stundenschlag der *bösen Zeit*, jetzt hat sich BACH 14mal selbst ermahnt, und das Instrumentalnachspiel bekräftigt dies mit 280=20x14 (Streicher-)Tönen.

Die zeitgenössische Auslegung des Evangeliums vermittelt das Rezitativ. Durch den Engel hört Joseph die vor Herodes rettende Weisung Gottes. Ebenso kann der Glaubende auf Gottes Wort vertrauen, was mit einer Kollage aus bildlich starken biblischen Gottesworten unterstrichen wird, von Bach entsprechend plastisch umgesetzt. Zudem bestätigt er mit 153 Rezitativtönen in nachösterlicher Perspektive (Fischfang des Petrus Johannes 21,11), dass Gott (in Christus) die Seinen definitiv nicht im Stich lässt.

Die jetzt vorliegende Sopranarie in der Mitte steht wie ihre Vorgängerin (von der die Continuopartie erhalten ist) in d-Moll, aber nicht im 12/8-Takt, sondern im akzentuierten 4/4-Takt mit starker Betonung der schweren Taktzeiten. Darin strahlt sie die

Zuversicht aus, welche von der Seele (Sopran) jetzt Besitz ergriffen hat. Auch die Zwischenkadenz nach F-Dur im Ritornell der Violine ist dafür signifikant. Bei den Sechzehnteln der Violine hat Bach genau eingezeichnet, wie die Noten zu binden sind. Bei Vierergruppen betont die Abfolge 1 plus 3 die Bindung der letzteren als Symbol dafür, dass die *Hölle* den Bund Gottes mit dem Menschen nicht mehr durchbrechen kann. Sequenzen mit abgezogenen Zweiern entsprechen dagegen der Sängerartikulation zu *bricht* und *nicht* im Mittelteil. Melodisch erfahren diese Zweier-Seufzer ihre Markierung durch *Leiden*, Kennzeichen allen irdischen Lebens. Darin *vergnügt* zu sein, meint nicht »happy« in heutigem Sinne, sondern »das Genüge haben«, nichts Weiteres bedürfen, denn das entscheidende Gut ist *Gott*, im Sopran mehrfach akzentuiert mit Sprüngen zu Spitzentönen.

Im Rezitativ weist der Sopran jetzt souverän die Relevanz von weltlichen Anfeindungen zurück, wofür das Agieren des Herodes Urbild ist, und bringt in einem Arioso die Gegenperspektive des himmlischen *Eden* ins Spiel. Was die Singstimme als sehnlichen Wunsch oft wiederholt, lässt der Continuo als Realität schon spüren im dafür signifikanten Andante-Bass, der in gleichförmiger Achtelbewegung die Erdenschwere der Taktakzente nivelliert.

Die Schlussarie ist als Gegenpol zum Eingangssatz angelegt. Jetzt erklingt ungetrübtes C-Dur, zu Beginn statt Chromatik im Continuo eine demonstrative C-Dur-Skala über zwei Oktaven hinunter zum tiefen C-Fundament, in den Streichern die Präsentation des C-Dur-Dreiklangs in aufsteigenden Vierteln. Im vitalen 2/4-Takt bietet der Continuo neben leichtfüßigen Achteln Sequenzen mit Synkopierung, wo bei Zweitaktgruppen die zweite Einsbetonung fehlt und die Rhythmik in die Nähe dessen führt, was man heute »grooven« nennt. Das Vorspiel führt zukunftseröffnend in die Dominante G-Dur. Da wirkt geradezu deplatziert, dass der Sopran anfängt, von seiner *schweren Reis* zu singen. Die

Instrumente übernehmen seinen Schlusston a als Bestandteil des D-Dur-Dreiklangs, um abermals demonstrativ eine G-Dur-Kadenz dagegen zu setzen. Schließlich ruft der Bass mit dem C-Dur-Dreiklangsignal die zielführende Parole: *Nur getrost.* So kann auch der Sopran die positive Zielperspektive des Weges benennen: *Paradies, Vaterland.* Der Bass verschließt allerdings die Augen nicht vor der bleibenden Realität *hier ist Angst,* was er in der Diktion des ersten Satzes einspielt. Das Orchester spielt aber weiter seine Dur-Freudenmusik, in welche der Bass sich einklinkt mit Sechzehntel-Ketten auf *Freude* und *Herrlichkeit.* Da das Ritornell in die Dominanttonart führt, lässt Bach mit dem Schluss-c des Soprans das Nachspiel in der Subdominante F-Dur beginnen, um in C enden zu können. Dazu singt der Bass nochmals seine *Nur getrost*-Parole und endet mit *Herrlichkeit* auf dem C-Dur-Schlussklang aller. Wenige Takte zuvor aber hat er mit As-G-Wechselnote abermals der *Angst* als Kennzeichen des *hier* Gehör verschafft. In diesem Satz haben mehrere Passagen 99 GETROST-Töne, die Singstimmen zusammen 3x99 Töne. Beide Rahmensätze kommen auf 2x19x99 Töne: *getrost* wird jede *schwere Reis* zum leichten Gang.

BWV 14

Wär Gott nicht mit uns diese Zeit

4. Sonntag nach Epiphanias, 30. Januar 1735, Thomaskirche
Liedautor: Martin Luther 1524

1. *Horn mit Oboe I/II, Streicher*
Wär Gott nicht mit uns diese Zeit,
So soll Israel sagen,
Wär Gott nicht mit uns diese Zeit,
Wir hätten müssen verzagen,
Die so ein armes Häuflein sind,
Veracht' von so viel Menschenkind,
Die an uns setzen alle.

2. **Arie** Sopran *Horn, Streicher*
Unsre Stärke heißt zu schwach,
Unserm Feind zu widerstehen.
   Stünd uns nicht der Höchste bei,
   Würd uns ihre Tyrannei
   Bald bis an das Leben gehen.

3. **Rezitativ** Tenor
Ja, **hätt** es **Gott** nur **zugegeben,**
Wir wären längst nicht mehr am **Leben,**
Sie rissen uns aus Rachgier **hin,**
So zornig ist **auf uns ihr Sinn.**
Es hätt uns ihre Wut
Wie eine wilde Flut
Und als beschäumte Wasser überschwemmet,
Und niemand hätte die Gewalt gehemmet.

4. **Arie** Bass *Oboe I/II*
Gott, bei deinem starken Schützen
Sind wir vor den Feinden frei.
Wenn sie sich als wilde Wellen
Uns aus Grimm entgegenstellen,
Stehn uns deine Hände bei.

5. **Choral**
Gott Lob und Dank, der nicht zugab,
Dass ihr Schlund uns möcht fangen.
Wie ein Vogel des Stricks kömmt ab,
Ist unsre Seel entgangen:
Strick ist entzwei, und wir sind frei;
Des Herren Name steht uns bei,
Des Gottes Himmels und Erden.

Diese in Partitur wie Stimmen erhaltene Kantate ist für den 4. Epiphaniassonntag bestimmt, der nur bei spätem Ostertermin anfällt und 1725 nicht zu besetzen war. Am Ende der Partitur hat Bach »1735« notiert. Damit ist das Aufführungsdatum (wenige Wochen nach dem Weihnachtsoratorium-Zyklus 1734/35) präzise zu bestimmen und diese Kantate die letzte für den Choralkantatenjahrgang nachkomponierte. Vorlage ist ein weiteres Lutherlied, die prägnante dreistrophige Übertragung von Psalm 124 aus dem ersten Liederjahr 1524, in der Bedrohungssituation für die Anhänger der Reformation damals ein Mutmachlied vom doppelten »Gott bei uns« im ersten Psalmvers her. Mit dem Evangelium von der Stillung des Seesturmes Matthäus 8,23–27 korrespondiert das Lied darin, dass der Seesturm als Bild für die Feinde der Christenheit gedeutet wurde, wogegen Christi Präsenz (im Boot) als *Gott mit uns* die Rettung bringt.

Das Kantatenlibretto zeigt Umdichtung und Erweiterung der Liedvorlage wie bei der zuletzt nachkomponierten Choralkantate BWV 9 und im Zyklus 1724/25. Die zweite Liedstrophe geht in das Rezitativ ein, die Arientexte davor und danach sind frei ergänzt.

Im großen Eingangssatz bringt Bach formal noch etwas Neues. Die Liedmelodie (g-Moll) wird gar nicht gesungen, sondern von Oboen und Horn eingespielt. In einer modernen Motette im 3/8-Takt bringen die Vokalstimmen (Streicher weitgehend colla parte) Zeile für Zeile eine ausführliche Vorimitation nach dem Prinzip der Gegenfuge, wo der zweite Einsatz stets in Umkehrung der Stimmführung erfolgt. Dafür braucht Bach zwei mal zwei Stimmen, weshalb die Melodie zu den Bläsern ausweichen muss, wo sie in ganztaktigen Notenwerten erklingt. In der konsequenten Durchführung dieses Prinzips wird jedem Hörer deutlich, dass da Konfrontation musikalisch dargestellt ist. Die Chromatisierung der ersten Melodiezeile mit dem Durchgang B-H-C, auch im Cantus firmus (und im Schlusschoral) übernommen, verschärft das Konfliktpotential. Da der Sopran ohne Melodiebindung frei agieren kann, führt ihn Bach oft in schmerzende Höhen, etwa zu *veracht von soviel Menschenkind.*

Die Feindthematik gehört zwar prinzipiell zur Epiphaniaszeit, anknüpfend an das Jesus-feindliche Agieren des Herodes, aber nach den triumphalen D-Dur-Klängen dazu in Kantate VI des Weihnachtsoratoriums verwundert, dass Bach 24 Tage später ein solches Bedrohungsszenario entfaltet. In der Partitur hat er nach dem ersten Satz dessen Taktzahl 217 notiert. Das ist einerseits, passend zum siebenzeiligen Lied, 7x31, letzteres die Umkehrung der Messiaszahl 13, andererseits aber Äquivalent von JOHANN AUGUST ERNESTI. Der neue Thomasschulrektor war Ende November ins Amt eingeführt worden und profilierte sich bald als Bach-Feind (vgl. den aktenkundigen Präfektenstreit ab dem Folgejahr). Bach wird das von Anfang an zu spüren bekommen haben, fühlte sich in seinem Wirken zur Ehre Gottes bedroht und suchte mit dieser Kantate einen Weg der Verarbeitung. Das Stimmenmaterial ist singulär komplett von Bach selbst in größter Sorgfalt ausgeschrieben. Offensichtlich war ihm diese Kantate ein besonderes persönliches Anliegen.

Nach der dichten g-Moll-Chromatik des Eingangssatzes überrascht das ungetrübte B-Dur und der Triumphalismus in der Arie. Das Horn markiert zusammen mit der ersten Violine ein blechbläsertypisches »Victory«-Motiv, die andern spielen dazu im Terzreigen. Auch wenn der absteigende Dreiklang des Motivs vom Sopran dann mit *zu schwach* verbalisiert wird, de facto demonstriert die Musik triumphale *Stärke* und setzt so das von Paulus überlieferte Gotteswort präzise um: »denn meine Kraft ist in den Schwachen mächtig« (2. Korinther 12,9). Mit dem Gegenpol stark/schwach operiert Bach in verschiedener Hinsicht. Zunächst ist der Knabensopran die schwächste Stimme und hat gegen Horn und Streicher einen schweren Stand, auch wenn zur Begleitung des Sängers piano eingetragen ist. In der Hornstimme präzisiert

Bach das Instrument mit der Bezeichnung »par force«, es soll also dezidiert *Stärke* demonstriert werden. Im Arien-Mittelteil gibt es längere Passagen, die den Sänger in seiner Schwäche gleichsam bloßstellen. Zunächst noch von der Solovioline flankiert, singt er bald alleingelassen von der lebensbedrohlichen *Tyrannei*. Die Sechzehntel-Bewegung im Continuo dazu ist durch Vierer- und Zweierbindungen präzisiert als Bild für bedrohliche Fluten und Versinken im Wasser. Das (etwas modifizierte) Da capo der Triumphmusik rückt den so entstandenen Eindruck von Schwäche aber wieder zurecht. In der Kraft des Glaubens sind die Machtverhältnisse umgekehrt. Wie bei der Magnificatkantate BWV 10 (1724) mit analoger B-Dur-Arie nach g-Moll-Eingangssatz richtet gerade der schwache Mund des Knabensoprans die Macht Gottes auf »um deiner Feinde willen« (Psalm 8,3).

In der zweiten Liedstrophe übertrug Luther die drastischen Bilder von Psalm 124,3-5 und brandmarkte das Handeln der Feinde der Reformation als *Gewalt* gegen »Leib und Leben«. Das Kantatenlibretto muss nicht mehr viel sprachliche Drastik zugeben, um Bach zu einem der kühnsten Rezitative zu reizen, wo es harmonisch drunter und drüber geht und der Continuo eine krasse Gestik des Überflutens bietet.

In der zweiten Arie, wieder in g-Moll, ist die Konstellation gegenüber der ersten umgekehrt. Der Sänger bezeugt hier nicht im Konjunktiv, sondern im Indikativ die Freiheit des Glaubenden von aller Bedrohung (vgl. das Lied *Jesu meine Freude* Strophe 2). Die Instrumente, zwei in Imitation geführte Oboen und Continuo, stellen die eigentlich nicht mehr wirkmächtigen Gegenmächte dar in ihrem verwerflichen Eifer. In schneller Vivace-Diktion ist das Bild der *wilden Wellen* im Mittelteil leitend.

Der Schlusschoral zeigt Bachs späten Reifestil mit bewegter, auch synkopierender Unterstimmenführung. Die tiefe Lage schränkt den figürlichen Gestaltungsspielraum ein. Immerhin sind signifikant am Ende des Stollens die exponierte Tenorführung zur Befreiung der Seel sowie der einen großen Ambitus umgreifende Abgang des Continuo zu *des Gottes Himmels und der Erden* ganz am Ende. Die bei *wir sind frei* vielleicht vermisste Auflösung nach G-Dur ist für den Schluss aufgespart. Den zentralen theologischen Topos *des Herren Name steht uns bei* weiß Bach spezifisch zu würdigen. Dieser Name ist IMMANUEL (»Gott mit uns« Jesaja 7,14), dessen Zahlenwert 83 im Choral als Mittelwert von Vokalbass (82) und Continuo (84) – in der Summe beider als das doppelte *Gott mit uns* der Eingangsstrophe – zu fassen ist, vor allem aber in den insgesamt 8300 Tönen der beiden Eingangssätze, die gerade als polar gestaltetes Satzpaar den Rettungsanker für Bach selber und alle Gläubigen erschließen: *Gott mit uns.*

Nicht dem Choralkantatenjahrgang
zugeordnete Kantaten

BWV 80

Ein feste Burg ist unser Gott

Okuli, Weimar 15.3.1716/Reformationsfest 31.10. ca. 1730/1735
Liedautor: Martin Luther 1529
Libretto: Salomo Franck 1715

1. *Oboe I–III unisono, Streicher,*
Violone mit Orgelpedal
Ein feste Burg ist unser Gott,
Ein gute Wehr und Waffen;
Er hilft uns frei aus aller Not,
Die uns itzt hat betroffen.
Der alte böse Feind,
Mit Ernst er's jetzt meint,
Groß Macht und viel List
Sein grausam Rüstung ist,
Auf Erd ist nicht seinsgleichen.

2. **Arie** Bass *Streicher* mit
Choral Sopran *Oboe*
Alles, was von Gott geboren,
Mit unsrer Macht ist nichts getan,
Wir sind gar bald verloren.
Ist zum Siegen auserkoren.
Es streit' vor uns der rechte Mann,
Den Gott selbst hat erkoren.
Fragst du, wer er ist?
Wer bei Christi Blutpanier
Er heißt Jesus Christ,
In der Taufe Treu geschworen,
Siegt im Geiste für und für.

Der Herre Zebaoth,
Und ist kein andrer Gott,
Das Feld muss er behalten.
Alles, was von Gott geboren,
Ist zum Siegen auserkoren.

3. **Rezitativ** Bass
Erwäge doch, Kind Gottes,
die so große Liebe,
Da Jesus sich
Mit seinem Blute dir verschriebe,
Womit er dich
Zum Kriege wider Satans Heer
und wider Welt, und Sünde
Geworben hat!
Gib nicht in deiner Seele
Dem Satan und den Lastern statt!
Lass nicht dein Herz,
Den Himmel Gottes auf der Erden,
Zur Wüste werden!
Bereue deine Schuld mit Schmerz,
Arioso: Dass Christi Geist mit dir
sich fest verbinde!

4. **Arie** Sopran *Continuo*
Komm in mein Herzenshaus,
Herr Jesu, mein Verlangen!
   Treib Welt und Satan aus
   Und lass dein Bild in mir
   erneuert prangen!
   Weg, schnöder Sündengraus!

5. **Choral** Vokalstimmen unisono
Oboe I/II, Taille, Streicher
Und wenn die Welt voll Teufel wär
Und wollten uns verschlingen,
So fürchten wir uns nicht so sehr,
Es soll uns doch gelingen.
Der Fürst dieser Welt,
Wie saur er sich stellt,
Tut er uns doch nicht,
Das macht, er ist gericht',
Ein Wörtlein kann ihn fällen.

6. **Rezitativ** Tenor
So stehe dann bei Christi
blutgefärbten Fahne,
O Seele, fest
Und glaube, dass
dein Haupt dich nicht verlässt,
Ja, dass sein Sieg
Auch dir den Weg
zu deiner Krone bahne!
Tritt freudig an den Krieg!
Wirst du nur Gottes Wort
So hören als bewahren,
So wird der Feind
gezwungen auszufahren,
Dein Heiland bleibt dein Hort!

7. **Duett** Alt/Tenor *Oboe da caccia,*
Violine solo
Wie selig sind doch die,
die Gott im Munde tragen,
Doch selger ist das Herz,
das ihn im Glauben trägt!
Es bleibet unbesiegt
und kann die Feinde schlagen
Und wird zuletzt gekrönt,
wenn es den Tod erlegt.

8. **Choral**
Das Wort sie sollen lassen stahn
Und kein' Dank dazu haben.
Er ist bei uns wohl auf dem Plan
Mit seinem Geist und Gaben.
Nehmen sie uns den Leib,
Gut, Ehr, Kind und Weib,
Lass fahren dahin,
Sie habens kein' Gewinn;
Das Reich muss uns doch bleiben.

Ausgerechnet bei Bachs Kantate zu »dem Lutherlied« ist die älteste Quelle nur eine Partiturabschrift seines späteren Schwiegersohns Altnickol aus den 1740er-Jahren, die nichts über den komplexen Entstehungsprozess verrät. Denn die da greifbare Endgestalt, zwei Rezitative und drei Arien zu den vier originalen Liedstrophen hinzu (vgl. ähnlich BWV 140), ist nicht vom Lied aus entstanden, sondern in Erweiterung einer Weimarer Kantate zum Sonntag Okuli (BWV 80a) auf ein Libretto des dortigen Hofbeamten S. Franck. Diese Kantate hatte einen *Ein feste Burg*-Rahmen dergestalt, dass die zweite Liedstrophe den Schlusschoral stellte und Bach im Eingangssatz die Melodie instrumental einspielen ließ.

Da Okuli als Sonntag der Fastenzeit in Leipzig nicht zu bedienen war, aber der Reformationstag 31.10 als »halber Feiertag« begangen wurde, bot sich die Möglichkeit einer Wiederverwendung, zumal das ursprüngliche Sonntagsthema Teufelsaustreibung durch Jesus mit der Pointe »Selig sind, die Gottes Wort hören und bewahren« (Lukas 11,14–28) zum Reformationsgedenken passt. In einer ersten Adaption zu einem Reformationsfest um 1730 hat Bach wohl den eindrücklichen Satz zur dritten Liedstrophe *Und wenn die Welt voll Teufel wär* ergänzt, den Text der zweiten Strophe für den Sopran in die verzierte Instrumentalmelodie der ersten Arie eingetragen, als erste Strophe einen etwas kunstfertigeren Choralsatz (überliefert als BWV 80b) an den Anfang gestellt und vielleicht auch einen neuen Schlusschoral zur nun vierten Strophe geschrieben (BWV 80,8). Damit war die Reformation als mit Christus siegreicher Kampf gegen das Teuflische in der Welt profiliert und Luthers Lied in allen Strophen aufgenommen. Der für Choralkantaten typische, große Eingangschor fehlte aber.

Die jetzt dazu vorliegende, große Liedmotette ist stilistisch später anzusetzen und repräsentiert die dritte Bearbeitungsstufe der Kantate. Wie beim Eingangssatz von BWV 14 erscheint die Melodie nur in Instrumenten, und zwar artifiziell gesteigert als

Oktavkanon zwischen Oboen (in Sopranlage) und Orgelpedal mit Violone in 16-Fuß-Lage. Trotz dieser Vervollkommnung und trotz inhaltlicher Korrespondenz mit BWV 14 (Feindthematik) hat Bach das Werk dem Choralkantatenzyklus offensichtlich nicht zugeordnet. Im Leipziger Stimmensatz ist die Kantate nicht vertreten. Vielleicht galt der Reformationstag nicht als Bestandteil des Kirchenjahres, sondern rangierte wie der Gottesdienst zum Ratswechsel liturgisch im Status einer Kasualie. Als Kollage von Sätzen unterschiedlicher zeitlicher Abkunft zeigt diese Kantate jedenfalls einen Querschnitt durch Bachs kompositorische Vita, wie es in dieser Spannweite sonst nur in der h-Moll-Messe der Fall ist.

Der dezidierte Rückgriff auf den »stile antico« im Eingangssatz mit einer Motette, die in einen Cantus firmus-Kanon integriert ist, findet sich ebenso im *Confiteor unum baptisma* der h-Moll-Messe, der ungewöhnliche Zwei Ganze-Takt ebenda im *Credo*-Ricercar. Außenstimmen-Kanons hat Bach allerdings schon früh in Weimar praktiziert, etwa im Orgelbüchlein (BWV 620, 629), jedoch nicht als Rahmen eines solch komplexen Satzes mit vierstimmigem Fugato zu jeder Liedzeile über partiell eigenständigem Continuo. Die altertümliche Stilistik lässt textorientierte Detailgestaltung weniger zu. Die identische Durchführung der beiden Stollen-Liedzeilen (als Zeilenpaar im Zusammenhang) stellt wie ein Organo pleno die unerschütterliche Macht Gottes vor. Den Widerpart des *altbösen Feindes* im Abgesang bringt Bach durch Formabweichung in Stellung: die Einsatzfolge wandert statt in tonaler (wie zuvor) in realer Themenbeantwortung vom Bass zum Sopran aufwärts mit Quintaufschichtung von d-a über e und h bis zu fis und markiert so die Hybris des Teufels. Bei der nächsten Zeile stürzt er umgekehrt im Quintfall abwärts. Zu *grausam Rüstung* in der dritten Teufels-Zeile ist die Stimmführung chromatisiert bis zu komplettem Passus duriusculus. Bei der letzten Liedzeile war Bach der thematische Ringschluss zum Anfang wichtiger als die Treue zur Melodie. Deren signifikanter Einstieg mit drei repetierenden Tönen, in späteren Zeiten pathetisch missbraucht, ist im Themenkopf übrigens vermieden. Auch ohne die von Bach-Sohn Friedemann in Halle später praktizierte Effekthascherei mit zusätzlichen Trompeten-Fanfaren wirkt diese Musik in ihrer kompositorischen Substanz großartig im Wortsinn. Bachs spezieller Effekt ist der singuläre Orgelpedal-Cantus firmus mit Posaunenregister, als »fester Gesang« wörtlich genommen für die *feste Burg* Gott.

Bei der ersten Arie, Eingangssatz der Weimarer Kantate, steht die Battaglia-Diktion der unisono spielenden Streicher im Vordergrund. Dem korrespondiert der virtuose, selbstgewisse Bassgesang vom *Siegen*. Einen inhaltlichen Kontrast dazu bietet der Liedeinstieg des Soprans *Mit unserer Macht ist nichts getan*, schon vor dem ersten *Siegen* zu hören. Dann reimt sich *wir sind gar bald verloren* mit *zum Siegen auserkoren*. So kommt die Dialektik des Glaubens aller Getauften (*von Gott geboren*) zur Geltung: als verlorene (in der Perspektive der Welt) sind sie kraft Christus zum Heil (als Überwindung alles Teuflischen) bestimmt. Wenn der Sopran singt *Fragst du, wer er ist?* fällt im Bass erstmals der Name *Christi*. Diese Dialogizität hatte Bach in Weimar implizit angelegt, da die Melodie nur von der Oboe gespielt wurde. Die explizite Fassung jetzt reduziert im Gesangspart die Verzierungen, fast vollständig beim Ausrufen des Namens *Jesus Christ/ Herre Zebaoth* (zu insgesamt 13 Messias-Tönen).

Der folgende Rezitativtext ermahnt im Prediger-Habitus den Getauften als *Kind Gottes*, sich definitiv vom Satan abzuwenden, was Bach rollentypisch dem Bassisten zuweist. Alles Satanische ist mit verminderten Septakkorden gebrandmarkt, signifikant der Gegensatz von *Himmel* mit Spitzenton über Sekundakkord und *Wüste* über Vermindertem. Die Zusage von *Christi Geist* nach Römer 8,9 gestaltet Bach als Arioso mit mehrfachen Wiederholungen. Das Wort *verbinde* nimmt er wörtlich in Überbindungen (Ligaturen). Auch 20 Jahre später in Leipzig hätte er dies wohl ähnlich komponiert.

In ihrer Schlichtheit für die 1730er-Jahre stilistisch fremd wirkt allerdings die Continuo-Arie in h-Moll mit dem Sopran als Stimme der Seele. Man kann dies aber auch als spezifischen Ausdruck kindlicher Herzensfrömmigkeit würdigen. Deutlich gegensätzlich gestaltet hat Bach hier die Gestik vom Einsenken des Geistes Christi als verinnerlichende Abwärtsbewegung und vom engagierten *weg, weg* als Zurückweisung alles Teuflischen.

Inhaltlich stimmig schließt die dritte Liedstrophe an. Im 6/8-Takt unterfüttert sie gleichsam die 12/8-Leichtigkeit des vorausgehenden Stücks. Kunstgriff ist das Unisono aller Instrumente beim aus der ersten Liedzeile gewonnenen Hauptmotiv, das hier einmal die Signifikanz des Melodieeinstiegs aufgreift, aber in tiefer Lage. In der Fassung mit dreifachem Oboenchor zu den Streichern hinzu wirkt das jedesmal eindrücklich: Christen stehen fest »wie ein Mann«. Dem korrespondiert der Unisono-Vortrag der Melodie durch alle Sänger. In der Altnickol-Partitur stehen nur die Streicherpartien. Vielleicht sang ursprünglich auch nur ein Sänger (vgl. BWV 140,4). Im Streicherklang ist stärker die Polarität zu hören zwischen Battaglia-Sechzehnteln für das vergebliche Ankämpfen des *Fürst dieser Welt* (den Bach mit 666 biblisch-satanischen Continuotönen beschwört) und den in Dreiern zusammengebundenen Achteln analog zum Hauptmotiv.

Das Tenor-Rezitativ ermahnt nun die *Seele* zur Treue gegenüber Christus und -als Kehrseite- zu steter Kampfbereitschaft gegen den Satan. Die Zusage, dass Christus so auch ihr Heil *bleibt*, setzt Bach wieder ins Arioso. Eine auffallende 32tel-Figuration pflanzt sich vom Wort *freudig* des Sängers über *Hort* bis in den Continuo fort.

Das abschließende Doppelduett mit zwei Instrumenten und zwei Sängern ist ein »Makarismos« (Seligpreisung) der wahrhaft Glaubenden. Kernwort ist *Herz*, das Zentralorgan für den *Glauben*.

Wie in Leipziger Kantaten entspricht dem die Verwendung der Oboe da caccia als vor dem Herzen gehaltenes, herzähnlich rundes Instrument. Noch einmal kommt im Mittelteil Kampfesmetaphorik zum Zug, die Bach erneut mit Battaglia- Sechzehnteln abbildet. »Ich habe den guten Kampf gekämpft« (2. Timotheus 4,7f.), *unbesiegt bleiben* vom Satan, galt als Formel für seliges Sterben.

Das *Bleiben* über den Tod hinaus benennt als Pointe auch der Schlusschoral, der in klarer Durharmonisierung mit zahlreichen Achteldurchgängen im späteren Leipziger Stil dem Gottfeindlichen keinen Raum mehr lässt.

BWV 117

Sei Lob und Ehr dem höchsten Gut

ca. 1728–1731

Liedautor: Johann Jakob Schütz 1675

1. *Traversflöte I/II, Oboe I/II, Streicher*
Sei Lob und Ehr dem höchsten Gut,
Dem Vater aller Güte,
Dem Gott, der alle Wunder tut,
Dem Gott, der mein Gemüte
Mit seinem reichen Trost erfüllt,
Dem Gott, der allen Jammer stillt.
Gebt unserm Gott die Ehre!

2. Rezitativ Vers 2 Bass
Es danken dir die Himmelsheer,
O Herrscher aller Thronen,
Und die auf Erden, Luft und Meer
In deinem Schatten wohnen,
Die preisen deine Schöpfermacht,
Die alles also wohl bedacht.
Gebt unserm Gott die Ehre!

3. Arie Vers 3 Tenor *Oboe d'amore I/II*
Was unser Gott geschaffen hat,
Das will er auch erhalten;
Darüber will er früh und spat
Mit seiner Gnade walten.
In seinem ganzen Königreich
Ist alles recht und alles gleich.
Gebt unserm Gott die Ehre!

4. Choral Vers 4
Ich rief dem Herrn in meiner Not:
Ach Gott, vernimm mein Schreien!
Da half mein Helfer mir vom Tod
Und ließ mir Trost gedeihen.
Drum dank, ach Gott, drum dank ich dir;
Ach danket, danket Gott mit mir!
Gebt unserm Gott die Ehre!

5. Rezitativ Vers 5 Alt *Streicher*
Der Herr ist noch und nimmer nicht
Von seinem Volk geschieden,
Er bleibet ihre Zuversicht,
Ihr Segen, Heil und Frieden;
Mit Mutterhänden leitet er
Die Seinen stetig hin und her.
Gebt unserm Gott die Ehre!

6. Arie Vers 6 Bass *Violine solo*
Wenn Trost und Hülf ermangeln muss,
Die alle Welt erzeiget,
So kommt, so hilft der Überfluss,
Der Schöpfer selbst, und neiget
Die Vateraugen denen zu,
Die sonsten nirgend finden Ruh.
Gebt unserm Gott die Ehre!

7. Arie Vers 7 Alt *Traversflöte, Streicher*
Ich will dich all mein Leben lang,
O Gott, von nun an ehren;
Man soll, o Gott, den Lobgesang
An allen Orten hören.
Mein ganzes Herz ermuntre sich,
Mein Geist und Leib erfreue sich.
Gebt unserm Gott die Ehre!

8. Rezitativ Vers 8 Tenor
Ihr, die ihr Christi Namen nennt,
Gebt unserm Gott die Ehre!
Ihr, die ihr Gottes Macht bekennt,
Gebt unserm Gott die Ehre!
Die falschen Götzen macht zu Spott,
Der Herr ist Gott, der Herr ist Gott:
Gebt unserm Gott die Ehre!

9. Vers 9 (wie Satz 1)
So kommet vor sein Angesicht
Mit jauchzenvollem Springen;
Bezahlet die gelobte Pflicht
Und lasst uns fröhlich singen:
Gott hat es alles wohl bedacht
Und alles, alles recht gemacht.
Gebt unserm Gott die Ehre!

Neun Liedstrophen im originalen Wortlaut vertont diese Kantate. Die Stimmen finden sich aber nicht beim Choralkantatenjahrgang. Erhalten ist auf anderem Überlieferungswege die Partitur. Dem Papierwasserzeichen nach muss sie zwischen Oktober 1727 und Dezember 1731 ausgeschrieben worden sein. Im Titel nennt Bach keine liturgische Bestimmung. Von der üblichen Liedzuweisung her passt der 12. Trinitatissonntag, dafür hatte Bach aber schon 1725 *Lobe den Herren* (BWV 137) als Choralkantate nachkomponiert. Vielleicht war dies ein Auftragswerk für eine Kasualie, vielleicht schrieb Bach diese vielfach verwendbare Musik über ein allgemeines Loblied zum Verleihen an Dritte mit dem speziellen Antrieb, hier sein Schaffensmotto »Soli Deo Gloria« zu entfalten. Dessen deutsche Variante *Gebt unserm Gott die Ehre* steht refrainartig am Ende jeder Strophe, ein Zitat aus dem Lied des Mose (5. Mose 32,3). Das seit 1725 in Leipzig gültige Gesangbuch führte als Liedüberschrift tatsächlich »S.D.G.«

Der Liedautor wurde da allerdings verschwiegen, denn dieser, ein Frankfurter Jurist, war nach anfänglicher Inspiration durch den Pietistenführer Ph.J. Spener auf sektiererische Abwege als Chiliast geraten und damit Persona non grata. Sein Lied (EG 326) entfaltet, dem Loblied des ebenso verfemten Pietisten J. Neander (BWV 137) ähnlich, mit reicher Bezugnahme auf biblische Motive, überwiegend aus den Psalmen, eine Theologie des Loben Gottes. Es nimmt nicht nur das Himmel und Erde umgreifende liturgische Lob, sondern auch die individuelle Lebenshaltung des Lobens in den Blick (Strophen 1, 4, 7). So begründet das Lied vielschichtig die Formel »SDG« als prägende Lebenseinstellung und wird gerade darin Bach wichtig gewesen sein.

Bei neun Strophen ist formal Abwechslung geboten. Bach stellt drei Arien drei Rezitative gegenüber, was durch die Appellstruktur des Mottos und insbesondere der ganzen Strophe 8 hier besser möglich ist als sonst bei Liedstrophen. Der Choralsatz steht nicht am Ende, sondern an Position 4 nach der ersten Abfolge Rezitativ/Arie. Zur Schlussstrophe lässt Bach den 100 Takte umfassenden Eingangssatz noch einmal komplett abspielen, eine große Rahmenbildung wie bei einzelnen Festkantaten (BWV 172, Weihnachtsoratorium III), singulär ist hier der variierende Text bei identischer Musik.

Die Musik des Eingangssatzes im schwungvollen 6/8-Takt korreliert spezifisch mit beiden Liedstrophen. Die ungewöhnlich starke und sprungfreudige Bewegung des Continuo von Anfang an löst das *jauchzenvolle Springen* von Strophe 9 ein. Traversflöten, Oboen und Violinen reichen immer wieder die Figur einer Dreiklangsbrechung einander durch – eine musikalische La Ola-Welle. In ihrem Metier praktizieren die Instrumente so nichts als *fröhlich singen* (Strophe 9). Die Tonart G-Dur wird nirgends getrübt. Der *Jammer* in Zeile 6 (Strophe 1) fordert harmonisch zwar seinen Tribut, führt aber ins mediantische E-Dur, nicht nach Moll. Bei dieser Liedzeile bringen die Instrumente ihr Hauptthema, das aus dem Melodiekopf gebildet ist, singulär im Unisono. Der Menschen *Jammer* kann also definitiv nicht als Einspruch gegen das »SDG« gelten. Bei Strophe 9 unterstreicht dieses Unisono sinnreich, dass Gott *alles, alles recht gemacht.* Die Liedmelodie ist die bis um 1950 überwiegend gebräuchliche von *Es ist das Heil uns kommen her* (vgl. BWV 9) mit der appellativen Tonwiederholung zu Beginn: *Sei Lob und Ehr.* Bach stört das nicht, er unterstreicht den Effekt sogar harmonisch durch viermaliges G-Dur (mit Wechselnoten dazwischen) im Chor. Gerade der Dur-Dreiklang bildet das Lob des dreieinigen Gottes ab. Bei der Wiederholung variiert Bach aber, lässt die Unterstimmen nacheinander einsetzen mit typischer Sechzehntel-Figur zu *alle* und markiert *Wunder* mit zwischendominantischem E-Dur zu a-Moll statt C-Dur am Zeilenende. Als einzige Liedzeile ohne instrumentale Kommentierung fällt Zeile 5 auf mit dem zentralen Wort vom *reichen Trost*, bei Strophe 9 ist es die summarische Kernaussage *Gott hat es alles wohl bedacht.* Das in beiden Strophen identische Liedmotto am Ende wiederholen die Unterstimmen dreimal gemeinsam skandierend, zum Schluss in höchster Lage. Der Spitzenton e´´ im Alt passt tonsymbolisch zu *Ehre* ebenso wie die Kerntöne g, d, e des Hauptthemas zu »Gloria in excelsis Deo«.

Im ersten Rezitativ trägt der Bassist zunächst die Textzeilen figürlich plastisch vor (z.B. Spitzenton e zu *dir* und *Luft*), dann wird das Liedmotto im Arioso ausgebreitet in vierfacher Wiederholung mit Ausschmückung von *Ehre*. 50 Sängertöne umfasst das »SDG« der letzten Zeile, genau so viele wie die ersten sechs Zeilen, der Continuo spielt dazu 87 = 3x29 SDG-Töne. Dessen ostinate Wechselnote-Figur betont die 3/8-Takt-Struktur, die mit dem 6/8-Takt des Eingangssatzes korrespondiert. Die Dreier-Taktformen sind der alten Tripla-Symbolik geschuldet, die Gott in seiner Vollkommenheit als Trinität würdigt, obwohl der Liedtext hier speziell vom Schöpfer, also der ersten Person, handelt.

Wieder im 6/8-Takt geht es weiter, jetzt im parallelen e-Moll. Die Oboen spielen viele Passagen in wohlklingenden Terzparallelen oder organischer Komplementärdiktion. Ihre Sechzehntel-Figuration wird im Vokalpart zunächst mit dem Wort *walten* dechiffriert. Später erhalten *Königreich* und die wieder breit entfaltete *Ehre* großartige Sechzehntel-Gloriolen des Tenors. Die Partien von Sänger wie Continuo erreichen ein präzises Mehrfaches von 29 SDG-Tönen, zusammen 20x29. Die Oboen d'amore repräsentieren mit 13x61 Tönen die Sphäre des liebevollen *Gnaden-Waltens* Gottes, angesagt im »Gnadenjahr« von Jesaja 61.

Die vierte Strophe ist analog formuliert zum Dankpsalm eines Einzelnen, der seine Erinnerung an Errettung aus der Not verbindet mit der Einladung an die Gemeinde, in den persönlichen Dank mit einzustimmen (vgl. Psalm 22,23). Bach lässt dies sinnreich im Choralsatz als Gemeindelied-Topos vortragen. Auch hier steht das mediantische E-Dur pointierend am Ende der sechsten Liedzeile. Das Liedmotto setzt dann unvermittelt wieder im elementaren G-Dur ein.

Die Mittelstrophe ist als erneut zweigeteiltes Rezitativ gestaltet. Diesmal begleiten die Streicher den rezitativischen Teil und lassen so die Präsenz Gottes bei seinem Volk spüren, wovon der Alt singt. Dabei führt Gottes Leitung *die Seinen* harmonisch durchaus *hin und her*, in die Fremde von fis-Moll. Noch breiter als beim ersten Rezitativ ist dann das Liedmotto entfaltet, dreimal in (anfänglich tongetreuer) Imitation zwischen Sänger und Continuo, Symbol für das Befolgen des Appells. Im Gegenüber zur Figura corta-Kette der *Ehre*-Gloriole ist die Viertel-Tonrepetition *un-serm Gott* besonders markant. Sie erinnert an den Melodieanfang und fungiert als Trinitätssymbol (drei Silben zu einem Ton). Dem entsprechen $5x3^3$ implizit trinitarische Continuo-Töne dieser Passage.

Infolge der vom Bass aufsteigenden Stimmbesetzung wäre nun eine Sopran-Arie fällig, aber vom *Schöpfer* und von *Vatersaugen* kann nur der Bass stimmig singen. Die Arie, jetzt in h-Moll und im »imperfekten« Vierertakt, singt zunächst vom Mangel. Von Anfang an ist aber im Continuo das Figura corta-Motiv aus dem Rezitativ präsent als schrittweise aufsteigende Bewegung. So verkörpert es auch inhaltlich den Kontrapunkt. Zum Liedmotto am Strophenende setzt es sich konkurrenzlos durch. Der Sänger greift da zudem die drei markanten *un-serm Gott*-Viertel wieder auf. So setzt Bach die grammatikalische Struktur *wenn/so* für das Ineinandergreifen beider Realitäten (*Mangel/Überfluss*) musikalisch zwingend um. Auch die Violine spielt in der zweiten Hälfte ihres Ritornells mit aufsteigenden Sequenzen bereits in Richtung *Überfluss* und kadenziert heilsgewiss nach D-Dur. Bei den sich herabneigenden *Vatersaugen* führt diese Violinfigur dann stimmig nach unten. Herausgehoben ist das letzte Wort *Ruh* mit langem Liegeton des Sängers inklusive Fermate über spannungsvollem Septakkord. Solche Fermaten sind Todesbilder. Es geht also um das *Ruhe Finden* im Sterben, die Extremsituation, wo *Trost und Hülf ermangeln muss*. Aber auch hier ist Gott in Christus präsent. So folgt ein zweiter *Ruh*-Ton ohne Fermate auf D mit D-Dur-Harmonisierung, der die Startbasis bildet für das finale *Gebt unserm Gott die Ehre*.

Die dritte Arie ist eine besondere Perle, von Bach in säuberlicher Reinschrift mit neuer Feder in die Partitur eingetragen. Der Alt als Stimme des Glaubens singt das persönliche Gelübde nach Psalm 104,33, Gott *lebenslang* zu loben. Er wird flankiert von der Traversflöte, die eine Oktavlage höher mitspielt, bei den Themeneinsätzen jeweils im Unisono, weiter überwiegend in Terz- und Sextparallelen. Die Streicher sind begleitend eher im Hintergrund. Die Bewegung ist durchgängig triolisch im 3/4-Takt. Bach schreibt immer wieder eine kleine 3 über den Notenbalken, obgleich das längst klar ist. So wird Vollkommenheit im Medium der 3 gleichsam demonstriert: Leben als unablässiges Loben Gottes ist vollkommenes Leben. Die Arie ist nicht im

9/8-Takt notiert, weil sie als langsamer Tanz gemeint ist. Bach schreibt Largo vor. So bleibt das zuvor gezeichnete Bild der *Ruhe* bestimmend. In der Haltung der Seelenruhe (vgl. die Pointe des Heilandsrufes Matthäus 11,28–30) ist das persönliche Gotteslob vollkommen. (Vgl. dieselbe Registrierung mit Alt und oktavierender Traversflöte bei der Arie im Weihnachtsoratorium mit dem Zuspruch *genieße der Ruh* - Kantate II, Nr.19.) Die Vollkommenheit spiegelt sich auch im Zahlenbefund. In 84 = 6x14 = 7x12 Takten sind genau 2000 Töne zu musizieren. Die Triolen-3 trägt BACH 140mal ein: *Ich will dich all mein Leben lang ...*

Das letzte Rezitativ ist knapp gehalten. Die Appellstruktur kommt durch exponierte Separierung der *Ihr*-Anrede zur Geltung. Das in der Liedstrophe vorgegebene dreimalige *Gebt unserm Gott die Ehre* kadenziert zunächst zweimal mit extrovertiert deutlicher Stimmführung nach Moll (h, fis), darin das Moment der Ehr-Furcht einschließend, am Ende eher verinnerlichend nach G-Dur.

Die Wiederholung des bewegten Eingangssatzes lässt der *Ruhe* keinen Raum mehr. Jetzt ist aber auch nicht mehr das Individuum im Fokus, sondern die Gott gemeinsam lobende Gemeinde, mit der Anspielung auf Psalm 100 sogar »alle Welt«.

Zu den »sonderbaren Vollkommenheiten« (Urteil eines Zeitgenossen über Bach) dieser Kantate gehört, dass die Gesamttaktzahl 486 wie die Summe der Töne 15390 ein Mehrfaches der Trinitätszahl 27 (3^3) sind. Die 576 = 4x144 Töne der drei Rezitative lassen sich auf die biblische Zahl für die Sänger des neuen himmlischen Liedes beziehen (Offenbarung 14,3) und die 4600 Töne aller drei Arien korrespondieren dem Äquivalent 230 von GEBT UNSERM GOTT DIE EHRE.

BWV 192

Nun danket alle Gott

ca. 1730

Liedautor: Martin Rinckart (1630) 1636

1. *Traversflöte I/II, Oboe I/II, Streicher*
Nun danket alle Gott
Mit Herzen, Mund und Händen,
Der große Dinge tut
An uns und allen Enden,
Der uns von Mutterleib
Und Kindesbeinen an
Unzählig viel zugut
Und noch jetzund getan.

2. **Vers 2** Duett Sopran/Bass
Streicher, Traversflöte, Oboe mit Vl. 1
Der ewig reiche Gott
Woll uns bei unserm Leben
Ein immer fröhlich Herz
Und edlen Frieden geben
Und uns in seiner Gnad
Erhalten fort und fort
Und uns aus aller Not
Erlösen hier und dort.

3. Vers 3 *Tutti*
Lob, Ehr und Preis sei Gott,
Dem Vater und dem Sohne
Und dem, der beiden gleich
Im hohen Himmelsthrone,
Dem dreieinigen Gott,
Als der ursprünglich war
Und ist und bleiben wird
Jetzund und immerdar.

Ein kleineres Schwesterwerk zu BWV 117 ist diese Kantate über das beliebte Danklied aus der Zeit des 30jährigen Krieges. Hier sind nur die Stimmen überliefert, geschrieben auf dasselbe Papier wie die Partitur von BWV 117, wobei der Tenor fehlt. Tätig waren Kopisten, die sonst im Jahr 1730 nachzuweisen sind. Da der originale Umschlag fehlt, weiß man auch hier nichts über die Bestimmung oder den (ggf. externen) Anlass.

In Tonart G-Dur, Besetzung und instrumentaler Diktion des Eingangssatzes gibt es Gemeinsamkeiten mit BWV 117. Bei nur drei Strophen stellte sich Bach allerdings die Aufgabe, die Sätze größer zu dimensionieren. Mit 351 Takten kommt er auf einen stattlichen Umfang, der implizit wieder als trinitarische Doxologie kenntlich ist: $351 = 13 \times 3^3$, wie es die dritte Strophe als deutsches »Gloria patri« ausspricht.

Die ersten beiden Strophen sind vom Liedautor in enger Anlehnung an das Dankgebet des Gottesvolkes in Jesus Sirach 50,24–26 gedichtet. Während das Lied im militaristischen Preußen zum staatstragenden »Te Deum« bei Siegesfeiern mutierte, stand es in der Erstveröffentlichung 1636 unter den Tischgebeten als biblisch prägnantes »Gratias« für den häuslichen Kreis. Auch Bachs filigrane Komposition zeigt keine Spur von Triumphalismus.

Am Beginn lässt ein schnell zu nehmender 3/4-Takt (vgl. das Vivace im G-Dur-Orgelpraeludium BWV 541) vital musizieren im Wechsel zwischen Tutti und Episoden, bei denen die Bläserpaare separiert sind und den Ball einander zuspielen. Anders als bei BWV 117 sind hier harmonische Trübungen bis zum Septnonakkord eingebaut. Auch am Ende des 24-taktigen Ritornells überrascht als Subdominantersatz ein verminderter Septakkord. Die Vokalpartie ist zunächst ganz eigenständig. Nach zweimaligem, frei gestaltetem Appell *Nun danket alle Gott* aller Stimmen hebt eine virtuose Fuge der Unterstimmen an, von den Instrumenten »light« begleitet mit kurzen Akkordtönen wie ein weit gespreizter Continuo (Ambitus bis e´´´). Erst beim Melodieeinsatz des Soprans in ganztaktigen Notenwerten agiert das Orchester wieder in seiner Sechzehntel- und Achtel-Diktion. Die kurze Bläserepisode aus dem Ritornell trennt die beiden Liedzeilen des Stollens. Schon mit der zweiten Liedzeile beginnt das Orchesterritornell von vorne. Die Wiederholung ist musikalisch identisch und beim Abgesang verfährt Bach in einem dritten Anlauf analog. Wie zuvor deklamieren die Unterstimmen mehrere Liedzeilen im Zusammenhang, während die Melodiezeilen getrennt bleiben. In die letzten Orchestertakte hinein skandieren nochmals alle gemeinsam zweimal: *nun danket alle Gott*. Zum Konzertieren der Instrumente tritt hier also ein virtuoses Agieren der Vokalstimmen untereinander und im Gegenüber zum Orchester. In solch souverän gehandhabter Komplexität setzt Bach musikalisch den sprachlichen Pleonasmus *mit Herzen, Mund und Händen* um.

Der Mittelsatz ist ein Duett mit Streichersatz, bei dem die Oberstimme durch Oboe und Flöte verstärkt wird. Jetzt im flotten 2/4-Takt gibt es wieder starke Eins-Betonungen, markiert vom vielfach präsenten, auftaktigen Motiv aus drei Achteln, das man mit *nun dan-ket* unterlegen könnte. Obgleich in dieser Strophe von *aller Not* die Rede ist, gibt es keine Eintrübung, als ob die *Erlösung* daraus bereits im ersten Satz mit den benannten Phänomenen bewerkstelligt worden wäre. Auch die *Friedens*-Metapher erfährt keine signifikante Umsetzung, weshalb man hier sogar eine Parodie vermuten könnte. Das Hauptthema der Singstimmen erinnert aber an das Hauptmotiv im ersten Satz von BWV 117 und lässt sich ebenso, abgesehen vom anfänglichen Quintsprung, als Variante des Melodieanfangs mit seinen Tonwiederholungen lesen. Ungewöhnlich ist die Imitation der Singstimmen im Oktavabstand zum Einklang, hier ein Symbol für die Unitas (Einheit) des *ewigreichen Gottes*. Die weite Spanne zwischen Sopran und Bass ist klanglich nicht immer ideal, versinnbildlicht aber *hier und dort* als Ausdruck für den alles umgreifenden Ambitus von Gottes Gnadenhandeln.

Der dritte Satz ist eine mitreißende Gigue in 70 12/8-Takten, also in der Taktsynthese aus himmlischem Dreier und irdischem Vierer. Jetzt agieren die Instrumente kompakt en bloc im Gegenüber zum Chor. Unter der Melodie in halbtaktigen Notenwerten übernehmen im Vokalsatz die Unterstimmen das 12/8-Wogen. So wird die trinitarisch gedachte Musik einmal auch explizit als solche benannt: *dem dreieinigen Gott.*

In allen meinen Taten

1734

Liedautor: Paul Fleming (1633) 1642

1. *Oboe I/II, Fagott, Streicher*
**In allen meinen Taten
Lass ich den Höchsten raten,
Der alles kann und hat;
Er muss zu allen Dingen,
Soll's anders wohl gelingen,
Selbst geben Rat und Tat.**

2. Arie Vers 2 Bass *Continuo*
**Nichts ist es spät und frühe
Um alle meine Mühe,
Mein Sorgen ist umsonst.
Er mag's mit meinen Sachen
Nach seinem Willen machen,
Ich stell's in seine Gunst.**

3. Rezitativ Vers 3 Tenor
**Es kann mir nichts geschehen,
Als was er hat ersehen,
Und was mir selig ist:
Ich nehm es, wie er's gibet;
Was ihm von mir beliebet,
Das hab ich auch erkiest.**

4. Arie Vers 4 Tenor *Violine solo*
**Ich traue seiner Gnaden,
Die mich vor allem Schaden,
Vor allem Übel schützt.
Leb ich nach seinen Gesetzen,
So wird mich nichts verletzen,
Nichts fehlen, was mir nützt.**

5. Rezitativ Vers 5 Alt *Streicher*
**Er wolle meiner Sünden
In Gnaden mich entbinden,
Durchstreichen meine Schuld!
Er wird auf mein Verbrechen
Nicht stracks das Urteil sprechen
Und haben noch Geduld.**

6. Arie Vers 6 Alt *Streicher*
**Leg ich mich späte nieder,
Erwache frühe wieder,
Lieg (ich) oder ziehe fort,
In Schwachheit und in Banden,
Und was mir stößt zuhanden,
So tröstet mich sein Wort.**

7. Duett Vers 7 Sopran/ Bass *Continuo*
Hat er es denn beschlossen,
So will ich unverdrossen
An mein Verhängnis gehn!
Kein Unfall unter allen
wird/soll mir zu harte fallen,
Ich will ihn überstehn.

8. Arie Vers 8 Sopran *Oboe I/II*
Ich hab mich ihm ergeben
Zu sterben und zu leben,
Sobald er mir gebeut.
Es sei heut oder morgen,
Dafür lass ich ihn sorgen;
Er weiß die rechte Zeit.

9. Choral letzter Vers
Streicher separat
So sein nun, Seele, deine
Und traue dem alleine,
Der dich erschaffen hat;
Es gehe, wie es gehe,
Dein Vater in der Höhe,
(der) weiß (zu) allen Sachen Rat.

In doppelter Überlieferung mit Partitur und sämtlichen Stimmen ist diese Liedtextkantate erhalten. Bach hat 1734 als Jahr der Komposition notiert, nicht aber den Bestimmungszweck. Fast 20 Jahre nach Bachs Tod wurde sie für Merseburg kopiert und dem 5. Trinitatissonntag zugewiesen. Die äußerst ambitionierte Gestaltung des mit neun Strophen/Sätzen umfänglichen Werks lässt wie bei BWV 117 vermuten, dass Bach dies als repräsentatives »Vorzeigestück« mit offener Bestimmung entworfen hat. Auch hier wird im Lied (vgl. EG 368) ein Lebensmotto entfaltet, ähnlich dem »Alles nur nach Gottes Willen«, was Bach in Weimar als Motto seines Fürsten vertont hatte. (Ursprünglich war dies ein Reiselied mit weiteren darauf bezogenen Strophen, die Gesangbücher brachten meistens diese auf die neun allgemeineren Strophen reduzierte Fassung.) Eine fremdschriftliche Eintragung in Bachs Partitur deutet auf eine (spätere) Aufführung bei einer Hochzeit. Zudem zeigt eine zweite, von Bach selbst transponierte Orgelstimme für ein höher gestimmtes Instrument, dass es eine Aufführung außerhalb Leipzigs gab.

Aufhorchen lässt sogleich der Beginn. Eine Ouverture hebt an wie zehn Jahre zuvor zur Eröffnung der Choralkantatenreihe (BWV 20). Anders als dort bleibt der punktierte Eingangsteil ohne Choreinsatz, die sechs Liedzeilen sind alle in die sehr dicht gesetzte Vivace-Fuge integriert. Umso deutlicher fordert der punktierte Ouverturen-Rhythmus die Assoziation Herrscher/Macht. Die Musik lässt gleichsam den *Höchsten* auftreten in seiner Omnipotenz (*der alles kann und hat*), ein bemerkenswerter Akzent im Blick darauf, dass das Lied mit einem *Ich*-Satz beginnt. In B-Dur sagt Bach dezidiert *ich* (C-Dur wäre auch möglich gewesen), aber entscheidend ist Gottes Macht als Referenzrahmen *aller* seiner (kompositorischer) *Taten*. Gottes Vermögen ist Omni-Potenz, *alles* das Kernwort der ersten Strophe. Das omnipräsente Thema des Vivace-Teils umgreift in 12 Tönen den typischen Oktav-Ambitus für Macht. Die vokalen Unterstimmen haben keine eigene Motivik mit Bezug zur Melodie, sondern partizipieren am Instrumentalsatz. Mit bisweilen abwärts wie aufwärts geführten Sechzehntel-Oktavgängen unterstreichen sie *alles*. Das Motto *In allen meinen Taten* motiviert Bach zu besonderer kompositorischer Meisterschaft. Selbst das Formelement des Trios in der französischen Ouverture weiß er zu integrieren als Zwischenspiel nur von Oboen und Fagott. Der Strophenbau mit zwei mal drei Zeilen bietet dafür einen passenden Punkt in der Mitte. Auch im spärlichen Trioklang demonstriert Bach Omnipotenz, indem er in einer Ton für Ton absteigenden, mit Engführung verdichteten siebenfachen Sequenzkette den ganzen Ambitus vom hohen b bis zum tiefen C im Continuo durchschreitet, um in sieben Sequenzen aufwärts wieder zurück zu kehren. Ein zweites Mal, mit der Aufwärtssequenz zuerst, kommt dieses so bedeutsame Trio zu Beginn des Nachspiels, nachdem zuvor (den letzten Choralkantaten analog) alle Chorstimmen noch einmal gemeinsam (ohne Melodiebezug) die zweite Strophenhälfte skandiert haben. Gottes *Rat und Tat* verdankt also die faszinierend perfekt gesetzte Musik ihr *wohl gelingen*.

Die Minimalbesetzung der folgenden Continuoarie in g-Moll kontrastiert zur Ouverturen-Fülle. Der Bassist singt von der Nichtigkeit menschlichen *Sorgens* und *Mühens* als Gegenpol zu Gottes *alles*. Der in dieser Form seltene, wiegende 6/8-Takt – Bach hat die »light«-Artikulation im Continuo genau bezeichnet – verströmt allerdings christliche Gelassenheit, und die B-Dur-Kadenz zu *umsonst* exakt in der Mitte wirkt nicht bedrohlich, sondern befreiend. Signifikant sind die Vorhaltbildungen auf die Kernworte *Mühe, Sorgen*, aber auch *Gunst*, die dem Quart-/Terz-Schritt am Ende der ersten Liedzeile korrespondieren.

Es folgen zwei Rezitativ/Arie-Paare für je dieselbe Stimme. Der Tenor reflektiert im Rezitativ zunächst verinnerlichend (f-Moll) über die *selig*-Qualität dessen, was von Gott her geschehen wird, um dann extrovertiert in höchster Lage und harmonisch kühn nach d-Moll schreitend zu geloben, alles als eigenen Willen anzunehmen. Die Arie mit Solovioline steht dann wieder in der B(ach)-Dur-Grundtonart. Sie kommt nicht, wie jetzt zu erwarten, in trutzigem Gestus daher, sondern bringt ein hoch komplexes Wechselspiel von Sänger und Continuo mit Violin-Akrobatik inklusive Mehrfachgriffe, das im Largo auf reflexive Eindringlichkeit angelegt ist. Gegenüber zum *alles* in Strophe 1 ist hier die doppelte Negation mit *nichts*, was die Violine mit vielen abgerissenen Arpeggio-Akkorden als *nichts*-Akzenten unterstreicht. Dieses plakative Element ist eingebunden in ein vielschichtiges Agieren mit diversen Rhythmen, Skalen und Figuren. Der Continuo sorgt mit konstantem Achtel-Schreiten bzw. mit gleichförmigen Sechzehnteln in Zweierbindungen für eine stabile Basis. 61 Takte der Arie und 5x61 Ritornelltöne verweisen wieder auf die Ansage des Gnadenjahrs in Jesaja 61, Grundlage des Vertrauens in Gottes *Gnade*. Dieses Kernwort erklingt im Lied auf dem Quart-/Terzschritt der ersten Zeile. Das Ritornell der Violine beschließt jede Phrase mit diesem Quartvorhalt, am Ende sogar in Austerzung.

Nachdem diese Arie im zweiten Teil dem Leben nach Gottes *Gesetzen* als eindringliche Mahnung viel Raum gegeben hat, schließt das zweite Rezitativ stimmig als Bußgebet an (mit 40 Buß-Silben wie Vokaltönen). Im Horizont des Gottesgerichts rekurriert der Alt aber erneut auf die *Gnade* und gewinnt so die Gewissheit, trotz eigener Missachtung der Gesetze (*Verbrechen*) mit Gottes *Geduld* rechnen zu können. Die Kadenz führt via Neapolitaner ins ernste c-Moll über tiefem C, die durchgängige Streicher-Begleitung verkörpert aber den göttlichen Mantel der Vergebung. Dieser bleibt präsent im Streichersatz der Folgearie, die nun von der Omnipräsenz von Gottes tröstendem *Wort* singt. Die im Allabreve ziemlich dramatische c-Moll-Musik zeigt das Leben als Bedrohtes, in Anfechtung ob der eigenen Schuld. Das signifikante Gegenüber von Abwärts- und Aufwärtsbewegung in Violin-Oberstimme wie Alt ist vordergründig dem *Niederliegen* und *Aufwachen* (Zeile 1) nachgezeichnet, markiert aber die existentielle Polarität von Bedrohung (*in Schwachheit*) und Erhebung (durch das *Trösten* von Gottes *Wort*). Die überraschenden Terzklänge und kurzen Durpassagen sind tatsächlich tröstlich. Der Violin-Aufschwung am Ende des Ritornells erscheint wie der »Raptus« der Mystiker, das Herausgerissenwerden aus der Erdverhaftung. *Erwache frühe wieder* singt dazu einmal der Alt, Erwachen aus der existentiellen Bedrohung der Nacht.

In Es-Dur, also subdominantisch ebenfalls unter der Grundtonart, schließt sich eine zweite Continuo-Arie an, nun als Duett besetzt. Die aufsteigende Achtel-Schrittbewegung im Continuo ist ein Nachfolge-Topos wie auch das strenge Fugato der beiden Singstimmen. Das *Verhängnis* meint nicht Ausweglosigkeit im Leben, sondern Gebundenheit an Gottes Willen, wie es in den Singstimmen die synkopierenden Überbindungen darstellen. Die zweite Strophenhälfte erhält ein neues Fugato mit eigener Stimmführung, um die Signalworte *Unfall* und *harte fallen* einschlägig zu markieren. Es folgt ein modifiziertes Da capo mit umgekehrter Stimmenfolge (zuerst der Bass) und Unterlegung des gesamten Strophentextes. Die Nachfolge-Imitation der beiden Stimmen ist am Ende auf die Spitze getrieben durch im Viertelabstand verkürzte Einsätze.

Ohne harmonische Brücke setzt die letzte Arie im F-Dur der Oberdominante ein, ein geradezu galantes Stück. Mit seinen vielen Terzbildungen und Sechzehntel-Triolen in den Oboen klingt es wie Musik von Bachs Schüler Homilius. Spürbar wird so christliche »Leichtigkeit des Seins«, welche alles *Sorgen* Gott überlässt. Der Sopran als Stimme der *Seele* (zu Beginn des Schlusschorals benannt) übernimmt die Figuren der ersten Oboe. Das Abziehen von Vorhalten in verschiedenen Varianten ist nun geradezu bestimmend, pointierend in Austerzung steht es am Schluss. So kennzeichnet es gelingendes Leben als Loslassen-Können.

Der Schlusschoral ist mit eigenständigen Streicherstimmen real siebenstimmig gesetzt, demonstriert darin die Vollkommenheit von Gottes Rat. Die so vielschichtige kompositorische Kunst dieser Kantate präsentiert Bach als seine Lebens-Kunst, Hingabe an Gottes Willen *in allen meinen Thaten*. Das Zahlenäquivalent des Liedanfangs 185 findet sich wieder in 1850 Vokaltönen aller Sätze nach der Ouverture oder in 14(!)x185 Gesamttönen der drei letzten Sätze, die als emphatisches Gelübde formuliert sind. Ganz im Gelübde-Duktus schreibt Bach in Satz 7 (Zeile 5) teilweise *soll* statt *wird*.

BWV 100

Was Gott tut, das ist wohlgetan

ca. 1734

Liedautor: Samuel Rodigast 1675

1. Vers 1 *Horn I/II, Pauken,*
Traversflöte, Oboe d'amore, Streicher
Was Gott tut, das ist wohlgetan,
Es bleibt gerecht sein Wille;
Wie er fängt meine Sachen an,
Will ich ihm halten stille.
Er ist mein Gott,
Der in der Not
Mich wohl weiß zu erhalten;
Drum lass ich ihn nur walten.

2. Duett Vers 2 Alt/Tenor *Continuo*
Was Gott tut, das ist wohlgetan,
Er wird mich nicht betrügen;
Er führet mich auf rechter Bahn,
So lass ich mich begnügen
An seiner Huld
Und hab Geduld,
Er wird mein Unglück wenden,
Es steht in seinen Händen.

3. Arie Vers 3 Sopran *Traversflöte*
Was Gott tut, das ist wohlgetan,
Er wird mich wohl bedenken;
Er als mein Arzt und Wundermann,
Wird mir nicht Gift einschenken
Vor Arzenei.
Gott ist getreu,
Drum will ich auf ihn bauen
Und seiner Gnade trauen.

4. Arie Vers 4 Bass *Streicher*
Was Gott tut, das ist wohlgetan,
Er ist mein Licht, mein Leben,
Der mir nichts Böses gönnen kann,
Ich will mich ihm ergeben
In Freud und Leid!
Es kommt die Zeit,
Da öffentlich erscheinet,
Wie treulich er es meinet.

5. Arie Vers 5 Alt *Oboe d'amore*
Was Gott tut, das ist wohlgetan,
Muss ich den Kelch gleich schmecken,
Der bitter ist nach meinem Wahn,
Lass ich mich doch nicht schrecken,
Weil doch zuletzt
Ich werd ergötzt
Mit süßem Tost im Herzen;
Da weichen alle Schmerzen.

6. Letzter Vers *Tutti*
Was Gott tut, das ist wohlgetan,
Darbei will ich verbleiben.
Es mag mich auf die rauhe Bahn
Not, Tod und Elend treiben,
So wird Gott mich
Ganz väterlich
In seinen Armen halten;
Drum lass ich ihn nur walten.

Als weitere reine Liedtextvertonung ist diese spätere Kantate unabhängig vom Choralkantatenjahrgang in Partitur wie mehrfachen Stimmen bestens überliefert. Bach hat aber weder liturgische Bestimmung noch Entstehungsjahr notiert. Das für die Partitur benutzte Papier weist auf denselben Zeitraum wie BWV 97, also um 1734. Der repräsentative Charakter der Komposition ist evident, zumal Bach in den Rahmensätzen frühere Kompositionen aufnimmt und klanglich ausbaut, veredelt. Mit Hörnern und Pauken aufgewertet werden der Eingangssatz der Kantate zum damals sehr beliebten Lied aus dem Jahrgang 1724/25 (BWV 99,1) und der Schlusssatz der Leipziger Einstandskantate vom 1. Trinitatissonntag 1723 (BWV 75,7/14). Während 1724 nur die Rahmenstrophen im Wortlaut beibehalten waren, vertont Bach hier das ganze Lied (EG 372) im Original. Die mit biblischen Sprachformen gesättigten sechs Strophen beginnen alle mit *Was Gott thut, das ist wohlgetan* (vgl. dazu Psalm 37,5; 116,12; 13,6; Markus 7,37). Mit der Liedtextvertonung kann Bach dem speziellen Liedtyp entsprechen und eine weitere Kantatenmusik zu einem Glaubensmotto vorlegen (vgl. BWV 117, 97), das ihm offensichtlich sehr wichtig war (vgl. die erste Leipziger Kantate mit Mehrfachverwendung dieses Liedes).

Der Eingangssatz (siehe die Besprechung bei BWV 99) erhält durch die Hörner mit Pauken (Ersatz für die in D stehende Trompetteria beim G-Dur-Lied), einen majestätisch-festlichen Klang und akzentuiert so, dass von *Gottes* Handeln die Rede ist. Bei den anderen Instrumentalpartien ergänzt Bach nur in der Oboe d'amore einen einzigen Ton (Takt 113), so dass die beiden Solobläser nun 27x59 GOTT-Töne spielen, bei den vokalen Unterstimmen modifiziert er einiges subtil. Am deutlichsten ist der ergänzte, gemeinsame *Er*-Ruf zu Beginn des Abgesangs, dezidierte Unterstreichung des Gottesbekenntnisses. Anderes mag auch mit der Zahlenebene zu tun haben. So kommen Zeile 3 und 4 jetzt auf 73 Vokaltöne (vorher 71), Äquivalent des Zielworts STILLE, das in der Seelsorge damals herausragende Bedeutung hatte. Vielleicht ist auch die neue Gesamtsumme des Satzes mit 5504 = 2^7x43 CREDO-Tönen kein Zufall.

Die vier Mittelsätze bestreitet Bach sämtliche mit Arien, die paarweise in Dur-Moll-Korrelation stehen. Jeweils in der Moll-Arie spielt einer der Bläsersolisten. Wieder gegenpolig zum anfänglichen Tutti steht zunächst eine Continuo-Arie in D-Dur, hier als Duett. Tenor und Alt bestätigen sich in enger Einsatzfolge gegenseitig. Bei allen Liedzeilen variiert Bach die Diktion, bei den ersten beiden bringt er sogar eine Doppelung in zwei Varianten und hält so die Aufmerksamkeit für jede Textzeile wach. Mit parallelen Seufzern und harmonischer Eintrübung typisch hervorgehoben ist *Geduld*, darin als Glaubenshaltung in Not markiert. Die Basis für das Vertrauen in Gottes *Walten* bietet der Continuo mit seinem Walking bass in Achteln, der konsequent in Dreiecksform auf- und absteigt, den omnipotenten Oktavraum dabei stets noch um einen Ton überbietet. Das Intervall der Quarte prägt am Anfang und Ende die Vokalstimmenführung und lässt so den Liedanfang *Was Gott* mithören. Die Aufwärtssequenzierung hierbei ist analog zu Bachs Es-Dur-Orgelfuge, dort als (E)S-D-G-Symbol evident.

Das Quartintervall in doppelter Dreiecksbildung (fis-h-fis/ fis-cis-fis) strukturiert auch den Anfang der folgenden Arie, ein 6/8-Takt-Siciliano im parallelen h-Moll mit ambitionierter Traversflötenpartie wie beim dritten Satz in BWV 99. Hier singt der Sopran (BWV 99: Tenor) im engen Anschluss an den Themenkopf zunächst sechsmal das Liedmotto, ein flehentlicher Bittruf hier, im Continuo grundiert wieder mit Achteln, nun aber als affektive Tonrepetition im Bogenvibrato. Das in Predigten damals viel entfaltete Bild von Christus als *Arzt und Wundermann* (Apotheker) bezieht sich auf die Krankheit der Sünde, welche allein durch die *Gnade* in Christus geheilt werden kann (Schlusszeile). Nach der fis-Moll-Kadenz am Ende von Zeile 4 wie beim folgenden Zwischenspiel wirkt das vom Sopran unvermittelt in D-Dur vorgetragene *Gott ist getreu* wie die Lösung des gordischen Knotens. Die Flöte bestätigt zweimal nachklappend. Man kann die dazu gehörenden Melodietöne als Treue-Symbol hier durchhören, ebenso signifikant ist der singulär lange Sopranton *ge-treu*. Auch *seiner Gnade trauen* hört man beim ersten Mal exponiert ohne Flötenbegleitung, ausgerechnet in Takt 61 (Jesaja 61: Ausrufung des Gnadenjahrs). Dass Bach hier *Gnade* singen lässt statt »Güte« im Lied, lässt aufmerken. Zudem ist 61 Äquivalent von ARZT. Auch die insgesamt 1095 = 15x73 Flötentöne kann man als textbezogenes Phänomen verbuchen, denn 73 ist auch Äquivalent von GETREU, dem Kernwort dieser Strophe.

Das zweite Arienpaar bringt das Gegenüber von Grundtonart G-Dur und e-Moll. Die völlig unbeschwerte Dur-Arie erinnert als Bass-Arie im synkopenfreudigen 2/4-Takt an das etwa zeitgleiche *Großer Herr und starker König* (Geburtstagskantate 1733, Weihnachtsoratorium 1734), ebenso mit Streichern, aber ohne Trompete. Das Hauptmotiv von Violine 1 wie Bassist ist deutlich der ersten Melodiezeile nachgestaltet, so dass das Liedmotto implizit mehrfach eingespielt wird. Bei durchgängig einheitlicher Diktion markiert Bach geradezu raffiniert einzelne Textaspekte, mit raschem Wechsel der Streicher zwischen Forte (gebrochener Dreiklang) und Piano (Seufzerfigur) etwa das polare Gegenüber von *Freud und Leid*. Dabei zieht er dies grammatikalisch stimmig zur Liedzeile 4. Erst Zeile 6 singt der Bassist dann in Anlehnung an die Melodie des Abgesangs (Zeile 5 und 6 mit Quintfall am Ende). Bei der Schlusszeile zeigt die Häufung von längeren _treulich_-Noten, wie essentiell für Bach dieser Topos ist.

Die folgende Moll-Arie wirkt stark gegensätzlich zum Vorausgehenden. Zwar steht sie im pastoralen 12/8-Takt, die Angabe Un poc' allegro verwehrt aber idyllisches Wohlfühlen im behäbigen Pastoralgestus. Schon auf der dritten Schlagzeit führt die Musik in einen verminderten Septakkord, in Takt 3 bis 6 ist im Continuo ein Passus duriusculus versteckt als Gegenpart zur hoffnungsvoll aufsteigenden Oboe. Dissonante Vorhaltbildungen bleiben charakteristisch, am pointiertesten bei *der bitter ist nach meinem Wahn*, wo in der Altstimme eine doppelte (transponierte) B-A-C-H-Sequenz eingeflochten ist. In der zweiten Arienhälfte wird das Gegenüber von Dissonanz und Auflösung in triolischem Achtelfluss mit *da weichen alle Schmerzen* benannt. Die Oboe d'amore steht mit ihrem Timbre von Anfang an für den im Glauben zu genießenden *süßen Trost*. Aber nur frohe Dur-Musik, wie in der Arie zuvor geboten aus der Perspektive des wohltuenden Gottes, wäre der Polarität des menschlichen Lebens im Glauben nicht gemäß.

Von der *rauhen Bahn* als irdische Realität lässt die Musik der Schlussstrophe allerdings gar nichts mehr spüren. Reines, göttliches Wohltuun-G-Dur erklingt. Die einem Perpetuum mobile ähnliche obere Violinstimme, von den beiden Solobläsern deutlich verstärkt, symbolisiert Gottes Wohl-*Walten*. Wie im Eingangssatz erhalten die Hörner einen eigenen Part, der geschickt beim Eintreten der Melodie diese verstärkt, ohne Cantus firmus-mäßig mitzuspielen. Das von den Hörnern zuerst vorgetragene Anfangssignal besteht aus den ersten vier Melodietönen, markiert so nochmals die erste Liedzeile als Motto. Nicht geändert hat Bach die 1723 aus Köthen mitgebrachte, falsche fünfte Melodienote (Tonstufe 6 statt 4), aber er hat den Satz um sieben Takte erweitert, so dass diese 3x$\underline{13}$ Takte mit dem Eingangssatz zusammen 5x$\underline{31}$ Takte ergeben, ein »fröhlicher Wechsel«, den die 2x$\underline{31}$ Takte von Satz 5 zu göttlichen $\underline{7}$x$\underline{31}$ Takten vervollkommnen. Die drei anderen Arien, deren Musik jeweils einen Melodie- und damit Mottoanklang zeigt, umfassen 306 = 2x153 Takte, Referenz zur Schlüsselzahl für Gottes Wohltun in Christus nach Johannes 21,11.

Die letzte Partiturseite im ziemlich reinschriftlichen Manuskript enthält exakt das Instrumentalnachspiel. Anders als zuvor hat Bach da auch alle duplizierenden Töne ausgeschrieben, insgesamt 567 = 3x7x3^3. Dem Wohlmachen Gottes korrespondiert die Vollkommenheit der Niederschrift der davon zeugenden Musik und die kalligraphische Schönheit der hier gesetzten Signatur: *Fine SDGl.*

Die besprochenen Kantaten
in alphabetischer Reihenfolge

Weitere geplante Bände:

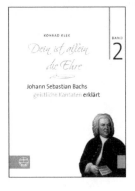

Konrad Klek

Dein ist allein die Ehre

Johann Sebastian Bachs
geistliche Kantaten erklärt

Band 2

ca. 180 Seiten | Hardcover
ISBN 978-3-374-04094-0
ca. EUR 19,90 [D]
geplanter Erscheinungstermin:
Januar 2016

Konrad Klek

Dein ist allein die Ehre

Johann Sebastian Bachs
geistliche Kantaten erklärt

Band 3

ca. 180 Seiten | Hardcover
ISBN 978-3-374-04095-7
ca. EUR 19,90 [D]
geplanter Erscheinungstermin:
Januar 2017

EVANGELISCHE VERLAGSANSTALT
Leipzig

Tel +49 (0) 341/ 7 11 41 -16   vertrieb@eva-leipzig.de

Peter Wollny (Hrsg.)
Bach-Jahrbuch 2014

224 Seiten | Paperback
ISBN 978-3-374-04036-0
EUR 14,80 [D]

Das seit 1904 kontinuierlich erscheinende Bach-Jahrbuch ist weltweit das angesehenste Publikationsorgan der internationalen Bach-Forschung. Jahr für Jahr bietet es Beiträge namhafter Wissenschaftler über neu Entdecktes und neu Gewertetes zu Leben und Werk von Johann Sebastian Bach und anderen Mitgliedern seiner Familie.

EVANGELISCHE VERLAGSANSTALT
Leipzig

Tel +49 (0) 341/ 7 11 41 -16   vertrieb@eva-leipzig.de